STATISTICAL
FORECASTING

浙江工商大学出版社 | 杭州
ZHEJIANG GONGSHANG UNIVERSITY PRESS

统 计 预 测

洪兴建　等 主编

浙江工商大学出版社 | 杭州
ZHEJIANG GONGSHANG UNIVERSITY PRESS

图书在版编目(CIP)数据

统计预测 / 洪兴建等主编. —杭州：浙江工商大学出版社，2021.12

ISBN 978-7-5178-4217-0

Ⅰ. ①统… Ⅱ. ①洪… Ⅲ. ①统计预测－高等学校－教材 Ⅳ. ①C8

中国版本图书馆 CIP 数据核字(2020)第 257429 号

统计预测

TONGJI YUCE

洪兴建　等 主编

责任编辑	谭娟娟
责任校对	沈黎鹏
封面设计	林朦朦
责任印制	包建辉
出版发行	浙江工商大学出版社
	(杭州市教工路 198 号　邮政编码 310012)
	(E-mail:zjgsupress@163.com)
	(网址:http://www.zjgsupress.com)
	电话:0571—88904980,88831806(传真)
排　　版	杭州朝曦图文设计有限公司
印　　刷	浙江全能工艺美术印刷有限公司
开　　本	710mm×1000mm　1/16
印　　张	17.75
字　　数	309 千
版 印 次	2021 年 12 月第 1 版　2021 年 12 月第 1 次印刷
书　　号	ISBN 978-7-5178-4217-0
定　　价	59.00 元

前　言

　　随着科学技术的不断发展、统计方法的推陈出新和各种预测实践经验的日积月累,统计预测方法呈现出复杂性和多样化的趋势。每种统计预测方法因特点不同,都有其适用范围,因此不同的统计预测方法之间应该是相互补充的,必要时可以同时使用数种预测方法相互印证。

　　统计预测方法很多,难以给出一个明晰的分类体系。目前学术界根据预测的性质不同,一般将预测方法分为定性预测和定量预测两类。定性预测是一种以直观或者主观为主的预测方法,它的主要目的不是精确地推断数值,而是判断事物未来的发展方向。定量预测的特点是依赖统计资料,根据相关理论和数学方法建立统计模型,依据统计模型对事物的发展状态进行预测。需要强调的是,统计预测不同于经验预测。从两者的英文来看,统计预测属于 Forecasting,经验预测属于 Prediction。

　　大体上看,定量预测方法可分为回归分析预测方法和时间序列预测方法两大类。回归分析预测属于因果预测,它是以相关原理来分析预测对象与有关因素的相互关系,并依据此关系构造模型进行预测。时间序列预测是根据预测对象时间序列的变化特征,研究事物自身的发展规律,进而对其未来发展水平进行预测。当然,针对不同时间序列,需要将回归分析方法与时间序列分析方法结合起来,其中涉及面板数据的分析方法。

　　考虑到统计预测方法的简洁性、适用性和发展性,本书选择了常用的预测方法进行介绍。本书内容主要有:统计预测概述(第一章)、回归分析预测法(第二章)、单变量确定性时间序列的预测方法(第三章)、单变量随机型时间序列的预测方法(第四章)、含季节变动的时间序列预测方法(第五章)、多变量时间序列的预测方法(第六章)、景气预测法与马尔科夫预测法简介(第七章)、灰色预测法与人工神经网络预测法简介(第八章)。其中,

第三章至第六章讲述的是时间序列预测方法的基本内容,并按照时间序列的内在特点对其进行了一定的归并。

本书由浙江财经大学数据科学学院洪兴建教授主编,数据科学学院部分教师参与了编写。其中,陈雄强博士编写了第五章的第五节,朱宗元副教授编写了第六章的第四节,刘磊博士编写了第八章的第二节,其他章节内容均由洪兴建教授编写。全书最终由洪兴建教授统一定稿。

本书的出版得到了浙江省"十三五"优势专业(浙江财经大学经济统计学专业)、浙江财经大学重点建设教材(《统计预测》)、浙江省一流学科 A 类(浙江财经大学统计学)和浙江省 2011 协同创新中心的资助。在编写过程中,我们参考了国内外一些教材,在此向这些作者表示衷心感谢。特别要感谢浙江工商大学惠琦娜副教授,本书部分内容借鉴 2011 年我们合作编写的教材。同时,感谢浙江工商大学出版社给予的大力支持。

限于水平,书中不当之处恳请读者批判指正。

洪兴建

2020 年 12 月

目　录

第一章　统计预测概述

第二章　回归分析预测法

第三章　单变量确定性时间序列的预测方法

第四章　单变量随机型时间序列的预测方法

第五章　含季节变动的时间序列预测方法

第六章　多变量时间序列的预测方法

第七章　景气预测法与马尔科夫预测法简介

第八章 灰色预测法与人工神经网络预测法简介

附 录 主要统计分布表

第一章　统计预测概述

预测学,作为一门独立的应用性科学,经过创立和其后的不断发展,已经逐渐成熟。如今,预测学是以研究不确定性事件为对象的一门科学,旨在控制随机性对研究对象的影响,为科学决策提供理论依据和决策支持。随着经济社会的不断发展,决策过程也逐步由经验型向技术型过渡,这在客观上对预测提出了更高的要求,也促使预测理论和方法不断完善。统计预测在预测理论和预测实践中具有不可替代的作用。

第一节　统计预测的概念

一、统计预测的内涵

预测问题,实质上就是以过去已知状况作为输入,通过一定的预测方法和手段,得到未来或未知结果输出的过程。在现代经济社会的很多领域,预测技术均有着广泛的运用前景。在对某个或某些变量进行预测之前,必须先建立预测模型,并利用样本数据估计模型中的参数。由于模型刻画了数据的变化规律,通过模型可以将未来与现在及过去的统计特征联系起来,或者将变量之间的相互影响揭示出来,因此预测模型在统计预测中具有举足轻重的作用。预测模型的选择,需要根据预测对象的特点与每种预测模型的内在性能来决定,必要时可以采取组合预测的方法以提高预测精度。

统计预测是预测学中非常重要的一部分内容,属于预测方法研究范畴。统计预测是在统计调查和统计数据的基础上,结合经济学、社会学、数学和计算机科学等学科的研究方法,探寻事物发展变化趋势和规律的一种预测方法。在统计预测过程中,虽然要综合经济学、社会学、管理学等领域知识,但统计数据、统计理论和统计方法是统计预测中最重要的内容。统计预测中常用的统计理论包括误差理论、抽样理论、相关回归理论、时间序列理论和因子分析理论等。

一般而言,进行统计预测需要 3 个基本要素:

(1)信息。信息是客观事物特性和变化的表征和反映,存在于各类载体,是预测最基本也是最重要的要素和前提。特别是在市场经济条件下,离开了信息,预测将寸步难行。

统计预测需要的信息,主要是统计数据,特别是定量数据。因为统计预测中很多的统计模型和统计分析方法必须借助定量数据才能得以完成。

(2)方法。方法是指在预测的过程中进行质和量的分析时所采用的各种手段,是预测的基础。统计预测主要是借助统计分析的理论和方法。

统计分析的方法很多,人们习惯将统计预测分为定性预测和定量预测两大类。需要说明的是,在统计预测中,即便是定性预测,也必须能对预测对象的特征进行量的刻画和分析,定性预测和定量预测的区别只在于预测时使用的信息资料不同。

(3)判断。预测的对象是未来,而未来是不确定的。因此,我们必须要根据已有信息,结合统计相关理论,通过全面深入的研究,对可能的结果做出合理的判断。统计预测过程中,必须要判断的 3 个重点是:

第一,判断用于预测的数据资料是否符合统计数据的采集和整理的基本要求,是否符合统计分析的要求;

第二,判断用于预测的模型和方法是否符合统计基本理论和预测对象的特点;

第三,判断预测的结果及误差在理论上能否得到合理的解释,能否满足预测者对预测结果的要求。

二、统计预测的分类

可以从不同角度对统计预测进行分类。

第一,依据预测对象的范围,可划分为宏观统计预测和微观统计预测。

宏观统计预测是以整个宏观对象为目标的预测分析。比如,对一个国家或地区经济发展规模和总量的预测。宏观统计预测对国家确定发展方向和制定战略规划具有十分重要的指导作用。

微观统计预测是以企业和个人为目标的预测。比如,企业营销活动范围内的各种预测。微观统计预测是企业制定正确营销战略的前提条件。微观统计预测是宏观统计预测的基础和前提,宏观统计预测是微观统计预测的综合。

第二,依据预测时间的长短,可划分为近期统计预测、短期统计预测、中期统计预测和长期统计预测。

近期统计预测指预测期在 1 周到 1 个季度之间的统计预测。

短期统计预测指预测期在 1 个季度至 1 年之间的统计预测。短期统计预测能帮助企业适时调整营销策略,促进企业实现经营管理的目标。

中期统计预测指预测期在 1—5 年之间的统计预测。中期统计预测是国家制定宏观政策的主要依据,也能帮助企业确定营销战略。

长期统计预测指预测期在 5 年以上的针对市场变化及其趋势的统计预测。长期统计预测是国家判断经济发展趋势和制定长远发展规划的主要依据,也是企业制定总体发展规划和重大营销决策的重要参考。

第三,依据预测资料的性质,可划分为定性预测和定量预测。

定性预测主要通过对历史资料的分析和对实地调查结果的研究,凭借预测者的主观经验、业务水平和逻辑推理能力,对未来发展趋势做出推测与判断。定性预测简单易操作,在统计预测精度要求不高时较为可行。

定量预测是以准确、全面、系统、及时的资料为依据,运用统计分析手段及计算机技术等,建立科学合理的统计模型,对未来发展趋势做出量化分析。

三、统计预测的基本原则

统计预测需要借助统计学、数学、经济学等学科的理论,也要借助计算机技术等先进的处理手段。但作为一门独立的应用性学科,统计预测有它自己的基本原则,这些原则主要包括:

1. 相关性原则

现实生活中万事万物都是相互关联的,任何事物的发展变化都不是孤立的,势必受到其他因素的影响。因此,我们可以根据已知的某些相关变量来推测未知变量,这就是统计预测中的相关性原则。比如,根据居民收入水平预测其消费情况,根据劳动、资本、技术三类要素的变化预测一个国家或地区的生产总值等。这些都是遵循了统计预测的相关性原则,其中最重要的相关关系是因果关系。

2. 连续性原则

任何事物的发展都是按一定规律进行的,这种规律在其发展过程的一定时期内是贯彻始终的,不会受到破坏的。因此,很多事物未来的发展与其过去、现在的发展规律基本是一致的。因此,我们可以根据事物发展的连续性原则,依据已知的历史条件和数据资料科学地预测未来。比如,统计预测中大量使用的趋势外推预测,就是基于统计预测的连续性原则展开的。

3. 类推性原则

很多不同事物的发展变化具有一定的相似性,因而我们可以将先发展事物的表现特征类推到后发展事物上,进而对后发展事物的未来表现进行预测,这种预测方法所体现的就是类推性原则。比如,根据发达国家的产业发展规律,可以预测发展中国家的产业发展前景。当然,运用类推性原则时,要注意事物之间确实存在相似性或类似性,同时还要考虑时间、地点、社会环境、经济基础等条件的影响。从广义上看,由小见大、由表及里、由此及彼、类比过去预测未来,都可以视作对类推性原则的运用。

4. 概率性原则

如前所述,统计预测是以未来为研究对象的,而未来是不确定的,是我们无法完全把握的。但我们可以根据经验和历史,通过科学预计,对未来事物发展的结果进行一个大致的估计。这种估计虽然不能给出一个确定的值,但可以得出一个预测对象未来可能变化的区间范围和落在该区间范围内的可能性。这种可能性有严格的数理依据,这就是统计预测的概率性。

统计预测的基本原则也体现了辩证唯物主义的哲学观。世界是普遍联系的观点告诉我们,任何事物都与其他事物发生这样或那样的联系。联系有直接联系和间接联系之分,也有本质联系与非本质联系之别,还有必然联系与偶然联系之不同。同时,世界是物质和运动的观点告诉我们,世界是物质的,物质是运动的,运动是有规律的,规律是可以认识的。由此可以看出,相关性原则和连续性原则正是上述 2 个观点的集中体现。大体上看,回归分析预测法主要反映了相关性原则,而时间序列预测法则体现了连续性原则。

四、统计预测的基本步骤

统计预测时唯有遵循科学的预测程序,才能有效提高预测的效果和效率,使其更好地服务社会。一般来说,统计预测的程序中大致包含以下几个主要步骤:

1. 确定统计预测目标

明确目标,是开展统计预测工作的第一步。统计预测的目标不同,统计预测的内容、所需要的资料和运用的方法等都会有所不同。明确统计预测目标,有利于我们制订统计预测工作计划,编制预算,调配力量,组织实施,确保统计预测工作有序高效地进行。

2. 搜集统计预测资料

进行统计预测时,必须拥有充分、详尽、可靠的统计资料,这是统计预测的基础,也是统计预测的前提。只有掌握了准确可靠的统计资料,才能为统计预测模型的建立和分析判断提供可靠的依据。

在搜集统计预测资料时,应该注意 2 个问题:一是资料的准确可靠;二是资料的形式。如果资料不符合准确可靠的要求,统计预测都只是自娱自乐的数字游戏,没有任何价值。资料的形式是指直接用于统计预测的数据的形式。统计数据有定性数据和定量数据之分,其中定性数据包括定类数据和定序数据,定量数据包括定距数据和定比数据。当然,不同的统计预测模型和方法对数据类型的要求是不同的,在大数据时代,如何充分运用半结构化数据和非结构化数据显得非常重要。

3. 选择预测模型和方法

可用于统计预测的模型很多,我们必须根据统计预测的目标,以及各种统计预测模型的适用条件和性能,选择合适的统计预测模型。在实际预测过程中,有时可以运用多种统计预测模型来对同一目标进行预测,以取长补短,缩小预测误差,此即组合预测。

模型中变量系数的估计方法通常很多,即便是使用同一种估计方法,系数估计值可能也并不相同。而不同估计方法得出的预测结果往往是不相同的,有时甚至会有很大差异,这给统计预测带来了极大的困难和挑战。

4. 评估和修正预测结果

统计预测是在对统计资料进行整理、分析的基础上,通过合适的统计模型进行推理,从而预计对象未来的发展趋势和规律。但事物总是处在不断地发展和变化状态之中,再可靠的资料,再合理的方法,也只是对事物过去特征或规律的描述和刻画。因此,基于历史资料实施的统计预测的结果,通常还要根据最新信息进行评估和修正。

5. 撰写预测分析报告

统计预测报告应该涉及统计预测研究的主要活动过程,包括统计预测目标、预测对象、主要资料和数据、预测方法的选择和模型的建立,以及对统计预测结论的评估、分析和修正等等。

统计预测的上述基本步骤如图 1-1 所示。

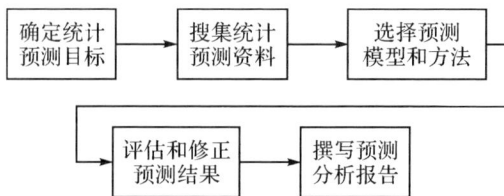

图 1-1　统计预测基本步骤示意图

五、统计预测的作用

统计预测的应用场合很多,其最主要的作用是为决策提供定量依据。概括来讲,统计预测的作用包括以下 3 个方面:

1. 统计预测是科学决策的前提条件与重要依据

在市场经济条件下,统计预测最重要的作用是为企业经营管理和政府宏观调控提供决策的依据。统计预测既是科学决策的信息来源,又是决策规范化、科学化的保障。无论是宏观决策还是微观决策,其可行性方案都来自统计预测。

2. 统计预测为市场预测和经济预测提供方法论基础

市场预测和经济预测是以特定领域为研究对象的,但无论其研究对象怎样千差万别,预测其未来的发展变化,都要借助一定的工具和方法。而统计预测的理论和方法,能为市场预测和经济预测提供统一、规范、科学的理论依据及方法基础,使市场预测和经济预测有章可循、有据可查。

3. 统计预测能提高预测的科学性和可靠性

预测的科学性和可靠性是预测成败的关键。统计预测有严密的理论体系和方法体系,也有广泛的实践基础,这就为预测结果的安全可靠提供了保障。

第二节　统计预测方法概述

一、统计预测方法的主要类别

统计预测方法主要分为定性预测法和定量预测法两大类,每一大类又包括了一些细分的预测方法。

1. 定性预测法

定性预测法是预测者根据已经掌握的少数历史资料,主要基于个人的经验和主观判断能力,以实地调查获得的第一手资料为依据,对事物的未来发展做出预测的方法。

定性预测法主要包括个人经验判断法、集体经验判断法、德尔菲法、专家意见汇总法、专家意见集合法等,下一节将对此做简要介绍。

2. 定量预测法

定量预测法主要是从已有的统计数据出发,通过建立模型对未来发展趋势进行预测的方法。定量预测法如果使用得当,能使预测结果更加精确,在中短期统计预测中有着非常明显的优势。定量预测法又可大致分为回归分析预测法和时间序列预测法。

回归分析预测法属于因果关系预测。它是专门用于分析、研究一个变量(因变量)与另外一个或几个变量(自变量)之间相互依存关系的一种预测方法。回归分析预测的目的在于,根据一组已知的自变量数据来估计或预测未知因变量的数值。

时间序列预测法是根据时间序列、利用统计模型进行预测的方法。时间序列预测法与回归分析预测法不同,它不是研究事物的因果关系。时间序列预测法重点研究事物随着时间变化的演变规律,有时也可以与回归分析预测法结合起来,其中包含截面数据和纵向数据的面板数据的预测方法。

二、统计预测的不确定性

由于统计预测是对未来的预报,预测结果很大程度上是不确定的。分析预测结果不确定的原因,有助于提高预测精度,最大限度地发挥预测的功能。大体上看,统计预测结果的不确定性有赖于被预测变量本身、预测模型的类别、可获取的信息及决定被预测变量的数据生成过程。

首先,一些变量相比其他变量本身就难以预测。比如,进口和出口均能被比较精确地预测,也存在针对它们的较好的预测模型,但是净出口(出口减去进口)就较难预测。因为出口和进口数值都比较大,净出口相对较小,净出口的预测误差同时反映了出口和进口两方面的误差,因此精确预测不太容易。

其次,针对特定的预测对象,有些模型的预测效果相比其他模型要好。就经济预测而言,不同模型的预测误差之所以存在差别,是因为任何模型都是经济行为的某种简化,而非经济行为的再造。这种简化有时是可行的,有时则不可行。模型的特定形式取决于简化的形式及其着眼点,从而产生的预测误差也是不同的。

再次,更多的信息一般有助于提升统计预测的精度。比如,当结构变动造成模型误设时,增加结构变动方面的信息,能有效提高预测精度。

最后,数据背后的生成机制是预测误差的决定因素。我们对数据生成机制掌握得越透彻,就越能把握现象的变化规律,从而从本源上提高预测精度。

三、统计预测方法的选择标准

统计预测方法对预测结果的准确性非常关键,因此选择合适的预测模型和方法十分重要。

一般而言,选择统计预测模型和方法的基本准则是:

1. 符合预测对象的特点

每一个统计预测模型都有自己的特点,因此在选择预测模型和方法时,务必结合预测对象本身的特点,比如预测环境、预测目标、预测水平、信息集等。预测对象的特点不同,对预测的要求就不同,使用的预测模型和方法也应该有所区别。

2. 符合统计资料的规律

统计预测离不开统计资料,但统计资料的形式千差万别,且不同的统计预测模型对资料的要求是不同的。因此,预测模型和方法的选择必须契合数据资料,要能准确反映数据资料背后的规律性。

3. 在保证精度的条件下力求简捷

在选择预测模型和方法时,切忌过于烦琐。相对于烦琐的预测模型,简单的预测模型通常更加经济实用。这是因为与复杂模型相比,简单模型的参数更容易精确估计,也更容易从直观上把握事物运行的内在机制,便于理解和解释运行规律。

四、统计预测效果的评价

统计预测的效果通常用预测精度指标来表示。预测精度是指预测模型拟合的好坏程度,即由预测模型所产生的预测值与历史实际值的差异程度。

设第 i 个变量的实际值为 y_i,预测值为 $\hat{y}_i$,则预测误差可以表示为:

$$e_i = y_i - \hat{y}_i \text{ 或 } |e_i| = |y_i - \hat{y}_i| \text{ 或 } e_i^2 = (y_i - \hat{y}_i)^2 \qquad (1.2.1)$$

当 $e_i > 0$ 时,表示预测值低于实际值;当 $e_i < 0$ 时,表示预测值高于实际值。而 $|e_i|$ 和 e_i^2 则从不同角度分别反映了个体预测的绝对误差。

一般来说,反映统计预测精度的指标是所有个体预测误差的某种函数,它是衡量统计预测模型和方法是否适用于统计预测对象的一个重要依据。

根据预测误差是否具有量纲,我们将具有某个量纲的预测精度指标称为绝对指标,而将没有量纲的预测精度指标称为相对指标。

1. 度量预测精度的绝对指标

(1)平均误差(Mean Error)。平均误差是误差的简单算术平均数,是最简单的预测精度指标,计算公式为:

$$ME = \frac{\sum_{i=1}^{n} e_i}{n} \tag{1.2.2}$$

平均误差在计算过程中会使正负误差互相抵消,降低了该指标对预测精度测量的灵敏程度,而且将正负误差相抵消也缺乏应有的科学性。此外,在利用最小二乘法拟合模型时,总有 ME=0,因而该指标没有实际应用价值。

(2)平均绝对误差(Mean Absolute Error)。平均绝对误差用误差的绝对值来避免平均误差计算过程中正负误差互相抵消的问题,计算公式如下:

$$MAE = \frac{\sum_{i=1}^{n} |e_i|}{n} \tag{1.2.3}$$

(3)误差平方和(Sum of Squared Error)。误差平方和是直接将预测误差平方后再加总,也是为了避免正负误差在综合过程中的互相抵消,计算公式为:

$$SSE = \sum_{i=1}^{n} e_i^2 \tag{1.2.4}$$

(4)均方误差(Mean Squared Error)。均方误差是将误差平方后再进行简单算术平均,计算公式为:

$$MSE = \frac{\sum_{i=1}^{n} e_i^2}{n} \tag{1.2.5}$$

由于一般情况下,预测满足无偏性,即有 ME—0,从而有 $Var(e_i) = \dfrac{\sum_{i=1}^{n} e_i^2}{n}$,因此该指标又称为预测误差的方差。

(5)均方根误差(Root Mean Square Error,简称 RMS 误差)。将均方误差开算术平方根即均方根误差,计算公式为:

$$RMS = \sqrt{\frac{\sum_{i=1}^{n} e_i^2}{n}} \tag{1.2.6}$$

因为均方误差又称为预测误差的方差，所以均方根误差也可称为预测误差的标准差(Standard Deviation of Error)。在拟合统计模型时，均方根误差通常又称为标准误差(Standard Error)，是衡量模型拟合优度的一个指标，并且根据模型中参数的数目确定自由度。

2.度量预测精度的相对指标

绝对指标在评价预测效果时，是直接用预测误差的数值大小进行评价的。但等量的预测误差对不同研究对象的含义是不同的，而且如果量纲不同，也不能相互比较大小。因此，相对指标的运用范围无疑更加广泛。

相对指标在评价模型预测效果时，是以研究对象的实际水平为参照物，用误差水平与实际水平的比值来反映预测模型和方法的优劣。其中，某个数值 y_i 的相对误差(Relative Error)的计算公式为：

$$\text{RE}_i = \frac{y_i - \hat{y}_i}{y_i} \tag{1.2.7}$$

相对误差通常用百分数表示，因此有时也称为百分比误差(Percentage Error)，它衡量了预测值相对于实际观察值的准确程度。如果 $\text{RE}_i = 3\%$，则表示预测值比观察值偏低了 3%。

反映整体预测精度的相对指标主要包括 2 种。

(1)平均绝对相对误差(Mean Absolute Percentage Error)。平均绝对相对误差是所有预测点相对误差绝对值的简单算术平均数，计算公式为：

$$\text{MAPE} = \frac{1}{n} \sum_{i=1}^{n} \left| \frac{y_i - \hat{y}_i}{y_i} \right| \tag{1.2.8}$$

(2)泰尔(Theil)不等系数。泰尔不等系数 U 是一个较为流行的预测精度指标，计算公式为：

$$U = \frac{\sqrt{\dfrac{1}{n} \sum_{i=1}^{n} (y_i - \hat{y}_i)^2}}{\sqrt{\dfrac{1}{n} \sum_{i=1}^{n} y_i^2} + \sqrt{\dfrac{1}{n} \sum_{i=1}^{n} \hat{y}_i^2}} \tag{1.2.9}$$

U 处于 0 到 1 之间，U 越小，说明预测的精度越高。如果 $U=0$，则表示预测值均等于实际值，这是最理想的预测，当然一般很难实现。而当 $U=1$ 时，意味着任意 i 均有 $\hat{y}_i = -y_i$，说明预测值与实际值的变化趋势完全相反，预测模型显然不合理。

可以看出，泰尔不等系数的分子即为均方根误差。由于均方误差可以分解为 3 个部分，即：

$$\frac{1}{n}\sum_{i=1}^{n}(y_i-\hat{y}_i)^2 = \frac{1}{n}\sum_{i=1}^{n}\big[(y_i-\bar{y})-(\hat{y}_i-\bar{\hat{y}})+(\bar{y}-\bar{\hat{y}})\big]^2$$

$$= \sigma^2+\hat{\sigma}^2+(\bar{y}-\bar{\hat{y}})^2-\frac{2}{n}\sum_{i=1}^{n}(y_i-\bar{y})(\hat{y}_i-\bar{\hat{y}})$$

$$= \sigma^2+\hat{\sigma}^2+(\bar{y}-\bar{\hat{y}})^2-2\mathrm{Cov}(y_i,\hat{y}_i)$$

$$= (\bar{y}-\bar{\hat{y}})^2+(\sigma-\hat{\sigma})^2+2(1-\rho)\sigma\hat{\sigma} \qquad (1.2.10)$$

式(1.2.10)的第一项$(\bar{y}-\bar{\hat{y}})^2$表示的是预测值均值与实际值均值的偏差,第二项$(\sigma-\hat{\sigma})^2$反映了预测值方差与实际值方差的偏离程度,第三项$2(1-\rho)\sigma\hat{\sigma}$刻画了预测值与实际值的协方差($\rho$为$y_i$和$\hat{y}_i$的相关系数)。因此,将上述3部分分别除以均方误差得到3个比例系数,分别称为偏倚比例(Bias Proportion)、方差比例(Variance Proportion)和协方差比例(Covariance Proportion),公式分别为:

$$U_B = \frac{(\bar{y}-\bar{\hat{y}})^2}{\sum_{i=1}^{n}(y_i-\hat{y}_i)^2/n} \qquad (1.2.11)$$

$$U_V = \frac{(\sigma-\hat{\sigma})^2}{\sum_{i=1}^{n}(y_i-\hat{y}_i)^2/n} \qquad (1.2.12)$$

$$U_C = \frac{2(1-\rho)\sigma\hat{\sigma}}{\sum_{i=1}^{n}(y_i-\hat{y}_i)^2/n} \qquad (1.2.13)$$

偏倚比例表示的是预测值与实际值的系统偏差,其值应该尽量小。如果U_B过大,意味着系统性偏差较大,需要对模型进行修正。方差比例表示的是预测变量刻画其实际变化程度的能力,如果U_V较大,意味着实际序列波动很大,对应的预测序列变动很小,或者实际序列波动很小,对应的预测序列变动很大,表明模型需要修正。协方差比例度量的是非系统性偏差,由于没有理由奢望预测值与实际值完全相关,该比例不像其他2个部分那样值得关注。一般来说,理想的比例是$U_B=U_V=0,U_C=1$。

关于泰尔不等系数及其分解,两点说明如下:

第一,上述3个比例系数并非泰尔不等系数U的分解结果,而是U^2的分解的结果。由于$U\in[0,1]$,从而$U^2\in[0,1]$,3个比例系数的解释能力不变,但注意不能将这3个比例系数理解为U的份额。

第二,如果对任意i,$\hat{y}_i$总是取0,则也有$U=1$,此种情况不同于$\hat{y}_i=-y_i$的情况,这说明泰尔不等系数存在一定缺陷。一个修正的泰尔不等系数为:

$$U' = \sqrt{\dfrac{\sum\limits_{i=1}^{n}(y_i - \hat{y}_i)^2}{\sum\limits_{i=1}^{n} y_i^2}} \tag{1.2.14}$$

其中,U'在 0 到∞之间,U'越小,说明预测的精度越高。

第三节　定性预测法概述

本节简要介绍定性预测的主要方法,后面各章着重讲解定量预测方法。定性预测主要是通过对历史资料和未来条件的研究,凭借预测者的主观经验、业务水平和推理能力,对未来的发展趋势做出推测与判断。定性预测一般不需要非常高深的理论基础,也不需要烦琐复杂的数学模型,在实际预测时经济实用、简单易行。由于定性预测法对历史数据的要求相对较低,当预测对象缺乏原始资料时,常常作为首选的预测方法。在实践中,随着预测程序的规范化和科学化,定性预测的准确性和可靠性会越来越高,因而在某些场合其也受到一定程度的重视。

一、定性预测法的概念

1.定性预测法的含义

定性预测法是预测者根据已经掌握的历史资料和调查数据,主要依靠有丰富工作经验和综合分析能力的预测人员的分析判断,对事物的未来发展做出判断的预测方法。定性预测法特别适合于对预测对象的数据资料掌握不充分,或影响因素复杂,甚至难以用数字描述等情况。

2.定性预测法的特点

相对于定量预测法,定性预测法有以下 2 个明显的特点。

(1)主要依据经验而非历史数据进行预测。定量预测都是以历史数据为依据,从对历史数据的整理、分析开始的。但在实际预测过程中,取得充分可靠的历史数据,有时是非常困难的。在瞬息万变的市场经济条件下,对于层出不穷的新生事物,根本不存在历史的统计数据。这时,定性预测的优势就显现出来了。定性预测不依赖历史数据,主要凭借实地调查的第一手资料和预测者丰富的经验,进行判断、分析和预测。

(2)更适合预测对象发生重大转折情形的预测。定量预测是依据历史数据预测的,因此所有定量预测模型都有一个假设,即预测对象的数量特征和内部结构不变。但事实上,事物始终处于发展变化的过程之中,区别只在于变化程度的大小,这也是定量预测中始终存在的一个问题,即模型对历史数据有很好的拟合效果,但实际预测效果却难如人意。定性预测因为完全脱离了这种假设,因而某些情形下的判断、预测可能更客观准确。特别是当预测对象发生趋势和方向上的重大转折时,定性预测法就特别有用武之地。比如,国家经济体制、经济政策和经济形势的变化对 GDP 的影响,科学技术发展对企业经营环境的影响,新产品开发对企业发展方向和营销战略的影响等,一般比较适合用定性预测。

当然,定性预测的缺点也是显而易见的。由于预测主要凭借个人经验和主观判断能力,易受人的知识、经验和能力的限制,也更易受个人主观因素的影响。

3.定性预测和定量预测的区别

定性预测和定量预测的区别主要有:

(1)依赖的哲学体系不同。定量预测法认为,预测对象是客观的、独立于研究者之外的某种现实存在物;而定性预测法认为,预测的对象与研究者之间的关系十分密切,研究者赋予研究对象一定的主观色彩,使其成为研究过程的有机组成部分。与此同时,定量预测法认为,预测对象可以被分解成几个部分,通过对这些组成部分的观察就可以获得对整体的认识;而定性预测法认为,预测对象是不可分割的有机整体,整体内的各个部分无法脱离整体而独立存在,因而应该注重的是研究对象的全部和整个研究过程。

(2)对预测者角色的定位不同。对定量预测而言,预测者的角色主要是程序员。预测者主要是根据已有的统计数据、测量方法、理论模型,按既定程序对预测对象进行模拟、分析、判断。在定量预测中,预测所使用的统计数据、测量方法、理论模型通常是独立于预测者之外的,预测者通常不亲自从事资料的搜集、整理工作。对定性预测而言,预测者本身就是资料的一部分。预测者不仅亲自参与统计数据收集,而且本身就是测量的工具,定性预测没有固定的理论模型,其预测大多是在实地和自然环境中进行的。

(3)预测的主要目的不同。定量预测法的主要目的在于发现事物变化的一般规律,并对各种环境中的事物做出带有普遍性的解释。因此,定量预测十分重要的工作之一就是有效地控制变数。定性预测法则试图对特定情况或事物做特别的解释,它力求了解事物在常态下的发展变化,但并不控制外在变数。当然,定性预测和定量预测都能在特定的条件下对研究对象做出有效的判断和预测,两者不是相互排斥的,而是相互补充的。在预测过程中,结合定性预测和定量预测,往往可以提高统计预测的质量。

二、定性预测的主要方法简介

定性预测的方法很多,主要有:类推法、经验判断法、专家会议法、德尔菲(Delphi)法、主观概率法等。

1. 类推法

类推法是一种由此及彼、由因到果、由部分到总体的一种定性预测方法。由于下面2个原因,类推法在实际预测中得到广泛运用。

(1)预测对象为一个全新的总体或领域,预测者无法得到任何与预测对象相对应的数据或信息资料,因而预测者可以通过找到与预测对象在结构、性质和变化规律上相类似的参照物,然后由此及彼地进行推算和预测。比如,以发达国家经济发展的特点和规律为参照物,来分析和预测我国经济发展中可能出现的问题,防患于未然;也可以借鉴发达国家经济发展的成功经验,确保我国经济发展处于有序高效的运行轨道。

(2)预测对象为无限总体,虽然预测者可以得到部分与预测对象相对应的数据和信息,但无法得到总体全面的数据和资料。此时,预测者可以借助抽样推断的原理,对预测对象进行从部分到总体的判断和预测。

2. 经验判断法

经验判断法是一种主要凭借预测者丰富的经验直接对预测对象进行判断预测的方法,大致可以分为个人经验判断法和集体经验判断法。个人经验判断法指预测者凭借个人的知识经验和综合分析能力,直接预测研究对象未来发展变化的方法。集体经验判断法是利用集体的经验、智慧,通过思考分析、集体讲座、判断综合,对预测对象未来的发展变化做出判断和预测的一种方法。

3. 专家会议法

专家会议法是从集体经验预测法演变而来的,它是依据专家经验,通过专家集体会议的形式,对预测对象进行预测的方法。专家会议法并不是单个专家意见的简单集合,而是在专家的集体讨论中,互相启发和取长补短,产生群体共振,从而收到事半功倍的效果。

4. 德尔菲法

德尔菲是希腊历史遗迹阿波罗神殿所在地,相传阿波罗具有预见未来的能力,德尔菲法因此而得名。德尔菲法是从专家会议法发展而来的,它对专家会议法的部分缺点(比如容易受到权威专家意见的影响)进行了改进,采用专家之间背靠背的意见交流形式,使专家在不断的间接交流过程中交换意见。德尔菲法利用一系列简明扼要的征询表,将征得的意见进行有效控制和反馈,最终得到相对统一的专家意见,然后由预测者最后做出预测的方法。德尔菲法与经验判断法的主要区别在于:德尔菲法中,每个专家的经验及预测结果只是整个预测过程的一部分,任何专家的预测都不直接构成预测结果。德尔菲法的预测结果是由预测者根据所有专家的预测结果加工整理而成的。

5. 主观概率法

主观概率法是以预测者对预测对象未来各种可能结果的主观判断为依据进行预测的方法。在市场经济条件下,由于不确定性因素的存在,预测对象在未来的变化结果往往是不确定的,我们可以考虑各种可能的状况,给出一个综合的预测结果。

◆ 本章小结

(1)统计预测是预测学中非常重要的一部分内容,属于预测方法研究范畴。信息是预测的前提,方法是预测的手段和基础,判断是预测的目标,它们构成了统计预测的 3 个要素。统计预测最主要的作用是为决策提供依据。

(2)统计预测的方法包括定性预测法和定量预测法两大类,其中定量预测法大致有回归预测法和时间序列预测法。此外,依据预测时间的长短,可将预测划分为近期统计预测、短期统计预测、中期统计预测和长期统计预测;依据预测对象的范围,可将预测划分为宏观统计预测和微观统计预测。

(3)统计预测的基本原则包括相关性原则、连续性原则、类推性原则和概率性原则。统计预测的基本步骤有:确定统计预测目标,搜集统计预测资料,选择预测模型和方法,评估和修正预测结果,撰写预测分析报告。

(4)统计预测的效果通常用预测精度指标来评价,包括绝对指标和相对指标两大类,其中绝对指标可以反映预测误差的绝对大小,而相对指标说明了预测误差的相对程度。

(5)定性预测的方法包括类推法、经验判断法、专家会议法、德尔菲法、主观概率法等。定性预测与定量预测可以相互补充,两者结合可以提高统计预测的质量。

◆ 思考与练习

1. 什么是统计预测? 统计预测的基本要素有哪些?

2. 统计预测的特点是什么? 统计预测有哪些主要作用?

3.什么是定性预测和定量预测？它们各有哪些特点？

4.选择统计预测模型和方法的基本准则主要有哪些？

5.统计预测的基本原则有哪些？

6.统计预测包括哪些主要步骤？

7.衡量统计预测误差的统计指标主要有哪些？

8.简述定性预测与定量预测的区别,以及定性预测主要有哪些方法？

◆附录

阅读材料:《一个简单类比引发的思考》①

【导读】统计预测是一项十分复杂的系统工程。无论是预测资料的审核、模型方法的构建、预测效果的评价,乃至对统计预测学科本身的评价,都是众说纷纭、备受争议。这里,我们通过一个非常经典的案例,来佐证著名统计学家和预测学家 George Box 的一句名言:"所有的模型都是错误的,但有些是可用的。"希望这个案例能敦促我们在统计预测中形成严谨的科学态度,修正传统理念对统计预测的偏见,鼓舞我们持之以恒地致力于对统计预测模型和方法的完善。

一、模型预测的实际困难

实际的经济预测大多数是通过模型进行的。如果模型能比较及时地反映经济现实,并且未来经济发展与现实高度相符或相近,这对我们进行经济预测是一个好的基础。然而,由于在经济预测的过程中,预测者所面临的选择客观上受到现实条件的种种制约,导致预测模型本身可能不是现实的准确表述,而且模型本身的准确性也很不稳定,这就使得经济预测变得十分困难。因为它可能使过去使用效果很好的预测模型不再适用。现在我们通过一个简单的类比来分析利用模型预测的实际困难。

日常生活中经常遇到驱车旅行一类的事,为了充分利用时间,提高旅行效率,人们常常会做一个驱车旅行的时间计划,用我们的专业术语讲就是预测驱车旅行所需要的时间。

典型的驱车旅行者主要依靠地图(如果该旅行线路不是已经熟悉的线路),地图常常用于反映位置间的空间方位和连接情况。因此,只要有了准确

---

① 摘自 Paula R. De Masi 的《困难的经济预测》。该文构想得益于大卫·亨德里和尼尔·埃里克松编著的 *Understanding Economic Forecast* 第5—7页的"驱车旅行计划"一例。此处材料略有改动。

无误的地图,已知自备车辆的条件并大致了解旅途的路况,一般就能比较准确地预测旅途所需要的时间,为制订驱车旅行计划提供依据。如果一切都能按人们预期的那样运作,那么预测就是一件非常容易的事,预测对决策的作用也显得十分明确和重要。然而,现实常常不如人意。现实生活给我们的启示是再周密的计划也无法赶上反复无常的变化。这是因为:

第一,地图本身可能不准确。

评价地图的准确性从理论上说是很简单的,主要从检查几方面的情况展开。检查的主要内容包括道路和主要标识物是否如实地被标在地图上;道路之间或主要标识物的位置是否如地图所标的那样连接在一起;地图的标记和尺度是否规范、科学、合理;各种标识物是否形象具体;单向通行的道路是否做了明显的标识;等等。

然而,对任何一个驱车旅行者来说,要对上述情况一一核实,不仅是不可能的,也是不经济的。于是,原本作为制订旅行计划依据的地图可能成了误导计划实施的理论依据。

第二,地图与现实不符。

地图即便很准确,它也只是一个相对静止的文本而已,但现实生活始终处于不断的发展变化之中。道路的改造和建设是现代社会进步的特点和标志,现实经济复杂多变,没有人能为此设计一张随时管用和面面俱到的“精确地图”。现实的情况通常是:地图上用红色标明的公路在现实中并不是红色的;公路的宽度和长度与现实大相径庭;地图中许多标识符号与特征和实物并不一致;许多新建的桥梁、道路无法及时在地图中得到反映;许多原有的道路已经经过了相当程度的改造(如在原本需要绕道而行的江上新建了一座跨江大桥);地图上明确标注的道路或许已经不复存在;等等。因此,即使是精确描绘公路连接的地图,对预测旅行时间来说也可能是毫无意义的,这也使得依照地图制定的行动计划变得异常危险。

以上2类错误及由此导致的预测误差,我们称为模型的“规范错误”。任何预测模型也不是完全精确的,它们常常忽略了一些重要的经济联系和涉入一些不相干的干扰因素。在上面的例子中,严重的预测误差可能就产生于我们选择了一条地图明确标示而现实根本无法走通的死胡同;有时误差没有产生却是因为我们放弃了地图的使用才免入歧途。

模型的“规范错误”,不仅增加了经济预测的困难,而且使我们估计预测误差可能发生的范围变得十分困难,因为这些预测误差是被合理的理论假象掩盖着的。如上例中,对旅行时间预测的误差是建立在不完全适用的地图上的。

第三,意外的发生。

模型的"规范错误"或许还能通过人为的努力来避免(如事先亲身去体验,即便那是不经济的),但未来的不确定性是人们无法预知的,意外随时可能发生:前方突然发生的重大交通事故导致道路堵塞;意外的天气状况使路况严重恶化甚至必须进行交通管制;不可预期的特大灾难导致大桥的倒塌或山体滑坡;车辆本身出现了故障;等等。这些意外事故被看作一系列不确定因素中发生概率较小的现实情况,但它们确实时常发生,并且这些变化对预测结果的影响也至关重要。因此,事先精心制订的计划随时都可能被突如其来的意外情况打破。

不稳定性是市场经济的一个重要特征,当未来的情况与过去截然不同时,可供将来参考的好的预测方法显然非常之少,经济学家称这种情况为"不稳定状态"——情况在发生着不确定性变化。现代计量经济学进行了大量的努力来发展这种不稳定状态下的预测模型,这种不稳定状态下的预测模型被分成了截然不同的两类。一类是研究常规的、持续变化的预测模型,又叫作"随机趋势"模型——因为平均增长稳定,但围绕着平均增长有一定的波动;另一类叫"结构变化"模型,结构变化指那些大的、突发的变化,结构变化对预测结果的影响几乎是完全无法预计的。这种由"不稳定状态"造成的预测误差似乎可以解释为什么减少预测误差会如此困难。

二、如何降低模型预测的困难

驱车旅行者制订时间计划的例子阐明了模型预测的许多潜在风险,因为预测模型构建的理论依据(该例中绘制地图的标准就是我们构建预测模型的理论依据,而地图的参照物就是预测模型)事实上并不可靠,或者模型以外许多影响预测结果的重大因素我们并不知晓。一个很小的意外(如交通堵塞)有可能产生突发的、重大的影响,何况经济系统随时可能发生重大的结构变化。即便是没有任何意外发生,事先制订的旅行计划也可能无法实现。

与我们的分析相关的例子是,如果公路上行车的数量不多,那么减少车道不会产生重大的问题。然而,一旦岔路上的行车数量稍微增加,那么,严重的交通堵塞就有可能发生。在有限的范围内,增加交通密度不会造成重大的阻塞以致影响到旅行时间。然而,一旦超出了这个范围,增加交通密度所产生的交通阻塞就有可能严重拖延旅途时间,影响旅行计划的实施。在经济领域中,类似的情况很多,这种影响属于"非线性"和"制度转换"类,它给经济预测造成了重重困难。

面对众多事先无法预期而确实可能发生的情况,如何进行有效的预测?

要解决这个问题可能有多种可供选择的方法。对于旅行时间的预测,虽然基于路线的长度(根据地图测量得到)、平均速度(由路面状况和交通状况所决定)及各种可能出现的特殊因素建立的预测模型不一定完全可靠(正如地图可能总会有一些错误),相应的预测结果也总会有偏差,但比起用其他方法,这种偏差已经很小了。当然,如果发生诸如地图上的大桥已经废弃或关闭这类的情况导致预测失败就另当别论了。但它给我们的另一个启迪是:即使预测模型不是十分严密,但由此做出的预测结果也有可能准确。举个例子,托勒密系统是个几乎不符合行星实际运动的模型。然而,由它来预测月食却相当准确。于是,人们可以通过自身的努力来有效减小模型预测的误差。

在我们分析的例子中,如果旅行的路线以前也走过,那么有 3 种预测方法可供选择:

其一,你可以完全不依靠地图而只凭上次的经验来预测相同旅途将花费的时间。如果道路没有发生变化,也没有其他特殊因素的干扰,由经验推断出的预测结果完全摆脱了地图精确度的影响,而且是相当准确的。因此,如果地图与现实情况有差距,或者是地图跟不上现实的变化,那么根据以前的经验进行的推断也许是预测旅行时间的最佳方法。

其二,根据已经建立的预测模型,结合当地交通电台通报的信息(如道路的情况、交通拥挤度、天气预报等等),及时调整行驶路线。如果这样,整个旅途所需时间也将被初步确定。而且在大多数情况下,这样的估计足以精确到保证在最佳时间内到达目的地。

虽然,在这 2 种情况下,预测误差仍然不可避免,如运气不佳,遇到一连串红灯,被迫一次又一次停车,或者遇到比平时更为顺利的交通而提前到达,诸如此类。但从总体上说,预测时间会围绕平均预测时间波动。围绕平均预测时间上下波动的幅度,可以用预测误差的方差或它的平方根(预测误差的标准差)来表示。通过上述灵活的应变措施,提高了对整个旅行时间准确预测的可能性,但是,即便如此,也仍然可能受到真正意义上的意外事件的影响。

其三,建立意外事件预测模型。对意外事件建立模型并进行预测是相当困难的,原因在于在意外事件发生之前很难观察到它的蛛丝马迹。我们只能根据意外事件发生的概率和规模建立相应的预测模型,并根据意外事件发生的可能性对预测结果进行平均综合考虑。用驱车旅行计划的例子来说,可在模型预测顺利完成旅程所需时间的基础上,适当留有伸缩的余地。

三、由驱车旅行计划引发的思考

一个简单的类比引发了我们对经济预测若干基本问题的思考。

思考一:什么是预测? 什么可以预测?

我们常说,预测是对未来发展态势的一种估计。估计不可避免存在误差,因为无论是模型预测还是差别预测,总会遗漏一些重要的关系或涉及一些不相关的因素。从这一点上说,再精确的预测也无法保证取得准确、可靠的预测结果。但只要预测的目标足够明确,预测还是可以进行的,因为预测能使我们尽可能地接近目标的真值。

虽然模型预测可能产生模型的"规范错误",模型可能不是现实最真实体现,预测也总有偏差。但比起其他方法来说,由此产生的预测误差已经是很小的了。理论模型在经济预测中有着无法替代的作用。

虽然结构变化可能导致预测的彻底失败,但结构变化客观上存在一个从量变到质变的过程。而从经济预测角度分析,也根本不可能存在一种一劳永逸的预测模型和预测方法。因此,只要在结构变化确实发生之前,模型预测能有相当的准确性和可靠性,模型预测的作用就不可低估。事实还证明,在结构变化发生之后,如能及时根据变化了的情况调整模型,预测依然是有效的。

思考二:如何进行经济预测?

预测总是与未来相关,但未来是充满不确定性的。经济系统始终处于不断的发展变化之中,即便原有的预测模型非常科学合理、行之有效,但由于影响社会经济系统发展变化的诸多因素发生了不确定性变化,如技术因素、立法因素、政治因素、社会因素等,预测仍有可能失效。因此,我们一方面要强调模型预测的重要性,另一方面也不能拘泥于模型。在经济预测过程中,我们必须随时根据可能发生的重大变化和已经掌握的最新信息,调整和完善预测模型,并结合其他预测方法对预测结果进行综合平衡,使经济预测始终处于动态跟踪和结构判断的监测状态。

思考三:如何客观评价预测的成功和失败?

经济预测的作用之一是为经济决策提供依据。因此,许多人认为,必须根据决策的要求来评价预测的成败,任何脱离决策要求的评价结果都是没有现实指导意义的。然而,由于经济变量本身的变化是不可预期的,经济预测的成败有时并不能完全依据经济决策的要求来评价。

经济决策和经济预测都是管理经济方法,最终目的都是确保经济发展得高效、有序。因此,凡是能促进宏观经济高效、有序发展的预测结果都应该被认为是成功的。例如,经济预测结果显示,经济发展的总体在未来将出现一个下滑趋势。在这样的预测结果下,在宏观经济管理方面必然采取一系列行之有效的措施,以防止经济下滑的产生或降低经济下滑的力度(如扩大政府投资等)。由于经济管理措施的准确到位,最终经济并未出现预期的下滑,反而出现了小幅度的增长。这能说事先的经济预测是失败的吗? 显然不能。因为经济下滑的预期结果没有发生,反而止跌为升,这正是针对预测结果及时调整经济管理措施的结果,也是经济管理的最终目标。

思考四:如何评价预测误差?

常用的预测误差的测量指标有 2 类,包括绝对统计度量指标和相对统计度量指标。绝对统计度量指标有:平均误差;平均绝对误差;误差平方和;均方误差和误差的标准差。相对统计度量指标有:百分误差(Percentage Error);平均百分误差(Mean Percentage Error)和平均绝对百分误差(Mean Absolute Percentage Error)。

预测误差的上述测量指标都是从预测误差的大小出发进行度量的。预测理论认为,预测误差越小越好。然而,对经济预测来说,我们认为重要的不是预测误差的大小,而在于预测误差中存在的系统性。从这意义上说,传统的预测误差测量指标对经济预测并没有特别的现实指导意义。

思考五:经济预测的主要困难是什么?

经济预测的主要困难在于未来的不确定性。经济预测中遇到的不确定性很多。辛格(Maxine Singer,1997)在《非千禧年信徒的思考》(*Thoughts of Nonmillenarian*)一书中,简要概括了不确定性给经济预测带来的困难。"基于现有的知识水平,某些发展是可以预料的,至少是可以被想象到的";但是,"由于存在我们不知道的事,未来在很大程度上是不可预知的"。如上所述,如果没有明确的预测目标,预测是无法进行的。

思考六:如何应对不确定性带来的意外状况?

如果经济系统能保持在自己的轨道上稳定发展的话,利用已有的模型对它们未来的状况进行预测,总的来说还是比较准确的。但现实是经济系统始终处于不断的发展变化之中,意外随时可能发生。因此,预测者如果不考虑现实经济系统的变化,而仍以过去的结果为根据进行预测,必然导致预测的失败。

当意外发生时,理论上可以建立意外事故预测模型,然后结合正常情况和意外情况两者的预测结果进行综合平均。但问题是,这个综合平均的预测结果虽然理论上合理,但实际中永远不可能出现,实际出现的只能是 2 种可能情况下某一具体的预测结果。如对旅行计划时间预测中,正常模型预测的旅途需要时间是 10 个小时,我们考虑到了可能发生的意外情况,并做出了相应的预测,认为旅途所需时间是 12 个小时,于是得出其平均所需时间为 11 个小时。但实际情况是,如果一切正常,则旅途花费的时间为 10 个小时;如果旅途发生意外,则旅途花费的时间为 12 个小时。而 11 个小时的平均旅途时间永远不会出现。

此时实际上还是需要根据我们已经掌握的最新信息,判断未来的可能结果,并根据各种结果可能出现的概率进行推断预测。大量实证研究表明,推断预测在结构发生变化时更容易得到调整,而其他趋势模型则会延伸以往模型的系统性误差。

思考七:如何正确看待经济预测的科学性、准确性?

经济预测的科学性是不容置疑的,经济预测有十分完整的理论体系和方法论体系。经济预测依赖于科学的理论和方法,依据可靠的信息和资料,借助先进的计算技术和手段,能对预测对象涉及因素之间的相互作用方式及联系关系程度做出定量的分析,并据此采取相应的政策措施,以取得预期的经济效果和社会效果。但与精确科学相比,经济预测属于非精确科学的范畴。

关于经济预测的非精确科学性质,现实经济生活中股市的情形就是最好的说明。形形色色的泡沫和崩盘常使股市大起大落,让人捉摸不定。但是,我们冷静下来分析就会发现,它难道不正是人在本能冲动与合理推断下做出的对未来发展的一种预测吗?

最后要说的是,经济预测的非精确科学性质并不影响经济预测的作用。经济预测的目标不能界定在精确预言经济后果上,而只能是对经济发展的未来结果给出统计的和或然的估计。以"结果是否百分之百准确"作为经济预测效果的评价标准,这实际上是对经济预测作用的否认。

第二章　回归分析预测法

19 世纪末,英国著名统计学家高尔顿(F. Galton)在研究孩子及他们父母的身高时发现,身材高的父母的孩子也高,但这些孩子的平均身高并没有他们父母的平均身高那样高;而比较矮的父母,他们的孩子也比较矮,但这些孩子的平均身高要比他们的父母的平均身高要高。高尔顿把这种孩子身高向平均数靠近的特性称为回归(Regression)效应,自此"回归"这个术语便开始传播开来。现在的回归分析已经没有了原来的含义,但回归这种说法一直沿袭下来,重在表明这是研究变量之间数量关系的一种方法。

回归分析预测法是统计预测的一种基本方法,它是在分析因变量与自变量之间相互关系的基础上,建立变量之间的数量关系,并在进行参数估计和显著性检验以后,运用回归模型预测因变量数值的方法。回归分析方法的种类较多,按照自变量的多少,可以分为一元回归和多元回归;按照回归方程表现形式的不同,可以分为线性回归和非线性回归。要说明的是,本章讲的回归分析预测法指的是针对横截面数据的回归分析预测法,如果是针对时间序列的回归预测法,对应的是本书第六章讲述的多变量时间序列预测法。

第一节　一元线性回归分析预测法

一元线性回归分析预测法是指 2 个变量大体呈现直线变化趋势时,建立自变量与因变量的线性回归方程,并根据自变量的取值,预测因变量可能的数值。其一般过程包括模型建立、参数估计、模型检验和预测。

一、模型建立

一元线性回归模型的一般表达式为:

$$y_i = \alpha + \beta x_i + \varepsilon_i \tag{2.1.1}$$

其中，y 为一个随机变量，常称作被解释变量或因变量；x 是一个确定性变量，称作解释变量或自变量；ε_i 为随机误差项。误差项 ε_i 是由于各种因素的相互作用而产生的。比如，若 x 代表收入，y 代表消费支出，由于消费支出并不唯一地取决于收入，个人消费习惯、文化程度和居住环境等对消费支出均有影响，因而模型简化虽然可以方便我们认识纷繁复杂的现实世界，但是误差是难免的。此外，在收集收入、支出等数据时，由于主客观条件的限制，准确度量基本是不可能的，这也是误差产生的原因之一。因此，随机误差项的概率分布，决定了因变量 y_i 的概率分布。

在运用式(2.1.1)进行预测时，要求误差项必须满足一定的条件，主要有：

(1)误差项服从均值为 0、方差为常数 σ^2 的正态分布，即 $\varepsilon_i \sim N(0,\sigma^2)$；

(2)不同时期的误差项相互独立，即 $\mathrm{Cov}(\varepsilon_i,\varepsilon_j)=E(\varepsilon_i\varepsilon_j)=0$(当 $i\neq j$ 时)；

(3)误差项与自变量不相关，即 $\mathrm{Cov}(\varepsilon_i,x_i)=E(\varepsilon_i x_i)=0$。

在回归模型的经典假设中，假定自变量 x 不是随机变量，因此一定满足第三个条件。而误差项服从正态分布，使得我们能够利用常用的 F 分布、t 分布和 χ^2 分布等进行检验。误差项同方差和相互独立(在时间序列分析中常常称作无自相关)的假定，主要着眼于估计的有效性。

当我们在研究居民消费支出与收入的回归关系时，由于随机误差项的存在，结果不具有唯一性，而是随机的。但是在误差项满足上述条件时，估计结果一般是可接受的。比如，估计结果满足无偏性：$E(y \mid x_i) = E(\alpha + \beta x_i + \varepsilon_i) = \alpha + \beta x_i$。

理解总体回归直线与样本回归直线的区别，有助于我们把握对回归参数的估计。如果欲研究中国家庭的收入与消费支出的关系，那么根据所有中国家庭的收入与消费数据建立的回归模型为总体回归模型，像式(2.1.1)中的参数 α 和 β 即总体参数。但是由于总体容量太大，如果我们只抽查了部分家庭(比如 5 万户)进行调查研究，据此建立的回归模型为：

$$y_i = \hat{\alpha} + \hat{\beta} x_i + \hat{\varepsilon}_i \tag{2.1.2}$$

此即样本回归模型。其中：$\hat{\alpha}$ 和 $\hat{\beta}$ 为样本统计量，分别用来估计总体参数 α 和 β；$\hat{\varepsilon}_i$ 为残差项(或剩余项)，可以用来估计误差项 ε_i。

二、参数估计

针对一元线性回归模型参数常用的估计方法为普通最小二乘法(Ordinary Least Squares，简称 OLS)，即使预测值与实际值离差的平方和最小，也即使残差的平方和最小。以式(2.1.2)为例，应使下式达到最小：

$$\sum \hat{\epsilon}_i^2 = (y_i - \hat{\alpha} - \hat{\beta}x_i)^2 \tag{2.1.3}$$

通过对 $\hat{\alpha}$ 和 $\hat{\beta}$ 求偏导数,并令它们等于 0,简化得到:

$$\begin{cases} \hat{\beta} = \dfrac{n\sum x_i y_i - \sum x_i \sum y_i}{n\sum x_i^2 - (\sum x_i)^2} = \dfrac{\sum (x_i - \bar{x})(y_i - \bar{y})}{\sum (x_i - \bar{x})^2} = \dfrac{\text{Cov}(x,y)}{\sigma_x^2} \quad (2.1.4) \\ \\ \hat{\alpha} = \bar{y} - \hat{\beta}\bar{x} \end{cases}$$

$$\tag{2.1.5}$$

如果在建立回归模型之前,先将每个变量中心化,也即 $\dot{x}_i = x_i - \bar{x}$,$\dot{y}_i = y_i - \bar{y}$,则有:

$$\begin{cases} \hat{\beta} = \dfrac{\sum \dot{x}_i \dot{y}_i}{\sum \dot{x}_i^2} \tag{2.1.6} \\ \\ \hat{\alpha} = 0 \tag{2.1.7} \end{cases}$$

因此,中心化后的回归模型为:

$$\dot{y}_i = \hat{\beta}\dot{x}_i + \hat{\epsilon}_i \tag{2.1.8}$$

数据中心化后的模型相比原数据的模型,斜率是相等的,但是截距不等,中心化后的截距等于 0。需要说明的是,在时间序列的线性回归中,即 $y_t = \alpha + \beta t + \epsilon_t$($t$ 代表时间),我们改变自变量 t 的取值以满足 $\sum t = 0$,得到了所谓的参数简易公式,但是这与中心化并不相同。这里是对所有变量都进行中心化处理,而在时间序列的简易公式中,仅仅改变自变量 t,且改变方式不仅仅是进行中心化处理,自变量 t 与对应时间的单位长度可以有变化(比如数据数目为偶数时,变换方式为 $t-3$,$t-1$,$t+1$,$t+3$,…),从而斜率也可以变动。

三、模型检验

1. 标准误差

标准误差(Standard Error)是因变量估计值与实际值的均方根误差,一元回归模型的标准误差计算公式为:

$$se = \sqrt{\dfrac{\sum (y_i - \hat{y}_i)^2}{n-2}} \tag{2.1.9}$$

其中,分母 $n-2$ 为自由度。因为在求解参数时,要满足 2 个约束方程(或正规方程),所以能够自由变动的变量数为 $n-2$。之所以除以自由度而不是变量数,主要是为了保证样本统计量估计总体参数的无偏性。

标准误差是给定 x 值时,y 的实际观测值与其估计值 $\hat{y}$ 的平均离差。显然,se 的数值越小,说明观测点越靠近回归直线,偏差的离散程度越小,进而估计值的代表性越强。特别地,当 $se=0$ 时,说明 y 和 $\hat{y}$ 完全一致,在散点图上表现为所有的观测点都落在回归直线上。反之,se 越大,说明偏差的离散程度越大,回归直线方程的代表性越弱,回归估计结果越不精确。标准误差的缺陷是,它是一个具有量纲的统计量,在对不同对象的拟合效果进行比较时,缺乏可比性。

2. 可决系数

可决系数(Coefficient of Determination,也叫判定系数)是反映回归模型拟合优度的一个指标,由于没有量纲,在实际应用中比标准误差具有更大的作用。以式(2.1.8)为例,因变量 y 的总变动可以写成:

$$\sum (y_i - \bar{y})^2 = \sum \dot{y}_i^2 = \sum (\hat{\beta}\dot{x}_i + \hat{\varepsilon}_i)^2 = \hat{\beta}^2 \sum \dot{x}_i^2 + \sum \hat{\varepsilon}_i^2$$

$$(2.1.10)$$

其中,$\sum \dot{y}_i^2$、$\hat{\beta}^2 \sum \dot{x}_i^2$ 和 $\sum \hat{\varepsilon}_i^2$ 分别称为被解释变量 y 的总平方和(Total Sum of Squares)、可解释平方和(Explained Sum of Squares)与残差平方和(Residual Sum of Squares),分别记为 TSS、ESS 和 RSS。可决系数的定义为:

$$R^2 = 1 - \frac{\text{RSS}}{\text{TSS}} = 1 - \frac{\sum (y_i - \hat{y}_i)^2}{\sum (y_i - \bar{y})^2} = \frac{\text{ESS}}{\text{TSS}} \qquad (2.1.11)$$

不难看出,R^2 反映了自变量的变动对因变量变动的解释程度,R^2 越大,说明模型的解释能力越强。对于一元线性回归模型,R^2 的一个变形公式为:

$$R^2 = \frac{\left(\sum \dot{y}_i \hat{\dot{y}}_i \right)^2}{\left(\sum \dot{y}_i^2 \right) \left(\sum \hat{\dot{y}}_i^2 \right)} = \left[\text{Cov}(y_i, \hat{y}_i) \right]^2 \qquad (2.1.12)$$

也就是说,可决系数 R^2 等于数列实际值与预测值相关系数的平方,反映了预测值数列与实际值数列的相似程度。

3. 回归模型系数的显著性检验

根据式(2.1.6)可得:

$$\hat{\beta} = \frac{\sum \dot{x}_i \dot{y}_i}{\sum \dot{x}_i^2} = \frac{\sum \dot{x}_i y_i}{\sum \dot{x}_i^2} = \sum \frac{\dot{x}_i}{\sum \dot{x}_i^2} y_i \triangleq \sum k_i y_i \quad (2.1.13)$$

其中,$k_i = \frac{\dot{x}_i}{\sum \dot{x}_i^2}$。不难得到:$\sum k_i = \sum \frac{\dot{x}_i}{\sum \dot{x}_i^2} = 0$,$\sum k_i^2 =$

$$\sum \left[\frac{\dot{x}_i}{\sum \dot{x}_i^2} \right]^2 = \frac{1}{\sum \dot{x}_i^2}, \sum k_i \dot{x}_i = \sum k_i x_i = \sum \frac{\dot{x}_i^2}{\sum \dot{x}_i^2} = 1。将式(2.1.1)$$

带入式(2.1.13)得：

$$\hat{\beta} \sum k_i (\alpha + \beta x_i + \varepsilon_i) = \alpha \sum k_i + \beta \sum k_i x_i + \sum k_i \varepsilon_i = \beta + \sum k_i \varepsilon_i$$

$$(2.1.14)$$

两边分别取期望和方差得：

$$E(\hat{\beta}) = \beta + \sum E(k_i \varepsilon_i) = \beta \qquad (2.1.15)$$

$$\text{Var}(\hat{\beta}) = E(\hat{\beta} - \beta)^2 = E\left(\sum k_i \varepsilon_i\right)^2 = \sigma^2 \sum k_i^2 = \frac{\sigma^2}{\sum \dot{x}_i^2} \quad (2.1.16)$$

同理，因为 $\hat{\alpha} = \bar{y} - \hat{\beta}\bar{x} = \dfrac{\sum y_i}{n} - \bar{x} \sum k_i y_i = \sum \left(\dfrac{1}{n} - \bar{x} k_i\right) y_i$，两边取期望和方差可得：

$$E(\hat{\alpha}) = \sum \left(\frac{1}{n} - \bar{x} k_i\right) E(y_i) = \sum \left(\frac{1}{n} - \bar{x} k_i\right)(\alpha + \beta x_i) = \alpha \quad (2.1.17)$$

$$\text{Var}(\hat{\alpha}) = \sum \left(\frac{1}{n} - \bar{x} k_i\right)^2 \text{Var}(y_i) = \sigma^2 \left[\frac{1}{n} + \frac{\bar{x}^2}{\sum \dot{x}_i^2}\right] = \sigma^2 \frac{\sum x_i^2}{n \sum \dot{x}_i^2}$$

$$(2.1.18)$$

因为 $\hat{\alpha}$ 和 $\hat{\beta}$ 的分布由误差项的分布决定，在误差项服从正态分布时，可得：

$$\hat{\alpha} \sim N\left(\alpha, \frac{\sum x_i^2}{n \sum (x_i - \bar{x})^2} \sigma^2\right) \qquad (2.1.19)$$

$$\hat{\beta} \sim N\left(\beta, \frac{\sigma^2}{\sum (x_i - \bar{x})^2}\right) \qquad (2.1.20)$$

在误差项方差 σ^2 未知时，可用残差的期望代替，即 $\hat{\sigma}^2 = \dfrac{\sum \varepsilon_i^2}{n-2}$，这时 2 个系数的显著性检验用 t 分布进行检验更合适，即：

$$t_a = \frac{\hat{\alpha} - \alpha}{\hat{\sigma} \sqrt{\left[\dfrac{1}{n} + \dfrac{\bar{x}^2}{\sum (x_i - \bar{x})^2}\right]}} \sim t(n-2) \qquad (2.1.21)$$

$$t_\beta = \frac{\hat{\beta} - \beta}{\hat{\sigma} \sqrt{\dfrac{1}{\sum (x_i - \bar{x})^2}}} \sim t(n-2) \qquad (2.1.22)$$

当 t 值大于某个显著性水平下的临界值时，说明变量是显著的；反之则表明该变量不显著。

4. F 检验

在总变差的分解式(2.1.10)中,将变差除以各自的自由度便得到相应的平均变差,用平均的回归变差除以平均残差,就得到 F 统计量,即:

$$F = \frac{ESS/1}{RSS/(n-2)} = \frac{\sum (\hat{y}_i - \bar{y})^2}{\sum (y_i - \hat{y}_i)^2/(n-2)} \sim F(1, n-2) \quad (2.1.23)$$

当计算的 F 值大于某个显著性水平下的临界值时,说明回归模型整体是显著的;反之则表明回归模型整体不显著。

四、预测方法

1. 总体均值预测值的置信区间

由样本回归方程 $\hat{y} = \hat{\alpha} + \hat{\beta}x$,可得 $x = x_0$ 时,y 的拟合值为 $\hat{y}_0 = \hat{\alpha} + \hat{\beta}x_0$,从而得到:

$$E(\hat{y}_0) = E(\hat{\alpha} + \hat{\beta}x_0) = E(\hat{\alpha}) + x_0 E(\hat{\beta}) = \alpha + \beta x_0 \quad (2.1.24)$$

而在总体回归模型 $y_i = \alpha + \beta x_i + \varepsilon_i$ 的情况下,y 在 $x = x_0$ 时的值为 $y_0 = \alpha + \beta x_0 + \varepsilon$,因此

$$E(y_0) = \alpha + \beta x_0 + E(\varepsilon) = \alpha + \beta x_0 \quad (2.1.25)$$

式(2.1.24)与式(2.1.25)表明,在 $x = x_0$ 时,样本估计值 $\hat{y}_0$ 是总体均值 $E(y|x=x_0)$ 的无偏估计,因此可将 $\hat{y}_0$ 作为 $E(y|x=x_0)$ 与 y_0 的预测值。当然,上述预测值只是一个点的估计值,不能用于分析估计的可靠性。区间估计就是以一定的置信度估计因变量的可能范围,可以体现预测的可靠性及风险。

由 $\hat{y}_0 = \hat{\alpha} + \hat{\beta}x_0$ 可得:

$$\text{Var}(\hat{y}_0) = \text{Var}(\hat{\alpha}) + 2x_0 \text{Cov}(\hat{\alpha}, \hat{\beta}) + x_0^2 \text{Var}(\hat{\beta}) \quad (2.1.26)$$

因为 $\text{Cov}(\hat{\alpha}, \hat{\beta}) = -\sigma^2 \bar{x}/\sum \dot{x}_i^2$,将式(2.1.16)和式(2.1.18)代入上式,化简可得:

$$\begin{aligned}
\text{Var}(\hat{y}_0) &= \frac{\sigma^2 \sum x_i^2}{n \sum \dot{x}_i^2} - \frac{2x_0 \bar{x}\sigma^2}{\sum \dot{x}_i^2} + \frac{x_0^2 \sigma^2}{\sum \dot{x}_i^2} \\
&= \frac{\sigma^2}{\sum \dot{x}_i^2}\left[\frac{\sum x_i^2}{n} - \bar{x}^2 + \bar{x}^2 - 2x_0 \bar{x} + x_0^2 \right] \\
&= \frac{\sigma^2}{\sum \dot{x}_i^2}\left[\frac{\sum (x_i - \bar{x})^2}{n} + (x_0 - \bar{x})^2 \right] \\
&= \sigma^2 \left[\frac{1}{n} + \frac{(x_0 - \bar{x})^2}{\sum \dot{x}_i^2} \right]
\end{aligned} \quad (2.1.27)$$

因此

$$\hat{y} \sim N\left[\hat{\alpha} + \hat{\beta}x_0, \sigma^2\left(\frac{1}{n} + \frac{(x_0 - \overline{x})^2}{\sum \dot{x}_i^2}\right)\right] \tag{2.1.28}$$

对于未知的 σ^2，用它的无偏估计量 $\hat{\sigma}^2$ 代替，则可构造 t 统计量

$$t = \frac{\hat{y}_0 - (\alpha + \beta x_0)}{S_{\hat{y}_0}} \sim t(n-2) \tag{2.1.29}$$

其中，$S_{\hat{y}_0} = \sqrt{\hat{\sigma}^2\left(\frac{1}{n} + \frac{(x_0 - \overline{x})^2}{\sum \dot{x}_i^2}\right)}$，于是在 $1-\alpha$ 的置信度下，总体均值

$E(y \mid x = x_0)$ 的置信区间为：

$$\hat{y}_0 - t_{\frac{\alpha}{2}} \times S_{\hat{y}_0} < E(y \mid x_0) < \hat{y}_0 + t_{\frac{\alpha}{2}} \times S_{\hat{y}_0} \tag{2.1.30}$$

2. 总体个值预测值的预测区间

根据 $y_0 = \alpha + \beta x_0 + \varepsilon$ 可得 $y_0 \sim N(\alpha + \beta x_0, \sigma^2)$，因此有

$$\hat{y}_0 - y_0 \sim N\left[0, \sigma^2\left(1 + \frac{1}{n} + \frac{(x_0 - \overline{x})^2}{\sum \dot{x}_i^2}\right)\right] \tag{2.1.31}$$

用 $\hat{\sigma}^2$ 代替 σ^2，可构造 t 统计量：

$$t = \frac{\hat{y}_0 - (\alpha + \beta x_0)}{S_{\hat{y}_0 - y_0}} \sim t(n-2) \tag{2.1.32}$$

其中，$S_{\hat{y}_0 - y_0} = \sqrt{\hat{\sigma}^2\left(1 + \frac{1}{n} + \frac{(x_0 - \overline{x})^2}{\sum (x_i - \overline{x})^2}\right)}$，从而在 $1-\alpha$ 的置信度下，

y_0 的置信区间为

$$\hat{y}_0 - t_{\frac{\alpha}{2}} \times S_{\hat{y}_0 - y_0} < y_0 < \hat{y}_0 + t_{\frac{\alpha}{2}} \times S_{\hat{y}_0} \tag{2.1.33}$$

当 n 比较大时，只要 x_0 没有偏离 $\overline{x}$ 太远，就有 $1 + \frac{1}{n} + \frac{(x_0 - \overline{x})^2}{\sum (x_i - \overline{x})^2} \approx$

1，因而 $S_{\hat{y}_0 - y_0} \approx \hat{\sigma}$。

通过式(2.1.28)和式(2.1.31)不难看出，影响预测精度的主要因素有：

(1)样本容量。同等条件下，样本容量越大，预测误差越小。

(2)已知自变量在所有自变量中的分布。已知自变量越接近自变量的均值，预测误差越小。其他条件不变的情况下，当已知自变量 x_0 等于 $\overline{x}$ 时，预测的标准误差最小，分别为 $\sigma\sqrt{\frac{1}{n}}$ 和 $\sigma\sqrt{1 + \frac{1}{n}}$。

(3)样本自变量的分布状况。当样本自变量比较分散时，$\sum (x_i - \overline{x})^2$ 较大，这样预测误差就会减小。如果样本自变量没有任何变异，则预测误差趋向于无穷大。这说明，在进行回归分析时，抽取的样本要有一定的代表性，不

能集中于总体的某个局部区域。

一般线性回归模型本质上是均值回归,结合上述(2)和(3)可以看出,在抽样时,样本数据应该尽可能分布在总体的各个区域,同时自变量靠近均值时的预测误差较小,自变量越远离均值,其预测误差越大。这一定程度上说明,当自变量超出样本数据范围时,需要谨慎对待因变量的预测值。

五、案例分析

【例 2.1】 随机抽查了某地区 20 户家庭上年度的收支情况(单位:万元),具体数值如表 2-1 所示。请拟合消费支出(y)对可支配收入(x)的线性回归模型,并以 95% 的置信水平预测一个家庭可支配收入为 25 万元时的消费支出。

表 2-1　家庭可支配收入与消费支出

收入	8	9	10.2	11.4	13.2	13.5	15	16.4	18.3	19.8
消费	6.9	7.5	7.8	8.1	8.7	9	9.1	9.9	10.8	11.4
收入	20.3	18.9	15	24	27.3	28.8	31.5	36	38.4	43
消费	11.3	11	8.5	11.7	12.3	12.9	13.8	15	15.3	15

首先,为熟悉参数的求解过程,我们列出了需要计算的中间过程,如表2-2所示。根据式(2.1.4)和式(2.1.5)可得:

$$\hat{\beta} = \frac{\sum (x_i - \bar{x})(y_i - \bar{y})}{\sum (x_i - \bar{x})^2} = \frac{498.88}{1977.02} = 0.2523$$

$$\hat{\alpha} = \bar{y} - \hat{\beta}\bar{x} = \frac{216}{20} - 0.2523 \times \frac{418}{20} = 5.5269$$

表 2-2　家庭可支配收入与消费支出的参数求解过程

序号	x_i	y_i	$\dot{x}_i$	$\dot{y}_i$	$\dot{x}_i^2$	$\dot{y}_i^2$	$\dot{x}_i \dot{y}_i$	$\hat{y}_i$	$\hat{\epsilon}_i^2$
1	8	6.9	−12.9	−3.9	166.41	15.21	50.31	7.54	0.416
2	9	7.5	−11.9	−3.3	141.61	10.89	39.27	7.80	0.088
3	10.2	7.8	−10.7	−3	114.49	9	32.1	8.10	0.090
4	11.4	8.1	−9.5	−2.7	90.25	7.29	25.65	8.40	0.092
5	13.2	8.7	−7.7	−2.1	59.29	4.41	16.17	8.86	0.025
6	13.5	9	−7.4	−1.8	54.76	3.24	13.32	8.93	0.005

序号	x_i	y_i	$\dot{x}_i$	$\dot{y}_i$	$\dot{x}_i^2$	$\dot{y}_i^2$	$\dot{x}_i\dot{y}_i$	$\hat{y}_i$	$\hat{\epsilon}_i^2$
7	15	9.1	−5.9	−1.7	34.81	2.89	10.03	9.31	0.045
8	16.4	9.9	−4.5	−0.9	20.25	0.81	4.05	9.66	0.055
9	18.3	10.8	−2.6	0	6.76	0	0	10.14	0.430
10	19.8	11.4	−1.1	0.6	1.21	0.36	−0.66	10.52	0.770
11	20.3	11.3	−0.6	0.5	0.36	0.25	−0.3	10.65	0.424
12	18.9	11	−2	0.2	4	0.04	−0.4	10.30	0.497
13	15	8.5	−5.9	−2.3	34.81	5.29	13.57	9.31	0.658
14	24	11.7	3.1	0.9	9.61	0.81	2.79	11.58	0.014
15	27.3	12.3	6.4	1.5	40.96	2.25	9.6	12.41	0.013
16	28.8	12.9	7.9	2.1	62.41	4.41	16.59	12.79	0.011
17	31.5	13.8	10.6	3	112.36	9	31.8	13.47	0.106
18	36	15	15.1	4.2	228.01	17.64	63.42	14.61	0.152
19	38.4	15.3	17.5	4.5	306.25	20.25	78.75	15.22	0.007
20	43	15	22.1	4.2	488.41	17.64	92.82	16.38	1.895
合计	418	216	0	0	1977.02	131.68	498.88	215.98	5.793

　　因此,样本回归模型为 $\hat{y} = 5.5269 + 0.2523x$。将样本中的 x 值分别代入上述模型中,可得各点的预测值,具体见表 2-2 的右边第二列。该表最右边一列为残差的平方,由此不难求出标准误差为 $se = \sqrt{\dfrac{\sum \hat{\epsilon}_i^2}{n-2}} = \sqrt{\dfrac{5.793}{20-2}} = $ 0.5673,可决系数为 $R^2 = 1 - \dfrac{\sum \hat{\epsilon}_i^2}{\sum (y_i - \bar{y})^2} = 1 - \dfrac{5.793}{131.68} = 0.9560$。

　　对于系数的显著性检验,原假设分别为 $H_0: \alpha = 0$ 和 $H_0: \beta = 0$,备择假设分别为 $H_1: \alpha \neq 0$ 和 $H_1: \beta \neq 0$,根据式(2.1.21)和式(2.1.22)可得:

$$t_\alpha = \frac{\hat{\alpha}}{\hat{\sigma}\sqrt{\dfrac{1}{n} + \dfrac{\bar{x}^2}{\sum (x_i - \bar{x})^2}}} = \frac{5.5269}{0.5673 \times \sqrt{\dfrac{1}{20} + \dfrac{20.9^2}{1977.02}}} = 18.72$$

$$t_\beta = \frac{\hat{\beta}}{\hat{\sigma}\sqrt{\dfrac{1}{\sum (x_i - \bar{x})^2}}} = \frac{0.2523}{0.5673 \times \sqrt{\dfrac{1}{1977.02}}} = 19.77$$

　　由于 $t_{0.05/2}(18) = 2.101$,因此系数 α 和 β 都是显著的。

类似地，F 统计量为 $F = \dfrac{ESS/1}{RSS/(n-2)} = \dfrac{\hat{\beta}^2 \sum \dot{x}_i^2}{\sum \hat{\varepsilon}_i^2/(n-2)} = \dfrac{0.2523^2 \times 1977.02}{5.793/18}$

$= 391.03 > F_{0.05}(1,18) = 4.41$。

综合所有检验，回归模型的拟合效果很好，可以用于预测。将 $x=25$ 代入模型中，可得点预测值 $\hat{y}_i = 5.5269 + 0.2523 \times 25 = 11.83$（万元）。当 $x=25$ 时，总体均值和个体的预测标准误差分别为：

$$S_{\hat{y}_0} = \sqrt{\hat{\sigma}^2 \left[\frac{1}{n} + \frac{(x_0 - \bar{x})^2}{\sum \dot{x}_i^2} \right]} = 0.5673 \times \sqrt{\frac{1}{20} + \frac{(25-20.9)^2}{1977.02}} = 0.1372$$

$$S_{\hat{y}_0 - y_0} = \sqrt{\hat{\sigma}^2 \left[1 + \frac{1}{n} + \frac{(x_0 - \bar{x})^2}{\sum (x_i - \bar{x})^2} \right]} = 0.5673 \times \sqrt{1 + \frac{1}{20} + \frac{(25-20.9)^2}{1977.02}}$$

$$= 0.5837$$

因此，当 $x=25$ 时，居民消费支出 95% 的置信区间分别为：

$E(y \mid x_0 = 25) \in (\hat{y}_0 - t_{\frac{a}{2}}(18) \times S_{\hat{y}_0}, \hat{y}_0 + t_{\frac{a}{2}}(18) \times S_{\hat{y}_0}) = (11.55, 12.12)$

$y_0 \in (\hat{y}_0 - t_{\frac{a}{2}} \times S_{\hat{y}_0 - y_0}, \hat{y}_0 + t_{\frac{a}{2}} \times S_{\hat{y}_0 - y_0}) = (10.61, 13.06)$

图 2-1 显示了自变量取某个数值时，对应的均值及个体的预测区间。图中显示了越远离样本均值，预测误差越大，同时个体的置信区间要大于总体均值的置信区间。

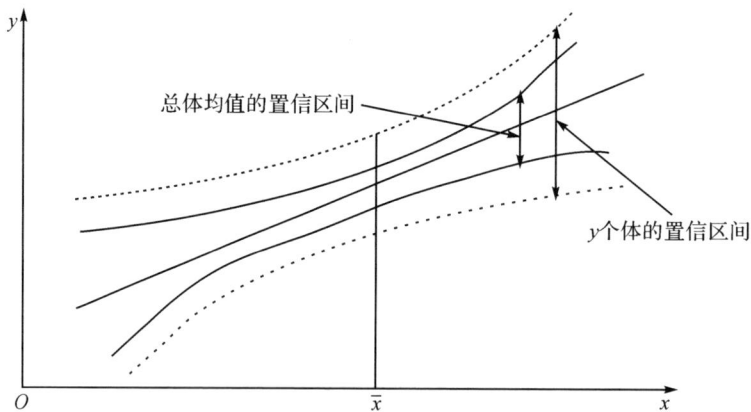

图 2-1　均值与个体的预测区间

第二节　多元线性回归预测法

使用一元线性回归模型，我们可以把因变量 y 简单用一个自变量 x 的线性模型来解释。然而在经验研究中，一元回归分析的缺陷也是很明显的，由于假定所有其他影响 y 的因素与 x 不相关通常是不现实的,很难得到在其他条件不变的情况下 x 对 y 的影响。很自然地,如果在模型中增加一些有助于解释 y 的因素,那么 y 的变动就能更多地得到解释。

多元回归分析(Multiple Regression Analysis)允许我们明确地控制许多同时影响因变量的因素,它更适合于其他条件不变情况下的分析。多元回归模型能够容纳多个与因变量相关的解释变量,在简单回归分析可能误导的情况下,可以通过多元回归模型来提高预测精度,这对检验经济理论和评价经济政策等都很有帮助。

一、多元线性回归方程的概念

多元线性回归模型的一般形式为:
$$y_i = \beta_1 + \beta_2 x_{i2} + \beta_3 x_{i3} + \cdots + \beta_k x_{ik} + \varepsilon_i \tag{2.2.1}$$
其中,β_1 为截距,β_j 是与 x_j 相联系的参数($j=2,\cdots,k$),i 表示观察值的序号($i=1,2,\cdots,n$)。由于 $\Delta y = \beta_2(\Delta x_2) + \beta_3(\Delta x_3) + \cdots + \beta_k(\Delta x_k)$,自变量系数 $\beta_j(j=2,\cdots,k)$ 的含义为:在其他变量保持不变的情况下,x_j 变化一个单位对 y 的影响程度。

误差项 ε_i 需要满足的条件与前面一元线性回归模型相同,即零均值、同方差、没有自相关且不与解释变量相关。此外,一般还要求解释变量之间不存在高度线性相关,即没有多重共线性。

利用矩阵表示多元线性回归模型,可以较为简便地进行计算和分析。令

$$\mathbf{Y} = \begin{bmatrix} y_1 \\ \vdots \\ y_n \end{bmatrix}_{n \times 1}, \mathbf{X} = \begin{bmatrix} 1 & x_{12} & \cdots & x_{1k} \\ \vdots & \vdots & \ddots & \vdots \\ 1 & x_{n2} & \cdots & x_{nk} \end{bmatrix}_{n \times k}, \boldsymbol{\beta} = \begin{bmatrix} \beta_1 \\ \vdots \\ \beta_k \end{bmatrix}_{k \times 1}, \boldsymbol{\varepsilon} = \begin{bmatrix} \varepsilon_1 \\ \vdots \\ \varepsilon_n \end{bmatrix}_{n \times 1}$$

其中,$\mathbf{X}$ 的第 i 行表示自变量的第 i 次观察值(常数项为 1),第 j 列表示第 j 个自变量(第 1 列为常数项),因此有

$$\mathbf{Y} = \mathbf{X}\boldsymbol{\beta} + \boldsymbol{\varepsilon} \tag{2.2.2}$$

古典线性回归模型的假设包括:

(1)因变量与自变量之间存在如式(2.2.1)的线性关系;

(2)$\mathbf{X}$ 的元素不是随机的且存在有限方差,$\mathbf{X}$ 的秩为 k,且 k 小于观察值个数 n;

(3)$\boldsymbol{\varepsilon}$ 服从 $E(\boldsymbol{\varepsilon}) = 0$ 且方差为 $E(\boldsymbol{\varepsilon}\boldsymbol{\varepsilon}') = \sigma^2 \mathbf{I}$ 的正态分布,其中 $\mathbf{I}$ 为 $n \times n$ 的单位矩阵。

其中,假设 $\mathbf{X}$ 的秩 k 小于观察值 n,保证了不存在完全共线性。误差项的

协方差矩阵为：

$$E(\boldsymbol{\varepsilon}\boldsymbol{\varepsilon}')=E\left[\begin{pmatrix}\varepsilon_1\\\vdots\\\varepsilon_n\end{pmatrix}(\varepsilon_1\quad\cdots\quad\varepsilon_n)\right]=\begin{vmatrix}E(\varepsilon_1^2)&E(\varepsilon_1\varepsilon_2)&\cdots&E(\varepsilon_1\varepsilon_n)\\E(\varepsilon_2^2)&E(\varepsilon_2^2)&\cdots&E(\varepsilon_2\varepsilon_n)\\\vdots&\vdots&\ddots&\vdots\\E(\varepsilon_n\varepsilon_1)&E(\varepsilon_n\varepsilon_2)&\cdots&E(\varepsilon_n^2)\end{vmatrix}$$

$$=\begin{vmatrix}\mathrm{Var}(\varepsilon_1)&\mathrm{Cov}(\varepsilon_1,\varepsilon_2)&\cdots&\mathrm{Cov}(\varepsilon_1,\varepsilon_n)\\\mathrm{Cov}(\varepsilon_1,\varepsilon_2)&\mathrm{Var}(\varepsilon_2)&\cdots&\mathrm{Cov}(\varepsilon_2,\varepsilon_n)\\\vdots&\vdots&\ddots&\vdots\\\mathrm{Cov}(\varepsilon_1,\varepsilon_n)&\mathrm{Cov}(\varepsilon_2,\varepsilon_n)&\cdots&\mathrm{Var}(\varepsilon_n)\end{vmatrix} \qquad (2.2.3)$$

$E(\boldsymbol{\varepsilon}\boldsymbol{\varepsilon}')=\sigma^2\boldsymbol{I}$ 的假定表明，所有 $\mathrm{Var}(\varepsilon_1)=\sigma^2$ 且 $\mathrm{Cov}(\varepsilon_i,\varepsilon_j)=0(i\neq j)$，即满足同方差和无自相关。当然，现实生活中上述条件一般很难完全满足，尤其是同方差和无自相关，后面章节我们将重点讨论不满足异方差和自相关的修正问题。

二、多元线性回归模型的求解

与一元线性回归模型类似，我们也可以按照最小二乘法的思路求解多元线性回归模型的所有系数。对于样本回归模型 $y_i=\hat{\beta}_1+\hat{\beta}_2x_{i2}+\hat{\beta}_3x_{i3}+\cdots+\hat{\beta}_kx_{ik}+\hat{\varepsilon}_i$，要使残差平方和最小化，即使 $\sum\hat{\varepsilon}_i^2=\sum(y_i-\hat{\beta}_1-\hat{\beta}_2x_{i2}-\hat{\beta}_3x_{i3}-\cdots-\hat{\beta}_kx_{ik})^2$ 达到最小值，可对每个系数求偏导数并令结果等于 0，化简可得：

$$\begin{cases}\sum(y_i-\hat{\beta}_1-\hat{\beta}_2x_{i2}-\hat{\beta}_3x_{i3}-\cdots-\hat{\beta}_kx_{ik})=0\\\sum x_{i2}(y_i-\hat{\beta}_1-\hat{\beta}_2x_{i2}-\hat{\beta}_3x_{i3}-\cdots-\hat{\beta}_kx_{ik})=0\\\vdots\\\sum x_{ik}(y_i-\hat{\beta}_1-\hat{\beta}_2x_{i2}-\hat{\beta}_3x_{i3}-\cdots-\hat{\beta}_kx_{ik})=0\end{cases} \qquad (2.2.4)$$

当然，上述方程组的求解比较麻烦，一般需借助统计软件才能完成。如果用矩阵来表示解的最终结果，则由 $\boldsymbol{Y}=\boldsymbol{X}\hat{\boldsymbol{\beta}}+\boldsymbol{\varepsilon}$ 可得：

$$\hat{\boldsymbol{\beta}}=(\boldsymbol{X}'\boldsymbol{X})^{-1}\boldsymbol{X}'\boldsymbol{Y} \qquad (2.2.5)$$

式(2.2.5)涉及矩阵运算，包括下面多元回归模型的检验方法也均可以利用矩阵表示。熟悉矩阵运算有助于对有关概念的理解，相关内容的介绍可见本章附录。

三、模型检验

1. 标准误差

多元线性回归模型的标准误差与一元线性回归模型类似,也是因变量估计值与实际值的均方根误差,计算公式为:

$$se = \sqrt{\frac{\sum (y_i - \hat{y})^2}{n-k}} = \sqrt{\frac{(\boldsymbol{Y}-\boldsymbol{X}\hat{\boldsymbol{\beta}})'(\boldsymbol{Y}-\boldsymbol{X}\hat{\boldsymbol{\beta}})}{n-k}} \tag{2.2.6}$$

其中,根号内的分母 $n-k$ 为自由度,因为在求解参数时,要满足 k 个约束方程,损失了 k 个自由度。

2. 可决系数和 F 检验

多元线性回归模型的可决系数也同一元线性回归模型类似,用回归变差占总变差的比例来度量,即:

$$R^2 = 1 - \frac{\text{RSS}}{\text{TSS}} = 1 - \frac{\text{RSS}/n}{\text{TSS}/n} \tag{2.2.7}$$

由于在模型中添加解释变量一定不会增大 RSS,从而不会减小 R^2,但是考虑到增加解释变量会降低自由度,为了对解释变量的数目,一般采用调整的可决系统 $\overline{R}^2$(Adjusted R-squared)。调整可决系统的计算公式为:

$$\overline{R}^2 = 1 - \frac{\text{Var}(\varepsilon)}{\text{Var}(y)} = 1 - \frac{\text{RSS}/(n-k)}{\text{TSS}/(n-1)} \tag{2.2.8}$$

比较式(2.2.7)和式(2.2.8)可以发现,由于 TSS/n 和 RSS/n 分别是总体方差 $\text{Var}(\varepsilon)$ 和误差项 $\text{Var}(y)$ 的有偏估计量,无偏估计量的形式分别为 $TSS/(n-1)$ 和 $RSS/(n-k)$,此时 $\overline{R}^2$ 更能解释总体 y 的变异中,被解释变量所能解释的比例。可以推出,可决系数与调整的可决系数之间的关系为:

$$\overline{R}^2 = 1 - (1 - R^2)\frac{n-1}{n-k} \tag{2.2.9}$$

从式(2.2.9)可以得出:

(1)如果 $k=1$,有 $\overline{R}^2 = R^2$;

(2)如果 $k>1$,有 $\overline{R}^2 < R^2$;

(3)$\overline{R}^2$ 可能为负数,表明拟合了一个很差的模型。

当然,为了比较解释变量数目不等的回归模型间的拟合优度,还可以利用信息准则进行判断,我们将在后面时间序列分析中对此做简单介绍。

多元线性回归模型的 F 统计量为:

$$F = \frac{\text{ESS}/(k-1)}{\text{RSS}/(n-k)} = \frac{\sum (\hat{y}_1 - \bar{y})^2/(k-1)}{\sum (y_i - \hat{y}_i)^2/(n-k)} \sim F(k-1, n-k) \tag{2.2.10}$$

其中,原假设为 $H_0 : \beta_2 = \beta_3 = \cdots = \beta_k = 0$,备择假设为 $H_1 : \beta_2, \beta_3, \cdots, \beta_k$ 至少有一个不为 0。当计算的 F 值大于某个显著性水平下的临界值时,说明回归模型整体是显著的;反之则不能拒绝原假设,模型不能用于预测。F 统计量还可以变形为:

$$F = \frac{(\mathrm{ESS/TSS})/(k-1)}{(\mathrm{RSS/TSS})/(n-k)} = \frac{R^2/(k-1)}{(1-R^2)/(n-k)} \tag{2.2.11}$$

可以看出,F 统计量与可决系数 R^2 是同向变化的关系:当 $R^2 = 0$ 时,有 $F = 0$;当 $R^2 = 1$ 时,F 趋向于无穷大。由于原假设 $H_0 : \beta_2 = \beta_3 = \cdots = \beta_k = 0$ 对应了 $R^2 = 0$,因此 F 检验等价于检验总体 $R^2 = 0$。

关于可决系数 R^2 在实际分析中的应用,需要注意 2 个问题:

(1)利用 R^2 选择模型的方法仅适用于因变量及其形式完全相同时的回归分析,如果因变量 y 换成 $\ln y$ 或 $1/y$ 等其他形式,则不同模型的 R^2 没有可比性。

(2)在实证分析中,尤其是对于截面数据的分析,由于个体数值之间存在较大差异,R^2 普遍较小。如果我们的研究目的是分析解释变量对被解释变量的影响,那么只要解释变量在统计意义上是显著的,就可以不必计较 R^2 的大小。因为我们的结论是,"在其他因素不变的条件下,该解释变量对被解释变量的影响程度",应该说这是经济政策分析中常见的一种思维范式。但是如果我们研究目的不仅仅是解释现象,而是预测现象未来或未知总体的数量结果,那么 R^2 将是非常重要的一个指标。较低的 R^2 表明很难准确预测最终结果,或者说预测的结果具有很大的不确定性。

3. 回归系数的显著性

计算一元线性回归模型回归系数依据的是式(2.1.13),虽然多元线性回归模型较为复杂,回归系数求解也非常不方便,但其回归系数存在类似的表达式。

假设多元线性回归模型为 $y_i = \hat{\beta}_1 + \hat{\beta}_2 x_{i2} + \hat{\beta}_3 x_{i3} + \cdots + \hat{\beta}_k x_{ik} + \hat{\varepsilon}_i$,则类似于式(2.1.13),回归系数 $\hat{\beta}_j (j = 2, 3, \cdots, k)$ 的表达式为(证明见本章附录):

$$\hat{\beta}_j = \frac{\sum\limits_{i=1}^{n} \hat{r}_{ij} y_i}{\sum\limits_{i=1}^{n} \hat{r}_{ij}^{2}} \tag{2.2.12}$$

其中,$\hat{r}_{ij}$ 是变量 x_j 对其余自变量进行回归分析,并按最小二乘法估计后的残差,即 $x_{ij} = \hat{\gamma}_{i1} + \hat{\gamma}_{i2} x_{i2} + \cdots + \hat{\gamma}_{i,j-1} x_{i,j-1} + \hat{\gamma}_{i,j+1} x_{i,j+1} + \cdots + \hat{\gamma}_{ik} x_{ik} + \hat{r}_{ij}$。

将 $y_i = \beta_1 + \beta_2 x_{i2} + \beta_3 x_{i3} + \cdots + \beta_k x_{ik} + \varepsilon_i$ 代入式(2.2.12)，利用 $\sum\limits_{i=1}^{n} \hat{r}_{ij} = 0$

和 $\sum\limits_{i=1}^{n} \hat{r}_{ij} x_{ih} = 0$(任意 $h \neq j$)，可得：

$$\hat{\beta}_j = \hat{\beta}_j + \frac{\sum\limits_{i=1}^{n} \hat{r}_{ij} \varepsilon_i}{\sum\limits_{i=1}^{n} \hat{r}_{ij}^{\,2}} \tag{2.2.13}$$

由于 $\sum\limits_{i=1}^{n} \hat{r}_{ij}^{\,2}$ 是 x_j 对其余自变量进行回归后的残差平方和，即为 $\sum\limits_{i=1}^{n} \hat{r}_{ij}^{\,2} = \text{TSS}_j(1 - R_j^2)$，其中 $\text{TSS}_j = \sum\limits_{i=1}^{n} (x_{ij} - \bar{x}_j)^2$ 是自变量 x_j 的总变差，R_j^2 为 x_j 对其余自变量进行回归后的可决系数，因此有：

$$E(\hat{\beta}_j) = \beta_j + \frac{\sum\limits_{i=1}^{n} \hat{r}_{ij} E(\varepsilon_i)}{\sum\limits_{i=1}^{n} \hat{r}_{ij}^{\,2}} = \beta_j \tag{2.2.14}$$

$$\text{Var}(\hat{\beta}_j) = \frac{\sum\limits_{i=1}^{n} \hat{r}_{ij}^{\,2} \text{Var}(\varepsilon_i)}{\left(\sum\limits_{i=1}^{n} \hat{r}_{ij}^{\,2}\right)^2} = \frac{\sigma^2}{\sum\limits_{i=1}^{n} \hat{r}_{ij}^{\,2}} = \frac{\sigma^2}{\text{TSS}_j(1 - R_j^2)} \tag{2.2.15}$$

不难看出，自变量 x_j 的系数 $\hat{\beta}_j$ 满足无偏性，其方差取决于 3 个因素：

(1)误差项方差 σ^2。其值越大，表示误差越大。

(2)x_j 的总变差。x_j 总变异越大，系数 β_j 的方差越小。这说明增大自变量的变动范围，有助于提高系数估计的精度。

(3)x_j 与其他自变量之间的线性关系。当 R_j^2 趋向于 1 时，系数 β_j 的方差趋向于无穷大，这意味着该自变量与其他自变量存在较大的线性关系，其估计系数的误差将会很大。特别地，当其与其他自变量之间完全线性相关时 ($R_j^2 = 1$)，回归系数将是不确定的。

当总体误差项 σ^2 未知时，可用 $\hat{\sigma}^2 = \dfrac{\sum \hat{\varepsilon}_i^2}{n-k}$ 代替，从而可用下列的 t 统计量对回归系数进行检验：

$$t = \frac{\hat{\beta}_j - \beta_j}{s_{\beta_j}} \sim t(n-k) \tag{2.2.16}$$

其中，$s_{\beta_j} = \hat{\sigma} / \sqrt{\text{TSS}_j(1 - R_j^2)}$。当 t 值大于某个显著性水平下的临界值时，说明该变量是显著的；反之，则表明该变量不显著。

用矩阵方法也很容易将所有系数的标准误差表示出来,我们只列出系数 β_j 的标准误差公式:

$$se(\beta_j) = \hat{\sigma} \cdot \sqrt{c_{ij}} \qquad (2.2.17)$$

其中,$\sqrt{c_{ij}}(j=1,2,\cdots,n)$ 依次为矩阵 $(X'X)^{-1}$ 的主对角线元素的算术平方根,具体证明请见本章附录。

4. 多重共线性

当一些或全部解释变量之间存在高度但不完全的线性关系时,称这种现象为多重共线性(Multicollinearity)。如果多重共线性较为严重,根据式(2.2.15)可知:一方面,回归系数的标准误差较大,估计的精确度较低;另一方面,t 值倾向于统计意义上的不显著。因此,判断多重共线性的一个直观方法是:一个或多个系数的 t 值统计上不显著,而总的拟合优度 R^2 比较大。识别多重共线性的另外一个方法是:列出所有自变量之间的相关系数矩阵,如果一些相关系数比较大(比如超过 0.8),说明多重共线性的问题较为严重。

判别多重共线性的 2 个重要指标是容忍度和方差膨胀因子(Variance-inflating Factor),两者互为倒数,其中方差膨胀因子的定义为:

$$VIF_j = \frac{1}{1 - R_j^2} \qquad (2.2.18)$$

一般地,如果 VIF_j 大于 10,说明自变量之间的多重共线性问题较为严重。也可以通过计算所有方差膨胀因子的均值,如果该均值远远大于 1,说明存在严重的多重共线性问题。

多重共线性虽然使得回归系数的标准误差增大,但是因变量估计结果可能仍然满足无偏性、有效性和一致性,因此如果回归分析的目的仅仅是用于预测,多重共线性也许不是一个严重问题。比如,如果 R^2 较大,利用自变量的线性组合进行预测,其预测误差会比较小。当然,这样预测的前提是,样本回归模型及样本自变量表现出的多重共线性在未知总体中仍然存在。

四、预测方法

如果已知解释变量的取值为 $(x_{02}, x_{03}, \cdots, x_{0k})$,估计的多元线性回归模型为 $\hat{y} = \hat{\beta}_1 + \hat{\beta}_2 x_2 + \hat{\beta}_3 x_3 + \cdots + \hat{\beta}_k x_k$,此时的点估计为:

$$\hat{y}_0 = \hat{\beta}_1 + \hat{\beta}_2 x_{02} + \hat{\beta}_3 x_{03} + \cdots + \hat{\beta}_k x_{0k} \qquad (2.2.19)$$

由于实际值为 $y_0 = \beta_1 + \beta_2 x_{02} + \beta_3 x_{03} + \cdots + \beta_k x_{0k} + \varepsilon_0$,预测误差为:

$$e_0 = y_0 - \hat{y}_0 = \beta_1 + \beta_2 x_{02} + \beta_3 x_{03} + \cdots + \beta_k x_{0k} + \varepsilon_0 - \hat{y}_0 \qquad (2.2.20)$$

因为每个系数都是无偏的,所以

$$E(\hat{y}_0) = E(\hat{\beta}_1) + E(\hat{\beta}_2)x_{02} + E(\hat{\beta}_3)x_{03} + \cdots + E(\hat{\beta}_k)x_{0k}$$
$$= \beta_1 + \beta_2 x_{02} + \beta_3 x_{03} + \cdots + \beta_k x_{0k} \qquad (2.2.21)$$

又因为 $E(\varepsilon_0)=0$，从而

$$E(e_0) = 0 \qquad (2.2.22)$$

即预测误差的期望为 0。由于误差项 ε_0 与每个系数 $\hat{\beta}_j$ 均不相关，预测误差的方差为：

$$\mathrm{Var}(e_0) = \mathrm{Var}(y_0 - \hat{y}_0) = \mathrm{Var}(\varepsilon_0 - \hat{y}_0)$$
$$= \mathrm{Var}(\varepsilon_0) + \mathrm{Var}(\hat{y}_0) = \sigma^2 + \mathrm{Var}(\hat{y}_0) \qquad (2.2.23)$$

因此，给定解释变量的取值的预测误差方差来源于 2 个方面：一是总体误差项的方差 σ^2，它不随样本的变化而变化，通常由 $\hat{\sigma}^2 = \dfrac{\sum \hat{\varepsilon}_i^2}{n-k}$ 估计得到；二是 $\hat{y}_0$ 的抽样误差，其来自对每个系数 $\hat{\beta}_j$ 的估计。由于 $\mathrm{Var}(\hat{y}_0)$ 与 $\dfrac{1}{n}$ 成比例，扩大样本容量，则 $\mathrm{Var}(\hat{y}_0)$ 会减小。而 σ^2 不随样本容量变化，在很多情形中占据预测误差的主导地位，正是考虑到这种情况，有时简单地将 $se = \dfrac{\sum \hat{\varepsilon}_i^2}{n-k}$ 作为估计值的标准误差。

假设已知 $\boldsymbol{x}_0 = (1, x_{02}, x_{03}, \cdots, x_{0k})$，用矩阵可以简单地表示 y_0 预测值的标准误差，y_0 的均值及个体值的预测标准误差分别为（具体证明参见本章附录）：

$$se(\hat{y}_0) = \sigma^2 \sqrt{\boldsymbol{x}_0 (\boldsymbol{X'X})^{-1} \boldsymbol{x}_0'} \qquad (2.2.24)$$

$$se(e_0) = \sigma \sqrt{1 + \boldsymbol{x}_0 (\boldsymbol{X'X})^{-1} \boldsymbol{x}_0'} \qquad (2.2.25)$$

五、案例分析

上一节我们分析了家庭的消费支出与可支配收入的关系，显然影响消费的因素还有很多，比如家庭财富就是非常重要的一个变量。

【例 2.2】 假设我们调查的 20 户家庭的家庭财富（银行存款和有价证券）（单位：万元）如表 2-3 所示，下面研究收入和财富这 2 个变量对消费支出的影响。并预测一个家庭可支配收入为 25 万元、财富为 100 万元的消费支出是多少。

表 2-3　家庭可支配收入、财富与消费支出

收入	8	9	10.2	11.4	13.2	13.5	15	16.4	18.3	19.8
消费	6.9	7.5	7.8	8.1	8.7	9	9.1	9.9	10.8	11.4
财富	32	45	66	78	87	106	120	128	135	140
收入	20.3	18.9	15	24	27.3	28.8	31.5	36	38.4	43
消费	11.3	11	8.5	11.7	12.3	12.9	13.8	15	15.3	15
财富	135	124	85	158	175	186	225	232	235	240

第一步,求回归模型参数。

设回归模型为 $\hat{y}_i = \beta_1 + \beta_2 x_i + \beta_3 z_i$,其中 x 表示家庭可支出收入,z 表示家庭财富。根据式(2.2.4),我们将得到一个三元一次方程组,需要计算的代数式数值主要有: $\sum x_i = 418$,$\sum y_i = 216$,$\sum z_i = 2732$,$\sum x_i y_i = 5013.28$,$\sum x_i z_i = 69013.4$,$\sum y_i z_i = 32622$,$\sum x_i^2 = 10713.22$,$\sum z_i^2 = 449188$。因此有:

$$\begin{cases} 216 = 20\hat{\beta}_1 + 418\hat{\beta}_2 + 2732\hat{\beta}_3 \\ 5013.28 = 418\hat{\beta}_1 + 10713.22\hat{\beta}_2 + 69013.4\hat{\beta}_3 \\ 32622 = 2732\hat{\beta}_1 + 69013.4\hat{\beta}_2 + 449188\hat{\beta}_3 \end{cases}$$

解得:$\hat{\beta}_1 = 5.2471$,$\hat{\beta}_2 = 0.0944$,$\hat{\beta}_3 = 0.0262$。因此回归模型为:$y_i = 5.2471 + 0.0994 x_i + 0.0262 z_i + \hat{\varepsilon}_i$

第二步,模型统计检验。

主要中间变量的计算过程及结果如表 2-4 所示。

表 2-4　家庭可支配收入、财富与消费支出的部分变量求解过程

序号	$(y-\bar{y})^2$	$(x-\bar{x})^2$	$(z-\bar{z})^2$	$\hat{y}_i$	$\hat{\varepsilon}_i^2$
1	15.21	166.41	10941.16	6.84	0.0035
2	10.89	141.61	8390.56	7.28	0.0501
3	9.00	114.49	4984.36	7.94	0.0195
4	7.29	90.25	3433.96	8.37	0.0715
5	4.41	59.29	2460.16	8.77	0.0054
6	3.24	54.76	936.36	9.30	0.0897
7	2.89	34.81	275.56	9.81	0.5012
8	0.81	20.25	73.96	10.15	0.0624
9	0.00	6.76	2.56	10.51	0.0826

序号	$(y-\bar{y})^2$	$(x-\bar{x})^2$	$(z-\bar{z})^2$	$\hat{y}_i$	$\hat{\varepsilon}_i^2$
10	0.36	1.21	11.56	10.79	0.3779
11	0.25	0.36	2.56	10.70	0.3583
12	0.04	4.00	158.76	10.28	0.5170
13	5.29	34.81	2662.56	8.89	0.1527
14	0.81	9.61	457.96	11.65	0.0022
15	2.25	40.96	1474.56	12.41	0.0122
16	4.41	62.41	2440.36	12.84	0.0036
17	9.00	112.36	7814.56	14.12	0.1007
18	17.64	228.01	9101.16	14.73	0.0753
19	20.25	306.25	9682.56	15.03	0.0725
20	17.64	488.41	10691.56	15.60	0.3554
合计	131.68	1977.02	75996.80	216	2.9136

因此,标准误差为:$se = \sqrt{\dfrac{\sum \hat{\varepsilon}_i^2}{n-3}} = \sqrt{\dfrac{2.9136}{20-3}} = 0.4140$。

可决系数为 $R^2 = 1 - \dfrac{\sum \hat{\varepsilon}_i^2}{\sum (y_i - \bar{y})^2} = 1 - \dfrac{2.9136}{131.68} = 0.9779$,表示家庭可

支配收入和财富解释了消费支出变动的 97.79%,比一元线性回归模型的解释能力略有提高。

调整的可决系数为:$\bar{R}^2 = 1 - \dfrac{\text{RSS}/(n-k)}{\text{TSS}/(n-1)} = 1 - \dfrac{2.9136/(20-3)}{131.68/(20-1)} = 0.9753$。

关于系数的显著性检验,我们以较为简洁的矩阵符号来表示。

由于 $\boldsymbol{X} = \begin{pmatrix} 1 & 8 & 32 \\ 1 & 9 & 45 \\ \vdots & \vdots & \vdots \\ 1 & 43 & 240 \end{pmatrix}_{20 \times 3}$,可得 $\boldsymbol{X'X} = \begin{pmatrix} 20 & 418 & 2732 \\ 418 & 10713.22 & 69013.4 \\ 2732 & 69013.4 & 449188 \end{pmatrix}$,

从而可以求出 $(\boldsymbol{X'X})^{-1} = \begin{pmatrix} 0.2980 & 0.0047 & -0.0025 \\ 0.0047 & 0.0092 & -0.0014 \\ -0.0025 & -0.0014 & 0.0002 \end{pmatrix}$,根据式(2.2.17)

可得:

$$se(\beta_1) = \hat{\sigma} \cdot \sqrt{c_{11}} = 0.4140 \times \sqrt{0.2980} = 0.2260$$

$$se(\beta_2) = \hat{\sigma} \cdot \sqrt{c_{22}} = 0.4140 \times \sqrt{0.0092} = 0.0397$$

$$se(\beta_3) = \hat{\sigma} \cdot \sqrt{c_{33}} = 0.4140 \times \sqrt{0.0002} = 0.0059$$

进而根据 $t = \dfrac{\hat{\beta}_j - \beta_j}{s_{\beta_j}} \sim t(n-k)$，可以求出原假设 $H_0 : \beta_j = 0$ 下 3 个系数的 t 值分别为 23.22、2.38 和 4.44。而 $t_{0.05/2}(17) = 2.11$，3 个系数的 t 值均大于临界值，因此每个系数在统计意义上都是显著的。

第三步，预测。

将 $x = 25$ 和 $z = 100$ 代入回归方程中，有：

$$\hat{y}_i = 5.2471 + 0.0944 \times 25 + 0.0262 \times 100 = 10.23$$

由于 $\boldsymbol{x}_0 (\boldsymbol{X}'\boldsymbol{X})^{-1} \boldsymbol{x}_0' = (1 \ 25 \ 100) \begin{pmatrix} 0.2980 & 0.0047 & -0.0025 \\ 0.0047 & 0.0092 & -0.0014 \\ -0.0025 & -0.0014 & 0.0002 \end{pmatrix} \begin{pmatrix} 1 \\ 25 \\ 100 \end{pmatrix} =$

0.9550，在 95% 的置信度下，有：

$$E(y_0) \in (\hat{y}_0 - t_{a/2}\hat{\sigma} \sqrt{\boldsymbol{x}_0 (\boldsymbol{X}'\boldsymbol{X})^{-1} \boldsymbol{x}_0'}, \hat{y}_0 + t_{a/2}\hat{\sigma} \sqrt{\boldsymbol{x}_0 (\boldsymbol{X}'\boldsymbol{X})^{-1} \boldsymbol{x}_0'})$$

$$= (10.23 - 2.11 \times 0.4140 \times \sqrt{0.9550}, 10.23 + 2.11 \times 0.4140 \times \sqrt{0.9550})$$

$$= (9.38, 11.08)$$

$$y_0 \in (\hat{y}_0 - t_{a/2}\hat{\sigma} \sqrt{1 + \boldsymbol{x}_0 (\boldsymbol{X}'\boldsymbol{X})^{-1} \boldsymbol{x}_0'}, \hat{y}_0 + t_{a/2}\hat{\sigma} \sqrt{1 + \boldsymbol{x}_0 (\boldsymbol{X}'\boldsymbol{X})^{-1} \boldsymbol{x}_0'}) =$$
$(10.31, 12.06)$

第三节　非线性回归预测方法

在前面两节我们分析了变量之间呈线性关系的回归模型，然而现实生活中变量之间呈现非线性关系也较为常见。比如，在经济现象中，反映消费者购买商品数量与收入水平关系的恩格尔曲线就表现为幂函数曲线形式，反映失业和通货膨胀关系的菲利普斯曲线表现为双曲线形式。非线性关系可以划分为本质线性关系和本质非线性关系，前者指的是虽然形式上是非线性关系，但经过一定的变量变换后可以转化为线性回归模型；后者指的是无法通过变量变换转化为线性模型的回归方程。

一、可线性化的非线性回归模型

1. 多项式模型

多项式模型的一般形式为：

$$y = \beta_0 + \beta_1 x + \beta_2 x^2 + \cdots + \beta_k x^k + \varepsilon \tag{2.3.1}$$

令 $z_1 = x, z_2 = x^2, \cdots, z_k = x^k$，则该模型变为线性模型：$y = \beta_0 + \beta_1 z_1 + \beta_2 z_2 + \cdots + \beta_k z_k + \varepsilon$。

2. 双曲线模型

双曲线模型又称倒数模型，一般形式为：

$$y = \alpha + \beta \frac{1}{x} + \varepsilon \text{ 或 } \frac{1}{y} = \alpha + \beta \frac{1}{x} + \varepsilon \qquad (2.3.2)$$

令 $x' = \frac{1}{x}, y' = \frac{1}{y}$，则模型变为线性模型：$y = \alpha + \beta x' + \varepsilon$ 或 $y' = \alpha + \beta x' + \varepsilon$。

3. 半对数和双对数模型

半对数模型和双对数模型的一般形式分别为：

$$\ln y = \alpha + \beta x + \varepsilon \text{ 或 } y = \alpha + \beta \ln x + \varepsilon \qquad (2.3.3)$$
$$\ln y = \alpha + \beta \ln x + \varepsilon \qquad (2.3.4)$$

令 $y' = \ln y, x' = \ln x$，上述模型均可转化为线性模型。对于第一个半对数模型，由于 $\beta = \frac{d(\ln y)}{dx} = \frac{dy/dx}{y}$，$\beta$ 表示的是 x 每增加 1 个单位时 y 的平均增长速度，此即因变量 y 对自变量 x 的半弹性系数。对于第二个半对数模型，由于 $\beta = \frac{dy}{d(\ln x)} = \frac{dy}{dx/x}$，$\beta$ 表示的是 x 每增加 1% 时 y 的平均增长量。

而对于双对数模型，由于 $\beta = \frac{d(\ln y)}{d(\ln x)} = \frac{dy/y}{dx/x}$，$\beta$ 表示的是 x 每增加 1% 时 y 的平均增长速度，这是因变量 y 对自变量 x 的弹性系数。

4. 指数模型和幂函数模型

指数模型和幂函数模型的一般形式分别为：

$$y = \alpha \beta^x e^{\varepsilon} \qquad (2.3.5)$$
$$y = \alpha x^{\beta} e^{\varepsilon} \qquad (2.3.6)$$

方程两边分别取对数，则有 $\ln y = \ln \alpha + x \ln \beta + \varepsilon$ 和 $\ln y = \ln \alpha + \beta \ln x + \varepsilon$，此即半对数和双对数模型，从而通过变量变换得到线性回归模型。

此外，对于经济学中著名的柯布—道格拉斯生产函数 $Q = AL^{\alpha} K^{\beta} e^{\varepsilon}$，其中 Q、L、K 分别表示产出、劳动力投入和资本投入，A 是常数项，两边取对数后化为 $\ln Q = \ln A + \alpha \ln L + \beta \ln K + \varepsilon$，也可以转化为线性模型。

二、不可线性化的回归模型

不可线性化回归模型的一般形式为：

$$y = f(x_1, x_2, \cdots, x_k) + \varepsilon = f(\boldsymbol{x}, \boldsymbol{\beta}) + \varepsilon \qquad (2.3.7)$$

其中，$f(x_1,x_2,\cdots,x_k)$为非线性代数式，$\boldsymbol{x}=(x_1,x_2,\cdots,x_k)$和$\boldsymbol{\beta}=(\beta_1,\beta_2,\cdots,\beta_k)'$分别为自变量行向量和系数（参数）列向量。当$f(\boldsymbol{x},\boldsymbol{\beta})$关于参数的一阶导数与参数$\boldsymbol{\beta}$无关，则称模型为参数线性的，可以通过最小二乘法直接求解参数。当$f(\boldsymbol{x},\boldsymbol{\beta})$关于参数的导数依赖参数$\boldsymbol{\beta}$，则称模型为参数非线性的。

最小二乘法即使得$\sum\hat{\varepsilon}_i^2=\sum(y_i-f(x_i,\boldsymbol{\beta}))^2\sim Q(\boldsymbol{\beta})$最小，此时对每个参数求偏导数并令其等于0，正规方程组为：

$$\frac{\partial Q(\boldsymbol{\beta})}{\partial \beta_j}=-2\sum_{i=1}^{n}(y_i-f(x_i,\boldsymbol{\beta}))\frac{\partial f(x_i,\boldsymbol{\beta})}{\partial \beta_j}=0,j=1,2,\cdots,k \quad (2.3.8)$$

如果模型是参数非线性，$\dfrac{\partial f(x_i,\boldsymbol{\beta})}{\partial \beta_j}$就是一个关于$\boldsymbol{\beta}$的函数。一般无法对上述方程直接求解，可以采取最优化法、迭代法等间接方法。而且当我们利用估计模型进行预测时，由于预测误差不像线性回归模型中的那样服从均值为0的正态分布，无法得出一个预测误差的解析公式。一般而言，参数非线性化回归模型的参数求解需要借助统计软件，常常采用随机模拟方法估计预测误差，本书对此不做分析。

三、案例分析

【例2.3】 根据前述例2.1中的20户家庭的家庭可支配收入与消费（单位：万元）情况如表2-1所示，我们绘制出2个变量的散点图，如图2-2所示。可以发现，消费与可支配收入之间并非严格的线性关系。直观上看，收入的边际消费倾向呈现下降趋势，而不是线性模型所反映的不变趋势，因此可以拟合非线性回归模型。

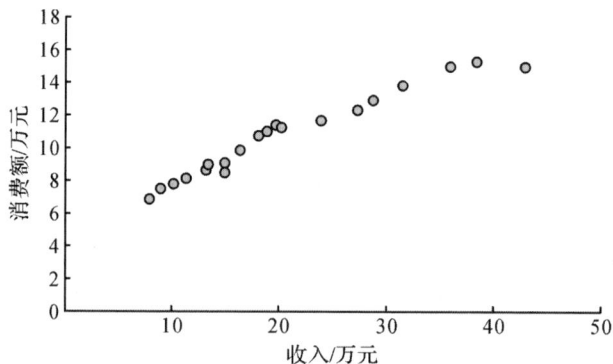

图2-2 可支配收入与消费支出关系图

如果我们拟合的非线性回归模型为：

$$\ln \hat{y}_i = \beta_1 + \beta_2 \ln x_i \quad (2.3.9)$$

令 $x' = \ln x$,$y' = \ln y$,模型即为 $\hat{y}_i = \beta_1 + \beta_2 x'_i$,这是一个线性模型。仿照前面一元线性回归模型的计算过程,可以求出消费支出与可支配收入的 R^2 的回归模型为 $\ln \hat{y}_i = 0.8996 + 0.4958\ln x_i$。从可决系数来看,非线性模型为 0.9772,而前面线性回归模型的可决系数为 0.9560,由此可知双对数模型的拟合效果要好于线性模型。

第四节　带虚拟变量的回归预测法

在前面讨论的回归模型中,我们所遇到的变量均为定量变量,比如 GDP、消费和收入等。但在分析实际经济社会问题时,一些定性变量也具有重要影响。比如,研究某个企业的销售水平时,企业的产业属性(制造业、零售业或金融业等)、所有制属性(国有、集体和其他所有制)和地理位置(东部、中部或西部)等都是重要的影响因素。我们在研究这些定性变量对被解释变量的影响时,采用虚拟变量进行回归分析是常见方法之一。

一、虚拟变量的概念

为确定定性因素对因变量的影响,根据这些因素的属性类型,构造只取"0"和"1"的人工变量,通常称之为虚拟变量或哑元变量(Dummy Variable)。比如,研究性别对收入的影响时,可以定义虚拟变量:

$$D = \begin{cases} 1, \text{男性} \\ 0, \text{女性} \end{cases} \qquad (2.4.1)$$

在模型中使用虚拟变量,一般可以实现以下 3 个目的:

(1)检验不同属性类型对因变量的作用。比如,文化程度对职工工资的影响,季节对销售额的影响,居住地(比如城乡)对个人消费的影响等。

(2)分离异常因素的影响。比如,分析各年旅游收入的变化,必须考虑自然灾害等因素对旅游的不利影响,剔除不可比的自然灾害因素。

(3)提高模型的精度。引入虚拟变量相当于将不同属性的样本合并,扩大了样本容量,增加了自由度,从而减小了误差。

虚拟变量通常以解释变量的身份出现,但是也可以作为被解释变量,一般将因变量为虚拟变量的回归模型称作线性概率模型或抉择模型。在设置虚拟变量时,如果某个定性因素有 m 种互斥的属性,模型只需要引入 $m-1$ 个虚拟变量。比如,一年有 4 个季度,可如下设置虚拟变量:

$$D_1=\begin{cases}1,春季\\0,其他\end{cases},D_2=\begin{cases}1,夏季\\0,其他\end{cases},D_3=\begin{cases}1,秋季\\0,其他\end{cases}\quad(2.4.2)$$

如果再引入 $D_4=\begin{cases}1,冬季\\0,其他\end{cases}$，则有 $D_1+D_2+D_3+D_4=1$，意味着自变量之间存在完全共线性，这就是所谓的"虚拟变量陷阱"。

二、虚拟变量模型的类型及案例分析

将虚拟变量作为解释变量，基本形式有加法方式和乘法方式 2 种。如果虚拟变量仅仅影响模型的截距，则为加法模型；若虚拟变量影响到了斜率，则为乘法模型。当然，如果根据截距项和斜率是否同时变化进行细分，还可得到其他模型。

1. 加法模型

【例 2.4】 假设调查了 12 名消费者上一年的月均食品支出和税后收入（单位：元），结果如表 2-5 所示，其中"1"和"0"分别代表女性和男性。请对税后收入为 30000 元的一名女性消费者的食品支出进行预测。

假设虚拟变量为 $D_i=\begin{cases}1,第\ i\ 为女性\\0,第\ i\ 为男性\end{cases}$，则回归模型为：

$$y_i=\beta_1+\beta_2 D_i+\beta_3 x_i+\varepsilon_i\quad(2.4.3)$$

运用普通最小二乘法回归的结果如表 2-6 所示，从而回归模型为：

$$y_i=1470.23-257.26D_i+0.06x_i+\varepsilon_i\quad(2.4.4)$$

不难看出，在其他条件不变的情形下，女性的食品消费支出平均比男性少257.26 元。反映在图形上，如图 2-3 所示，2 条平行直线的截距相差 257.26。

将 $x=30000,D_i=1$ 代入式（2.4.4）中得：$\hat y=3013$。

表 2-5 食品支出与税后收入、性别的关系

序号	食品支出	税后收入	性别	序号	食品支出	税后收入	性别
1	1800	11557	1	7	2230	11590	0
2	2960	29380	1	8	3760	33330	0
3	2990	31450	1	9	3830	36189	0
4	3110	29673	1	10	3290	35450	0
5	2700	25118	1	11	3430	33100	0
6	2300	15132	1	12	2540	20450	0

表 2-6 食品支出与税后收入、性别的回归结果

变量	系数	标准误差	t 值	p 值
常数	1470.226	196.1712	7.494608	0.0000
性别 D	−257.2576	111.5563	−2.306078	0.0465
收入 x	0.060306	0.006378	9.455454	0.0000
F-statistic	57.14754	p 值	0.000008	—

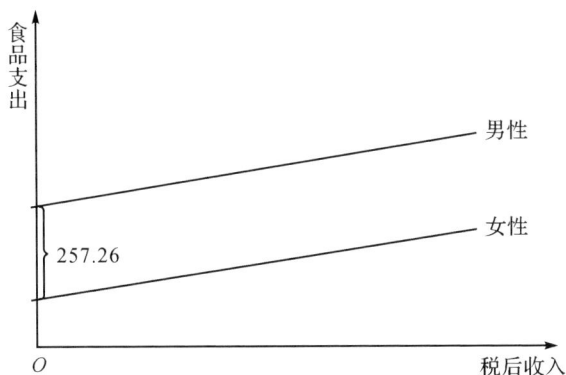

图 2-3 虚拟变量的加法方式

2. 乘法模型

【例 2.5】 表 2-7 为我国 1978 年至 2008 年的居民总储蓄和 GNP 的数据（当年价，单位：亿元），如果我们想分析 1992 年前后两者关系有无变化，可以设置一个虚拟变量 D，并将 1992 年及其以前取值为 0，而将 1992 年之后取值为 1。经过多次尝试，比较合适的模型形式为：

$$y_i = \beta_1 x_i + \beta_2 D_i + \beta_3 (D_i x_i) + \varepsilon_i \qquad (2.4.5)$$

回归结果如表 2-8 所示，其中 $R^2 = 0.9929$。由包含虚拟变量系数的 t 值可知，1992 年前后的储蓄回归模型是显著不同的。因而，1992 年及其以前与 1992 年后的储蓄函数分别为：

$$\hat{y}_i = 0.3459 x_i \qquad (2.4.6)$$

$$\hat{y}_i = -10109.57 + (0.3459 + 0.4216) x_i = -10109.57 + 0.7675 x_i$$

$$(2.4.7)$$

2 个函数的图形如图 2-4 所示。可以看出，2 个函数的截距和斜率都发生了变化。这是由于在式（2.4.5）中，截距和 GNP 的系数均涉及虚拟变量。如果仅仅是 GNP 的系数与虚拟变量有关，则发生变化的将仅仅是斜率。由式（2.4.6）和式（2.4.7）可知，1992 年以后的国民收入储蓄率为 0.7675，远远超

过 1992 年及其以前的 0.3459。

如果已知 2009 年的 GNP 为 350000 亿元,则居民储蓄约为 258515 亿元。

表 2-7　1978—2008 年中国居民总储蓄与 GNP 数据

年份	GNP	居民总储蓄	虚拟变量	年份	GNP	居民总储蓄	虚拟变量
1978	3645.2	210.6	0	1994	48108.5	21518.8	1
1979	4062.6	281	0	1995	59810.5	29662.3	1
1980	4545.6	395.8	0	1996	70142.5	38520.8	1
1981	4889.5	523.4	0	1997	78060.8	46279.8	1
1982	5330.5	675.4	0	1998	83024.3	53407.5	1
1983	5985.6	892.9	0	1999	88479.2	59621.8	1
1984	7243.8	1214.7	0	2000	98000.5	64332.4	1
1985	9040.7	1622.6	0	2001	108068.2	73762.4	1
1986	10274.4	2237.8	0	2002	119095.7	86910.6	1
1987	12050.6	3083.4	0	2003	135174	103617.7	1
1988	15036.8	3819.1	0	2004	159586.7	119555.4	1
1989	17000.9	5184.5	0	2005	184088.6	141051	1
1990	18718.3	7119.6	0	2006	213131.7	161587.3	1
1991	21826.2	9244.9	0	2007	259258.9	172534.2	1
1992	26937.3	11757.3	0	2008	302853.4	217885.4	1
1993	35260	15203.5	1	—	—	—	—

注:数据来源于《新中国 60 年统计资料汇编》。

表 2-8　居民总储蓄与 GNP 及年份虚拟变量的回归结果

自变量	系数	标准误差	t 值	p 值
GNP	0.345859	0.103163	3.352535	0.0023
虚拟变量 D	−10109.57	2594.771	−3.896133	0.0006
虚拟变量 $D \times$ GNP	0.421572	0.104643	4.028665	0.0004

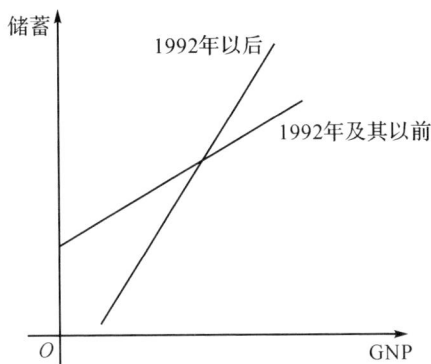

图 2-4　虚拟变量的乘法方式

第五节　异方差的回归预测法

一、异方差的概念

回归模型的随机误差项在不同观测值中的方差不等于一个常数,即 $Var(\varepsilon_i)=\sigma_i^2$ 常数 $(i=1,2,\cdots,n)$,或者 $Var(\varepsilon_i)\neq Var(\varepsilon_j)(i\neq j)$,我们就称随机误差项 ε_i 具有异方差性(Heteroscedasticity)。

在现实社会经济问题中,随机误差项 ε_i 往往是异方差的,在横截面数据中尤为如此。例如,调查不同规模公司的利润,发现大公司的利润波动幅度比小公司的利润波动幅度大;分析家庭支出时,发现高收入家庭的支出变化比低收入家庭的支出变化大。图 2-5 显示了一元线性回归中,随机变量的方差 ε_i 随着解释变量 x_i 的增加而变化的一种情况。

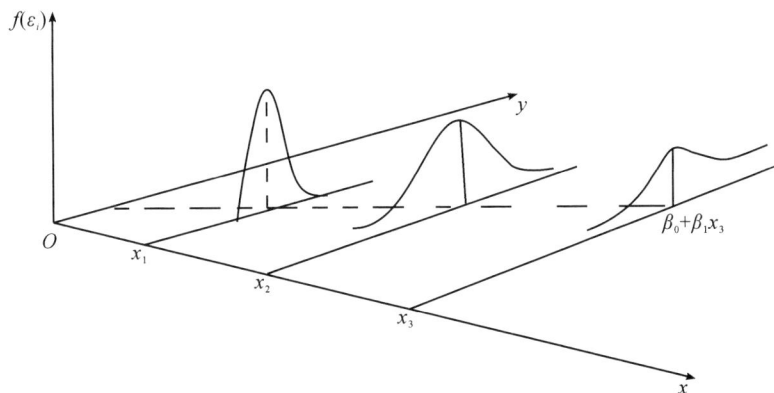

图 2-5　异方差示意图

产生异方差的原因比较多。有些是由于模型中缺少某些解释因素,这些因素可能随着解释变量观测值的不同而对被解释变量产生不同的影响,从而会使随机误差产生异方差性。有些是测量误差引起的。比如,较大的解释变量倾向于产生较大的测量误差,数据收集技术的不断完善会使测量误差随着时间呈现减小趋势。此外,异常值和函数形式设置错误均会导致异方差的产生。

二、异方差的后果

在经典回归模型的假定下,普通最小二乘估计量是线性的、无偏的和有效的估计量,即在所有无偏估量中,普通最小二乘估计量具有最小方差性。如果随机误差项存在异方差现象,就违背了普通最小二乘法估计的假定,继续使用普通最小二乘法对参数进行估计,就会产生不良后果。

1. 估计量仍然是线性无偏的,但不是有效的

前面在用普通最小二乘法估计模型参数,以及证明参数的普通最小二乘估计为无偏估计时,并没有要求随机误差项具有同方差的假定,所以只要其他假定不变,不管随机误差项是同方差还是异方差的,并不影响估计参数的线性和无偏性,参数的普通最小二乘估计量仍是线性无偏估计量。但这时的估计不再是有效的,也就是说不具有最小方差的特性。

2. t 检验和 F 检验失效

由于建立在 t 分布和 F 分布之上的检验的统计量都是利用总体方差的估计量 $\hat{\sigma}^2 = \dfrac{\sum \varepsilon_i^2}{n-k}$ 构造而成的,在同方差的假定下,$\hat{\sigma}^2$ 可以估计并且服从特定的分布,这样就能进行显著性检验。当不满足同方差性这一假定时,$\hat{\sigma}^2$ 不再是总体方差 σ^2 的无偏估计量,我们计算出的 t 统计量和 F 统计量不再满足 t 分布和 F 分布,从而根据 t 分布和 F 分布进行的假设检验不再可靠。

3. 估计量的方差增大,预测精度下降

由于存在异方差性,ε_i 的方差随观测值的变化而变化,则估计量的方差肯定会增大,从而估计值的变异程度增大,这样就使被解释变量的预测误差变大,降低了预测精度。

以一元线性回归模型 $y_i = \alpha + \beta x_i + \varepsilon_i$ 为例,假设样本回归模型为 $\hat{y} = \hat{\alpha} + \hat{\beta} x_i$,给定 $x = x_0$,则 $\hat{y}_0 = \hat{\alpha} + \hat{\beta} x_0$。可以发现,点预测的精度取决于 $\hat{\alpha}$ 和 $\hat{\beta}$ 的精确度,但异方差增大了 $\hat{\alpha}$ 和 $\hat{\beta}$ 的方差,使它们的精确度下降,从而 $\hat{y}$ 的预测精

度也会下降。

从区间预测来看,前述个体值的预测区间为 $\hat{y} - t_{\frac{a}{2}} \times S_{\hat{y}_0 - y_0} < y_0 < \hat{y}_0 + t_{\frac{a}{2}} \times S_{\hat{y}_0 - y_0}$,其中 $S_{\hat{y}_0 - y_0} = \sqrt{\hat{\sigma}^2 \left[1 + \frac{1}{n} + \frac{(x_0 - \bar{x})^2}{\sum (x_i - \bar{x})^2} \right]}$。可知,预测区间的精度受 $\hat{y}_0$ 和 $\hat{\sigma}^2$ 共同影响,在同方差的情况下,$\hat{\sigma}^2$ 可用 $\sum \varepsilon_i^2 / (n-2)$ 来估计,但在异方差的情况下,这一估计精度会下降,导致整个区间的预测精度也会下降。

三、异方差的检验

为了检验模型是否存在异方差性,需要事先了解随机误差项取值的概率分布。但是随机误差项的变化是由模型之外其他因素的综合影响来决定的,其取值情况是无法观测的。实际研究中,一般是通过对残差分布情况的分析来推测随机误差项的分布特征,因为残差项 ε_i 描述的也是解释变量之外其他因素的综合影响,所以可以将其作为随机误差项 ε_i 的估计量。检验异方差的方法主要有图示法、斯皮尔曼(Spearman)等级相关系数法、戈里瑟(Glejser)检验法、戈德菲尔德—匡特(Goldfeld-Quandt)检验法和怀特(White)检验法等,本部分主要介绍图示法和怀特检验法。

1. 图示法

图示法又称散点图法,它主要通过图形来直观地判断是否存在异方差性。

(1)相关图分析。由于被解释变量 y_i 与误差项 ε_i 的方差相同,通过观察 y_i 与 x_i 的相关图,可以分析 y_i 的离散程度与解释变量之间是否存在相关关系。如果随着 x_i 值的增加,y_i 的离散程度表现出逐渐增大或减小的趋势,则表明模型存在着递增型或递减型的异方差性。建立回归模型时,为了判断模型的函数形式,一般先要观察被解释变量与解释变量的相关图,此时也可以大致判断模型是否存在异方差性。

(2)残差分布图分析。具体步骤如下:

第一,对所给的观测值用普通最小二乘法进行回归,计算出随机误差项 ε_i 的估计值为 $\hat{\varepsilon}_i$。

第二,平面直角坐标系下,以被解释变量的估计值 $\hat{y}_i$ 为横坐标,以 $\hat{\varepsilon}_i^2$ 为纵坐标,做出相应的散点图。

第三,根据所做的散点图判断 $\hat{\varepsilon}_i^2$ 与 $\hat{y}_i$ 是否存在一定规律。如果存在某个规律,表明可能存在异方差性;如不存在,说明可能不存在异方差性。在图 2-6 的 4 个图中,从图(a)可以看出 $\hat{\varepsilon}_i^2$ 与 $\hat{y}_i$ 之间没有任何关系,可能不存在异方差性。但在图(b)、(c)、(d)中,$\hat{\varepsilon}_i^2$ 对 $\hat{y}_i$ 的散点图呈现了一定的变化规律,说明可能存在异方差性,其中图(b)为递增异方差,图(c)为递减异方差,图(d)的异方差较为复杂。

图示法比较简单、直观、容易理解,是我们判断异方差的首选方法之一。当然,图示法只能粗略地判断模型是否存在异方差性,如果对异方差性进行较为精确的判断,还需要采用一些定量检验方法。

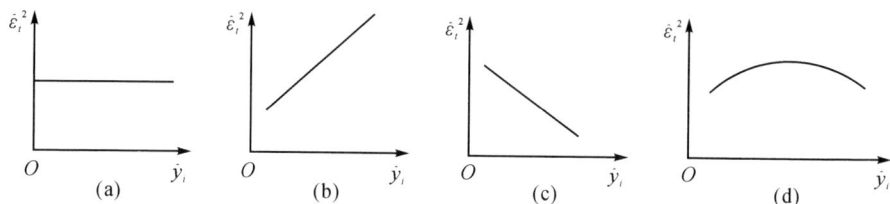

图 2-6 残差分布图

2. 怀特检验法

怀特(1980)提出了一种可以直接对异方差进行检验的方法。以二元线性回归模型为例,一般步骤如下:

(1)设二元线性回归模型为 $y_i = \beta_1 + \beta_2 x_{2i} + \beta_3 x_{3i} + \varepsilon_i$,用普通最小二乘法估计出参数,并求出残差 ε_i,$\hat{\varepsilon}_i = y_i - (\hat{\beta}_1 + \hat{\beta}_2 x_{2i} + \hat{\beta}_3 x_{3i})$。

(2)对残差平方做如下辅助回归:

$$\hat{\varepsilon}_i^2 = \alpha_1 + \alpha_2 x_{2i} + \alpha_3 x_{3i} + \alpha_4 x_{2i}^2 + \alpha_5 x_{3i}^2 + \alpha_6 x_{2i} x_{3i} + v_i \qquad (2.5.1)$$

也就是说,辅助回归方程的解释变量包括原来的所有解释变量、它们的平方项及两两交叉乘积项。当然,如有需要,还可以引进自变量的更高次方。

(3)计算统计值 nR^2,其中 n 为样本容量,R^2 为辅助回归的(未调整)可决系数。在无异方差的虚拟假设下,即 $H_0: \alpha_i = 0 (i = 2,3,4,5,6)$,$nR^2$ 渐进地服从 χ^2 分布,自由度为辅助回归方程的项数(不含常数项)。当有 k 个解释变量时,辅助回归中不包含常量项的项数为 $k(k+3)/2$,因此:

$$nR^2 \sim \chi^2 \left(\frac{k(k+3)}{2} \right) \qquad (2.5.2)$$

(4)如果计算的 nR^2 大于给定显著性水平下的 χ^2 分布临界值,则拒绝原假设,表明存在异方差。如果没有拒绝原假设,则表明没有异方差。

由于怀特检验法的辅助回归方程包括原来解释变量及其平方项和交叉乘积项,当解释变量较多时,将消耗掉大量自由度,实际运用时需要小心。该法一般在大样本检验中较为有效。

四、异方差的校正

如果模型中随机误差项存在异方差时，就要设法消除异方差性，削弱或消除异方差带来的不利影响，然后再进行预测。

1. 加权最小二乘法

消除异方差的主要方法是加权最小二乘法（Weighted Least Squares，简称 WLS），就是对原模型进行加权，使之变成一个新的不存在异方差性的模型，然后采用普通最小二乘法估计其参数。以多元线性回归模型 $y_i = \beta_1 + \beta_2 x_{i2} + \beta_3 x_{i3} + \cdots + \beta_k x_{ik} + \varepsilon_i$ 为例，普通最小二乘法就是使残差平方和 $\sum \hat{\varepsilon}_i^2 = \sum (y_i - \hat{\beta}_1 - \hat{\beta}_2 x_{i2} + \hat{\beta}_3 x_{i3} + \cdots + \hat{\beta}_k x_{ik})^2$ 最小。当 ε_i 为同方差时，可以求出相应的参数。但当 ε_i 为异方差时，比如 ε_i 的方差随着 x_i 的增大而递增，由于较大的 x_i 值的估计偏差较大，残差所反映的信息应打折扣；而较小的 x_i 值的估计偏差较小，应给予较大权重。因此 WLS 的思想就是选择一组权重 $w = (w_1, w_2, \cdots, w_n)$，使得残差的加权平方和 $\sum w_i \hat{\varepsilon}_i^2$ 最小，即最小化下式：

$$\sum w_i \hat{\varepsilon}_i^2 = \sum w_i (y_i - \hat{\beta}_1 - \hat{\beta}_2 x_{i2} - \hat{\beta}_3 x_{i3} - \cdots - \hat{\beta}_k x_{ik})^2 \quad (2.5.3)$$

比如，假设 $\mathrm{Var}(\varepsilon_i) = \sigma_i^2 = \sigma^2 f(x_i)$，则用 $\sqrt{f(x_i)}$ 去除该模型，得到：

$$\frac{y_i}{\sqrt{f(x_i)}} = \beta_1 \frac{1}{\sqrt{f(x_i)}} + \beta_2 \frac{x_{i2}}{\sqrt{f(x_i)}} + \beta_3 \frac{x_{i3}}{\sqrt{f(x_i)}} + \cdots + \beta_k \frac{x_{ik}}{\sqrt{f(x_i)}} + \frac{\varepsilon_i}{\sqrt{f(x_i)}}$$

$$(2.5.4)$$

此时 $\mathrm{Var}\left(\dfrac{\varepsilon_i}{\sqrt{f(x_i)}}\right) = \dfrac{1}{f(x_i)} \mathrm{Var}(\varepsilon_i) = \dfrac{\sigma^2 f(x_i)}{f(x_i)} = \sigma^2$，因而新模型的随机误差项具有同方差性。上述过程其实就是选择权重 $w = \left(\dfrac{1}{\sqrt{f(x_1)}}, \dfrac{1}{\sqrt{f(x_2)}}, \cdots, \dfrac{1}{\sqrt{f(x_n)}}\right)$，使得加权残差和最小。

实际上，无论 $\mathrm{Var}(\varepsilon_i) = \sigma_i^2$ 的最终形式如何，将原模型直接除以 σ_i，即选择权重 $w = \left(\dfrac{1}{\sigma_1}, \dfrac{1}{\sigma_2}, \cdots, \dfrac{1}{\sigma_n}\right)$，则有 $\mathrm{Var}\left(\dfrac{\varepsilon_i}{\sigma_i}\right) = \dfrac{1}{\sigma_i^2} \mathrm{Var}(\varepsilon_i) = 1$，则原模型变为同方差模型。

2. 广义最小二乘法

广义最小二乘法（Generalized Least Squares，简称 GLS）是应用比较广泛的一种方法，基本思路是通过一系列变换后使新模型的随机误差项具有同方差的性质，然后再应用普通最小二乘法进行回归分析。

对于线性回归模型 $Y=X\beta+\varepsilon$，当存在异方差时，会有：

$$\mathrm{Var}(\varepsilon_i)=E(\varepsilon'\varepsilon)=\sigma^2 W \tag{2.5.5}$$

其中，σ^2 为一常数，$W=\begin{bmatrix} w_1 & & & \\ & w_2 & & \\ & & \ddots & \\ & & & w_n \end{bmatrix}$ 为 n 阶对角正定矩阵。由于

W 为正定矩阵，存在可逆矩阵 P，使得

$$W=PP' \tag{2.5.6}$$

用 P^{-1} 左乘 $Y=X\beta+\varepsilon$ 的两边得：

$$P^{-1}Y=P^{-1}X\beta+P^{-1}\varepsilon \tag{2.5.7}$$

令 $Y_*=P^{-1}Y, X_*=P^{-1}X, \varepsilon_*=P^{-1}\varepsilon$，上式就可以写成：$Y_*=X_*\beta+\varepsilon_*$。由于

$$E(\varepsilon_*\varepsilon_*{}')=E(P^{-1}\varepsilon\varepsilon'P^{-1})=P^{-1}E(\varepsilon\varepsilon')P^{-1}$$

$$=P^{-1}\sigma^2 WP^{-1}=\sigma^2 P^{-1}PP'P^{-1}=\sigma^2(P^{-1}P)(P^{-1}P')=\sigma^2 I \tag{2.5.8}$$

可见，新变换后的模型具有同方差的性质，这时就可以应用普通最小二乘法进行回归分析。所以，模型 $Y=X\beta+\varepsilon$ 的参数有效估计公式为：

$$\hat{\beta}=(X_*{}'X_*)^{-1}X_*{}'Y_*=[X'(P^{-1})'P^{-1}X]^{-1}X'(P^{-1})'P^{-1}Y$$

$$=(X'W^{-1}X)^{-1}X'W^{-1}Y \tag{2.5.9}$$

式(2.5.9)称为参数的广义最小二乘估计量，显然该估计量为最优线性无偏估计量。

如何得到权矩阵 W 和可逆矩阵 P 呢？从前面的推导过程看，W 来自原模型残差项的方差-协方差矩阵，因此，可先对原模型进行普通最小二乘法估计，得到随机误差项的估计量 $\hat{\varepsilon}_i$，以此得到权矩阵的估计式：

$$\sigma^2 W=\begin{bmatrix} \hat{\varepsilon}_1^2 & & & \\ & \hat{\varepsilon}_2^2 & & \\ & & \ddots & \\ & & & \hat{\varepsilon}_n^2 \end{bmatrix} \tag{2.5.10}$$

从而可得 $P=\begin{bmatrix} |\hat{\varepsilon}_1| & & & \\ & |\hat{\varepsilon}_2| & & \\ & & \ddots & \\ & & & |\hat{\varepsilon}_n| \end{bmatrix}\sim\mathrm{diag}(|\hat{\varepsilon}_1|,|\hat{\varepsilon}_2|,\cdots,|\hat{\varepsilon}_n|)$

由此可以看出，广义最小二乘法的核心是用 P^{-1} 左乘原模型，使变换后的新

模型符合古典假设的全部条件,这时就可以用普通最小二乘法进行回归分析了。普通最小二乘法和加权最小二乘法都是广义最小二乘法的特殊情况:当 $W=I$ 时,广义最小二乘法就是普通最小二乘法;而当 W 为对角矩阵时,广义最小二乘法就是加权最小二乘法。最一般的广义最小二乘法可见第六章自相关的分析。

五、案例分析

【例 2.6】 某年我国 31 个省份建筑业总产值与地区生产总值(单位:亿元)的数据资料如表 2-9 所示。一般来说,地区生产总值越多的省份其建筑业总产值也会越大,但是在地区生产总值较大的情形下,建筑业总产值的差异可能较大,下面我们对此进行分析。

第一步,将建筑业总产值(y)对地区生产总值(x)进行线性回归分析,可得回归模型:

$$y_i = 171.97 + 0.0467x_i + \varepsilon_i$$

$$t = (3.15)(12.99)$$

$R^2 = 0.8533, F = 168.65, DW = 1.83$。

第二步,分析异方差情况。图 2-7 为回归模型的残差平方对地区生产总值的散点图,可以看出,随着地区生产总值的增大,残差平方总体上呈现上升趋势。较为精确的判别方法为怀特检验方法,具体过程见前面的分析。Eviews 操作后的检验结果为 $nR^2 = 20.27$,对应的 p 值为 0.0000,说明存在异方差。

第三步,通过图 2-7 可以发现,残差平方与地区生产总值的平方大致成正比例关系,因此可对原模型采用加权最小二乘法,其中权重为 $1/x$。加权最小二乘法的结果如表 2-10 所示,因而回归模型为:

$$y_i = 72.74 + 0.0572x_i + \varepsilon_i$$

$$t = (11.79)(19.03)$$

$R^2 = 0.9259, F = 362.31, DW = 1.62$

再次进行怀特检验,可以得到 $nR^2 = 2.28$,对应的 p 值为 0.3205,说明不存在异方差。

表 2-9　我国 31 个省份外商投资企业货物进出口总额与地区生产总值

省份	地区生产总值	建筑业总产值	省份	地区生产总值	建筑业总产值
北京	5334148	552.47	湖北	703772	854.40
天津	4488051	365.73	湖南	182177	867.79

省份	地区生产总值	建筑业总产值	省份	地区生产总值	建筑业总产值
河北	1343558	975.97	广东	38241318	1328.14
山西	163150	474.92	广西	367765	517.70
内蒙古	108694	610.67	海南	301396	142.80
辽宁	3076882	980.71	重庆	295047	531.37
吉林	555747	487.32	四川	936469	1033.63
黑龙江	78345	510.99	贵州	18647	223.95
上海	18670215	593.03	云南	43593	494.36
江苏	25969712	2101.43	西藏	99	103.52
浙江	6929148	1390.28	陕西	252626	735.17
安徽	523140	840.50	甘肃	10693	323.54
福建	4377455	898.92	青海	19432	105.00
江西	770607	722.89	宁夏	22142	141.94
山东	7559835	2005.69	新疆	27362	373.75
河南	376612	1110.23	—	—	—

资料来源:《中国统计年鉴 2010》。

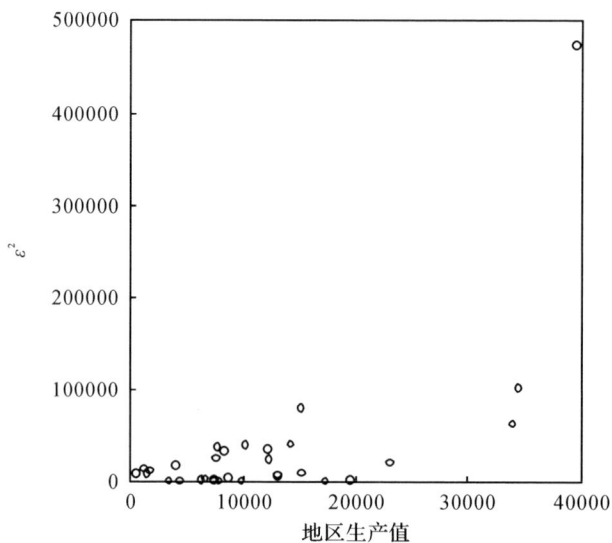

图 2-7　残差平方对地区生产总值的散点图

表 2-10　建筑业总产值与地区生产总值加权最小二乘法结果

Weighting series：1/X

Variable	Coefficient	Std. Error	t-Statistic	Prob.
C	72.73675	6.170575	11.78768	0.0000
X	0.057168	0.003003	19.03453	0.0000

Weighted Statistics			
R-squared	0.925891	Mean dependent var	309.1028
Adjusted R-squared	0.923335	S. D. dependent var	141.9618
S. E. of regression	59.99884	Akaike info criterion	11.08887
Sum squared resid	104396.0	Schwarz criterion	11.18138
Log likelihood	−169.8775	Hannan-Quinn criter.	11.11903
F-statistic	362.3132	Durbin-Watson stat	1.620678
Prob(F-statistic)	0.000000		

◆本章小结

（1）回归分析预测方法是统计预测的一种最基本方法。作为最简单的一元线性回归模型（$y_i = \alpha + \beta x_i + \varepsilon_i$），其误差项应该满足 $\varepsilon_i \sim iid(0, \sigma^2)$，只有这样才能利用常用的 F 分布、t 分布和 χ^2 分布等进行检验。一元线性回归模型的检验主要包括：反映模型总体显著性的 F 检验，反映系数显著性的 t 检验。对于给定自变量的某个数值，因变量的预测分为总体均值和个体数值 2 个方面。虽然 2 个方面的点估计值是相同的，但预测的标准误差不同，前者要小于后者。

（2）多元线性回归模型的解释能力比较强，能较好地说明"在其他条件不变的情形下，某个自变量对因变量的影响"。多元线性回归模型的参数求解、检验方法及预测方法均与一元线性回归模型类似，在表示有关计算过程或解释有关结果时，借助矩阵方法将会非常简捷。不同之处是，多元线性回归模型还要考虑自变量之间的多重共线性问题。

（3）非线性回归模型可以划分为本质线性关系和本质非线性关系。前者指的是虽然形式上是非线性关系，但经过一定的变量变换后可以转化为线性回归模型，因此可以通过最小二乘法求解参数。后者指的是无法通过变量变换转化为线性模型的回归方程，参数求解比较复杂，需要借助统计软件。

（4）一些定性变量对因变量具有重要影响，引进虚拟变量是非常必要的。

虚拟变量可以是仅仅影响截距的加法模型,也可以是影响斜率的乘法模型,模型类型可视具体情况而定。

(5)异方差使得原来的参数估计量不再是有效的,基于 t 分布和 F 分布之上的检验也将失效,预测精度会下降。识别异方差的方法比较多,主要有图示法和怀特检验法等。可以根据异方差的具体表现校正异方差,方法主要有加权最小二乘法和广义最小二乘法。

◆思考与练习

1.一元线性回归模型的误差项需要满足哪些条件?

2.回归模型的检验通常包括哪些方面?

3.影响回归模型预测精度的因素主要有哪些?

4.可决系数 R^2 和 F 统计量存在怎样的关系?

5.什么是多重共线性?如何判断多重共线性?

6.虚拟变量一般具有哪些作用?如何设置虚拟变量?

7.什么是异方差现象?异方差产生的后果主要有哪些?怎么识别异方差?如何校正异方差?

8.假设某公司每周的广告支出和销售额如下表所示:

广告支出(元)	5000	5800	6500	6800	7200	6700	6900	7500	7600	8000
销售额(万元)	12	12.5	13.1	13.1	14	14.2	13.6	14.9	15.5	15.6

要求:

(1)计算每周的广告支出与销售额之间的相关系数。

(2)拟合销售额对广告支出的线性回归模型,并计算可决系数和 F 统计量。

(3)当下周的广告支出为 7500 元时,以 95% 的置信度预测下周的销售额。

9.10 个地区的生产总值、财政支出和税收收入如下表所示:

生产总值(亿元)	1380	1620	1790	1120	1050	1810	1950	2040	1360	1470
财政支出(亿元)	380	450	475	298	284	430	484	500	360	400
税收收入(亿元)	230	270	300	180	175	292	325	340	217	245

要求:

(1)拟合税收收入对生产总值和财政支出的二元线性回归模型,并计算标准误差和可决系数。

(2)若某地区的生产总值为 1350 亿元,财政支出为 370 亿元,请以 95%

的置信度预测该地区的税收收入。

10.某地12个同类企业生产某种产品的月产量和单位成本的资料如下表所示：

企业编号	月产量（千件）x	单位产品成本（元）y	企业编号	月产量（千件）x	单位产品成本（元）y
1	8	32	7	24	14
2	10	30	8	28	14
3	11	25	9	30	13
4	14	20	10	34	12
5	18	22	11	36	9
6	20	18	12	38	9

试判断单位成本与月产量呈现何种关系，并拟合回归模型。当一个企业的产量为3.5万件时，预测其可能的单位成本。

11.下表为某国1966—1979年的能源需求量（单位：万吨）与实际GDP（单位：亿美元）数据：

年份	能源需求量	实际GDP	年份	能源需求量	实际GDP
1965	100	100	1973	118	150
1966	106	108	1974	119	155
1967	118	117	1975	123	160
1968	122	123	1976	125	168
1969	121	132	1977	129	175
1970	137	143	1978	131	178
1971	141	146	1979	135	186
1972	145	155	—	—	—

要求：

(1)拟合能源需求对实际GDP的简单线性回归模型，并判断模型的拟合效果。

(2)以1973年（石油危机发生的年份）为分界点，设置一个时间虚拟变量，再拟合回归模型，并就拟合效果与简单回归模型进行比较。

(3)如果1980年该国实际GDP为190亿美元，请预测当年的能源需求量。

12.调查了 20 户家庭的年收入和住房支出(单位:万元),数据见下表:

住房支出	1.8	2	2	2	2.1	3	3.2	3.5	3.5	3.8
年收入	4.8	4.9	5	5.1	5.2	9.8	9.9	10	10.1	10.2
住房支出	4	4.2	4.5	4.8	5	4.8	5	5.7	6	6.5
年收入	14.8	14.9	15	15.1	15.2	19.8	19.9	20	20.1	20.2

要求:

(1)建立住房支出对年收入的回归模型,判断模型是否存在异方差。

(2)根据异方差的类型,利用加权最小二乘法拟合模型,并预测一个年收入为 18 万元的家庭,其住房支出是多少?

◆附录 1

多元回归模型的矩阵表示

1.系数表达式

正规方程组(2.2.4)可用矩阵表示为:

$$X'(Y-X\hat{\beta})=0 \tag{1}$$

也即 $X'X\hat{\beta}=X'Y$。在假定不存在完全共线性的情形下,X 为满秩,因而 $X'X$ 存在逆矩阵 $(X'X)^{-1}$。上式两边分别左乘 $(X'X)^{-1}$ 可得:

$$\hat{\beta}=(X'X)^{-1}X'Y \tag{2}$$

2.残差平方和与标准误差

$$RSS=\sum_{i=1}^{n}\hat{\varepsilon}_i^2=\hat{\varepsilon}'\hat{\varepsilon}=(Y-X\hat{\beta})'(Y-X\hat{\beta})=Y'Y-2\hat{\beta}'X'Y+\hat{\beta}'X'X\hat{\beta}$$

$$=Y'Y-2\hat{\beta}'X'Y+\hat{\beta}'X'X(\overline{X}'X)^{-1}X'Y=Y'Y-\hat{\beta}'X'Y \tag{3}$$

$$se=\sqrt{\frac{\hat{\varepsilon}'\hat{\varepsilon}}{n-k}} \tag{4}$$

注意:在证明过程中,利用了 $(\hat{\beta}'X'Y)'=Y'X\hat{\beta}$,这是因为 $\hat{\beta}'X'Y$ 是一个实数。此外,由于 $TSS=\sum(Y_i-\overline{Y})^2=\sum Y_i^2-n\overline{Y}^2=Y'Y-n\overline{Y}^2$,回归平方和为:

$$ESS=TSS-RSS=\hat{\beta}'X'Y-n\overline{Y}^2 \tag{5}$$

3.系数的均值和方差

因为

$$\hat{\beta}=(X'X)^{-1}X'Y=(X'X)^{-1}X'(X\beta+\varepsilon)$$

$$= (X'X)^{-1}X'X\beta + (X'X)^{-1}X'\varepsilon = \beta + (X'X)^{-1}X'\varepsilon \tag{6}$$

所以

$$E(\hat{\beta}) = \beta + (X'X)^{-1}X'E(\varepsilon) = \beta + (X'X)^{-1}X'0 = \beta \tag{7}$$

$$\mathrm{Var}(\hat{\beta}) = \mathrm{Var}((X'X)^{-1}X'\varepsilon) = (X'X)^{-1}X'\mathrm{Var}(\varepsilon)X(X'X)^{-1}$$

$$= (X'X)^{-1}X'\sigma^2 I_n X(X'X)^{-1} = \sigma^2 (X'X)^{-1}(X'X)(X'X)^{-1} = \sigma^2 (X'X)^{-1} \tag{8}$$

令矩阵 $(X'X)^{-1}$ 的主对角线元素依次为 $c_{11}, c_{22}, \cdots, c_{nn}$,总体标准差的估计值为 $\hat{\sigma}$,则 β_j 的标准误差为:

$$se(\beta_j) = \hat{\sigma} \cdot \sqrt{c_{jj}} \tag{9}$$

4. $E(y_0)$ 的置信区间

已知 $x_0 = (1, x_{02}, x_{03}, \cdots, x_{0k})$,因为 $\hat{y} = x_0\hat{\beta}$,所以

$$E(\hat{y}_0) = x_0 E(\hat{\beta}) = x_0\beta = E(y_0) \tag{10}$$

$$\mathrm{Var}(\hat{y}_0) = E(x_0\hat{\beta} - x_0\beta)^2 = E(x_0(\hat{\beta} - \beta)x_0(\hat{\beta} - \beta)) \tag{11}$$

由于 $x_0(\hat{\beta} - \beta)$ 是一个实数,$x_0(\hat{\beta} - \beta) = (x_0(\hat{\beta} - \beta))' = (\hat{\beta} - \beta)'x_0'$,代入上式得:

$$\mathrm{Var}(\hat{y}_0) = E(x_0(\hat{\beta} - \beta)(\hat{\beta} - \beta)'x_0') = x_0 E(\hat{\beta} - \beta)(\hat{\beta} - \beta)')x_0' \tag{12}$$

而 $E(\hat{\beta} - \beta)(\hat{\beta} - \beta)' = \mathrm{Var}(\hat{\beta}) = \sigma^2(X'X)^{-1}$,因此

$$\mathrm{Var}(\hat{y}_0) = \sigma^2 x_0(X'X)^{-1}x_0' \tag{13}$$

在误差项 $E(\varepsilon\varepsilon') = \sigma^2 I$ 的条件下,可知

$$\hat{y}_0 \sim N(x_0\beta, \sigma^2 x_0(X'X)^{-1}x_0') \tag{14}$$

如果用 $\hat{\sigma}^2 = \dfrac{\varepsilon'\varepsilon}{n-k}$ 代替 σ^2,得到 t 统计量为:

$$\frac{\hat{y}_0 - E(y_0)}{\hat{\sigma}\sqrt{x_0(X'X)^{-1}x_0'}} \sim t(n-k) \tag{15}$$

从而 $1-\alpha$ 置信水平下 $E(y_0)$ 的置信区间为:

$$\hat{y}_0 - t_{\alpha/2}\hat{\sigma}\sqrt{x_0(X'X)^{-1}x_0'} < E(y_0) < \hat{y}_0 + t_{\alpha/2}\hat{\sigma}\sqrt{x_0(X'X)^{-1}x_0'} \tag{16}$$

5. y_0 个体值的置信区间

因为 $e_0 = y_0 - \hat{y}_0 = x_0\beta + \varepsilon_0 - x_0\hat{\beta} = \varepsilon_0 + x_0(\beta - \hat{\beta})$,根据式(6)可得 $\beta - \hat{\beta} = -(X'X)^{-1}X'\varepsilon$,所以 $e_0 = \varepsilon_0 - x_0(X'X)^{-1}X'\varepsilon$,从而

$$E(e_0) = E(\varepsilon_0 - x_0(X'X)^{-1}X'\varepsilon) = 0 \tag{17}$$

$$\mathrm{Var}(e_0) = E(e_0^2) = E(\varepsilon_0^2) - 2x_0(X'X)^{-1}X' \cdot E(\varepsilon_0\varepsilon) +$$

$$x_0((X'X)^{-1}X' \cdot E(\varepsilon\varepsilon') \cdot X(X'X)^{-1}x_0') = \sigma^2(1 + x_0(X'X)^{-1}x_0') \tag{18}$$

在式(18)的推导过程中,需要注意这些性质:$x_0(X'X)^{-1}X'\varepsilon$ 是实数,$X'X$ 为对称矩阵,误差项具有同方差和不存在自相关。因此

$$e_0 \sim N(0, \sigma^2 (1 + \boldsymbol{x}_0 (\boldsymbol{X}'\boldsymbol{X})^{-1} \boldsymbol{x}_0')) \tag{19}$$

当用 $\hat{\sigma}^2$ 代替 σ^2 时，y_0 在 $1-\alpha$ 置信水平下的置信区间为：

$$\hat{y}^0 - t_{a/2}\hat{\sigma} \sqrt{1 + \boldsymbol{x}_0 (\boldsymbol{X}'\boldsymbol{X})^{-1} \boldsymbol{x}_0'} < y_0 < \hat{y}_0 + t_{a/2}\hat{\sigma} \sqrt{1 + \boldsymbol{x}_0 (\boldsymbol{X}'\boldsymbol{X})^{-1} \boldsymbol{x}_0'} \tag{20}$$

◆附录2

式(2.2.12)的证明

因为式(2.2.4)的第 j 个方程为：

$$\sum_{i=1}^{n} x_{ij} (y_i - \hat{\beta}_1 - \hat{\beta}_2 x_{i2} - \hat{\beta}_3 x_{i3} - \cdots - \hat{\beta}_k x_{ik}) = 0$$

将 $x_{ij} = \hat{x}_{ij} + \hat{r}_{ij}$ 带入，有

$$\sum_{i=1}^{n} (\hat{x}_{ij} + \hat{y}_{ij})(y_i - \hat{\beta}_1 - \hat{\beta}_2 x_{i2} - \hat{\beta}_3 x_{i3} - \cdots - \hat{\beta}_k x_{ik}) = \sum_{i=1}^{n} (\hat{x}_{ij} + \hat{y}_{ij})\hat{\varepsilon}_i = 0$$

由于 $\hat{x}_j$ 是其余自变量的线性组合函数，因而 $\sum\limits_{i=1}^{n} \hat{x}_{ij}\hat{\varepsilon}_i = 0$，$\sum\limits_{i=1}^{n} \hat{r}_{ij}(y_i - \hat{\beta}_1 - \hat{\beta}_2 x_{i2} - \hat{\beta}_3 x_{i3} - \cdots - \hat{\beta}_k x_{ik}) = 0$。

又由于 $\hat{r}_{ij}$ 是变量 x_j 对其余自变量进行回归后的残差，根据残差与自变量不相关的假定，对所有 $h \neq j$，有 $\sum\limits_{i=1}^{n} \hat{r}_{ij} x_{ih} = 0$。因此，上式等价于 $\sum\limits_{i=1}^{n} \hat{r}_{ij}(y_i - \hat{\beta}_j x_{ij}) = 0$，从而 $\hat{\beta}_j = \dfrac{\sum\limits_{i=1}^{n} \hat{r}_{ij} y_i}{\sum\limits_{i=1}^{n} \hat{r}_{ij} x_{ij}}$。

由于 $\sum\limits_{i=1}^{n} \hat{r}_{ij} x_{ij} = \sum\limits_{i=1}^{n} \hat{r}_{ij}(\hat{x}_{ij} + \hat{r}_{ij}) = \sum\limits_{i=1}^{n} \hat{r}_{ij}\hat{x}_{ij} + \sum\limits_{i=1}^{n} \hat{r}_{ij}^2 = \sum\limits_{i=1}^{n} \hat{r}_{ij}^2$，所以有 $\hat{\beta}_j = \dfrac{\sum\limits_{i=1}^{n} \hat{r}_{ij} y_i}{\sum\limits_{i=1}^{n} \hat{r}_{ij}^2}$。

第三章 单变量确定性时间序列的预测方法

单变量确定性时间序列预测方法主要根据某个时间序列自身的趋势和规律进行外推或延伸,以判断其未来的发展水平,它是一种非因果关系的预测方法。本章介绍 3 种传统预测方法:平滑预测法、趋势外推预测法和因子分解预测法。平滑预测法是从原序列出发,通过消除原序列中的非趋势因子,从而达到预测未来趋势的目的。趋势外推预测法是用一个或一组数学方程来表示所预测事物随时间变化的形式,进而估计事物未来的变化趋势,达到预测的目的。因子分解预测,则是从时间序列的组成因子出发,根据对各组成因子变化规律的判断来预测现象的发展水平。

第一节 时间序列预测法概述

一、时间序列预测法的概念

回归预测是以预测对象之间客观存在的因果关系为基础的,但有些时候,研究对象的影响因素错综复杂,根本无法具体得知。即使能得知这些错综复杂的影响因素,有时候也会因为这些因素的不可度量而使回归预测失去建模的数量依据。

时间序列预测法则是以时间为自变量,通过研究预测对象随时间变化的趋势,寻找其规律特征,建立时间序列预测模型,以达到推断未来的目的。对于很多现象,如果数据生成机制没有发生大的变化,时间序列预测法不失为一种有效方法。

确定性时间序列模型中,假设时间序列是由一个确定性过程产生的,这个确定性过程往往可以用时间 t 的函数 $f(t)$ 表示,时间序列中的每一个观测值是由这个确定性过程和随机因素决定的。比如,自由落体物体的下落高度主要由 $y = \frac{1}{2}gt^2$ 这个确定性过程决定,同时又受风速、气流等随机因素的影响。随机型时间序列模型中,假设经济社会变量的变化过程是一个随机过程,时间序列是由该随机过程产生的一个样本,因此时间序列具有随机性质,可以表示成随机项的线性组合,从而可用分析随机过程的方法建立时间序列模型。

二、时间序列预测法的步骤

时间序列预测法一般分以下 3 个步骤进行:

1.编制时间序列

时间序列预测法是根据时间序列来预测的,因此收集与整理研究对象的历史资料,并按要求将其整理成时间序列是预测准确与否的关键。如果时间序列本身包含很多不可比的因素,必然导致预测结果产生系统性的偏差。因此,在预测前必须对原始数据进行严格的甄别和必要的处理,以提高预测结果的可靠性。

2.分析时间序列的趋势规律

分析时间序列的变化特点,寻找其随时间变化的规律和趋势,然后对这个规律和趋势进行延伸,就达到了预测未来的目的。如果不能准确地判断和把握原数列的规律趋势,预测结果就会差之毫厘,谬以千里。因此,准确判断原数列的规律和趋势,是预测的前提和保证。

3.构建模型进行预测

由于时间序列预测模型是以时间或变量过去的数值作为解释变量的,所有影响因素对预测对象的作用都要通过时间或历史数值来刻画和体现。因此,要在众多的数学模型中,选择与预测对象相吻合的数学模型,是一件十分复杂的事。特别地,即便选择了合适的预测模型,对同一模型的参数估计也有很多方法,这也给时间序列预测带来了一定困难。

三、时间序列预测法的类别

在分析时间序列时,若只研究一个变量的时间序列的趋势和规律等,称作单变量时间序列分析;如果为了充分利用已有信息,运用了 2 个或 2 个以上变量的时间序列,将此过程称作多变量时间序列分析。此外,根据时间序列生成过程的不同,大致可以将此过程分为确定性过程和随机型过程。如果时间序列主要是由一个确定性过程产生的,而这个确定性过程往往可以用时间

t 的函数 $f(t)$ 表示，比如 $f(t)=0.5gt^2$、$f(t)=\cos(t)$ 等，则时间序列中的每一个观测值都是由这个确定性过程和随机因素共同决定的。因此，针对确定性时间序列的建模就是找出这个函数式，通常根据样本数据进行拟合和逼近。随机型时间序列中，假设经济社会变量的生成过程是一个随机过程，其随时间变化的规律不可以用时间 t 的某种确定函数加以描述，时间序列是由该随机过程产生的一个样本。比如，某只股票在某天的价格变化，还有下一章将要介绍的随机游走等。因此，针对随机型时间序列的建模，就是找出随机项的组合式，通常借助随机过程的方法构建时间序列模型。

对于单变量确定性时间序列，预测方法主要包括平滑预测法、趋势外推预测法和因子分解预测法。其中，趋势外推预测法主要用于长期趋势的预测，平滑预测法可以用于长期趋势的参数测定和季节变动的测定，而因子分解预测法则可用于长期趋势和季节变动等的测定。对于单变量随机型时间序列，常用的预测方法包括自回归（AR）、移动平均（MR）、自回归移动平均（ARMA）等方法。对于多变量随机型时间序列，预测方法主要有协整模型、向量自回归（VAR）模型等。在现实生活中，多变量确定性时间序列比较少见。此外，时间序列还可以分为平稳性时间序列和非平稳性时间序列，我们将在下一章介绍。

第二节　时间序列的平滑预测法

一、时间序列平滑预测的概念

时间序列平滑预测是通过对时间序列的修匀，消除原数列中随机因素对事物的影响，使研究对象的趋势和规律更加清晰，并在此基础上进行预测的方法。

时间序列平滑预测的基本思路是：任何社会经济现象在其发展过程中，都存在一定的稳定性，区别只在于稳定时间的长短。我们假定研究对象在其发展过程中的稳定性较大，在短期内其内部结构不会发生很大的变化。那么，除了不规则变动因素的影响外，研究对象过去的发展规律及趋势特点就可以延伸到未来，这就是时间序列平滑预测的理论基础。

如果事物的发展过程具有某种确定的形式，其随时间变化的规律就可以用时间 t 的某种确定函数加以描述，在此基础上建立的预测模型，称为确定性时间序列预测模型。如果事物的发展过程是一个随机过程，其随时间变化的规律不可以用时间 t 的某种确定函数加以描述，在此基础上建立的预测模型，称为非确定性时间序列模型。确定性时间序列预测主要有时间序列平滑预测和时间序列趋势外推预测,时间序列平滑预测方法主要有移动平均预测法和指数平滑预测法 2 种方法。

二、移动平均预测法

时间序列或多或少会受到一些不规则变动因素的影响,但如果其未来的发展变化与过去一段时间的平均水平大致相同,则可以采用历史数据的平均数进行预测,这就是简单的平均数预测。如果原始序列为 $y_1, y_2, \cdots, y_T$,则总体简单平均预测的公式为:

$$\hat{y}_{T+1} = \frac{\sum\limits_{t=1}^{T} y_t}{T} \tag{3.2.1}$$

从式(3.2.1)可以看出,总体进行简单平均预测时,需要保存全部历史数据资料,并且随着时间的推移,在预测下一期时,最远一期数据的作用是越来越小的(其实各项数据的作用都在减小)。移动平均预测是从简单平均数预测中受到启发,并对简单平均数预测进行了改进。移动平均预测法始终保持平均的项数不变,却使所求的平均数随着时间的变化不断延伸,以紧跟事物发展的最新变化。

移动平均预测的基本做法是:根据时间序列逐项推移,依次计算包含一定项数的动态平均数,以揭示事物的长期趋势。移动平均预测法根据预测时使用数据的权重不同,可以分为简单移动平均预测法和加权移动平均预测法2 种。根据移动平均数对应的时间,移动平均预测可以分为居中移动平均预测和移动平均预测,其中前者的移动平均数对应了被移动序列的中间数据,主要用于剔除原序列中季节变动和不规则变动的影响,起到修匀作用;后者的移动平均数对应了被移动序列的下一期数据,主要用于预测。

1. 一次移动平均预测法

移动平均预测实际上是用上一期的移动平均数,直接代替下一期的预测值。移动平均预测的一般模型为:

$$\hat{y}_{t+1} = M_t^{(1)} = \frac{y_t + y_{t-1} + \cdots + y_{t-N+1}}{N} = \frac{1}{N} \sum_{i=0}^{N-1} y_{t-i} \tag{3.2.2}$$

与式(3.2.1)比较可知,利用移动平均预测法时,不需要保存很多的历史数据,只要保存最近一组计算移动平均数的原始数据 $y_t, y_{t-1}, \cdots, y_{t-N+1}$,就可以对下一期进行预测。

2. 二次移动平均预测法

对于没有增减趋势的平稳序列,一次移动平均预测法具有比较高的预测精度。但是如果序列呈现明显的升降趋势,使用该方法将存在较大误差;而且移动长度越长,预测值滞后的时间也越长。

对具有线性增长趋势的研究对象,在用移动平均预测法时,要对模型中滞后的线性增长趋势进行修正。修正线性模型中的线性增长趋势,要用到二次移动平均预测法。线性模型中 2 个参数的计算公式如下(证明请见本章附录):

$$\begin{cases} a_t = 2M_t^{(1)} - M_t^{(2)} \\ b_t = \dfrac{2}{N-1}(M_t^{(1)} - M_t^{(2)}) \end{cases} \tag{3.2.3}$$

其中,$M_t^{(1)}$、$M_t^{(2)}$ 分别为原数列的一次移动平均数和二次移动平均数,$M_t^{(2)} = \dfrac{M_t^{(1)} + M_{t-1}^{(1)} + \cdots + M_{t-N+1}^{(1)}}{N}$。在具体预测时,就最近时间 t 而言,其后 m 时期的预测值为:

$$\hat{y}_{t+m} = a_t + b_t m \tag{3.2.4}$$

3. 移动平均预测时应该注意的问题

(1)移动长度的确定。移动平均预测的结果,完全取决于移动长度。基于不同的移动长度,计算得到的移动平均数是不同的,据此得到的预测结果也是不同的。就预测而言,移动长度越长,预测值受过去影响的期数就越多,灵敏性越差。而就居中移动平均预测而言,移动长度越长,对原数列的修匀作用也越大,但同时丢失的原始数据也越多。

通常在选择移动长度时,可以选择几个不同的移动长度进行试算,以均方误差最小者为优。另外,在选择移动长度时,还必须认真研究预测对象的特点。比如,若序列存在周期性变动,为了削弱周期变动的影响,一般移动长度即为变动周期等。

(2)加权移动平均预测。在简单移动平均中,被用于平均的所有数据的权数都是相等的,均等于 $1/N$,这不太符合时间序列预测的基本要求。因为在时间序列中,每个数据对未来的影响是不同的。一般而言,越是近期的数据,对未来预测值的影响越大;而越是远期的数据,对未来预测值的影响应该越小。加权移动平均预测的一般公式为:

$$\hat{y}_{t+1} = \frac{\omega_0 y_t + \omega_1 y_{t-1} + \cdots + \omega_{N-1} y_{t-N+1}}{\sum\limits_{i=0}^{N-1} \omega_i} = \frac{1}{\sum\limits_{i=0}^{N-1} \omega_i} \sum_{i=0}^{N-1} \omega_i y_{t-i} \tag{3.2.5}$$

其中,权重满足 $\omega_0 \geqslant \omega_1 \geqslant \cdots \geqslant \omega_{N-1}$。此外,在居中移动平均预测法中,也存在加权平均的做法,而且一般越接近中间项,对应的权重越大,相应公式本书不做介绍。

三、指数平滑预测法

指数平滑预测法是短期预测中常用的一种预测方法,它兼容了总体平均预测法和移动平均预测法的所有优点,并对总体平均预测法和移动平均预测法中存在的缺点进行了部分改进,是一种更为科学和先进的预测方法。

指数平滑预测法是布朗(Robert G. Brown)于 20 世纪四五十年代提出的。布朗认为,因为时间序列的态势具有稳定性或规则性,所以时间序列可被合理地顺势推延,即最近的过去态势,在某种程度上会持续到最近的未来。其背后的思想是,预测时应该对最近的数据给予较大的权数。

1. 一次指数平滑值

指数平滑本质上是一种加权平均的过程,其分为一次指数平滑和多次指数平滑等,二者的区别只在于平滑使用的原始资料不同。

设原始序列为 $y_1, y_2, \cdots, y_T$,则 t 时刻的一次指数平滑值为:

$$S_t^{(1)} = \alpha y_t + \alpha(1-\alpha) y_{t-1} + \alpha(1-\alpha)^2 y_{t-2} + \cdots \qquad (3.2.6)$$

其中,α 为平滑系数,并且 $0 < \alpha \leqslant 1$。可以看出,一次指数平滑值实为本期及滞后各期数值的加权平均,权重分别为 α、$\alpha(1-\alpha)$ 和 $\alpha(1-\alpha)^2$ 等。而且,越远离现在时刻,权重越小。指数平滑值就是用平滑系数 α 来实现对数据的不等权处理。该法之所以称为指数平滑预测法,是由于该权重按指数几何级数递减。

式(3.2.6)还可以写成:

$$\begin{aligned} S_t^{(1)} &= \alpha y_t + \alpha(1-\alpha) y_{t-1} + \alpha(1-\alpha)^2 y_{t-2} + \cdots \\ &= \alpha y_t + (1-\alpha)[\alpha y_{t-1} + \alpha(1-\alpha) y_{t-2} + \cdots] \\ &= \alpha y_t + (1-\alpha) S_{t-1}^{(1)} \end{aligned} \qquad (3.2.7)$$

式(3.2.7)表明,当期一次指数平滑值等于当期实际值和上期平滑值的加权平均,当期实际值的权重为平滑系数 α。

2. 一次指数平滑预测模型

与移动平均预测法一样,指数平滑预测法也是把上一期的指数平滑值直接作为下一期的预测值。因此,一次指数平滑预测的一般模型为:

$$\hat{y}_{t+1} = S_t^{(1)} \qquad (3.2.8)$$

由式(3.2.7)可得:

$$\hat{y}_{t+1} = \alpha y_t + (1-\alpha)\hat{y}_t \qquad (3.2.9)$$

式(3.2.9)表明,第$(t+1)$期的预测值是第t期实际值和第t期预测值的加权平均。此外,上式还可以写成:

$$\hat{y}_{t+1} = \hat{y}_t + \alpha(y_t - \hat{y}_t) \qquad (3.2.10)$$

式(3.2.10)表明,第$(t+1)$期的预测值等于第t期预测值与第t期预测误差$(y_t - \hat{y}_t)$的α倍之和。这提供了一次指数平滑预测的另一种解释,即本期预测值是在上一期预测值的基础上利用上期预测误差进行调整的。显然,当α趋近于1时,本期预测值包含了一个较大的调整;而当α趋近于0时,调整部分就很小。

进行指数平滑预测需要储存的数据很少,只要有上一期的实际值和平滑值,并给定一个平滑参数,就可以了。但与移动平均预测一样,指数平滑预测也只适用于没有明显增减趋势的研究对象,否则预测值也存在滞后性。

3. 初始值和平滑系数的确定

指数平滑预测的结果完全取决于指数平滑值,而指数平滑值又取决于平滑初始值和平滑系数。

(1)平滑初始值$S_0^{(1)}$的确定。由式(3.2.7)可知,第一个预测值为$S_1^{(1)} = \alpha y_1 + (1-\alpha)S_0^{(1)}$,$S_0^{(1)}$称为指数平滑初始值。只有知道了初始值,才能计算出后面各期的指数平滑值。

确定指数平滑初始值一般有2种方法:一是用原数列的第一项数据代替;二是以原数列前若干项的平均数代替。当时间序列的项数较多时,比如项数多于20项,可采取第一种方法;而当时间序列的项数较少时,可采纳第二种方法。

(2)平滑系数α的确定。由式(3.2.7)可得:

$$S_t^{(1)} = \alpha y_t + (1-\alpha)S_{t-1}^{(1)} = \alpha y_t + (1-\alpha)\left[\alpha y_{t-1} + (1-\alpha)S_{t-2}^{(1)}\right]$$

$$= \cdots = \alpha \sum_{j=0}^{t-1}(1-\alpha)^j y_{t-j} + (1-\alpha)^2 S_0^{(1)} \qquad (3.2.11)$$

因为$0 < \alpha \leqslant 1$,所以当$t \to \infty$时,$(1-\alpha)^t \to 0$,于是式(3.2.11)变为:

$$S_t = \alpha \sum_{j=0}^{\infty}(1-\alpha)^j y_{t-j} \qquad (3.2.12)$$

这表明,在进行指数平滑预测时,平滑系数是较初始值更为重要和复杂的因素。此外,在指数平滑预测过程中,平滑系数α是按指数级数递减的。同时,越是近期的数据,其权数越大,且预测所有权数之和$\alpha \sum_{j=0}^{\infty}(1-\alpha)^j = 1$。

表 3-1 显示了指数平滑预测时权数的指数递减过程。可以看出,无论平滑系数如何取值,时间序列中的每一个数据从理论上说,对平滑预测结果都会产生一定的影响。其影响程度的大小完全取决于 α 值,α 越大,后期权重下降得越快。如果平滑系数 $\alpha=1$,则下一期平滑预测值就是本期的实际观察值,表明充分相信当期信息,前期信息没有任何影响;如果平滑系数 $\alpha=0$,则下一期平滑预测值就是上一期的指数平滑值,表明当期信息对预测没有任何影响。理论上讲,如果时间序列较为平稳,应选较小数值;反之,若序列波动较大,应选较大数值。实际操作中,可以取几个不同的 α 值进行试算,比较不同 α 值下的预测标准误差,选取预测标准误差最小时的 α。

表 3-1　不同平滑系数下各期原始数据权数的变化情况

数值	$\alpha=0.1$	$\alpha=0.3$	$\alpha=0.6$	$\alpha=0.9$
y_t	0.1	0.3	0.6	0.9
y_{t-1}	0.09	0.21	0.24	0.09
y_{t-2}	0.081	0.147	0.096	0.009
y_{t-3}	0.0729	0.1029	0.0384	0.0009
y_{t-10}	0.034868	0.008474	6.29E-05	9E-11

4. 多次指数平滑预测

与移动平均预测一样,指数平滑预测也存在着滞后性。如果预测对象不存在趋势性的增减变化,而只是围绕平均水平波动,这种滞后性并不会影响到预测效果。但如果预测对象存在明显的趋势性增减,指数平滑预测的这种滞后性必将影响到预测效果。因此,对存在趋势性增减变化的预测对象,如果要用指数平滑法进行预测,就必须对由于滞后造成的系统性偏差进行修正。

修正指数平滑中的系统性偏差,有很多统计方法可用,多次指数平滑法是常用的方法。其中,二次指数平滑值是对一次指数平滑值再进行一次平滑。

(1)布朗单一参数线性指数平滑模型。当时间序列存在增减趋势时,一次和二次指数平滑值都落后于实际值。在一次指数平滑值的基础上加上一次与二次指数平滑值之差,则可以改进预测效果。

二次指数平滑值为:

$$S_t^{(2)} = \alpha S_t^{(1)} + (1-\alpha)S_{t-1}^{(2)} \tag{3.2.13}$$

其中,一次指数平滑值为 $S_t^{(1)} = \alpha y_t + (1-\alpha)S_{t-1}^{(1)}$。

如果序列存在线性趋势,可设线性预测模型为:

$$\hat{y}_{t+m} = a_t + b_t m \tag{3.2.14}$$

其中，m 为预测的超前时期数；a_t 和 b_t 是 2 个待定系数。布朗单一参数线性指数平滑模型，就是用一个参数指数平滑的方法，估计出 2 个系数，其给出的公式为：

$$\begin{cases} a_t = 2S_t^{(1)} - S_t^{(2)} \\ b_t = \dfrac{\alpha}{1-\alpha}(S_t^{(1)} - S_t^{(2)}) \end{cases} \qquad (3.2.15)$$

式(3.2.15)的证明可见本章附录。当然，如果序列存在二次曲线趋势，可设预测模型为：

$$\hat{y}_{t+m} = a_t + b_t m + c_t m^2 \qquad (3.2.16)$$

则 3 个参数的指数平滑公式为：

$$\begin{cases} a_t = 3S_t^{(1)} - 3S_t^{(2)} + S_t^{(3)} \\ b_t = \dfrac{\alpha}{2(1-\alpha)^2}\left[(6-5\alpha)S_t^{(1)} - 2(5-4\alpha)S_t^{(2)} + (4-3\alpha)S_t^{(3)}\right] \\ c_t = \dfrac{\alpha^2}{2(1-\alpha)^2}\left[S_t^{(1)} - 2S_t^{(2)} + S_t^{(3)}\right] \end{cases}$$

$$(3.2.17)$$

其中，$S_t^{(3)}$ 为三次指数平滑值，因此该模型也称作布朗三次指数平滑模型。

(2)霍特(Holt)双参数线性指数平滑模型。在求解线性模型 2 个待定系数时，霍特双参数指数平滑模型也是用指数平滑方法，但它给 2 个待定系数赋予了不同的指数平滑系数，也不需用二次指数平滑值。

霍特双参数线性指数平滑的参数估计公式如下：

$$\begin{cases} S_t = \alpha y_t + (1-\alpha)(S_{t+1} + b_{t-1}) & (3.2.18) \\ b_t = \beta(S_t - S_{t-1}) + (1-\beta)b_{t-1} & (3.2.19) \end{cases}$$

预测模型为：

$$\hat{y}_{t+m} = S_t + b_t m \qquad (3.2.20)$$

上面 3 个公式中，α 和 β 是 2 个平滑参数，故名双参数线性指数平滑。式(3.2.18)是预测模型水平值(截距)S_t 的平滑值，它是用前一期的趋势值 b_{t-1} 直接修正，即将 b_{t-1} 加到前一期平滑值 S_{t-1} 上以消除预测的滞后性。参数 α 越大，修正滞后的作用越强。式(3.2.19)为模型趋势增量 b_t 的平滑预测值，它是用相邻 2 次平滑值之差进行修正。参数 β 越大，修正趋势增量的效果越强。

此外，对于存在增减趋势的时间序列，我们也可通过其他方法对预测值的系统性偏差进行调整，差分指数平滑法就是一种方法。差分指数平滑法是通过对原序列进行差分，来消除指数平滑预测中的趋势滞后性，即通过对序列进行差分来消除增减趋势。比如,对于线性趋势的序列,一次差分就能消除其线性增减趋势;对于二次抛物线的序列,二次差分能消除其非线性增减趋势。

5. 其他权重的预测方法简介

(1)变系数指数平滑法。由前可知,指数平滑预测模型为 $\hat{y}_{t+1}=\hat{y}_t+\alpha(y_t-\hat{y}_t)$,通常称该模型为指数平滑预测的自适应模型,因为上一期的预测误差,始终以一个比率跟踪并调整着下一期的预测值。于是,为使新的预测误差能不断跟踪预测结果,可用实际值 y_t 与预测值 $\hat{y}_t$ 相对误差的绝对值 $|\varepsilon_t|=\left|\dfrac{y_t-\hat{y}_t}{y_t}\right|$,来及时调整下期预测的平滑系数。如果 $|\varepsilon_t|$ 较小,说明预测值 $\hat{y}_t$ 能较好地反映实际数列的变动情况,这样在预测下一期时,$\hat{y}_t$ 的权重($1-\alpha$)应增大,从而平滑系数 α 应减小。反之,当 $|\varepsilon_t|$ 较大时,说明预测值 $\hat{y}_t$ 不能较好地反映实际数列的变动情况,预测下一期时,平滑系数应增大。如此,平滑系数始终是随着 $|\varepsilon_t|$ 的变化而自动地调整,这种方法称为变系数指数平滑法。

(2)自适应滤波法。与指数平滑预测法一样,自适应滤波法也是以时间序列的历史观测值进行某种加权平均来预测的,它是通过迭代方式寻找一组较佳的权重来实现。该方法的大致过程为:先给定一组权重,计算其预测值及预测误差;然后根据预测误差调整权数来减少误差;如此反复,直至误差减少到一个事先设定的限度,此即最终的权重。因为这种调整权数的过程与通信工程中的传输噪声过滤过程非常相似,所以称该方法为自适应滤波法。自适应滤波法的原理及具体操作方法本书不做进一步介绍,感兴趣的读者可以参看相关文献。

6. 讨论

平滑技术最初由布朗和霍特提出,在 20 世纪五六十年代发展起来,其后得到了广泛运用,特别是在投资预测领域。作为统计预测的一种方法,平滑预测具有灵活方便、数据储存量小等优点。但是,由于下面 2 个方面的原因,平滑预测方法在目前的经验分析和学术研究中还比较少见。

第一,指数平滑预测和移动平均预测的一个关键问题是确定平滑系数和移动长度,但至今没有一个令人信服的方法来规范这个问题。目前常用的确定平滑系数和移动长度的方法,还属于不完全枚举的范畴,难以用一套明确的统计方法进行评价。

第二,如果我们的目标仅仅是使平滑序列易于解释和分析,则我们可以选择参数得到满意的光滑程度。但如果我们的目的是预测,由于任何参数的选择都是基于一定的主观判断,或者基于历史数据的拟合效果,因而预测结果的可靠性有赖于主观经验或者历史规律的延续性。

四、案例分析

【例 3.1】 某公司近 3 年每月产品销售量(单位:件)的资料如表 3-2 所示,试预测 2021 年 1 月的产品销售量。

表 3-2 某企业 2018—2010 年产品销售量资料

年份	月份											
	1	2	3	4	5	6	7	8	9	10	11	12
2018	266	146	183	119	180	169	232	225	193	112	337	186
2019	194	150	210	273	191	287	226	304	290	421	265	342
2020	190	175	198	289	251	287	426	258	532	325	431	497

我们先用移动平均预测法进行预测。根据表 3-2 资料绘制的时间序列如图 3-1 所示。可以看出,该企业近 3 年产品销售量的变化总体呈现上升趋势,但存在较大干扰。因此,我们通过移动平均的方法,消除不规则变动因素等的影响。考虑到本例是月度数据,根据原序列计算的 3 期、6 期和 12 期移动平均预测值见表 3-3 的第(3)、(4)和(5)列。我们将原数列与不同移动长度的移动平均预测值序列绘制成图 3-2。从图 3-2 可以看出,经过不同长度的移动平均后,消除了部分随机因素的影响,相比原序列较为平稳。依据较为平稳的时间序列进行预测,能大大提高预测结果的可靠性。

我们将移动平均预测值的最后一期数值作为下一期的预测值,根据 3 期、6 期和 12 期移动平均预测得到的 2021 年 1 月份的销售量分别约为 418 件、412 件和 322 件。

为了比较不同移动程度预测值的优劣,我们计算了不同模型的预测误差,具体见表 3-3 的第(6)、(7)和(8)列。根据均方根误差的计算公式

$$\sqrt{\frac{\sum_{i=1}^{n}(y_i - \hat{y}_i)^2}{n}}$$,其中 n 为预测值的数目,可以计算出 3 种情形下的均方根

误差分别为 87.79、94.60 和 98.59。因此,选择移动长度为 3 的预测模型相对较为合适,也即 2021 年 1 月产品销售量最佳的预测值为 418 件。

需要说明的是,本例时间序列显示了一定的上升趋势,因此一次移动平均预测法并不是十分适合,需要通过多次移动平均消除由滞后造成的趋势缺

损。比如,通过二次移动平均能有效降低稳定增长的线性趋势误差,通过三次移动平均能减少一部分的非线性趋势误差。虽然本例具有一定的长期增长趋势,但是季节性变动非常明显,并不宜运用二次移动平均预测法。

在统计预测的实践中,移动平均预测法本身的使用价值并不太大,但它是其他很多预测方法的基础。

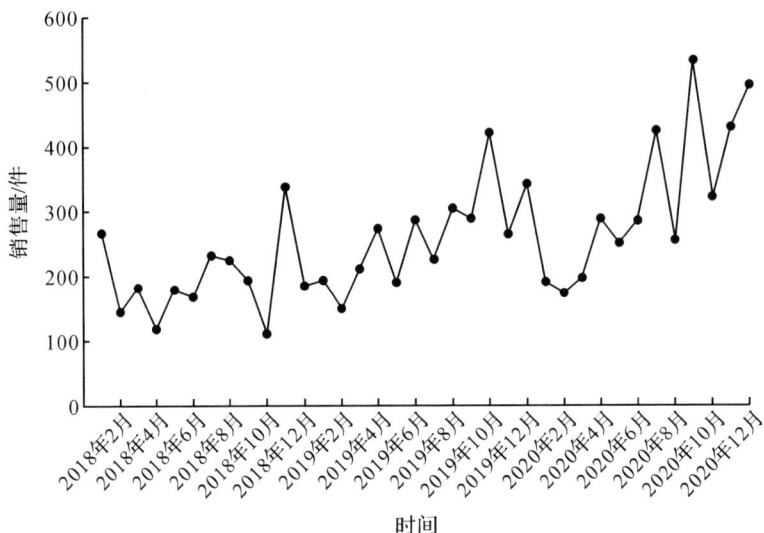

图 3-1 某企业近 3 年产品销售量趋势图

表 3-3 某企业近 3 年产品销售量的移动预测值及误差

序号 (1)	原数列 (2)	简单移动平均预测值			预测误差($y-\hat{y}$)		
		(3)	(4)	(5)	(6)	(7)	(8)
		$N=3$	$N=6$	$N=12$	$N=3$	$N=6$	$N=12$
1	266	—	—	—	—	—	—
2	146	—	—	—	—	—	—
3	183	—	—	—	—	—	—
4	119	198.3	—	—	−79.3	—	—
5	180	149.3	—	—	30.7	—	—
6	169	160.7	—	—	8.3	—	—
7	232	156.0	177.2	—	76.0	54.8	—
8	225	193.7	171.5	—	31.3	53.5	—
9	193	208.7	184.7	—	−15.7	8.3	—
10	112	216.7	186.3	—	−104.7	−74.3	—

序号 (1)	原数列 (2)	简单移动平均预测值			预测误差($y-\hat{y}$)		
		（3）	（4）	（5）	（6）	（7）	（8）
		$N=3$	$N=6$	$N=12$	$N=3$	$N=6$	$N=12$
11	337	176.7	185.2	—	160.3	151.8	—
12	186	214.0	211.3	—	−28.0	−25.3	—
13	194	211.7	214.2	195.7	−17.7	−20.2	−1.7
14	150	239.0	207.8	189.7	−89.0	−57.8	−39.7
15	210	176.7	195.3	190.0	33.3	14.7	20.0
16	273	184.7	198.2	192.3	88.3	74.8	80.8
17	191	211.0	225.0	205.1	−20.0	−34.0	−14.1
18	287	224.7	200.7	206.0	62.3	86.3	81.0
19	226	250.3	217.5	215.8	−24.3	8.5	10.2
20	304	234.7	222.8	215.3	69.3	81.2	88.7
21	290	272.3	248.5	221.9	17.7	41.5	68.1
22	421	273.3	261.8	230.0	147.7	159.2	191.0
23	265	338.3	286.5	255.8	−73.3	−21.5	9.3
24	342	325.3	298.8	249.8	16.7	43.2	92.3
25	190	342.7	308.0	262.8	−152.7	−118.0	−72.8
26	175	265.7	302.0	262.4	−90.7	−127.0	−87.4
27	198	235.7	280.5	264.5	−37.7	−82.5	−66.5
28	289	187.7	265.2	263.5	101.3	23.8	25.5
29	251	220.7	243.2	264.8	30.3	7.8	−13.8
30	287	246.0	240.8	269.8	41.0	46.2	17.2
31	426	275.7	231.7	269.8	150.3	194.3	156.2
32	258	321.3	271.0	286.5	−63.3	−13.0	−28.5
33	532	323.7	284.8	282.7	208.3	247.2	249.3
34	325	405.3	340.5	302.8	−80.3	−15.5	22.2
35	431	371.7	346.5	294.8	59.3	84.5	136.2
36	497	429.3	376.5	308.7	67.7	120.5	188.3
37	—	417.7	411.5	321.6	—	—	—

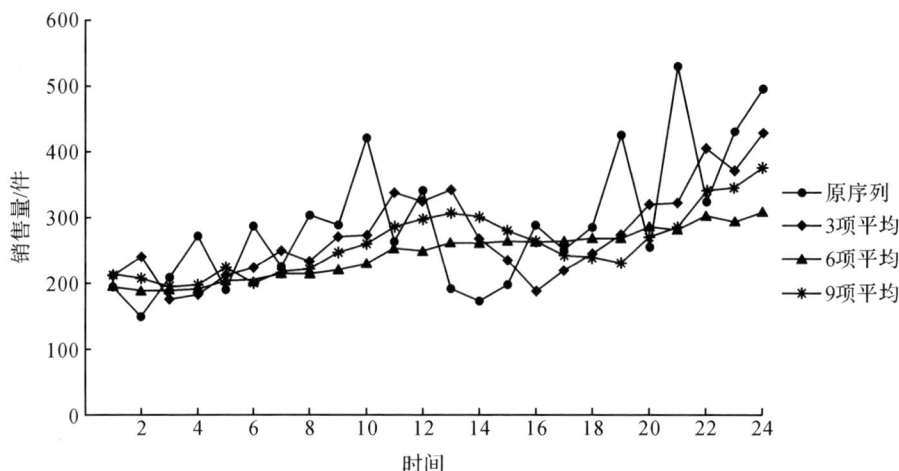

图 3-2   原数列与移动平均数预测值的比较

下面我们再用指数平滑预测法预测 2021 年 1 月的产品销售量。将第 1 期的预测值设定为实际值，即 $\hat{y}_1 = y_1$，然后按照式 (3.2.9) 预测后面各期数值，在此选择了 3 个不同的指数平滑系数 0.1、0.5 和 0.9 分别进行预测，具体结果如表 3-4 所示，其中最后一行对应的是第 37 期平滑预测值或前 35 期的误差平方和。为了分析 3 种情形下预测值与原始序列的差异情况，我们绘制了图 3-3。可以发现，平滑系数较大时，由于近期数据的权重较大，预测序列与原始序列比较接近；而当平滑系数较小时，近期数据的权重变小，很多远期数据对预测值产生了较重要的影响，导致预测序列较为平滑。

表 3-4   某企业近 3 年产品销售量的指数平滑预测值

时间	原数列	$\alpha=0.1$		$\alpha=0.5$		$\alpha=0.9$	
		$\hat{y}_{t+1}$	$(y-\hat{y})^2$	$\hat{y}_{t+1}$	$(y-\hat{y})^2$	$\hat{y}_{t+1}$	$(y-\hat{y})^2$
1	266	266	——	——	——	——	——
2	146	266.0	14400.0	266.0	14400.0	266.0	14400.0
3	183	254.0	5041.0	206.0	529.0	158.0	625.0
4	119	246.9	16358.4	218.5	9900.3	190.1	5055.2
5	180	234.1	2927.9	183.0	8.7	131.8	2324.2
6	169	228.7	3564.0	207.1	1448.2	185.4	269.3
7	232	222.7	85.9	198.8	1099.0	175.0	3252.4
8	225	223.7	1.8	227.4	5.6	231.1	36.9
9	193	223.8	948.1	224.3	981.4	224.9	1015.4

时间	原数列	$\alpha=0.1$		$\alpha=0.5$		$\alpha=0.9$	
		$\hat{y}_{t+1}$	$(y-\hat{y})^2$	$\hat{y}_{t+1}$	$(y-\hat{y})^2$	$\hat{y}_{t+1}$	$(y-\hat{y})^2$
10	112	220.7	11818.2	208.4	9292.1	196.1	7069.3
11	337	209.8	16169.6	166.4	29119.5	122.9	45851.2
12	186	222.6	1336.4	273.4	7642.3	324.3	19122.5
13	194	218.9	620.0	204.3	105.6	189.7	18.9
14	150	216.4	4410.4	206.5	3186.6	196.5	2161.3
15	210	209.8	0.1	183.2	718.0	156.6	2847.2
16	273	209.8	3995.2	209.9	3983.5	210.0	3971.9
17	191	216.1	630.7	241.4	2539.8	266.7	5727.4
18	287	213.6	5387.3	203.6	6962.8	193.5	8740.1
19	226	220.9	25.6	250.3	590.5	279.7	2879.4
20	304	221.4	6814.9	223.5	6484.9	225.5	6163.2
21	290	229.7	3635.7	262.7	744.0	295.7	33.0
22	421	235.7	34324.0	259.9	25968.9	284.0	18777.1
23	265	254.3	115.4	328.4	4015.3	402.5	18898.9
24	342	255.3	7511.1	259.6	6784.9	263.9	6095.6
25	190	264.0	5476.0	298.7	11808.5	333.3	20544.4
26	175	256.6	6658.6	227.0	2704.0	197.4	501.8
27	198	248.4	2544.2	215.8	316.8	183.2	220.2
28	289	243.4	2079.7	223.2	4327.0	203.0	7388.4
29	251	248.0	9.3	266.2	231.0	284.4	1118.2
30	287	248.3	1500.7	249.5	1407.9	250.7	1318.0
31	426	252.1	30229.1	267.6	25080.9	283.1	20413.0
32	258	269.5	132.7	339.1	6571.9	408.6	22684.4
33	532	268.4	69501.2	263.8	71952.4	259.2	74446.0
34	325	294.7	916.1	400.2	5652.7	505.6	32629.7
35	431	297.8	17753.2	309.9	14673.4	322.0	11886.8
36	497	311.1	34565.1	364.4	17588.2	417.7	6292.3
37/合计	—	329.7	311487.5	404.0	298825.5	478.4	374778.6

平滑系数为 0.1、0.5 和 0.9 的 3 种情形下,2021 年 1 月的销售量的预测值分别约为 330 件、404 件和 478 件,这个结果与前面移动平均预测值存在一定差异。从历史数值拟合误差平方和最小的角度看,3 个平滑系数中 $\alpha=0.5$ 的预测结果相对较好,均方根误差为 $92.40\left(\sqrt{\dfrac{29882.5}{35}}\right)$,但它大于 3 项移动平均的均方根误差 87.79,因此就所有 6 个预测结果来看,3 项移动平均相对较好。

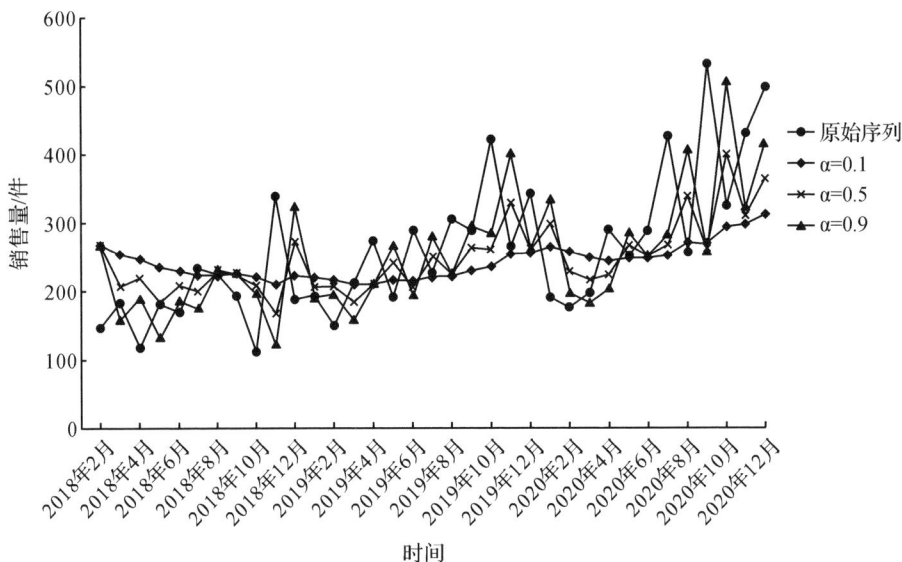

图 3-3 原数列与指数平滑预测

第三节 趋势外推预测法

一般而言,未来是过去和现在连续发展的结果,因此我们能根据过去和现在的发展趋势来推断未来,这就是趋势外推预测法的基本思想。

一、趋势外推预测法的概念

1.基本内涵与假设条件

趋势外推预测法,是根据过去经济现象发展变化的规律,预测未来发展趋势的预测方法。当然,趋势外推预测结果还可作为其他很多预测的条件。比如,在季节变动预测或循环变动预测中,为了消除趋势因子的干扰和影响,首先就要用趋势外推预测法测量出时间序列中的趋势因子,然后予以剔除,再进行周期性变动的预测。

对于任何一个复杂的、处于各种外界随机条件作用下的经济系统,要想弄清楚系统内部的所有功能、结构、变化规律及系统变化的影响因素,从而确定系统在某一时刻的状态是极为困难的。在这种情况下,要寻求系统在其与外界环境条件相互作用下产生的各种随机表象的趋势和规律,一般无法通过分析系统的内因与外因及其相互关系来获取。然而,经济系统虽然错综复杂,但系统总有其内在的客观规律性。因而,我们可以设法通过把系统具体的状态描述、因果描述转化为趋势描述和"黑箱"描述的方法,通过对大量历史和现实的随机现象的研究,寻求"黑箱"输出和输入之间的关系规律,据此确定系统的功能特征,进而预测系统的未来发展趋势。

趋势外推预测法与其他时间序列预测法一样,都基于 2 个基本假设:

(1)连续性,即决定事物过去运行轨迹的因素,在很大程度上仍决定事物的未来发展,并且这些因素作用的机理和数量关系基本保持不变。

(2)渐进性,即事物未来发展变化的过程是缓慢而渐进的,在短期内不会发生跳跃式或方向性的变化。

2. 趋势外推预测法的原理与应用条件

趋势外推预测法抽象出了经济现象发展变化过程中具体的因果关系,只研究社会经济现象随时间变化而变化的规律和特点。这种研究方法是基于社会经济现象发展变化连续性的特点的。人类的历史长河缓慢而又不间断地流淌着,过去、现在、未来之间总是有一条看不见的线将它们紧紧相连,这条线就是人类历史固有的规律性。因此,过去,加上现在的历史积累,足以预测未来的趋势,这就是趋势外推预测法的基本原理。

在社会经济预测中,趋势外推预测虽然没有回归预测那样严密的假设前提,但有自身的应用条件。这些应用条件主要有:

(1)系统结构的稳定性。系统结构的稳定性指的是被外推预测的对象在预测期内不发生质的变化,这是趋势外推预测的前提。趋势外推预测法只适用于缓慢发展变化系统,而对于可能在预测期内发生突变的经济系统,其是无能为力的。因此,充分评价预测对象系统结构的稳定性和系统要素的变动性,是趋势外推预测的基石。

(2)预测长度不宜太长。趋势外推预测法的理论依据是社会经济现象过去、现在、未来间的内在规律和特点相对稳定。但事实上,社会经济现象无时无刻不处于从量变到质变的演进过程中。当人们将过去和现在的趋势外推到未来时,事物的特点和系统的结构都可能随着时间的延伸而发生局部的变化。因此,随着预测期限的增加,由预测对象的系统特点和内部结构变化所引起的预测误差会同时增加。而当预测误差的总和超过了预测可靠性的概率把握程度时,趋势外推预测法就失去了其应用条件。因此,趋势外推预测法一般情况下适合中短期预测,并不适合长期预测。

(3)信息的可靠性。趋势外推预测法是建立在信息坚实可靠基础上的。如果收集到的信息失真,或者过于不完全,就会大大降低预测的准确性和可靠性。人类社会是一个十分庞大和繁杂的巨大系统,预测所需完全可靠信息的收集工作既繁杂又至关重要。在趋势外推预测时,随着预测长度的增加,导致影响预测对象系统结构和特点变化的不确定因素也相应增加,而反映这种不确定因素影响的信息往往难以及时获取,因此预测的准确程度就随之降低。因此,随着时间的推移,必须根据需要追加信息,对预测结果进行相应调整和进一步分析。

3.趋势外推预测法的主要类型

趋势外推预测模型根据时间序列变化规律,可分为线性趋势模型和非线性趋势模型 2 种。下面针对经济社会现象(因变量 y 大于 0),介绍几种常见的趋势模型。

(1)线性趋势模型。线性趋势是指随着时间的变化,研究对象的一阶差分(逐期增长量)大致相等。线性趋势预测模型的一般表达式为:

$$\hat{y}_t = a + bt \tag{3.3.1}$$

其中,斜率 b 是正数对应的直线呈上升趋势,负数则对应的直线呈下降趋势,具体如图 3-4 所示。

(2)二次曲线模型。二次曲线趋势是一种非线性趋势,其变化特点是时间序列的二阶差分大致相等。二次曲线模型的一般表达式为:

$$\hat{y}_t = a + bt + ct^2 \tag{3.3.2}$$

其中,参数 a、b 和 c 取值的不同符号对应的趋势是不同的,主要反映在抛物线的开口及对称轴的位置上,具体如图 3-5 所示。

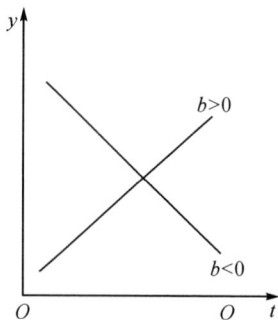

图 3-4　线性趋势模型　　　　图 3-5　二次曲线模型

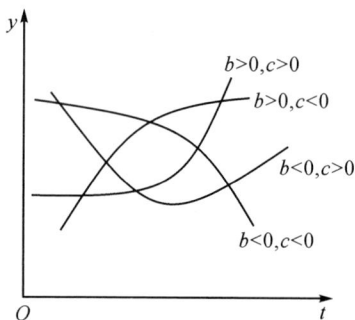

（3）三次曲线模型。如果一个时间序列的三阶差分大致为一常数，则可以拟合三次曲线模型，其一般表达式为：

$$\hat{y}_t = a + bt + ct^2 + dt^3 \tag{3.3.3}$$

一般地，如果一个时间序列的 n 阶差分大致相等，可以拟合一个 n 次曲线模型，公式为：

$$\hat{y}_t = a_0 + a_1 t + a_2 t^2 + \cdots + a_n t^n \tag{3.3.4}$$

上述模型可以归为多项式模型，式（3.3.4）是多项式模型的一般表达式。

（4）幂函数模型。幂函数模型的一般表达式为：

$$\hat{y}_t = at^b \tag{3.3.5}$$

由于 $a>0$，参数 b 不同的取值符号，决定了幂函数的变化趋势。b 的不同取值对应的图形如图 3-6 所示。

（5）对数曲线模型。对数曲线模型的一般表达式为：

$$\hat{y}_t = a + b\ln t \tag{3.3.6}$$

该模型所反映的升降趋势取决于参数 b，具体表现如图 3-7 所示。

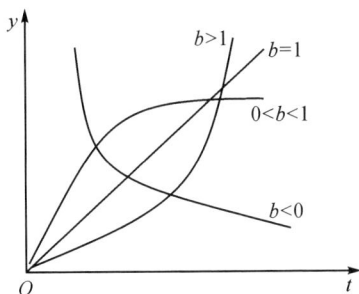

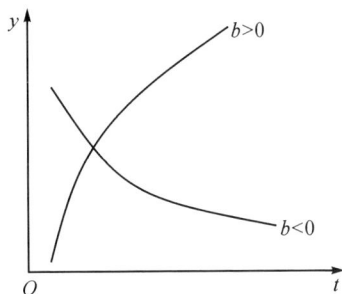

图 3-6　幂函数模型　　　　　图 3-7　对数曲线模型

（6）双曲线模型。双曲线模型的一般表达式为：

$$\hat{y}_t = a + b\frac{1}{t} \tag{3.3.7}$$

双曲线的变化趋势与参数 b 的关系如图 3-8 所示。

（7）指数曲线模型。如果一个时间序列的环比发展速度大致相等，则可以拟合一个指数曲线模型，其一般表达式为：

$$\hat{y}_t = ab^t \tag{3.3.8}$$

由于 $a>0$，指数曲线的变化趋势与参数 b 的关系如图 3-9 所示。

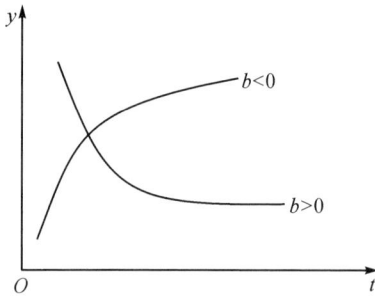

图 3-8 双曲线模型

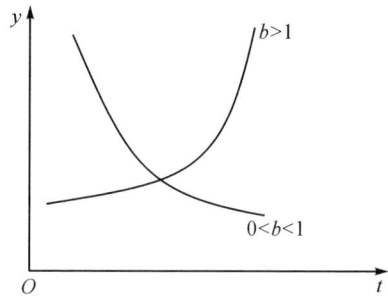

图 3-9 指数曲线模型

(8)修正指数曲线模型。修正指数曲线模型是一种极限模型，它是用极限水平对一般指数曲线模型进行的一种修正。修正指数曲线模型的一般表达式为：

$$\hat{y}_t = k + ab^t \tag{3.3.9}$$

其中，参数 k 为饱和值或极限值，即 $y=k$ 为该曲线的渐近线。在社会经济现象中，修正指数曲线模型的 2 种常见变化趋势如图 3-10 所示。

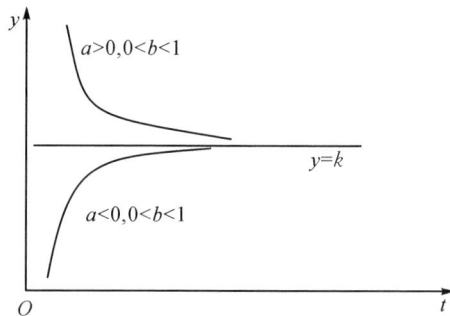

图 3-10 2 种修正指数曲线模型

(9)龚珀兹(Compertz)曲线模型。龚珀兹曲线的一般表达式为：

$$\hat{y}_t = ka^{b^t} \tag{3.3.10}$$

其中，k 为极限参数。该模型比较适合于描述产品的生命周期。

(10)皮尔(Pearl)曲线模型。皮尔曲线常常又被称作逻辑斯蒂(Logistic)曲线，表达式为：

$$\hat{y}_t = \frac{k}{1 + ae^{-bt}} \tag{3.3.11}$$

其中，k 也为极限参数，意味着序列 y 处于饱和状态的值。修正指数曲线模型、龚珀兹曲线模型和皮尔曲线模型都属于生长曲线模型，详细分析请见本节第三部分。

二、线性趋势外推预测法

线性趋势外推法,是趋势外推预测法中最简单的方法。在统计预测中,当某一变量在较长时期内呈连续增长或减少的变动趋势,且其逐期增减量大致相同时,宜用线性趋势模型进行预测。

在时间序列趋势外推预测中,估计参数时可用的方法比较多,包括最小二乘法和修匀法等。

对于线性趋势预测模型 $\hat{y}_t = a + bt$,最小二乘法的思想是使残差的平方和最小,即 $\sum(y_t - \hat{y}_t)^2 = \sum(y_t - a - bt)^2$ 最小。将上式对 a 和 b 求偏导并令其等于 0,得到的方程组称作正规方程组:

$$\begin{cases} \sum y_t = na + b\sum t \\ \sum ty_t = a\sum t + b\sum t^2 \end{cases} \tag{3.3.12}$$

其中,n 为样本容量(年份数)。解上述方程组得:

$$\begin{cases} \hat{b} = \dfrac{n\sum ty_t - \sum t\sum y_t}{n\sum t^2 - (\sum t)^2} \\ \hat{a} = \dfrac{\sum y_t}{n} = \hat{b}\dfrac{\sum t}{n} \end{cases} \tag{3.3.13}$$

在时间序列中,由于自变量时间 t 为连续整数,我们可以调整 t 的取值,使得 $\sum t = 0$,这样由式(3.3.13)可得:

$$\begin{cases} \hat{a} = \dfrac{\sum y_t}{n} \\ \hat{b} = \dfrac{\sum ty_t}{\sum t^2} \end{cases} \tag{3.3.14}$$

对于时间序列预测而言,式(3.3.13)与式(3.3.14)的预测结果是完全一样的,区别只在于时间变量取值不同和参数含义上的可能差异。一般我们将式(3.3.14)称为时间序列最小二乘法的简捷公式。

我们还可以运用平滑修匀的方法求解线性模型中的参数,主要有移动平均和指数平滑 2 种方法,其中移动平均法参见式(3.2.3),指数平滑法参见式(3.2.15)或者式(3.2.18)和(3.2.19)。

三、曲线趋势外推预测法

曲线趋势外推预测法,是根据时间序列的非线性趋势规律进行外推预测的方法。统计预测中常用的非线性曲线主要有多项式曲线、指数曲线和生长曲线三大类。

1. 多项式曲线预测模型

多项式曲线趋势预测法是以多项式方程拟合时间序列资料的曲线趋势来预测未来。多项式曲线预测模型的一般表达式如下:

$$\hat{y}_t = a + bt + ct^2 + dt^3 + \cdots \tag{3.3.15}$$

特别的,如果三次项及其以后的系数均为 0,则为二次曲线模型;如果二次项及其以后的系数均为 0,则为线性模型。因此,线性模型实际上是多项式曲线预测模型的一个特例。

与线性趋势预测模型一样,多项式曲线预测模型中的参数也有多种估计方法。现在介绍几种最常用的方法,我们以三次曲线为例加以说明。

三次曲线预测模型为:

$$\hat{y}_t = a + bt + ct^2 + dt^3 \tag{3.3.16}$$

根据最小二乘法得到的正规方程组为:

$$\begin{cases} \sum y_t = na + b\sum t + c\sum t^2 + d\sum t^3 \\ \sum ty_t = a\sum t + b\sum t^2 + c\sum t^3 + d\sum t^4 \\ \sum t^2 y_t = a\sum t^2 + b\sum t^3 + c\sum t^4 + d\sum t^5 \\ \sum t^3 y_t = a\sum t^3 + b\sum t^4 + c\sum t^5 + d\sum t^6 \end{cases} \tag{3.3.17}$$

如果采用简捷法,即使得 $\sum t = 0$,则有 $\sum t^3 = 0$ 和 $\sum t^5 = 0$,上述方程组可以简化为:

$$\begin{cases} \sum y_t = na + c\sum t^2 \\ \sum ty_t = b\sum t^2 + d\sum t^4 \\ \sum t^2 y_t = a\sum t^2 + c\sum t^4 \\ \sum t^3 y_t = b\sum t^4 + d\sum t^6 \end{cases} \tag{3.3.18}$$

求解上述方程组即可得到三次曲线预测模型的参数。

2. 指数曲线预测模型

指数曲线预测模型是一种较为重要的趋势外推预测模型,在统计预测中使用比较广泛。许多社会经济现象,其数量特性往往表现为按某一固定的比率发展。比如,发动机效率、计算机的存储容量和运算速度等,当它们处在发生和发展阶段时,指数曲线预测法的预测效果往往比较好。

指数曲线预测模型的一般表达式为 $\hat{y}_t = ab^t$,其中 a 为基期的趋势水平,b 为环比发展速度。与回归预测中的指数曲线模型一样,如果将 $\hat{y}_t = ab^t$ 两边取对数,则得到:

$$\ln \hat{y}_t = \ln a + t\ln b \tag{3.3.19}$$

设 $\ln \hat{y}_t = y'$,$\ln a = a'$,$\ln b = b'$,则上式可写成:

$$y' = a' + b't \tag{3.3.20}$$

这样指数曲线就转化为线性趋势方程,接下来可以利用线性模型求解式(3.3.20)中的参数,再转化为式(3.3.19)即可。

3. 生长曲线预测模型

很多经济社会现象,其发展成长要经过发生、发展、成熟、衰退的完整周期,并且在成长的各个阶段,其变化的规律和特点是不完全相同的。通常情况下,在事物成长的发生阶段,其变化较为缓慢;在事物成长的发展阶段,其变化速度会迅速提高;而进入事物成长的成熟阶段,其变化又趋缓慢,最终无限地逼近一个极限水平。这就形成了事物发生、发展、成熟 3 个明显的阶段,按这 3 个阶段发展规律得到的变化曲线就称为生长曲线或成长曲线。比如,生物群体中人口的增加、细胞的繁殖等变化过程,基本都符合上述变化特点。

生长曲线因其形状酷似字母 S,也称 S 型曲线,主要包括修正指数曲线、龚珀兹曲线和皮尔曲线 3 种。

(1)修正指数曲线模型。修正指数曲线模型的表达式为 $y_t = k + ab^t$,其中 a、b、k 均为模型的待定系数,t 为时间变量。可以发现:

①当 $k > 0$,$a < 0$,$0 < b < 1$ 时,有 $y_t' > 0$,$y_t'' < 0$,因此 y_t 的图形是上凸的。并且,当 $t = 0$ 时,$y_t = k + a < k$(因为 $a < 0$),当 $t \to +\infty$ 时,$y_t \to k$,所以 $y_t = k$ 是它的渐近线。这说明,y_t 随着时间的增加而增加,但增加的速度不断减小,最后无限地逼近极限水平 k。这种情形可见图 3-10 中直线 $y = k$ 下面的曲线。

②当 $k > 0$,$a > 0$,$0 < b < 1$ 时,$y_t' < 0$,$y_t'' > 0$,因此 y_t 的图形是下凹的。并且,当 $t = 0$ 时,$\hat{y}_t = k + a > k$(因为 $a > 0$),当 $t \to +\infty$ 时,$y_t \to k$,所以 $y_t = k$ 是它的渐近线。这说明,y_t 随着时间的增加而减少,但递减的速度不断减小,最后无限地逼近极限水平 k。此种情形可见图 3-10 中直线 $y = k$ 上面的曲线。

由于序列 $y_t = k + ab^t$ 的一阶差分为 $\Delta y_t = y_t - y_{t-1} = ab^{t-1}(b-1)$,可知该差分序列的环比发展速度 $\Delta y_t / \Delta y_{t-1} = b$。因此,当一个序列的一阶差分的环比速度大致为一个常数时,可以用修正指数曲线来描述。直观上看,当某个经济变量的发展变化表现为初期增长或下降迅速,随后变化速度逐渐减小,最后达到饱和状态的趋势,可以考虑用修正指数曲线模型来预测。

对于修正指数曲线模型中的参数,如果直接运用最小二乘法求解,将不会像线性模型那样有一个显示解的表达式。当然,绝大多数软件都能够直接求解本节所有模型的参数。此处重点介绍一种不太精确的测算方法,名曰三和法,即将时间序列分为 3 段,以 3 段和值为基础来估计模型中参数的方法。为求解模型中的 3 个参数,先把整个时间序列分为 3 个部分,并计算出每一部分的总和;然后以这 3 个和值为基础,求出模型中参数的估计值。具体求解过程如下:

假设时间序列的项数能被 3 整除(如若不然,除去第一或第一、二项),将序列等分为 3 组,分别计算每组的变量总和,即第一组变量的总和为 $\sum_{i=0}^{n-1} {}_1 y_t$,第二组变量的总和为 $\sum_{i=n}^{2n-1} {}_2 y_t$,第三组变量的总和为 $\sum_{i=2n}^{3n-1} {}_3 y_t$。因为

$$\sum_1 y_t = \sum_{i=0}^{n-1} y_t = nk + a(b^0 + b^1 + \cdots + b^{n-1}) = nk + a\frac{b^n-1}{b-1} \quad (3.3.21)$$

$$\sum_2 y_t = \sum_{i=n}^{2n-1} y_t = nk + ab^n(b^0 + b^1 + \cdots + b^{n-1}) = nk + ab^n\frac{b^n-1}{b-1} \quad (3.3.22)$$

$$\sum_3 y_t = \sum_{i=2n}^{3n-1} y_t = nk + ab^{2n}(b^0 + b^1 + \cdots + b^{n-1}) = nk + ab^{2n}\frac{b^n-1}{b-1} \quad (3.3.23)$$

于是

$$\sum_2 y_t - \sum_1 y_t = a\frac{(b^n-1)^2}{b-1} \quad (3.3.24)$$

$$\sum_3 y_t - \sum_2 y_t = ab^n\frac{(b^n-1)^2}{b-1} \quad (3.3.25)$$

式(3.3.25)除以式(3.3.24)可得:

$$\hat{b} = \sqrt[n]{\frac{\sum_3 y_t - \sum_2 y_t}{\sum_2 y_t - \sum_1 y_t}} \quad (3.3.26)$$

由式(3.3.24)得:

$$\hat{a} = \left(\sum_2 y_t - \sum_1 y_t\right)\frac{\hat{b}-1}{(\hat{b}^n-1)^2} \quad (3.3.27)$$

由于 $\hat{a}$ 和 $\hat{b}$ 已知,再代入式(3.3.21)得:

$$\hat{k} = \frac{1}{n}\left(\sum_1 y_t - \hat{a}\frac{\hat{b}^n-1}{\hat{b}-1}\right) \quad (3.3.28)$$

(2)龚珀兹曲线模型。龚珀兹曲线模型是以英国统计学家和数学家龚珀

兹(Gompertz)命名的一种趋势外推预测模型。这种趋势预测模型适用于社会经济和科学技术的很多领域中,特别适合用于预测商品寿命周期中的市场容量和普及率等。

龚珀兹曲线模型的表达式为 $\hat{y} = ka^{b^t}$,其中 a、b、k 为模型的待定系数,t 为时间变量。

当 $t = 0$ 时,$\hat{y}_t = ka$;当 $t \to -\infty$ 时,若 $0 < b < 1$,有 $b^t \to \infty$,$a^{b^t} \to 0$,因而 $\hat{y}_t \to 0$;当 $t \to +\infty$ 时,若 $0 < b < 1$,有 $b^t \to 0$,$a^{b^t} \to 1$,因而 $\hat{y}_t \to k$。所以若 $0 < b < 1$,$y_t = 0$ 和 $y_t = k$ 都是它的渐近线。

对龚珀兹曲线模型 $\hat{y}_t = ka^{b^t}$ 两边取对数,有 $\ln \hat{y}_t = \ln k + b^t \ln a$。

令 $\hat{y}' = \ln \hat{y}$,$k' = \ln k$,$a' = \ln a$,即得 $\hat{y}_t' = k' + a'b^t$,这正是修正指数曲线模型。参数 a 和 b 取值符号不同,曲线趋势的类型也不同。龚帕兹曲线的不同形状和变化趋势如图 3-11 所示。

①当 $\ln a < 0$,$0 < b < 1$ 时,对应图 3-11(a),适合于对处于成长期和成熟前期事物的预测;

②当 $\ln a > 0$,$0 < b < 1$ 时,对应图 3-11(b),适合于对处于成熟期后期和衰退期事物的预测;

③当 $\ln a < 0$,$b > 1$ 时,对应图 3-11(c),适合于对处于衰退期事物的预测;

④当 $\ln a > 0$,$b > 1$ 时,对应图 3-11(d),适合于对处于成长期事物的预测。

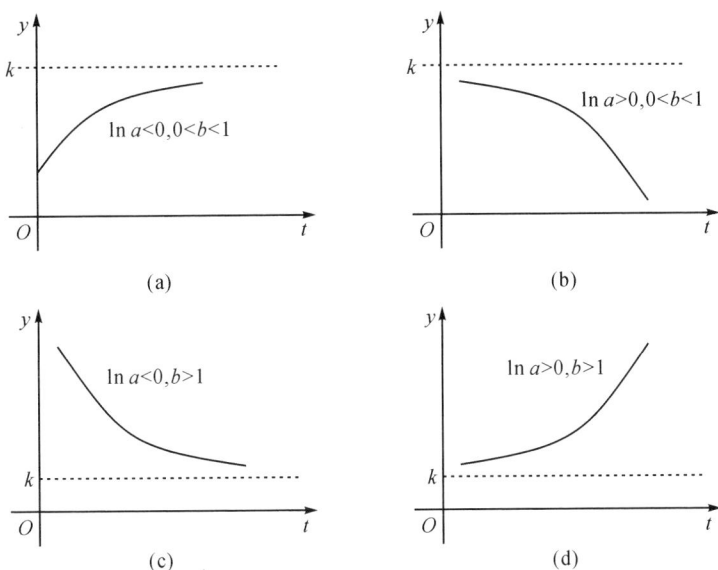

图 3-11 龚珀兹曲线模型

由于龚珀兹曲线与修正指数曲线存在对应关系,我们可以参照修正指数曲线模型的参数估计方法,求得龚珀兹曲线模型中的参数。用三和法估计龚珀兹曲线模型的参数公式为:

$$
\begin{cases}
b = \sqrt[n]{\dfrac{\sum_3 \ln y_t - \sum_2 \ln y_t}{\sum_2 \ln y_t - \sum_1 \ln y_t}} \\[3mm]
\ln a = \left(\sum_2 \ln y_t - \sum_1 \ln y_t\right)\dfrac{b-1}{(b^n-1)^2} \\[3mm]
\ln k = \dfrac{1}{n}\left(\sum_1 \ln y_t - \ln a\left(\dfrac{b^n-1}{b-1}\right)\right)
\end{cases}
\tag{3.3.29}
$$

(3)逻辑斯蒂曲线模型。1938 年,比利时数学家和生物学家韦赫斯特(P. F. Verhust)研究一些国家的人口数量时发现了一个特殊模型,后来近代生物学家皮尔(R. Pearl)等将此模型用于研究人口生长规律,这个特殊模型的曲线被称为皮尔曲线。由于模型中用到的方程为逻辑斯蒂方程(Logistic Equation),该类曲线又被称作逻辑斯蒂曲线。

逻辑斯蒂曲线模型为:

$$
\hat{y}_t = \frac{1}{k + ab^t}
\tag{3.3.30}
$$

不难看出,逻辑斯蒂曲线与修正指数曲线互为倒数。

当 $k>0, a>0, 0<b<1$ 时,有 $y_t'>0$,从而 $\hat{y}_t$ 为增函数。当 $t \to -\infty$ 时,$\hat{y}_t \to 0$;当 $t \to +\infty$ 时,有 $\hat{y}_t \to \dfrac{1}{k}$。所以 $y_t = 0$ 和 $y_t = \dfrac{1}{k}$ 都是它的渐近线。此时图形如图 3-12 所示。

从数据本身来看,如果原时间序列倒数的一阶差分的环比大致为一个常数,应该用逻辑斯蒂曲线加以描述。直观上看,当某个经济变量的发展变化表现为初期增长缓慢,随后增长急剧加快,达到一定程度后又逐渐减慢,最后达到饱和状态的趋势,可以拟合逻辑斯蒂曲线模型。

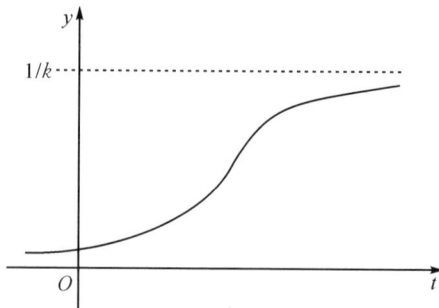

图 3-12　逻辑斯蒂曲线趋势

我们先对逻辑斯蒂模型取倒数,类似于修正指数曲线的三和法,可得参数计算公式为:

$$
\begin{cases}
b = \sqrt[n]{\dfrac{\sum_3 \dfrac{1}{y_t} - \sum_2 \dfrac{1}{y_t}}{\sum_2 \dfrac{1}{y_t} - \sum_1 \dfrac{1}{y_t}}} \\[3mm]
a = \left(\sum_2 \dfrac{1}{y_t} - \sum_1 \dfrac{1}{y_t} \right) \dfrac{b-1}{(b^n-1)^2} \\[3mm]
k = \dfrac{1}{n} \left(\sum_1 \dfrac{1}{y_t} - a \left(\dfrac{b^n-1}{b-1} \right) \right)
\end{cases}
\tag{3.3.31}
$$

四、趋势模型及参数估计方法的选择

趋势外推预测是根据时间序列的变化特点,通过合适的数学模型进行外推预测的。为了确保预测结果的安全可靠,在预测前必须对事先选择的预测模型、参数估计方法及预测效果进行分析和检验。只有当我们选择的预测模型、参数估计方法对历史数据的拟合效果都符合要求时,用该模型进行外推预测才有可能准确可靠。

1. 数据分析和趋势判断

选用统计模型,既要分析有关预测对象的历史数据,还要分析其未来发展的变化可能。最关键的是根据数据变化规律,判断趋势模型的类型。

对历史数据变化规律的分析和判断,主要有下面 3 种方法。

(1)经验判断。经验判断是分析历史数据和趋势判断中常用的方法之一。利用经验判断时,预测者对预测对象必须有非常深刻的了解和把握。同时,预测者还要具有相关领域的理论知识和经验积累。预测者只有同时具备这两方面的素质,才能比较准确地判断现象变化趋势的规律和特点。

(2)趋势图分析。有时预测者对预测对象的变化特点并不是十分了解,特别是一些新生事物,其趋势特点和变化规律往往没有现成的模型可参考。此时,我们可以先根据原始数据资料,描绘其趋势变化图,然后借助图形帮助分析和判断。

用散点图辅助判断趋势类型,最大的优点是简单易行、清楚明了。但在使用时应该注意数据资料的充分性,并对极值情况进行分析。比如,已知某地社会商品零售额资料如表 3-5 所示,图 3-13 为根据原时间序列绘制的趋势图。可以看出,该趋势形态貌似指数曲线,但也有可能为其他趋势类型。为慎重起见,我们同时选择了线性趋势、二次曲线、三次曲线和指数曲线模型进

行拟合,各种模型的拟合效果如图 3-14 所示。直观判断,三次曲线模型的拟合效果明显优于其他模型,这与根据模型的初步判断有一定差异。此外,三次曲线模型的可决系数和调整的可决系数分别为 0.9939、0.9932,在所有模型中也是最高的。所以,在选择模型类型时,一定要结合多种模型进行比较和鉴别,避免先入为主而造成错误。

表 3-5　某地社会商品零售额

年份	商品零售额/亿元	年份	商品零售额/亿元	年份	商品零售额/亿元
1990	6813	2000	11398	2010	22430
1991	7001	2001	11965	2011	22689
1992	8228	2002	13080	2012	23913
1993	8465	2003	13753	2013	25575
1994	9782	2004	14067	2014	27821
1995	11388	2005	14307	2015	33736
1996	12450	2006	15315	2016	38199
1997	10847	2007	16589	2017	41949
1998	10781	2008	18266	2018	47660
1999	10790	2009	19755	2019	50872

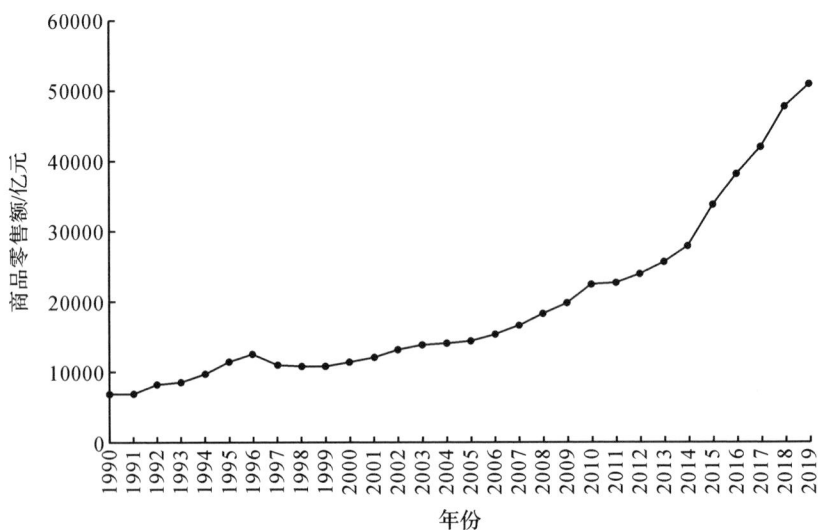

图 3-13　某地社会商品零售额序列趋势

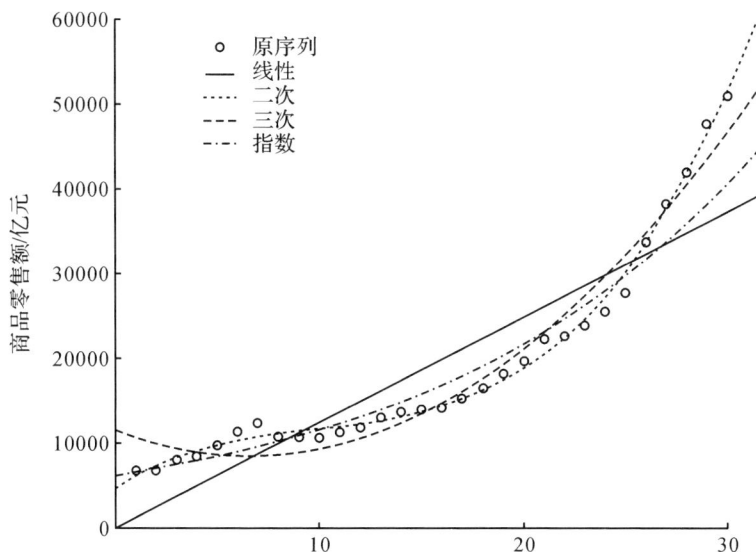

图 3-14　各模型拟合效果比较

（3）数理判断。当散点图不能准确判断预测对象的趋势变化规律时，可结合数据的变化规律帮助判断。表 3-6 给出了几种主要趋势模型的数据变化规律。

表 3-6　几种主要趋势模型的数据变化规律

曲线名称	模型	数据变化规律
直线	$\hat{y}_t = a + bt$	一次增长量为常数
二次曲线	$\hat{y}_t = a + bt + ct^2$	二次增长量为常数
三次曲线	$\hat{y}_t = a + bt + ct^2 + dt^3$	三次增长量为常数
指数曲线	$\hat{y}_t = a \cdot b^t$	各期环比发展速度为常数
修正指数曲线	$\hat{y}_t = k + ab^t$	数列逐期增长量的环比发展速度为常数
龚珀兹曲线	$\hat{y}_t = ka^{b^t}$	数列取对数后逐期增长量的环比发展速度为常数
逻辑斯蒂曲线	$\hat{y}_t = \dfrac{1}{k + ab^t}$	数列取倒数后逐期增长量的环比发展速度为常数

一般而言，经过上述 3 个步骤，应该能选择出较为合适的统计模型。但有时，预测对象趋势变化的数据特征不是很典型。这时可选择相对比较接近的几个模型分别进行预测，然后通过对预测结果的综合比较，选择最终的预测模型。在比较不同模型的预测效果时，通常残差平方和最小者为最优。

2. 参数估计方法的选择

除了正确选择趋势模型外,还要能准确估计模型中的参数。趋势外推预测模型中参数估计的方法主要有最小二乘法、移动平均法、指数平滑法、三和法等。对同一预测模型,不同参数估计方法得到的预测结果是不同的。移动平均法的移动项数(或移动步长)不同,拟合的均方误差也会不同;指数平滑法拟合的均方误差与平滑系数的取值有关。即便我们可以选择最优的移动步长和平滑系数,使得均方误差最小,这个最小也只是相对的。而三和法虽然比较适用于 S 型曲线的三段特点,但它对干扰因素的影响非常敏感,在数据不完整(没有涵盖整个生命周期)和干扰因素较大时,其预测的效果可能较差。因此,从历史数据残差平方和最小的角度看,最小二乘法无疑是最合适的。

五、案例分析

【例 3.2】 某市 2005—2020 年在岗职工的人均工资(单位:元)如表 3-7 左边第 2 列所示,请预测该市 2021 年和 2022 年的人均工资。

为了演示上述参数估计方法,同时对预测结果进行必要的比较,我们选择不同的参数估计方法分别建立线性模型。

在运用指数平滑法时,假设式(3.2.15)中的平滑系数 $\alpha=0.3$,式(3.2.18)和(3.2.19)中的平滑系数 $\alpha=0.7$、$\beta=0.8$。运用移动平均法时,假设式(3.2.2)中的移动长度 $N=3$。运用最小二乘法求得的参数 $\hat{a}=11582.9(t=0$ 代表 2014 年$)$,$\hat{b}=4307.6$。4 种参数估计方法得到的预测结果如表 3-7 第 3 列至第 6 列所示。

各种预测结果与实际值的直观比较如图 3-15 所示。可以看出,最小二乘法和霍特双参数指数平滑法的拟合结果非常好,几乎与原始序列重合,而二次移动平均法和布朗单参数指数平滑法的预测效果相对较差。通过最小二乘法得出 2021 年和 2022 年人均工资的预测值分别为 84811.8 元和 89119.4 元,其他 3 种方法的预测结果可见表中最后 2 行。综合地看,2021 年和 2022 年该市人均工资分别约为 85000 元和 90000 元。

表 3-7　某市人均工资及不同参数估计下的预测值

年份	人均工资	最小平方法	移动平均法	指数平滑法	
				布朗单参数	霍特双参数
2005	17150	15890.5	——	——	——
2006	20856	20198.1	——	18814.6	21404.0

年份	人均工资	最小平方法	移动平均法	指数平滑法	
				布朗单参数	霍特双参数
2007	24721	24505.7	—	19887.6	24967.5
2008	28898	28813.3	—	23316.5	28604.0
2009	32244	33120.8	—	28166.3	32783.5
2010	36539	37428.4	36293.0	33046.3	36077.4
2011	40780	41736.0	40343.4	38494.5	40330.6
2012	45330	46043.6	44428.1	44078.1	44826.9
2013	49980	50351.2	49339.4	49832.1	49642.5
2014	54860	54658.7	54245.1	55634.3	54531.2
2015	59140	58966.3	59301.3	61523.9	59597.9
2016	63360	63273.9	63926.7	66928.4	63857.5
2017	67770	67581.5	68135.6	71950.2	67810.8
2018	71950	71889.1	72134.4	76850.7	72060.9
2019	76620	76196.7	76255.6	81480.2	76199.8
2020	80960	80504.2	80853.3	86293.3	80945.8
2021	—	84811.8	85318.9	86293.3	85415.5
2022	—	89119.4	89723.3	92268.2	89875.3

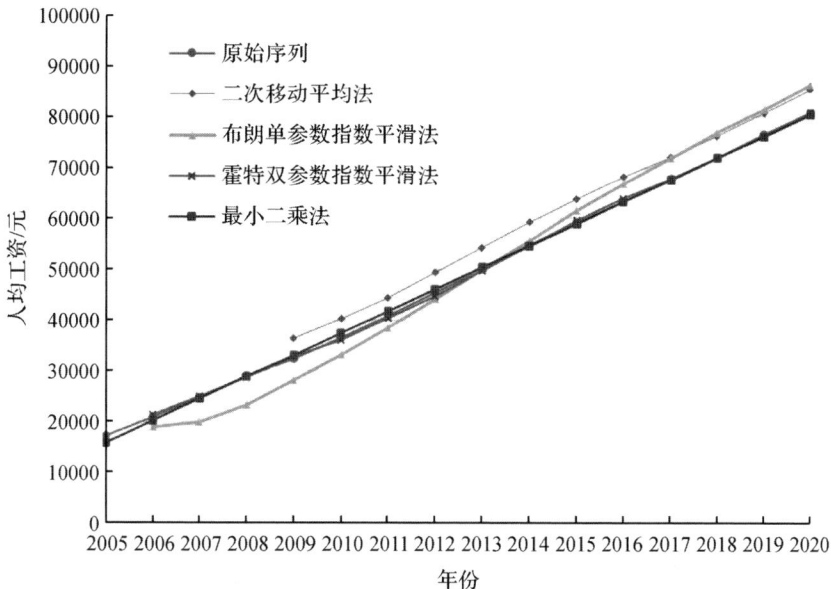

图 3-15　各种预测结果的比较

【例 3.3】 某地区 2005—2019 年研发投入(单位:百万元)情况如表 3-8 所示。请选择合适的预测模型,并预测该地区 2020 年的研发投入。

表 3-8 某地区 2015—2019 年研发投入

年份	研发投入	年份	研发投入	年份	研发投入
2005	75.4	2010	88.4	2015	87.5
2006	78.0	2011	85.8	2016	89.3
2007	85.8	2012	87.0	2017	93.2
2008	88.4	2013	88.5	2018	96.9
2009	85.8	2014	86.0	2019	100.7

首先,为判断趋势类型,根据上述数据资料绘制时间数列的趋势图,如图 3-16 所示。初步判断,该趋势图近似三次曲线。

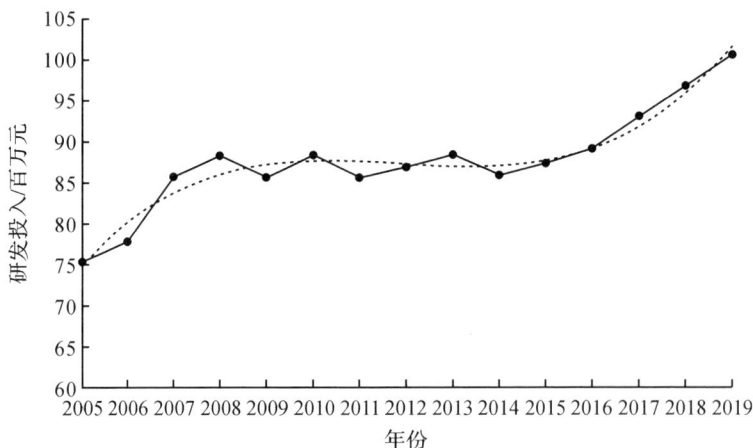

图 3-16 原数列的趋势

为计算方便,我们用最小二乘法的简捷公式计算三次曲线模型中的参数。计算的中间过程如表 3-9 所示,由式(3.3.3)联立方程组,解得:$a=87.342, b=-0.331, c=0.023, d=0.046$。所以三次曲线模型为:$\hat{y}=87.342-0.331t+0.023t^2+0.046t^3$。

该模型的拟合趋势线如图 3-16 中的虚线所示,应该说拟合线与原始数据较为接近。经过计算,该模型的可决系数 $R^2=0.95$,F 统计量的值 69.46,对应的 p 值为 0.000,可知模型的拟合效果较好。

2020 年该地区的研发投入为:$\hat{y}=87.342-0.331\times8+0.023\times8^2+0.046\times8^3=109.718$(百万元)。

表 3-9　最小二乘法参数计算过程

年份	研发投入 y	t	t^2	t^4	t^6	ty	$t^2 y$	$t^3 y$	$\hat{y}$
2005	75.4	-7	49	2401	117649	-527.8	3694.6	-25862.2	75.2
2006	78.0	-6	36	1296	46656	-468	2808	-16848	80.3
2007	85.8	-5	25	625	15625	-429	2145	-10725	83.9
2008	88.4	-4	16	256	4096	-353.6	1414.4	-5657.6	86.1
2009	85.8	-3	9	81	729	-257.4	772.2	-2316.6	87.3
2010	88.4	-2	4	16	64	-176.8	353.6	-707.2	87.7
2011	85.8	-1	1	1	1	-85.8	85.8	-85.8	87.7
2012	87.0	0	0	0	0	0	0	0	87.3
2013	88.5	1	1	1	1	88.5	88.5	88.5	87.1
2014	86.0	2	4	16	64	172	344	688	87.1
2015	87.5	3	9	81	729	262.5	787.5	2362.5	87.8
2016	89.3	4	16	256	4096	357.2	1428.8	5715.2	89.3
2017	93.2	5	25	625	15625	466	2330	11650	92
2018	96.9	6	36	1296	46656	581.4	3488.4	20930.4	96.1
2019	100.7	7	49	2401	117649	704.9	4934.3	34540.1	101.8
合计	1316.7	0	280	9352	369640	334.1	24675.1	13772.3	—

【例 3.4】　某地区 2005—2019 年居民储蓄存款余额（单位:亿元）资料如表 3-10 所示,请用合适的模型预测 2020 年该地居民储蓄存款余额。

表 3-10　2005—2019 年某地居民储蓄存款余额

年份	2005	2006	2007	2008	2009	2010	2011	2012
存款余额	8.3	10.4	14.1	19.2	24.6	31.8	41.7	58.6
年份	2013	2014	2015	2016	2017	2018	2019	—
存款余额	79.6	102.9	135.8	176.3	215.3	256.7	298.9	—

各期的环比发展速度 y_t / y_{t-1} 如表 3-11 第 4 列所示,不难发现,各期环比发展速度大致相等,则可以拟合指数曲线结果模型。对取对数后的模型运用最小二乘法,参数计算过程如表 3-11 所示。最终求得 $a = 55.467, b = 1.307$,

从而所求指数曲线模型 $\hat{y} = 55.467 \times 1.307^{t①}$。因此,2020 年的储蓄存款约为: $\hat{y}_{2020} = 55.467 \times 1.307^8 = 472.3$(亿元)。

表 3-11 最小二乘法建立模型的过程和结果

年份	t	y_t	y_t/y_{t-1}	$\ln y_t$	t^2	$t \times \ln y_t$	预测值
2005	-7	8.3	—	2.1	49	-14.8	8.5
2006	-6	10.4	1.25	2.3	36	-14.1	11.1
2007	-5	14.1	1.35	2.6	25	-13.2	14.5
2008	-4	19.2	1.37	3.0	16	-11.8	19
2009	-3	24.6	1.28	3.2	9	-9.6	24.8
2010	-2	31.8	1.29	3.5	4	-6.9	32.5
2011	-1	41.7	1.31	3.7	1	-3.7	42.4
2012	0	58.6	1.41	4.1	0	0.0	55.5
2013	1	79.6	1.36	4.4	1	4.4	72.5
2014	2	102.9	1.29	4.6	4	9.3	94.7
2015	3	135.8	1.32	4.9	9	14.7	123.8
2016	4	176.3	1.30	5.2	16	20.7	161.8
2017	5	215.3	1.22	5.4	25	26.9	211.5
2018	6	256.7	1.19	5.5	36	33.3	276.4
2019	7	298.9	1.16	5.7	49	39.9	361.2
合计	—	1474.2	—	60.2	280	74.9	—

【例 3.5】 某企业 2010—2018 年电子产品产量(单位:万件)资料如表 3-12 所示,试用修正指数曲线模型预测该企业 2019 年的产量。

表 3-12 某企业 2010—2018 年电子产品产量资料

时间	2010	2011	2012	2013	2014	2015	2016	2017	2018
产量	4.6	4.9	5.14	5.33	5.48	5.60	5.70	5.78	5.84

第一步,将原数列分成相等的 3 个部分,并计算每一部分的和值,具体结果如表 3-13 所示。

第二步,求解模型参数。根据式(3.3.26)、(3.3.27)和(3.3.28)可以求得:

---

① 一般软件显示的指数曲线函数式为 $y = ae^{bt}$,请读者注意其中的区别。

$$\hat{b} = \sqrt[n]{\frac{\sum_3 y_t - \sum_2 y_t}{\sum_2 y_t - \sum_1 y_t}} = \sqrt[3]{\frac{17.32 - 16.41}{16.41 - 14.64}} = 0.8011$$

$$\hat{a} = \left(\sum_2 y_t - \sum_1 y_t\right)\frac{\hat{b} - 1}{(\hat{b}^n - 1)^2} = (16.41 - 14.64)\frac{0.8011 - 1}{(0.8011^3 - 1)^2} = -1.4912$$

$$\hat{k} = \frac{1}{n}\left(\sum_1 y_t - \hat{a}\frac{\hat{b}^n - 1}{\hat{b} - 1}\right) = \frac{1}{3} \times \left(14.64 - (-1.4912) \times \frac{0.8011^3 - 1}{0.8011 - 1}\right) = 6.0943$$

第三步,建立预测模型并进行预测。

根据上述参数得到的修正指数预测模型为:$\hat{y} = 6.0943 - 1.4912 \times 0.8011^t$。

因而 2019 年产量的预测值:$\hat{y}_{2019} = 6.0943 - 1.4912 \times 0.8011^9 = 5.8917$（万件）。

表 3-13　三和法计算表

年份	t	产量（万件）	$\sum_i y_t$
2010	0	4.52	
2011	1	5.02	$\sum_1 y_t = 14.64$
2012	2	5.10	
2013	3	5.32	
2014	4	5.49	$\sum_2 y_t = 16.41$
2015	5	5.60	
2016	6	5.70	
2017	7	5.76	$\sum_3 y_t = 17.32$
2018	8	5.86	

第四节　时间序列的因子分解预测法

一、时间序列的组成因子

当对研究对象不甚了解时,我们通常会寻找与研究对象直接相关的其他变量,通过对这些变量及其变化规律的分析,来解释研究对象,从而达到预测未来的目标。然而,在很多情况下,要找到影响研究对象的所有变量是非常困难的,并且有些变量即便能找到,也根本无法量化,因此利用回归预测模型预测无疑很难。但是,社会经济现象的发生、发展和变化的变动过程,可以视作几个变动因子的叠加,这些变动因子即时间序列的组成因子。我们可以通过各个组成因子的变化规律去预测时间序列的未来表现,此即因子分解预测法。

一般而言,一个时间序列的组成因子有以下 4 个:

(1)长期趋势因子。长期趋势(Long-term Trend),是指社会经济现象由于受决定性因素的影响,在较长的一段时间内持续上升或下降或保持不变的一种趋势现象。长期趋势是社会经济现象变化的主旋律,是最重要的组成因子。有的社会经济现象中可以没有季节变动因子和循环变动因子,也很少有不规则变动因子,主要有长期趋势因子。比如,地球上石油储存量的不断减少、劳动生产率的不断提高等都是一种长期趋势,而趋势外推法主要用于对长期趋势因子的预测。

(2)季节变动因子。季节变动(Seasonal Variation),指的是由于自然条件或社会因素造成的社会经济现象在一年内呈现有序的周期性波动。季节变动是一种有规律的周期性变动,因此掌握社会经济现象的季节变动规律,对及时、有效地组织商品供求有十分重要的作用。应该说,很多现象的季度序列或月度序列均呈现出一定的季节变动,比如冷饮的销售额、旅客运输量等。关于季节变动因子的预测方法详见第五章。

(3)循环变动因子。循环变动(Cyclical Variation),是指由于政治因素或经济因素引起的社会经济现象以数年为长度的周期变动。循环变动是一种较季节变动更为复杂的周期变动,变动周期不固定且不易把握。循环变动多见于宏观经济预测,比如宏观经济景气预测。如果时间序列项数不多,循环变动因子基本可以不考虑。为了方便论述,有时将季节变动因子和循环变动因子统称为周期变动因子。

(4)不规则变动因子。不规则变动(Irregular Movement),是指由于偶然因素引起的、无规律的变动。虽然不规则变动没有规律可言,但有时它对预测结果的影响很大,是预测误差的重要组成部分。比如,2020 年以来的新冠肺炎疫情对经济社会发展造成巨大影响,这给经济预测带来了巨大挑战。

要特别说明的是,不规则变动因子既包括突发事件的影响,也包括随机波动的影响。前者如新冠肺炎疫情、海啸等突发事件的影响,这可以运用干预分析模型等进行预测。后者如果是严格的白噪声序列(详见第四章),则表明确定性时间序列预测模型是可行的;而如果不是白噪声序列,则需要对误差项序列基于随机序列模型进行分析和预测,包括第四章 ARMA 模型等。

不难看出,任何一个时间序列的波动都可以视为确定性影响因子和随机性影响因子的综合作用,这也正是 Cramer 分解定理的核心。

二、时间序列的因子分解模型

如前所述,时间序列可以表示为长期趋势因子、季节变动因子、循环变动因子和不规则变动因子这 4 个因子的函数,比较常见的函数形式有加法模型和乘法模型 2 种。

1. 加法分解模型

时间序列的加法分解模型,是将时间序列分解成 4 个彼此独立的因子,这 4 个因子的绝对量之和等于原数列。加法分解模型如下:

$$Y_t = T_t + S_t + C_t + I_t \tag{3.4.1}$$

其中,Y_t 为原始数列,T_t 为长期趋势因子,S_t 为季节变动因子,C_t 为循环变动因子,I_t 为不规则变动因子。在加法分解模型中,各个因子都为独立变量,因此它们均与 Y_t 具有相同量纲,且满足 $\sum S_t = 0$。

2. 乘法分解模型

时间序列的乘法分解模型,是将时间序列分解成相互联系的 4 个组成因子,这 4 个组成因子的乘积应该等于原数列,其中长期趋势因子为最主要的组成因子。乘法分解模型如下:

$$Y_t = T_t \times S_t \times C_t \times I_t \tag{3.4.2}$$

其中,T_t 与 Y_t 有相同的量纲;S_t、C_t 和 I_t 皆为无名数,它们是比例数,并且 $\sum S_t = k$(k 为季节变动周期)。

需要说明的是,并非每一个预测对象都同时存在这 4 种因子。那一个时间序列究竟存在哪几种因子? 这些因子采取哪种形式组合? 这些问题是因子分解预测的关键,需要我们根据所掌握的资料、时间序列的性质及研究目的来确定。此外,除了以上 2 种基本模型外,还有基于加法模型和乘法模型的一些混合模型,它们在实践中也得到一定应用。

与上述 2 个因子分解模式相对应,如果时间序列在分解时用加法模型分解,则其预测模型也为加法形式;而如果时间序列在分解时用乘法模型分解,则其预测模型也为乘法形式。

时间序列经加法模型或乘法模型分解后,已经分解出了长期趋势因子、季节变动因子、循环变动因子和不规则变动因子。我们要做的是,根据各因子本身的变动规律,得到其未来的估计值。由于不规则变动因子一般是无法估计的,假定其他 3 个因子的估计值分别记为 $\hat{T}_t$、$\hat{S}_t$ 和 $\hat{C}_t$。

根据时间序列的不同分解模型,最终的预测模型也有加法模型和乘法模型 2 种,分别为:

$$\hat{Y}_t = \hat{T}_t + \hat{S}_t + \hat{C}_t \tag{3.4.3}$$

$$\hat{Y}_t = \hat{T}_t \times \hat{S}_t \times \hat{C}_t \tag{3.4.4}$$

三、时间序列因子分解预测的步骤

1. 加法模型

时间序列加法模型预测步骤如下:

(1)根据原时间序列的变化规律,计算长期趋势值。长期趋势值可以通过移动平均法、最小二乘法拟合模型等得到,此处以移动平均法为例。由于移动平均数 M_t 消除或削弱了季节变动和不规则变动的影响,由此可以分解出趋势循环因子,即有 $M_t = T_t + C_t$。

(2)分离季节变动因子,具体为 $Y_t - M_t = S_t + I_t$。

(3)根据季节变动因子序列计算季节变动因子的预测值 $\hat{S}_t$。

(4)建立趋势方程,计算各期趋势因子估计值 $\hat{T}_t$。

(5)计算循环变动因子估计值,具体做法是 $Y_t - \hat{T}_t - \hat{S}_t = \hat{C}_t$。

(6)根据各因子的估计值进行预测,预测公式是 $Y_t = \hat{T}_t + \hat{S}_t + \hat{C}_t$。

当然,时间序列因子分解预测中各个组成因子的测算方法有多种,本部分只列举了其中的一种,读者可以视情况灵活选用其他方法。

2. 乘法模型

时间序列乘法模型预测步骤如下:

(1)计算原时间序列的移动平均数 M_t,再分解出趋势因子 TC_t。

(2)分离季节变动因子,具体操作为 $Y_t / M_t = S_t \times I_t$。

(3)根据季节变动因子计算平均季节比率 S_t,并以此值代替季节指数预测值 $\hat{S}_t$;

(4)建立趋势方程,计算各期趋势因子估计值 $\hat{T}_t$;

(5)计算循环变动因子估计值,具体为 $Y_t / (\hat{T}_t \times \hat{S}_t) = \hat{C}_t$。

(6)根据各因子的估计值进行预测,预测公式为 $\hat{Y}_t = \hat{T}_t \times \hat{S}_t \times \hat{C}_t$。

如果研究对象不存在循环变动因子,则只要求计算出长期趋势因子和季节变动因子的预测值,并以二者相乘之积或相加之和为时间序列的最终预测值。如果研究对象既没有循环变动,也没有季节变动,或不需要预测分季、分月的资料,则长期趋势因子的预测值就是时间序列的未来预测值。

四、案例分析

【例 3.6】 某企业 2014—2018 年各季度销售额(单位:万元)资料如表 3-14所示。用因子分解的乘法模型预测 2019 年该企业各季度的出口商品规模。

表 3-14 某企业 2014—2018 年各季度出口商品销售额资料

季度	年份				
	2014	2015	2016	2017	2018
1	536	569	671	751	795
2	626	723	866	923	960
3	668	813	918	960	1010
4	537	657	760	780	824

根据原始数据绘制趋势图,具体如图 3-17 所示。可以看出,原时间序列包含明显的长期趋势因子和季节变动因子。所以,我们将对这 2 个因子进行重点的分解。具体步骤如下:

第一步,分解趋势循环因子。移动长度为 4,计算原时间序列的移动平均数 M_t,M_t 主要包括了趋势循环因子。要说明的是,如果对数列进行修匀,移动平均一般为居中移动平均;如果对数列进行简单预测,移动平均数对应了下一期的预测值。本例选择后一种情形,当然读者也可以选择前一种情形。

第二步,分解季节变动因子。季节变动预测方法详见第五章,此处简单计算移动平均比,以分离出季节变动因子。移动平均比的计算方法为:移动平均比=实际数/移动平均数×100%。

上述 2 个步骤的计算结果如表 3-15 所示。

第三步,计算季节指数。为了消除移动平均比中的不规则变动因子,可以将同期移动平均比简单平均,即得到季节指数。以 1 季度为例,季节指数的初始值为 $(96.2+97.2+93.4+93.1)/4=94.98$,其他 3 个季度依次为 116.10、120.63 和 95.53,最后调整后得到各季的季节指数分别为 88.92、108.70、112.94 和 89.44,具体的调整方法可见第五章。可以发现,本例季节变动非常分明,1、4 季度为淡季,2、3 季度为旺季。

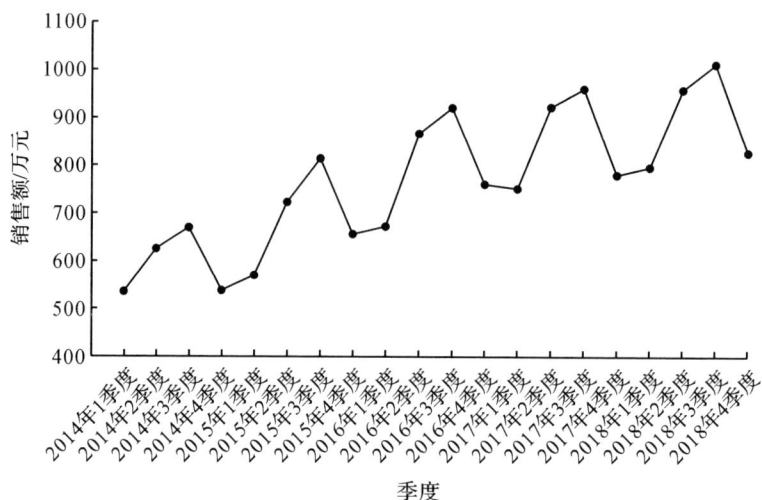

图 3-17 某企业 2014—2018 年各季度商品销售额趋势图

表 3-15 长期趋势因子与季节变动因子分解计算表

时间	实际销售额	M_t	移动平均比(%)
2014 年第 1 季度	536	—	—
2014 年第 2 季度	626	—	—
2014 年第 3 季度	668	—	—
2014 年第 4 季度	537	—	—
2015 年第 1 季度	569	591.75	96.2
2015 年第 2 季度	723	600	120.5
2015 年第 3 季度	813	624.25	130.2
2015 年第 4 季度	657	660.5	99.5
2016 年第 1 季度	671	690.5	97.2
2016 年第 2 季度	866	716	120.9
2016 年第 3 季度	918	751.75	122.1
2016 年第 4 季度	760	778	97.7
2017 年第 1 季度	751	803.75	93.4
2017 年第 2 季度	923	823.75	112.0
2017 年第 3 季度	960	838	114.6
2017 年第 4 季度	780	848.5	91.9
2018 年第 1 季度	795	853.5	93.1

时间	实际销售额	M_t	移动平均比(%)
2018 年第 2 季度	960	864.5	111.0
2018 年第 3 季度	1010	873.75	115.6
2018 年第 4 季度	824	886.25	93.0

第四步,建立趋势方程,计算各期长期趋势水平估计值$\widehat{M}_t$。根据表 3-15 中移动平均数 M_t 绘制成图 3-18。可以看出,移动平均数的变化基本呈线性趋势,因此可用线性方程描述其趋势变化。

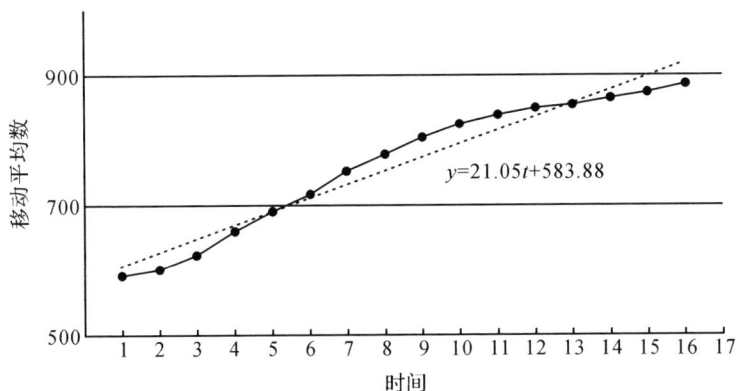

$y=21.05t+583.88$

图 3-18　移动平均数趋势图

用简捷最小平方方法建立线性趋势方程如下:

$$\widehat{M}_t = 583.88 + 21.05t \tag{3.4.5}$$

其中,$t=1$ 表示 2015 年第 1 季度,以此类推。由于原数列不存在明显的循环变动因子,可根据长期趋势因子和季节变动因子直接预测,即$\widehat{Y}_t = \widehat{M}_t \times \widehat{S}_t$。

第五步,预测 2019 年各季度的销售额。

先预测 2019 年各季的趋势水平值:

$$\widehat{M}_{2019.1} = 583.88 + 21.05 \times 17 = 941.73$$

$$\widehat{M}_{2019.2} = 583.88 + 21.05 \times 18 = 962.78$$

$$\widehat{M}_{2019.3} = 583.88 + 21.05 \times 19 = 983.83$$

$$\widehat{M}_{2019.4} = 583.88 + 21.05 \times 20 = 1004.88$$

再将各期的长期趋势预测值乘相应的季节指数,得到各季的最终预测值:

$$\hat{Y}_{2019.1}=941.73\times88.92\%=837.38$$

$$\hat{Y}_{2019.2}=962.78\times108.70\%=1046.54$$

$$\hat{Y}_{2019.3}=983.83\times112.94\%=1111.14$$

$$\hat{Y}_{2019.4}=1004.88\times89.44\%=898.76$$

为了直观分析预测模型的效果,我们绘制了2015年1季度到2018年4季度预测结果与原始数据的图形,如图3-19所示。可以看到,预测数据与原始数据的变化规律完全一致,且两者较为接近,说明预测模型的拟合效果较好。

需要说明的是,本例第四步是基于移动平均数构建了线性趋势模型,再预测2019年各季的长期趋势值;如果直接用原始序列构建线性趋势模型,根据这个模型的预测值作为各季的长期趋势值也是可以的。当然,可以通过均方误差比较这2种方法的效果,通常移动平均削弱了不规则变动因子的影响,基于移动平均数构建的长期趋势模型相对更好。

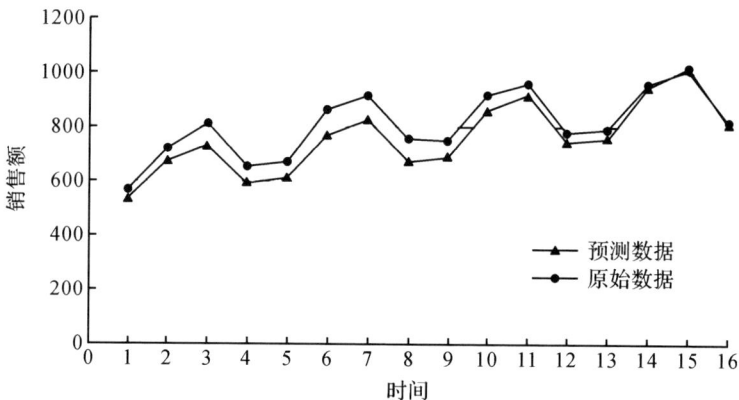

图 3-19 预测结果与原始数据比较

◆本章小结

(1)时间序列预测法是以时间为自变量,通过研究现象随时间变化的趋势和规律,建立时间序列预测模型,包括确定性时间序列模型和随机型时间序列模型。

(2)时间序列平滑预测包括移动平均预测法和指数平滑预测法。一次移动平均预测能根据最新数据不断调整,以适应变化的新趋势;而一次指数平滑预测利用了所有历史数据,并且越远离现在的时刻,权重越小,但两者只适用于水平型序列。如果时间序列存在线性增减趋势,可以运用二次移动平均法和布朗单一参数线性指数平滑或霍特双参数线性指数平滑预测法。

(3)当时间序列的变动趋势比较明显,且能找到一个合适的函数拟合这种趋势时,就可以用趋势外推预测法进行预测。趋势外推预测法基于2个基本假设,即事物的变化是连续的和渐进的。在系统保持稳定,且信息比较可靠的情况下,可以利用趋势外推预测法进行短期预测。特别地,有些现象通常要经历发生、发展、成熟、衰退这一成长过程,此时生长曲线预测模型是较好的预测模型,包括修正指数曲线模型、龚珀兹曲线模型和皮尔曲线模型。

(4)时间序列可以看作长期趋势、季节变动、循环变动和不规则变动等4个因子共同作用的结果,其分解模型主要分为加法模型和乘法模型,其中加法模型假设4个因子是相互独立的,而乘法模型假定4个因子是相互影响的。利用时间序列分解模型进行预测的一般步骤为:①通过移动平均或趋势模型得到趋势循环因子;②分离出季节变动因子并计算季节指数;③根据趋势方程计算趋势值;④计算循环水平估计值(若有)。

◆思考与练习

1.什么是时间序列预测法?时间序列预测法的基本原则是什么?

2.时间序列预测法有哪些主要方法?各种方法的主要特点是什么?

3.时间序列的组成因子主要有哪些?其分解模型主要有哪2个及其适用条件是什么?

4.时间序列分解预测的基本步骤是什么?

5.移动平均预测中,移动长度的选择对预测结果会产生怎样的影响?如何正确选择移动的长度?

6.移动平均预测主要有哪些缺陷?如何改进?

7.指数平滑预测的基本思路是什么?依据的预测原理是什么?

8.计算指数平滑值时,如何选择指数平滑起始值和平滑系数?

9.简述指数平滑预测与移动平均预测的异同。

10.什么是趋势外推预测法?趋势外推预测法的主要依据是什么?

11.趋势外推预测法有哪些基本类型?

12.多项式曲线预测模型的基本表达式是什么?如何根据数据特点判定多项式曲线预测模型?

13.比较3种生长曲线预测模型的异同,怎样利用三和法估计生长曲线预测模型中的参数?

14. 趋势外推预测时应该注意哪些问题？

15. 某企业2017—2019年各月出口产品销售额（单位：百万美元）资料如下表所示：

时间	销售额	时间	销售额	时间	销售额
2017年1月	30.4	2018年1月	111.2	2019年1月	125.6
2017年2月	70.2	2018年2月	278.1	2019年2月	254.3
2017年3月	121.7	2018年3月	467.1	2019年3月	423.1
2017年4月	169.0	2018年4月	560.8	2019年4月	522.8
2017年5月	219.4	2018年5月	641.5	2019年5月	622.9
2017年6月	300.2	2018年6月	739.9	2019年6月	780.1
2017年7月	335.5	2018年7月	818.6	2019年7月	857.9
2017年8月	378.5	2018年8月	892.4	2019年8月	961.4
2017年9月	432.9	2018年9月	972.4	2019年9月	1090.5
2017年10月	501.2	2018年10月	1052.6	2019年10月	1229.6
2017年11月	570.4	2018年11月	1141.0	2019年11月	1365.3
2017年12月	681.6	2018年12月	1309.0	2019年12月	1512.6

要求：

(1)判定该企业出口产品销售额变化的规律。

(2)该时间序列适合用时间序列分解的哪一种分解模型，为什么？

(3)分解出长期趋势因子和季节变动因子。

(4)假设不考虑循环变动因子的影响，试预测2020年各月出口产品销售额。

16. 某企业最近12期的商品销售量（单位：件）如下表所示：

时期	1	2	3	4	5	6	7	8	9	10	11	12
销售量	423	358	434	445	527	429	426	502	480	384	427	446

要求：

(1)分别用3期、4期和5期移动平均预测法预测第13期的销售量。

(2)分别取 $\alpha=0.3$、0.5和0.7，用指数平滑常数模型预测第13期的销售量。

(3)比较预测结果，说明哪个模型的预测效果更好。

17. 某企业2007—2018年进出口额（单位：百万美元）资料如下表所示：

年份	进出口额	年份	进出口额	年份	进出口额
2007	222.8	2011	240.6	2015	261.0
2008	222.2	2012	238.7	2016	275.3
2009	230.5	2013	234.5	2017	269.4
2010	233.1	2014	248.6	2018	291.2

要求：

(1)用布朗线性指数平滑模型预测 2019 年的进出口额($\alpha=0.3$)。

(2)用霍特双参数线性指数平滑模型预测 2019 年的进出口额($\alpha=0.3$, $\alpha=0.5$)。

(3)比较二者的预测效果。

18.某市 2001—2018 年的人口数(单位:万人)如下表所示:

年份	人口	年份	人口	年份	人口
2001	1078	2007	1254	2013	1497
2002	1060	2008	1313	2014	1520
2003	1095	2009	1358	2015	1543
2004	1136	2010	1400	2016	1571
2005	1174	2011	1439	2017	1600
2006	1215	2012	1470	2018	1631

要求：

(1)请选择一种合适的生长曲线预测模型拟合该市人口变化,并预测该市 2019 年人口规模。

(2)根据结果分析该市人口变化的特点。

◆ 附录

1. 关于式(3. 2. 3)的证明

假设序列为线性趋势,预测模型为 $y_{t+m}=a_t+b_t m$,有:

$$M_t^{(1)}=\frac{y_t+y_{t-1}+\cdots+y_{t-N+1}}{N}=\frac{a_t+(a_t-b_t)+\cdots+(a_t-b_t(N+1))}{N}$$

$$=a_t-\frac{N-1}{2}b_t \tag{1}$$

同理有:

$$M_{t-1}^{(1)} = \frac{(a_t - b_t) + (a_t - 2b_t) + \cdots + (a_t - Nb_t)}{N} = a_t - \frac{N+1}{2}b_t = M_t^{(1)} - b_t \quad (2)$$

$$M_t^{(2)} = \frac{M_t^{(1)} + M_{t-1}^{(1)} + \cdots + M_{t-N+1}^{(1)}}{N} = a_t - (N-1)b_t \quad (3)$$

式(1)－式(3)化简可得:

$$b_t = \frac{2}{N-1}(M_t^{(1)} - M_t^{(2)}) \quad (4)$$

此外,由式(1)和 $y_t = a_t$ 不难得到 $y_t - M_t^{(1)} = \frac{N-1}{2}b_t$,由式(3)可得 $M_t^{(1)} -$

$M_t^{(2)} = \frac{N-1}{2}b_t$,因而 $y_t - M_t^{(1)} = M_t^{(1)} - M_t^{(2)}$,从而有:

$$a_t = 2M_t^{(1)} - M_t^{(2)} \quad (5)$$

2. 关于式(3. 2. 15)的证明

对于线性趋势序列,若预测模型为 $y_{t+m} = a_t + b_t m$,有:

$$\begin{aligned}
S_t^{(1)} &= \alpha y_t + \alpha(1-\alpha)y_{t-1} + \alpha(1-\alpha)^2 y_{t-2} + \cdots \\
&= \alpha a_t + \alpha(1-\alpha)(a_t - b_t) + \alpha(1-\alpha)^2(a_t - 2b_t) + \cdots \\
&= \alpha a_t (1 + (1-\alpha) + (1-\alpha)^2 + \cdots) - \alpha(1-\alpha)b_t(1 + 2(1-\alpha) \\
&\quad + 3(1-\alpha)^2 + \cdots)
\end{aligned} \quad (6)$$

其中,

$$1 + 2(1-\alpha) + 3(1-\alpha)^2 + \cdots = (1 + (1-\alpha) + (1-\alpha)^2 + \cdots) + (1-\alpha) +$$

$$2(1-\alpha)^2 + \cdots = \frac{1}{1-(1-\alpha)} + \frac{1-\alpha}{1-(1-\alpha)} + \frac{(1-\alpha)^2}{1-(1-\alpha)} + \cdots = \frac{1}{\alpha^2} \quad (7)$$

式(7)代入式(6)中有:

$$S_t^{(1)} = \alpha a_t \frac{1}{1-(1-\alpha)} - \alpha(1-\alpha)b_t \frac{1}{\alpha^2} = a_t - \frac{1-\alpha}{\alpha}b_t \quad (8)$$

由于 $y_t = a_t$,因此有:

$$S_t^{(1)} - y_t = -\frac{1-\alpha}{\alpha}b_t \quad (9)$$

类似地有:

$$S_t^{(2)} - S_t^{(1)} = -\frac{1-\alpha}{\alpha}b_t \quad (10)$$

由式(10)可得:

$$b_t = \frac{\alpha}{1-\alpha}(S_t^{(2)} - S_t^{(1)}) \quad (11)$$

根据式(9)和式(10)可得 $S_t^{(1)} - y_t = S_t^{(2)} - S_t^{(1)}$,又由于 $y_t = a_t$,从而有:

$$a_t = 2S_t^{(1)} - S_t^{(2)} \quad (12)$$

<table>
<tr><td>第四章</td><td>单变量随机型时间
序列的预测方法</td></tr>
</table>

前面一章讨论了确定型时间序列的分析方法,接下来将讨论随机型时间序列的预测方法。本章重点分析自回归模型(Autoregressive Model,简称 AR 模型)、移动平均模型(Moving Average Model,简称 MA 模型)、自回归移动平均模型(Autoregressive Moving Average Model,简称 ARMA 模型)、自回归求和移动平均模型(Autoregressive Integrated Moving Average Model,简称 ARIMA 模型)等。该类方法由博克思(Box)和詹金斯(Jenkins)于 20 世纪 70 年代提出,所以又称为 Box-Jenkins 模型。

第一节 随机型时间序列模型的相关概念

一、随机过程和平稳性

1. 随机过程

一个随机过程就是随机变量按时间顺序编排的集合。用 y 表示一个随机变量,如果它是连续的,可以记为 $y(t)$,比如心电图;如果它是离散的,可记为 y_t,比如各年 GDP 和各月 CPI(居民消费价格指数)等。将各月 CPI 理解为一个随机过程,需要我们变通地、从深层次予以领会。比如,理论上 2020 年 5 月 CPI 的同比上涨率可能为任何一个数字,具体数值取决于当月的政治、经济和社会环境等各种因素,数字 2.4% 只是所有可能数值中一个特定的实现。因而我们说各月 CPI 是一个随机过程,观察到的各月 CPI 只是这个随机过程的一个特定实现或样本。不难看出,随机过程与其实现(即观察值)之间的关系类似于横截面数据的总体与样本的关系。由时间数列中的观察值推断其背后的随机过程,类似于横截面数据中的样本推断总体。

因此,本章我们针对时间序列的分析基于这样一个观念,即要预测的时间序列是由某个随机过程生成的,该随机过程的结构可以依据观察值,并通过一定方法或模型进行刻画和描述,此即随机序列模型。换言之,我们假定序列$(y_1, y_2, \cdots, y_T)$的每一个数值都是从某个概率分布中随机抽取得到的,或者是一组联合分布的随机变量。当然,完全确定时间序列的概率分布几乎是不可能获得的,通常可以构造一个简单的时间序列模型,用以解释它的随机性并进行预测。要说明的是,由于构建的模型和时间序列都是随机的,这两者一般不可能完全一致,我们看重的只是模型反映序列随机特征的程度。

2. 平稳性

生成时间序列的随机过程是否不随时间变化对于预测是非常重要的,针对随机特征随时间变化而变化的非平稳随机过程,欲用一个简单代数模型进行刻画将是非常困难的。如果随机特征不随时间变化而变化,即过程是平稳的,那么我们就可以根据该序列的过去数值来预测其未来的可能表现。如果一个时间序列是非平稳的,那么通常只能分析其研究期间的行为,每个时间序列数据集都是特定的一幕,其结果无法推广到其他时期。因而从时间序列的预测角度看,对于非平稳时间序列,首先要看其能否转化为平稳序列,否则没有太大的实际价值。对于随机过程或时间序列的平稳性判断,一般包括下列 2 类平稳过程。

(1)严平稳过程(Strictly Stationary Process)。如果对所有的 t,任意正整数 t_i 和任意 n 个正整数 $(t_1, \cdots, t_n)$,$(y_{t_1}, \cdots, y_{t_n})$ 的联合分布与 $(y_{t_1+m}, \cdots, y_{t_n+m})$ 的联合分布是相同的,即

$$P\{y_{t_1} \leqslant b_1, \cdots, y_{t_n} \leqslant b_n\} = P\{y_{t_1+m} \leqslant b_1, \cdots, y_{t_n+m} \leqslant b_n\} \quad (4.1.1)$$

则称时间序列$\{y_t\}$为严平稳过程。换句话说,严平稳要求序列$\{y_t\}$的概率分布在时间的平移变换下保持不变,从而所有的统计特征不随时间变化而变化,这种要求是非常严格的,所以称之为严平稳。

(2)弱平稳过程(Weakly Stationary Process)。如果一个时间序列$\{y_t\}$的均值、方差保持不变,并且任何 2 期数据之间的协方差仅依赖于 2 期的时间跨度,而不依赖于计算这个协方差的实际时间,则称时间序列$\{y_t\}$是弱平稳过程,也称协方差平稳过程。弱平稳的时间序列有如下性质:

$$E(y_t) = u < \infty, \forall t \quad (4.1.2)$$

$$\sigma_y^2 = E(y_t - u)^2 = \sigma^2 < \infty, \forall t \quad (4.1.3)$$

$$\text{Cov}(y_t, y_{t+k}) = E(y_t - u)(y_{t+k} - u) = \gamma_k, \forall k \quad (4.1.4)$$

其中,协方差 γ_k 与时间 t 无关,只与间隔时期 k 有关。由于一个严平稳过

程的所有阶矩都不随时间变化,而弱平稳过程仅仅要求一阶矩和二阶矩(即均值和方差、协方差)不随时间变化,因此实际分析中弱平稳过程更具有可操作性。

此外,不失一般性,对于一个平稳时间序列$\{y_t\}$,可以假设它的均值为零。若不然,运用中心化方法对序列进行一次平移变换,亦即令$y_t' = y_t - \mu$,则$\{y_t'\}$就是一个零均值的平稳序列。这样做,便于下面进行统一讨论。下面看 2 个典型的平稳和非平稳序列。

一个最简单的随机时间序列是具有零均值且同方差的独立分布序列,即

$$y_t \sim N(0, \sigma^2) \qquad (4.1.5)$$

该序列常被称为白噪声(White Noise)或纯随机(Purely Random)序列。

由于y_t具有相同的均值与方差,且协方差为零,一个白噪声序列是平稳的。图 4-1 就是一个由白噪声过程产生的时间序列。在前面回归分析中,我们假定误差项需要满足一些经典假设,其实就是假定误差项是白噪声过程。

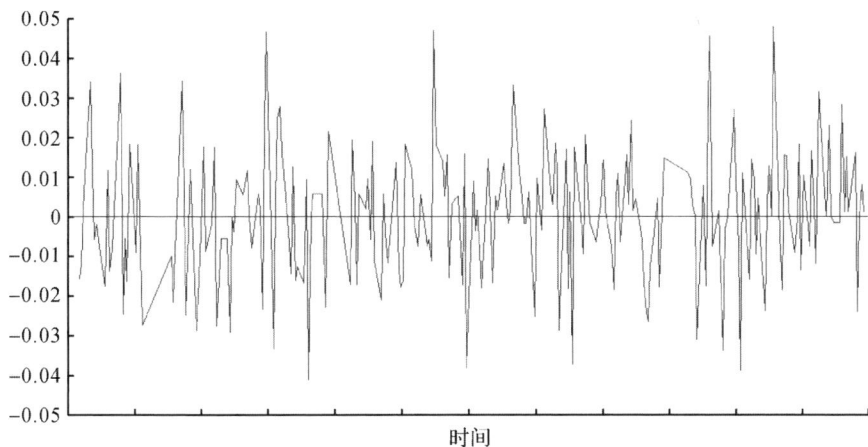

图 4-1 由白噪声过程产生的时间序列

另外一个随机时间序列被称为随机游走(Random Walk)[①]序列,该序列最简单形式由下列随机过程生成:

$$y_t = y_{t-1} + \varepsilon_t \qquad (4.1.6)$$

其中,ε_t是一个白噪声序列。

不难验证,该序列有相同均值$E(y_t) = 0$,下面检验该序列是否具有相同的方差。假设y_t的初值为y_0,则易知:

———————

① "随机游走"一词首次出现于《自然》1905 年第 72 卷由 Pearson K. 和 Rayleigh L. 写的一篇论文中,论文的题目是《随机游走问题》。论文讨论了寻找一个被放在野地中央的醉汉的最佳策略,就是从投放点开始搜索。

$$y_1 = y_0 + \varepsilon_1$$

$$y_2 = y_1 + \varepsilon_2 = y_0 + \varepsilon_1 + \varepsilon_2$$

...

$$y_t = y_{t-1} + \varepsilon_1 = y_0 + \varepsilon_1 + \varepsilon_2 + \cdots + \varepsilon_t$$

由于 y_0 为常数，ε_t 是一个白噪声序列，因此 $\mathrm{Var}(y_t) = t\sigma^2$。这表明，$y_t$ 的方差与时间 t 有关而非常数，且随着时间 t 的增加可以无穷大，因而它是一个非平稳序列。关于随机游走序列的其他类型及平稳化的方法，我们将在后面详细分析。

二、自相关函数和偏自相关函数

1. 自相关函数

对于时间序列 $\{y_t\}$，相隔 k 期的数据对 (y_t, y_{t+k}) 可以看作 2 个随机序列，也可以计算它们的相关程度，此即时间序列滞后 k 期的自相关。在前面弱平稳的定义中，我们已经看到序列 y_t 与 y_{t+k} 的自协方差为 $\gamma_k = \mathrm{Cov}(y_t, y_{t+k})$，如果将序列 $\{\gamma_k\}$($k = 0, 1, 2, \cdots$) 看作滞后期 k 的函数，可称之为随机过程的自协方差函数。仿照相关系数定义，可得序列 y_t 与 y_{t+k} 的自相关函数（Autocorrelation Function，简记为 ACF）为：

$$\rho_k = \frac{\mathrm{Cov}(y_t, y_{t+k})}{\sqrt{\mathrm{Var}(y_t)\mathrm{Var}(y_{t+k})}} \tag{4.1.7}$$

由于 $\gamma_0 = \mathrm{Cov}(y_t, y_t) = \sigma_y^2$，如果序列 $\{y_t\}$ 为平稳序列，则上式可以转化为：

$$\rho_k = \frac{\mathrm{Cov}(y_t, y_{t+k})}{\mathrm{Var}(y_t)} = \frac{\gamma_k}{\gamma_0} \tag{4.1.8}$$

不难得出，$\rho_0 = 1$，$\rho_k = \rho_{-k}$，$-1 \leqslant \rho_k \leqslant 1$。对于一个弱平稳序列 $\{y_t\}$，如果前后没有任何关联，当且仅当对所有 $k > 0$ 有 $\rho_k = 0$。此外，由于 $\rho_k = \rho_{-k}$，意味着自相关函数和自协方差函数是对称函数，因而实际研究中通常只要求出正半部分($k \geqslant 0$)即可。

实际上，由于观察到的只是随机过程的一个实现即样本，我们只能计算样本自相关系数。若样本观察值为 $y_1, y_2, \cdots, y_T$，则样本自相关函数为：

$$\hat{\rho}_k = \frac{\sum\limits_{t=1}^{T-k}(y_t - \bar{y})(y_{t+k} - \bar{y})}{\sum\limits_{t=1}^{T}(y_t - \bar{y})^2} = \frac{\hat{\gamma}_k}{\gamma_0} \tag{4.1.9}$$

下面以表 4-1 为例说明序列自相关函数的计算过程，其中表中数据为某商场 12 个时期的销售额（单位：万元）。

表 4-1　某商场 12 个时期的销售额

时间 t	原序列 y_t	滞后 1 期 y_{t-1}	滞后 2 期 y_{t-2}	$(y_t-\bar{y})^2$	$(y_t-\bar{y})$ $(y_{t+1}-\bar{y})$	$(y_t-\bar{y})$ $(y_{t+2}-\bar{y})$
1	2	—	—	0	—	—
2	3	2	—	1	0	—
3	2.5	3	2	0.25	0.5	0
4	1.5	2.5	3	0.25	-0.25	-0.5
5	2	1.5	2.5	0	0	0
6	2.5	2	1.5	0.25	0	-0.25
7	2	2.5	2	0	0	0
8	1.5	2	2.5	0.25	0	-0.25
9	1	1.5	2	1	0.5	0
10	2	1	1.5	0	0	0
11	1.5	2	1	0.25	0	0.5
12	2.5	1.5	2	0.25	-0.25	0
合计	24	—	—	3.5	0.5	-0.5

为了展示计算过程,表中列出了滞后 1 期和 2 期的自相关系数的计算过程。因此有:

$$\hat{\rho}_1 = \frac{\sum_{t=1}^{11}(y_t-\bar{y})(y_{t+1}-\bar{y})}{\sum_{t=1}^{12}(y_t-\bar{y})^2} = \frac{\hat{\gamma}_1}{\hat{\gamma}_0} = \frac{0.5}{3.5} = 0.143$$

$$\hat{\rho}_2 = \frac{\sum_{t=1}^{10}(y_t-\bar{y})(y_{t+2}-\bar{y})}{\sum_{t=1}^{12}(y_t-\bar{y})^2} = \frac{\hat{\gamma}_2}{\hat{\gamma}_0} = \frac{-0.5}{3.5} = -0.143$$

其他滞后时期的自相关系数可以类似计算,过程不再显示,所有计算结果如表 4-2 所示。

表 4-2　自相关函数

滞后的时期	1	2	3	4	5	6	7	8	9	10	11
自相关系数的数值	0.143	-0.143	-0.143	0.143	0	-0.214	-0.214	-0.143	-0.071	0.143	0

由于样本的随机性,我们还需要判断样本自相关系数在统计上是否显著。巴特利(Barlett)于 1946 年证明,若一个时间序列是由白噪声过程生成

的,则样本自相关系数近似服从均值为 0、方差为 $1/T$ 的正态分布[1],即

$$\hat{\rho}_k \sim N\left(0, \frac{1}{T}\right) \qquad (4.1.10)$$

比如,对于一个由 100 个数据点组成的序列,由于标准差为 0.1,如果自相关系数大于 0.2,我们就有 95% 的把握认为总体的自相关系数不为 0。

除了检验某个样本自相关系数的统计显著性,我们还可以检验所有自相关系数 $\rho_k(k>0)$ 都为 0 的联合假设。Box 和 Pierce 于 1970 年提出了 Q 统计量的方法,即在大样本条件下,有

$$Q = T \sum_{k=1}^{m} \hat{\rho}_k \sim \chi^2(m) \qquad (4.1.11)$$

其中,T 为样本容量,m 为滞后时期。实际应用中,如果计算的 Q 值大于给定显著性水平下的 χ^2 分布临界值,则拒绝实际自相关系数 $\rho_1, \cdots, \rho_m$ 都为 0 的原假设。

由于在小样本情况下,Box-Pierce 的 Q 统计量性质并不是很好,经常会导致错误决策,Ljung 和 Box(1978)提出了一个修正统计量,即为

$$LB = T(T+2) \sum_{k=1}^{m} \frac{\hat{\rho}_k^2}{T-k} \sim \chi^2(m) \qquad (4.1.12)$$

从 Ljung-Box 统计量的表达式可以看到,$(T+2)$ 和 $(T-k)$ 两项在渐进意义上是相等的,从而 Ljung-Box 检验等同于 Box-Pierce 检验。

2. 偏自相关函数

在多元回归分析中,为了把握在多个因素作用于被解释变量时,某个因素与被解释变量之间的本质关系,我们可以计算偏相关系数。所谓 y_t 和 y_{t-k} 之间的偏自相关系数(Partial Autocorrelation Function,简记为 PACF),就是除去中间 $y_{t-1}, y_{t-2}, \cdots, y_{t-k+1}$ 的影响后两者的相关程度,或者是给定 y_{t-1}, $y_{t-2}, \cdots, y_{t-k+1}$ 的条件下,y_t 和 y_{t-k} 之间的条件相关程度。不失一般性,假如序列已经中心化(即每个数据减去均值,使过程均值为 0),设中心化后 y_t 和 y_{t-k} 之间的偏自相关系数为 $\phi_{k,k}$[2]。根据定义,$\phi_{k,k}$ 可以通过下列回归模型得到:

---

[1] Box & Jenkins(1970)论证了在序列 y_t 平稳且误差项服从正态分布的条件下,如果真实数据的生成过程为 q 阶移动平均过程(下一节将要介绍),则样本自相关系数的方差为 $\left(1+2\sum_{j=1}^{q}\hat{\rho}_j^2\right)/T$。

[2] 由于自相关系数和偏自相关系数均满足位移不变性,中心化即 $y_t'=y_t-\mu$ 后,y_t 与 y_t' 的 ACF 和 PACF 分别相等。本章后面内容在论述 AR、MA 和 ARMA 等模型的阶数时,一般选择中心化后的序列进行说明。

$$y_t = \phi_{k,1} y_{t-1} + \cdots + \phi_{k,k-1} y_{t-(k-1)} + \phi_{k,k} y_{t-k} + \varepsilon_t \tag{4.1.13}$$

因此,滞后 k 阶的偏自相关系数是当 y_t 对 $y_{t-1}, \cdots, y_{t-k}$ 做回归时 y_{t-k} 的系数。之所以称之为偏自相关系数,是因为它度量了 k 期间距的相关程度,而不考虑间距小于 k 期的相关程度。根据最小二乘法,使下式达到最小值:

$$\delta \equiv E(y_t - \hat{y}_t)^2 = E\Big(y_t - \sum_{j=1}^{k} \phi_{k,j} y_{t-j}\Big)^2 = \gamma_0 - 2\sum_{j=1}^{k} \phi_{k,j} \gamma_j + \sum_{i,j=1}^{k} \phi_{k,j} \phi_{k,i} \gamma_{j-t}$$

$$\tag{4.1.14}$$

因此求偏导数 $\dfrac{\partial \delta}{\partial \phi_{k,j}}$ $(j=1,2,\cdots,k)$,并令其为零,化简可得:

$$\begin{cases} \phi_{k,1} \rho_0 + \phi_{k,2} \rho_1 + \cdots + \phi_{k,k} \rho_{k-1} = \rho_1 \\ \phi_{k,1} \rho_1 + \phi_{k,2} \rho_0 + \cdots + \phi_{k,k} \rho_{k-2} = \rho_2 \\ \qquad\qquad \vdots \\ \phi_{k,1} \rho_{k-1} + \phi_{k,2} \rho_{k-2} + \cdots + \phi_{k,k} \rho_0 = \rho_k \end{cases} \tag{4.1.15}$$

此即 Yule-Wolker 方程组。根据克莱姆法则可得:

$$\phi_{k,k} = \frac{\begin{vmatrix} \rho_0 & \rho_1 & \cdots & \rho_1 \\ \rho_1 & \rho_0 & \cdots & \rho_2 \\ \vdots & \vdots & \vdots & \vdots \\ \rho_{k-1} & \rho_{k-2} & \cdots & \rho_k \end{vmatrix}}{\begin{vmatrix} \rho_0 & \rho_1 & \cdots & \rho_{k-1} \\ \rho_1 & \rho_0 & \cdots & \rho_{k-2} \\ \vdots & \vdots & \vdots & \vdots \\ \rho_{k-1} & \rho_{k-2} & \cdots & \rho_0 \end{vmatrix}} \tag{4.1.16}$$

其中,$\rho_0 = 1$。下面看几个特例。当 $k=1$ 时,有:

$$\phi_{1,1} = \rho_0 \tag{4.1.17}$$

当 $k=2$ 时,有:

$$\phi_{2,2} = \frac{\rho_2 - \rho_1^2}{1 - \rho_1^2} \tag{4.1.18}$$

以此类推,可以求出其他期数间隔的偏自相关系数,并称序列 $\phi_{1,1}$、$\phi_{2,2}$、$\phi_{3,3}$ 为偏自相关函数。当然,与样本自相关函数类似,由于样本的随机性,也需要判断样本偏自相关函数 $\hat{\phi}_{k,k}$ 在统计意义上是否是显著的。可以证明,$\hat{\phi}_{k,k}$ 也服从一个相同的渐近正态分布,即

$$\hat{\phi}_{k,k} \sim N\Big(0, \frac{1}{T}\Big) \tag{4.1.19}$$

因此,如果计算的 $\hat{\phi}_{k,k}$ 的绝对值大于 $\dfrac{2}{\sqrt{T}}$,我们就有 95.45% 的把握估计该序列的 $\hat{\phi}_{k,k}$ 显著不为 0。

为了说明偏自相关系数的计算方法,再以表 4-1 中数据为例计算 $\hat{\phi}_{1.1}$、$\hat{\phi}_{2.2}$ 和 $\hat{\phi}_{3.3}$。根据表 4-2 中计算的自相关系数,代入式(4.1.16)中可得:

$$\hat{\phi}_{1,1} = \rho_1 = 0.143$$

$$\hat{\phi}_{2,2} = \frac{\rho_2 - \rho_1^2}{1 - \rho_1^2} = \frac{-0.143 - 0.143^2}{1 - 0.143^2} = -0.167$$

$$\hat{\phi}_{3,3} = \frac{\begin{vmatrix} \rho_0 & \rho_1 & \rho_1 \\ \rho_1 & \rho_0 & \rho_2 \\ \rho_2 & \rho_1 & \rho_3 \end{vmatrix}}{\begin{vmatrix} \rho_0 & \rho_1 & \rho_2 \\ \rho_1 & \rho_0 & \rho_1 \\ \rho_2 & \rho_1 & \rho_0 \end{vmatrix}} = -0.1$$

三、滞后算子

如果算子运算是将一个时间序列的当期值转化为前一期值,则称此算子为滞后算子(Lag Operator)或延迟算子(Backward Operator),记作 L 算子或 B 算子。即对任意时间序列 y_t,滞后算子满足:

$$L(y_t) \equiv y_{t-1} \tag{4.1.20}$$

类似地,可以定义高阶滞后算子,例如二阶滞后算子记为 L^2,对任意时间序列 y_t,二阶滞后算子满足:

$$L^2(y_t) \equiv L[L(y_t)] = y_{t-2} \tag{4.1.21}$$

一般地,对于任意正整数 k,有:

$$L^k(y_t) \equiv y_{t-k} \tag{4.1.22}$$

记住滞后算子的运算性质,有时会非常便捷。首先,L 算子满足线性性质:

(1)$L(\beta y_t) = \beta L(y_t)$。

(2)$L(x_t + y_t) = L(x_t) + L(y_t)$。

其次,L 算子还满足下面 4 个性质:

(3)常数的滞后值仍然为该常数,即 $L(c) = c$。

(4)满足分配律,即 $(L^i + L^j) y_t = L^i(y_t) + L^j(y_t) = y_{t-i} + y_{t-j}$。

(5)满足结合律,即 $L^i L^j y_t = L^i(L^j y_t) = L^j(L^i y_t) = y_{t-i-j}$。

(6)如果 $|\phi|<1$,有 $\lim\limits_{t\to\infty}(1+\phi L+\cdots+\phi^t L^t)y_t=y_t(1-\phi L)^{-1}$。

最后一个性质在平稳性判断中是非常重要的。有了滞后算子运算,就能简捷地书写和分析一些自回归模型。比如,对于下一节将要分析的自回归模型 $y_t=\phi_1 y_{t-1}+\phi_2 y_{t-2}+\cdots+\phi_p y_{t-p}+\varepsilon_i$,可以改写成 $(1-\phi_1 L-\phi_2 L^2-\cdots-\phi_p L^p)y_t=\varepsilon_t$,其中 $1-\phi_1 L-\phi_2 L^2-\cdots-\phi_p L^p$ 称为特征多项式或滞后算子多项式,将此记为 $\Phi(L)$,则模型变为 $\Phi(L)y_t=\varepsilon_t$。

我们还可以利用滞后算子符号表示差分。所谓一阶差分,就是原始变量的逐期增长量,即:

$$\Delta y_t = y_t - y_{t-1} = (1-L)y_t \qquad (4.1.23)$$

而二阶差分就是二阶增长量,即:

$$\Delta^2 y_t = \Delta y_t - \Delta y_{t-1} = (1-L)y_t - (1-L)y_{t-1} = (1-L)^2 y_t$$

$$(4.1.24)$$

类似地,序列 y_t 任意 d 阶差分可以表示为:

$$\Delta^d y_t = (1-L)^d y_t \qquad (4.1.25)$$

利用滞后算子还可以简单地表示季节变动中的同比增长量,即:

$$\Delta y_t^{(s)} = y_t - y_{t-s} = (1-L^s)y_t \qquad (4.1.26)$$

上式表示了序列 y_t 与其过去 s 期数值的变化量,此即季节差分,其中 $s=4$ 和 12 分别表示季度和月份的同比增量。

四、差分方程解的稳定性

以一阶线性常系数差分方程为例,$y_t-\phi_1 y_{t-1}=a$ 的平衡点可由 $y-\phi_1 y=a$ 得到,即平衡点为 $y^*=\dfrac{a}{1-\phi_1}$。因此,当 $t\to\infty$ 时,若有 $y_t\to y^*$,则说明平衡点是稳定的,或者说序列 y_t 是收敛的;否则表明平衡点是不稳定的。

对于一阶齐次线性差分方程 $y_t-\phi_1 y_{t-1}=0$,其解可以表示为 $y_t=\phi_1^t y_0$,从而当且仅当 $|\phi|<1$ 时,序列是收敛的,平衡点 $y^*=0$ 是稳定的。而对于二阶齐次线性差分方程 $y_t-\phi_1 y_{t-1}-\phi_2 y_{t-2}=0$,设其特征方程 $\lambda^2-\phi_1\lambda-\phi_2=0$ 的 2 个根分别为 λ_1 和 λ_2,则其通解为 $y_t=c_1\lambda_1^t+c_2\lambda_2^t$,从而当且仅当 $|\lambda_1|<1$ 和 $|\lambda_2|<1$ 时,序列是收敛的。

由于一阶差分方程的特征方程的根为 $\lambda=\phi_1$,上述结论可以推广到任意阶差分方程,即有:

对于一个差分方程,如果其特征方程的根的模小于 1,或者说根位于单位圆内,则该差分方程对应的序列就是收敛的,也说明该序列是平稳的。

如前所述,由于自回归模型可以表示为 $\Phi(L)y_t = \varepsilon_t$,其中关于滞后算子的特征方程为:

$$\Phi(L) = 1 - \phi_1 L - \phi_2 L^2 - \cdots - \phi_p L^p = 0 \qquad (4.1.27)$$

该特征方程不同于差分方程对应的特征方程:

$$\lambda^p - \phi_1 \lambda^{p-1} - \phi_2 \lambda^{p-2} - \cdots - \phi_p = 0 \qquad (4.1.28)$$

可以看出,2 个特征方程的根互为倒数。因此,如果从滞后算子特征方程的角度判断序列的平稳性,根位于单位圆外则意味着序列平稳。接下来着重讲解单位根检验。

五、单位根检验

单位根检验就是分析时间序列是否存在单位根,而单位根的存在意味着序列是非平稳的,此时一般需要将该序列转化为平稳序列才能用于预测。单位根检验的方法比较多,本部分主要介绍比较基础的 DF 检验和 ADF 检验。

1. DF 检验

DF 检验全称是 Dickey-Fuller 检验,是由迪基(Dickey)和富勒(Fuller)(Fuller, 1976; Dickey & Fuller, 1979)提出的。下面我们来介绍 DF 检验的基本思想。

首先,从如下模型开始:

$$y_t = \phi y_{t-1} + \varepsilon_t \qquad (4.1.29)$$

为检验时间序列的单位根情况,假定上述方程的原假设和备选假设分别为:

H_0:时间序列中包含一个单位根,即 $\phi = 1$

H_1:时间序列是一个平稳序列,即 $\phi < 1$

为检验和解释方便,一般不直接使用式(4.1.29),而使用下列模型:

$$\Delta y_t = (\phi - 1) y_{t-1} + \varepsilon_t = \Psi y_{t-1} + \varepsilon_t \qquad (4.1.30)$$

由上式可以发现,对于 $\phi = 1$ 的检验等同于 $\Psi = 0$ 的检验。基于理论和应用的不同角度,Dickey 和 Fuller 检验的模型有 3 个,分别对应了不同的原假设和备选假设:

(1)检验随机游走模型对一阶平稳自回归 AR(1)模型:

$H_0: y_t = y_{t-1} + \varepsilon_t$

$H_1: y_t = \phi y_{t-1} + \varepsilon_t, \phi < 1$

(2)检验随机游走模型对带有漂移项的平稳 AR(1)模型:

$H_0: y_t = y_{t-1} + \varepsilon_t$

$H_1 : y_t = \beta_1 + \phi y_{t-1} + \varepsilon_t , \phi < 1$

(3)检验随机游走模型对带有漂移项和确定性趋势的平稳 AR(1)模型：

$H_0 : y_t = y_{t-1} + \varepsilon_t$

$H_1 : y_t = \beta_1 + \beta_2 t + \phi y_{t-1} + \varepsilon_t , \phi < 1$

将上述 3 种情况合并成为一个形式，可以表示为：

$$\Delta y_t = \beta_1 + \beta_2 t + \Psi y_{t-1} + \varepsilon_t , \Psi = \phi - 1 \qquad (4.1.31)$$

其中，情况(1)中，$\beta_1 = \beta_2 = 0$；情况(2)中，$\beta_2 = 0$。基于上述 3 种情况，原假设和备择假设分别是：

$H_0 : \Psi = 0$，即存在一个单位根

$H_1 : \Psi < 0$

对于情况(1)、(2)、(3)，DF 检验统计量的定义为：

$$t = \frac{\hat{\Psi}}{se(\hat{\Psi})} \qquad (4.1.32)$$

由于原假设是非平稳的，检验统计量并不像通常原假设情况下遵循 t 分布，而是遵循另外一种非正态分布。麦金龙(Mackinnon,1991)通过大规模的模拟，给出了不同回归模型及不同样本数下 t 统计量在 1%、5%和 10%显著性水平下的临界值。如果检验统计量是较临界值更小的负数，则拒绝原假设，接受平稳性的备选假设；相反，则无法拒绝原假设，认为序列是非平稳的。

2. ADF 检验

由于 DF 检验仅在误差项是白噪声序列时才有效，具有一定的局限性。特别地，如果随机误差项 ε_t 是自相关的，DF 检验将无效。其解决的办法之一是将因变量的滞后项放到检验模型中，以此掌握被解释变量中表现的动态结构。增广的 DF 检验(Augmented Dickey-Fuller Test)即 ADF 检验的 3 种形式如下：

$$\Delta y_t = \Psi y_{t-1} + \sum_{i=1}^{p} \alpha_i \Delta y_{t-i} + \varepsilon_t \qquad (4.1.33)$$

$$\Delta y_t = \beta_1 + \Psi y_{t-1} + \sum_{i=1}^{p} \alpha_i \Delta y_{t-i} + \varepsilon_t \qquad (4.1.34)$$

$$\Delta y_t = \beta_1 + \beta_2 t + \Psi y_{t-1} + \sum_{i=1}^{p} \alpha_i \Delta y_{t-i} + \varepsilon_t \qquad (4.1.35)$$

其中，Δy_t 滞后项能体现因变量中出现的任何动态结构，以确保 ε_t 没有自相关。ADF 检验的 t 统计量及其检验形式和 DF 检验完全相同，可以参照进行。

ADF 检验模型给出了待检模型的一般形式，然而其是否应该包含常数项

β_1,是否包含时间趋势项 $\beta_2 t$,以及如何确定最优滞后期数 p,还是需要解决的现实问题。一般可以按照下面 2 步程序进行分析:

首先,判断模型是否应该包含常数项与时间趋势项。解决这一问题的经验做法是观察数据图形。如果数据图形是无规则的并基本呈现一个水平趋势,说明数据主要是由随机趋势支配的,应该不包括常数项和时间趋势项。如果数据图形呈明显的随时间变化而递增或递减的趋势,但是趋势并不太明显,说明支配数据轨迹的既有随机趋势,又有确定趋势,应该包括常数项但不包括时间趋势项。如果数据图形呈现明显的随时间变化而快速增长或下降的趋势,说明确定性趋势中的时间趋势占绝对支配地位,初步选定的模型应含常数项和时间趋势项。

其次,如何确定检验模型的最优滞后期数,主要有 2 种方法可以选择。

(1)运用数据的频率来决定。例如,如果数据是月度的,使用 12 阶滞后;如果是季度数据,使用 4 阶滞后。当然,在包含高频率的金融数据中,比如小时或天,就无法像上述对滞后期数做出明确的选择了。

(2)运用信息准则来决定。信息准则将在下一节详细介绍,常用的信息准则包括 AIC 信息准则和 SBC 信息准则。一般而言,我们选择使信息准则的值最小的滞后期数。

在检验回归方程中,确定因变量的最优滞后期数是相当重要的,这是由于滞后阶太少将不能剔除自相关,而太多则会增加系数的标准误差。系数标准误差的增加是由于参数的增加会减少自由度,因此在其他条件相同的情况下,检验统计量的绝对值将减少。这将会削弱检验的功效,意味着对于一个平稳过程,比起其他情况来讲,存在单位根的原假设会更不容易被拒绝。

在实际进行 ADF 检验时,尤其是利用 Eviews 操作时,也可以按照下列步骤逐一进行检验:含时间趋势项和常数项→只含常数项→不含常数项和时间趋势项。也即先检验式(4.1.35),若不存在单位根,表示序列平稳,否则检验式(4.1.34);若式(4.1.34)不存在单位根,意味着序列平稳,否则再检验式(4.1.33);如果式(4.1.33)不存在单位根,则表示序列平稳,否则表示该序列非平稳。接下来,可以对原序列进行一次差分后再按照上述步骤进行检验,只要有一个模型的检验结果拒绝了原假设,就说明序列或差分后的序列是平稳的。

由于 DF 和 ADF 单位根检验存在一定的缺陷,单位根检验方法也在不断优化中。比如,菲利普斯-佩龙检验(Phillips-Perron Test,简称 PP 检验)针对的是回归模型干扰项 ε_t 存在异方差或序列相关的现象。PP 检验模型的 3 种形式及检验规则与 DF 检验相同,但在 PP 检验中,统计量的构造相对复杂,是在 DF 统计量的基础上加以修正。关于 PP 检验及其他检验方法,我们不做介绍,有兴趣的读者可以参看魏武雄撰写的《时间序列分析——单变量和多变量方法》一书等。此外,一般的单位根检验方法并没有考虑时间序列受到重大冲击发生结构突变的情况,从而大大降低了模型的检验功效。为保证模型检验结果的科学性,将结构突变点纳入单位根检验方法已经引起学界广泛重视,这方面的分析可参见恩德斯(2006)的研究等。

六、案例分析

【例 4.1】 1978—2019 年我国居民人均消费和人均 GDP(单位:元)情况如表 4-3 所示,表中数据是按照相应指数调整后的 1978 年价格计价的。请分析这 2 个序列的平稳性。

表 4-3　我国 1978—2019 年人均 GDP 和人均消费(以 1978 年价格计价)

年份	人均消费	人均GDP	年份	人均消费	人均GDP	年份	人均消费	人均GDP	年份	人均消费	人均GDP
1978	184	385	1989	355	893	2000	755	2216	2011	1074	6216
1979	194	409	1990	365	914	2001	762	2384	2012	1094	6659
1980	204	435	1991	378	986	2002	758	2584	2013	1122	7129
1981	209	452	1992	398	1112	2003	768	2826	2014	1144	7610
1982	213	485	1993	453	1252	2004	801	3093	2015	1144	8098
1983	217	530	1994	573	1399	2005	821	3425	2016	1166	8604
1984	221	602	1995	686	1536	2006	844	3840	2017	1208	9146
1985	243	674	1996	742	1671	2007	886	4363	2018	1236	9718
1986	259	723	1997	764	1806	2008	941	4760	2019	1270	10259
1987	275	795	1998	760	1929	2009	925	5181	—	—	—
1988	322	870	1999	750	2059	2010	984	5705	—	—	—

数据来源:根据国家统计局网站整理。

首先,我们对人均 GDP 和人均消费水平均取对数,分别为 $\ln x$ 和 $\ln y$ 这 2 个序列,趋势如图 4-2(a)所示。不难看出,2 个序列均呈现上升趋势,是非平稳序列。一阶差分后,2 个序列趋势如图 4-2(b)所示。可以发现,一阶差分后的序列没有显示出升降趋势。下面运用 ADF 检验方法对它们进行分析。

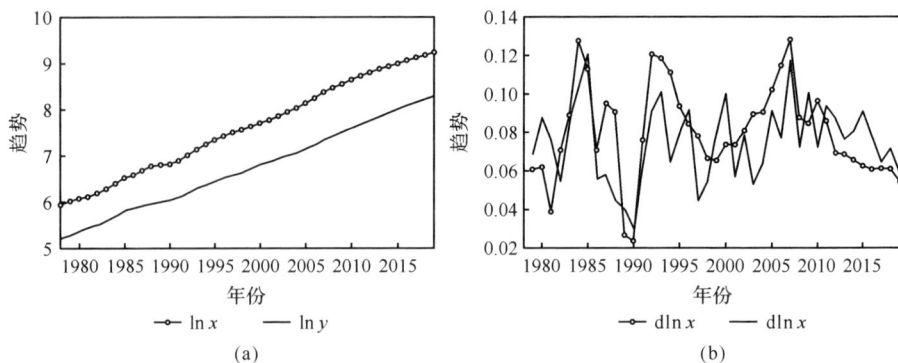

图 4-2　人均 GDP 和人均消费趋势图

按照前面的检验程序,序列 $\ln x$ 和 $\ln y$ 的单位根检验的 3 种情况如表 4-4所示。表 4-4 中的数值是利用 Eviews 操作的结果,为了节省篇幅,具体检验统计量均略了。可以看出,3 种情形都无法拒绝序列存在一个单位根的情况,因此$\ln x$ 和 $\ln y$ 都是非平稳序列。

接下来,我们分析序列 $\ln x$ 和 $\ln y$ 一阶差分后的单位根检验情况,结果如表 4-5 所示。从中可以看出,在式(4.1.34)仅有时间趋势项的检验模型中,对应的 p 值都远远小于 5%,因此一阶差分后的 $\ln x$ 和 $\ln y$ 都是平稳序列,这说明此时人均 GDP 和人均消费的变化速度基本是平稳的。

表 4-4　序列 ADF 单位根检验结果

情形	$\ln x$		$\ln y$	
	t-Statistic	Prob. *	t-Statistic	Prob. *
式(4.1.35)	-2.41272	0.3675	-1.358012	0.8584
式(4.1.34)	-0.905514	0.7753	0.656072	0.9896
式(4.1.33)	2.098561	0.9901	21.81609	1.000

表 4-5　dln x 和 dln y 的 ADF 单位根检验结果

情形	dln x		dln y	
	t-Statistic	Prob. *	t-Statistic	Prob. *
式(4.1.35)	-3.333433	0.0766	-4.638915	0.0032
式(4.1.34)	-3.303315	0.0219	-4.682031	0.0005
式(4.1.33)	-0.48599	0.4987	-0.851646	0.3406

第二节　平稳随机序列模型的预测

随机时间序列分析模型分为 AR 模型、MA 模型和 ARMA 模型 3 类,其中:AR 模型是用序列过去或滞后值来表示当前值;MA 模型是用序列当前和过去的随机误差项来解释当前值;而 ARMA 模型则是 AR 和 MA 模型的结合,利用滞后的自身数值和随机误差项来解释当前值。为方便述说,我们将 AR 和 MA 模型滞后的最长期数称为阶数,分别记为 p 和 q,则可以用 ARMA (p,q) 表示该类模型。

需要强调的是,Box-Jenkins 方法的目的是要估计一个可以解释产生现有样本数据的统计模型,而当我们的最终目标是用所估计的模型进行预测时,必须假定该模型的特征在未来时间里保持不变,即数据是平稳的。因此,对于任一个时间序列,我们首先要判断它是遵循纯 AR(p)过程,纯 MA(q)过程,还是 ARMA(p,q)过程,以及阶数 p 和 q 各取多少。一般来说,可以按照以下 4 个步骤利用此类模型进行预测。

步骤一:阶数识别。主要是借助相关图和偏相关图,找出适当的 p 值和 q 值。

步骤二:参数估计。根据选定的 p 值和 q 值,估计模型中所含自回归和移动平均项的参数。一般情况下,可用简单的最小二乘法进行计算,但有时则需要寻求非线性估计方法。由于随机时间序列模型求解的方法和过程普遍比较复杂,一般需要借助统计软件,因而具体的参数估计方法我们不做过多分析。

步骤三:模型诊断。选定模型并估计其参数之后,接下来就要看模型的拟合效果是否好。一个简单的检验方法是,判断通过该模型估计出来的残差是否为白噪声:如果是,就可接受这个拟合模型;如果不是,重新拟合。

步骤四:模型预测。在拟合模型合适的基础上,我们可以利用该模型进行预测。ARMA 方法得以普及的理由之一是预测较为成功,利用该方法做出的预测比用传统方法做出的预测更为可靠,特别是在短期预测方面。

一、AR 模型

1. 概念

若一个时间序列可利用其滞后 1 期的数值线性回归,即:

$$y_t = \phi_0 + \phi_1 y_{t-1} + \varepsilon_t \tag{4.2.1}$$

其中,$\{\varepsilon_t\}$ 为白噪声序列,$E(\varepsilon_t)=0$,$\mathrm{Var}(\varepsilon_t)=\sigma_\varepsilon^2$,则称 y_t 为一阶自回归过

程,简称为 $\mathrm{AR}(1)$。假定序列是弱平稳的,则有 $E(y_t)=\mu$,$\mathrm{Var}(y_t)=\gamma_0$,$\mathrm{Cov}(y_t,y_{t+k})=\gamma_k$,其中 μ、γ_0 是常数,γ_k 是 k 的函数且与 t 无关。对式(4.2.1)两边取期望,得:

$$E(y_t) = \phi_0 + \phi_1 E(y_{t-1}) \qquad (4.2.2)$$

在平稳性的假定下,$E(y_t)=E(y_{t-1})=\mu$,从而 $\mu=\phi_0+\phi_1\mu$,进而有:

$$\mu = \frac{\phi_0}{1-\phi_1} \qquad (4.2.3)$$

由此可见:① 若 $\phi_1 \neq 1$,则 y_t 的均值存在;② y_t 的均值为 0 当且仅当 $\phi_0=0$。

利用 $\phi_0=(1-\phi_1)\mu$,$\mathrm{AR}(1)$ 模型可以写成如下形式:

$$y_t - \mu = \phi_1(y_{t-1} - \mu) + \varepsilon_t \qquad (4.2.4)$$

此即中心化后的 $AR(1)$,对等式两边平方,然后取期望得到:

$$\mathrm{Var}(y_t) = \phi_1^2 \mathrm{Var}(y_{t-1}) + \sigma_\varepsilon^2 \qquad (4.2.5)$$

在平稳性假定下,$\mathrm{Var}(y_t)=\mathrm{Var}(y_{t-1})$,所以

$$\gamma_0 = \mathrm{Var}(y_t) = \frac{\sigma_\varepsilon^2}{1-\phi_1^2} \qquad (4.2.6)$$

由于随机变量的方差是非负有限的,这就要求 $\phi_1^2<1$。因而,由 $\mathrm{AR}(1)$ 模型的弱平稳性可推得 $-1<\phi_1<1$。反之,若 $-1<\phi_1<1$,可以证明 y_t 的均值、方差和自协方差是有限的,从而模型是弱平稳的。因此,$\mathrm{AR}(1)$ 模型弱平稳的充分必要条件是 $|\phi_1|<1$。以中心化的序列为例,有

$$\gamma_1 = E(y_t y_{t-1}) = E((\phi_1 y_{t-1} + \varepsilon_t)y_{t-1}) = \phi_1 \gamma_0 = \frac{\phi_1 \sigma_\varepsilon^2}{1-\phi_1^2} \quad (4.2.7)$$

$$\gamma_2 = E(y_t y_{t-2}) = E((\phi_1^2 y_{t-2} + \phi_1 \varepsilon_{t-1} + \varepsilon_t)y_{t-2}) = \phi_1^2 \gamma_0 = \frac{\phi_1^2 \sigma_\varepsilon^2}{1-\phi_1^2} \quad (4.2.8)$$

$$\cdots$$

$$\gamma_k = E(y_t y_{t-k}) = \phi_1^k \gamma_0 = \frac{\phi_1^k \sigma_\varepsilon^2}{1-\phi_1^2} \qquad (4.2.9)$$

因此

$$\rho_k = \frac{\gamma_k}{\gamma_0} = \phi_1^k \qquad (4.2.10)$$

这表明,AR(1)具有无限记忆力,且当 $-1<\phi_1<1$ 时,自相关程度随着 k 的增大而逐步减弱,即 $\lim_{k\to\infty}\rho_k=0$。回忆一下,随机游走过程即为 $\phi_1=1$ 的 AR(1),均值和方差均为无限,它是非平稳序列。

AR(1)过程可扩展为 p 阶自回归过程,AR(p)模型为:

$$y_t = \phi_0 + \phi_1 y_{t-1} + \phi_2 y_{t-2} + \cdots + \phi_p y_{t-p} + \varepsilon_t \qquad (4.2.11)$$

可见,AR 模型意味着时间序列 y_t 表示为它的前期值与一个误差项 ε_t 的线性函数。在 p 阶自回归中,$\phi_1、\phi_2、\cdots、\phi_p$ 是自回归参数,表明每改变过去一个单位数值时,对 y_t 所产生的影响,它们是根据样本观测值估计的参数。之所以称为自回归,是由于自变量与因变量是相同的,自变量数值是因变量以前时期的数值。

如果 AR(p)为平稳过程,则 $E(y_t) = E(y_{t-1}) = \cdots = \mu$,从而 $\mu = \phi_0 + \phi_1\mu + \cdots + \phi_p\mu$,可得:

$$\mu = \frac{\phi_0}{1 - \phi_1 - \cdots - \phi_p} \qquad (4.2.12)$$

因此,AR(p)平稳的一个必要条件是 $\phi_1 + \cdots + \phi_p < 1$。此外,AR($p$)平稳的一个充分但非必要条件是 $|\phi_1| + \cdots + |\phi_p| < 1$。根据上一节的结论,自回归模型 $\Phi(L) y_t = \varepsilon_t$ 平稳的充分必要条件是,特征方程 $\Phi(L) = 0$ 的根全部在单位圆之外。在满足平稳性的条件下,AR(p)过程可以转化为:

$$y_t = \Phi^{-1}(L)\varepsilon_t \qquad (4.2.13)$$

其中,$\Phi(L)\Phi^{-1}(L) = 1$。如果 $\Phi(L) = (1 - x_1 L)(1 - x_2 L)\cdots(1 - x_p L)$,那么

$$y_t = \Phi^{-1}(L)\varepsilon_t = \left(\frac{c_1}{1 - x_1 L} + \frac{c_2}{1 - x_2 L} + \cdots + \frac{c_p}{1 - x_p L} \right)\varepsilon_t \qquad (4.2.14)$$

其中,$c_i (i = 1, \cdots, p)$ 为待定常数。由于平稳时特定方程的根在单位圆外,从而有 $|x_i| < 1(i = 1, \cdots, p)$,根据上一节滞后算子的第 6 个性质可知,序列 y_t 可以表示为所有误差项的线性代数式,此即移动平均过程。这表明,平稳的自回归过程等价于一个无限阶的移动平均过程。

类似于式(4.2.7)至(4.2.10),我们可以导出 AR(p)的自相关函数满足:

$$\begin{cases} \rho_1 = \phi_1 + \phi_2\rho_1 + \cdots + \phi_p\rho_{p-1} \\ \rho_2 = \phi_1\rho_1 + \phi_2 + \cdots + \phi_p\rho_{p-2} \\ \qquad\qquad \vdots \\ \rho_p = \phi_1\rho_{p-1} + \phi_2\rho_{p-2} + \cdots + \phi_p \end{cases} \qquad (4.2.15)$$

上式也为 Yule-Wolker 方程组。当 $k > p$ 时,有:

$$\rho_k = \phi_1\rho_{k-1} + \phi_2\rho_{k-2} + \cdots + \phi_p\rho_{k-p} \qquad (4.2.16)$$

也就是说,AR(p)的自相关函数取值具有一定的延续性,表现为拖尾。

2. AR 模型阶的识别

在实际应用中,一个 AR 时间序列的阶数 p 是未知的,必须根据实际情况来决定。一般可以通过 2 种方法确定:第一种方法是利用偏自相关函数

(PACF);第二种方法是用某个信息准则函数。

(1)偏自相关函数。假若实际过程为 AR(p),但采用了 $k(k>p)$ 阶自回归,即 $y_t = \phi_{k,1} y_{t-1} + \cdots + \phi_{k,k-1} y_{t-(k-1)} + \phi_{k,k} y_{t-k} + \varepsilon'_t$,根据离差平方和最小的原则,有:

$$E\left(y_t - \sum_{j=1}^{k} \phi_{kj} y_{t-1}\right)^2 = E\left(\sum_{j=1}^{p} \phi_j y_{t-j} + \varepsilon_t - \sum_{j=1}^{k} \phi_{kj} y_{t-j}\right)^2$$

$$= E\left(\sum_{j=1}^{p} (\phi_j - \phi_{kj}) y_{t-j} + \varepsilon_t - \sum_{j=p+1}^{k} \phi_{kj} y_{t-j}\right)^2 \geqslant E(\varepsilon_t^2) \quad (4.2.17)$$

等号成立当且仅当(假定误差 ε_t 与 y_{t-j} 不相关)

$$\phi_{kj} = \begin{cases} \phi_j, 1 \leqslant j \leqslant p \\ 0, j > p \end{cases} \quad (4.2.18)$$

这表明,AR(p)的偏自相关函数在 p 步之后截尾。

因此,对一个 AR(p)模型,间隔为 p 的样本偏自相关系数不应为零,而对所有 $j > p$,$\hat{\phi}_{j,j}$ 应接近零,可以利用这一性质来决定阶 p。由于许多统计软件都会给出样本偏自相关函数及 2 倍标准差的区间,从而可以判断自回归阶数。

(2)采用信息准则函数判别模型阶数。在实际应用中,利用偏自相关函数确定 AR 模型的阶数有时并不成功。另外一个较为简便的方法是,所选定的阶数应使得信息准则的数值达到最小。

对于信息准则,一般应用赤池信息准则(Akaike Information Criterion,简称 AIC)和苏瓦兹贝叶斯准则(Schwarz Bayesian Criterion,简称 SBC),分别为:

$$\text{AIC} = T \ln \text{SSR} + 2k \quad (4.2.19)$$

$$\text{SBC} = T \ln \text{SSR} + k \ln T \quad (4.2.20)$$

其中,SSR 为残差平方和,$k = p + q + 1$ 是待估计参数的总个数(如果常数项为 0,则 $k = p + q$),T 是样本容量。理论上,我们可以通过添加滞后项直到 AIC 或 SBC 达到极小值,从而确定滞后的期数。换句话说,若模型一的 AIC 或 SBC 小于模型二,说明模型一优于模型二。可以看出,2 个准则不仅仅着眼于残差最小,而且更加严厉地惩罚额外添加的解释变量(添加变量将被减少自由度),并且 SBC 准则的惩罚项严于 AIC 准则。

3. 参数估计

对一个 AR(p)模型,我们常用条件最小二乘法来估计其参数,条件最小二乘法是从第 $p+1$ 个观测值开始的。具体地说,在给定 p 个观测值的前提下,我们有参照公式(4.2.11)。其中,$t = p+1, p+2, \cdots$,参数可用最小二乘法估计。当然,从求解公式的角度看,也可用样本的自相关函数来表示上述

系数,根据式(4.2.15)可得:

$$
\begin{pmatrix}
\hat{\phi}_1 \\
\hat{\phi}_2 \\
\vdots \\
\hat{\phi}_p
\end{pmatrix}
=
\begin{pmatrix}
\hat{\rho}_0 & \hat{\rho}_1 & \cdots & \hat{\rho}_{p-1} \\
\hat{\rho}_1 & \hat{\rho}_0 & \cdots & \hat{\rho}_{p-2} \\
\vdots & \vdots & \vdots & \vdots \\
\hat{\rho}_{p-1} & \hat{\rho}_{p-2} & \cdots & \hat{\rho}_0
\end{pmatrix}^{-1}
\begin{pmatrix}
\hat{\rho}_1 \\
\hat{\rho}_2 \\
\vdots \\
\hat{\rho}_p
\end{pmatrix}
\tag{4.2.21}
$$

4. 模型验证

利用实际数据拟合的模型,需要验证它的合理性。若模型是合理的,其残差序列应该是白噪声,主要通过检验残差的自相关函数和 Ljung-Box 统计量确定。对 AR(p)模型,Ljung-Box 统计量 $Q(m)$ 渐进服从自由度为($m-p$)的 χ^2 分布。如果所拟合的模型经验证是不合理的,则需要对它进行修正。

5. 模型预测

对 AR(p)模型,假定我们在时间指标为 h 的点上(h 一般为最后一个时期 T),欲预测 $y_{h+l}(l \geqslant 1)$。时间指标 h 称为预测原点,正整数 l 为预测步长。设 $\hat{y}_h(l)$ 为 y_{h+l} 的最小均方误差预测,即预测函数 $\hat{y}_h(l)$ 使得:

$$
E\left[y_{h+l} - \hat{y}_h(l)\right]^2 = \min \tag{4.2.22}
$$

我们称 $\hat{y}_h(l)$ 为 y_t 的以 h 为预测原点的向前 l 步预测。

(1)向前 1 步预测。由 AR(p)模型,我们有:

$$
y_{h+1} = \phi_0 + \phi_1 y_h + \cdots + \phi_p y_{h+1-p} + \varepsilon_{h+1} \tag{4.2.23}
$$

取条件期望,有:

$$
\hat{y}_h(1) = E(y_{h+1} \mid y_h, y_{h-1}, \cdots) = \phi_0 + \sum_{i=1}^{p} \phi_i y_{h+1-i} \tag{4.2.24}
$$

对应的预测误差为 $e_h(1) = y_{h+1} - \hat{y}_h(1) = \varepsilon_{h+1}$,则向前 1 步预测误差的平方或损失函数为:

$$
\mathrm{Var}(e_h(1)) = \mathrm{Var}(\varepsilon_{h+1}) = \sigma_\varepsilon^2 \tag{4.2.25}
$$

从预测的角度看,ε_{h+1} 可称为 $h+1$ 时刻序列的抖动。

(2)向前 2 步预测。依据 AR(p)模型,我们有:

$$
y_{h+2} = \phi_0 + \phi_1 y_{h+1} + \cdots + \phi_p y_{h+2-p} + \varepsilon_{h+2} \tag{4.2.26}
$$

取条件期望,有:

$$
\hat{y}_h(2) = E(y_{h+2} \mid y_h, y_{h-1}, \cdots) = \phi_0 + \phi_1 \hat{y}_h(1) + \phi_2 y_h + \cdots + \phi_p y_{h+2-p} \tag{4.2.27}
$$

对应的预测误差为 $e_h(2) = y_{h+2} - \hat{y}_h(2) = \phi_1 [y_{h+1} - \hat{y}_h(1)] + \varepsilon_{h+2} = \varepsilon_{h+2} + \phi_1 \varepsilon_{h+1}$,从而预测误差的平方或损失函数为:

$$\mathrm{Var}(e_h(2)) = (1 + \phi_1^2)\sigma_\varepsilon^2 \qquad (4.2.28)$$

显然有 $\mathrm{Var}(e_h(2)) \geqslant \mathrm{Var}(e_h(1))$，这意味着预测步长的增加会增大预测的不确定性。这与我们的经验是一致的：对时间序列来说，我们在 h 时刻对 $h+2$ 的把握不如对 $h+1$ 的把握大。

（3）向前多步预测。一般地，我们有：

$$y_{h+l} = \phi_0 + \phi_1 y_{h+l-1} + \cdots + \phi_p y_{h+l-p} + \varepsilon_{h+l} \qquad (4.2.29)$$

取条件期望，为：

$$\hat{y}_h(l) = \phi_0 + \sum_{i=1}^{p} \phi_i \hat{y}_h(l-i) \qquad (4.2.30)$$

其中，当 $l-i \leqslant 0$ 时，$\hat{y}_h(l-i) = y_{h+l-i}$。因此，对于 $\mathrm{AR}(l)$ 模型，基于时间 h 的向前 l 步预测的递推公式为：

$$\hat{y}_h(1) = \phi_1 y_h + \phi_2 y_{h-1} + \cdots + \phi_p y_{h-p+1}$$
$$\hat{y}_h(2) = \phi_1 \hat{y}_h(1) + \phi_2 y_h + \cdots + \phi_p y_{h-p+2}$$
$$\vdots \qquad\qquad\qquad\qquad\qquad (4.2.31)$$
$$\hat{y}_h(p) = \phi_1 \hat{y}_h(p-1) + \phi_2 \hat{y}_h(p-2) + \cdots + \phi_p y_h$$
$$\hat{y}_h(l) = \phi_1 \hat{y}_h(l-1) + \phi_2 \hat{y}_h(l-2) + \cdots + \phi_p \hat{y}_h(l-p), l > p$$

可以证明，对于平稳 $\mathrm{AR}(p)$ 模型，当 $l \to \infty$ 时，$\hat{y}_h(l)$ 收敛于 $E(y_t)$。也就是说，长期的点预测趋向于无条件均值。这并不令人吃惊，因为序列是平稳的，随着时间的增多，除了 y_h、y_{h-1}、$\cdots$、y_{h-p+1} 外没有其他有用信息来帮助调整预测值。因此，对于较大的 l，最佳预测值就是平稳序列的均值。当然，预测步长越大，损失函数也会增大。根据前面的向前 1 步和向前 2 步预测的损失函数，我们也可以递推出其他步长的损失函数，具体公式不做介绍。

二、MA 模型

1. 概念

若一个随机过程 y_t 可用现在和过去误差的线性组合表示，即

$$y_t = \varepsilon_t - \theta_1 \varepsilon_{t-1} - \cdots - \theta_q \varepsilon_{t-q} \qquad (4.2.32)$$

则称式（4.2.32）为 q 阶的移动平均过程[①]，记为 $\mathrm{MA}(q)$。在 $\mathrm{MA}(q)$ 模型中，参数 θ_1、θ_2、$\cdots$、θ_q 可以是正数也可为负数，ε_t 为白噪声过程。

将 $\mathrm{MA}(q)$ 模型表示为滞后算子的形式为：

---

① 如果是一般的 $\mathrm{MA}(q)$，则模型为 $y_t = \mu + \varepsilon_t - \theta_1 \varepsilon_{t-1} - \cdots - \theta_q \varepsilon_{t-q}$，本部分以中心化后的序列 $\{y_t - \mu\}$ 进行表述，最终结论没有影响。

$$y_t = (1 - \theta_1 L - \theta_2 L^2 - \cdots - \theta_q L^q)\varepsilon_t \triangleq \Theta(L)\varepsilon_t \qquad (4.2.33)$$

由于移动平均过程的组成部分都是白噪声过程,任何一个移动平均过程都是平稳的。其前 2 阶矩不随时间变化,分别为:

$$E(\varepsilon_t - \theta_1 \varepsilon_{t-1} - \cdots - \theta_q \varepsilon_{t-q}) = 0 \qquad (4.2.34)$$

$$\gamma_0 = \text{Var}(y_t) = E(y_t^2) = \sigma^2(1 + \theta_1^2 + \cdots + \theta_q^2) \qquad (4.2.35)$$

如果关于移动滞后算子的特征方程 $\Theta(L) = 0$ 的根全部在单位圆外,那么移动平均过程可以转化为:

$$\Theta^{-1}(L)y_t = \varepsilon_t \qquad (4.2.36)$$

其中, $\Theta^{-1}(L) \cdot \Theta(L) = 1$。类似于前面的 AR 过程可以转化为 MA 过程,此处结论表明,MA(q)过程也可以转化为一个无限阶的 AR 过程。如果一个 MA 过程特征方程的根全部在单位圆外,我们称该序列是可逆的。

2. MA 模型阶的识别

自相关函数是识别 MA 模型的阶的有用工具。这是因为对于 MA(q),当 $1 \leqslant k \leqslant q$ 时,有:

$$\gamma_k = E(y_t y_{t-k}) = E((\varepsilon_t - \theta_1 \varepsilon_{t-1} - \cdots - \theta_q \varepsilon_{t-q})(\varepsilon_{t-k} - \theta_1 \varepsilon_{t-k-1} - \cdots - \theta_q \varepsilon_{t-k-q}))$$

$$= \sigma^2(-\theta_k + \theta_1 \theta_{k+1} + \cdots + \theta_{q-k} \theta_q) \qquad (4.2.37)$$

而当 $k > q$ 时,有 $\gamma_k = 0$。因而 MA(q)的自相关函数为:

$$\begin{cases} \rho_k = \dfrac{\gamma_k}{\gamma_0} = \dfrac{-\theta_k + \theta_1 \theta_{k+1} + \cdots + \theta_{q-k} \theta_q}{1 + \theta_1^2 + \cdots + \theta_q^2}, 1 \leqslant k \leqslant q & (4.2.38) \\ \rho_k = 0, k > q & (4.2.39) \end{cases}$$

因此,如果时间序列 y_t 的样本自相关函数 $\hat{\rho}_k(1 \leqslant k \leqslant q)$ 显著不等于 0,但对 $k > q$ 有 $\hat{\rho}_k \approx 0$,则 y_t 可以拟合为 MA(q)模型。

3. MA 模型估计

估计 MA 模型通常用最大似然法,主要有 2 种方法。第一种方法是条件似然法,即假定初始的扰动 $\varepsilon_t(t \leqslant 0)$ 都是 0,这样 $\varepsilon_1 = y_1$, $\varepsilon_2 = y_2 + \theta_1 \varepsilon_1$, $\cdots$,计算似然函数所需要的抖动可以递推得到。这种方法称为条件似然法,所得到的估计是条件最大似然估计。第二种方法是把初始抖动 $\varepsilon_t(t \leqslant 0)$ 当作模型的附加参数与其他参数一起估计出来,称为精确似然法。精确似然估计优于条件似然估计,但计算更复杂一些。如果样本量较大,2 种方法似然估计的结果是接近的。

4. MA 模型预测

由于 MA 模型具有有限记忆性,它的点预测很快可以达到序列的均值。设预测原点为 h,对 MA(1)过程的向前 1 步预测,模型为:

$$y_{h+1} = \mu + \varepsilon_{h+1} - \theta_1 \varepsilon_h \qquad (4.2.40)$$

其中,μ 为期望。对其取条件期望,有:

$$\hat{y}_h(1) = E(y_{h+1} \mid y_h, y_{h-1}, \cdots) = \mu - \theta_1 \varepsilon_h \qquad (4.2.41)$$

因此向前 1 步的预测误差为 $e_h(1) = y_{h+1} - \hat{y}_h(1) = \varepsilon_{h+1}$,预测误差的平方或损失函数为:

$$\mathrm{Var}(e_h(1)) = \sigma_\varepsilon^2 \qquad (4.2.42)$$

对于向前 2 步预测,由方程

$$y_{h+2} = \mu + \varepsilon_{h+2} - \theta_1 \varepsilon_{h+1} \qquad (4.2.43)$$

取条件期望,有:

$$\hat{y}_h(2) = E(y_{h+2} \mid y_h, y_{h-1}, \cdots) = \mu \qquad (4.2.44)$$

所以预测误差为 $e_h(2) = y_{h+2} - \hat{y}_h(2) = \varepsilon_{h+2} - \theta_1 \varepsilon_{h+1}$,损失函数为:

$$\mathrm{Var}(e_h(2)) = (1 + \theta_1^2)\sigma_\varepsilon^2 \qquad (4.2.45)$$

向前 2 步预测误差的平方不小于(大于或等于)向前 1 步预测误差的平方。上面的结果表明,MA(1) 的向前 2 步预测即是模型的无条件均值,这对任意预测原点 h 都成立。总而言之,对一个 MA(1) 模型,以 h 为预测原点的向前 1 步预测为 $\mu - \theta_1 \varepsilon_h$,向前多步预测为模型的无条件均值 μ。如果我们画出 $\hat{y}_h(l)$ 对 l 变化的图像,会看到从一步以后预测值成一个水平直线,置信区间也为一个水平带状区域。图 4-3 显示了 MA(1)z 型的 95% 置信度的预测区间。类似地,对一个 MA(p) 模型,向前 p 步以后的预测就为模型的均值。

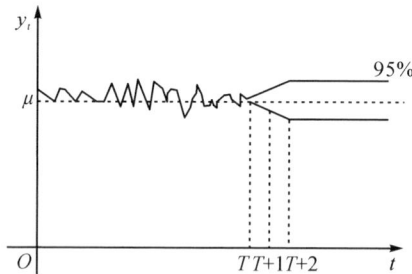

图 4-3　MA(1)模型的预测区间

三、ARMA 模型

1. 概念

自回归模型和移动平均模型是时间序列中最基本的 2 种模型类别,将这 2 种基本的模型类别结合起来,就产生了 ARMA 模型。

若一个时间序列可表示为

$$y_t = \phi_1 y_{t-1} + \cdots + \phi_p y_{t-p} + \varepsilon_t - \theta_1 \varepsilon_{t-1} - \cdots - \theta_q \varepsilon_{t-q} \qquad (4.2.46)$$

或者为

$$(1 - \theta_1 L - \cdots - \theta_p L^p) y_t = (1 - \theta_1 L - \cdots - \theta_q L^q) \varepsilon_t \qquad (4.2.47)$$

即

$$\Phi(L) y_t = \Theta(L) \varepsilon_t \qquad (4.2.48)$$

则称时间序列模型为自回归移动平均模型,记为 ARMA(p,q)。在模型中,Φ(L)和 $\Theta(L)$分别为最高滞后 p 期和 q 期的代数式,即自回归算子和移动平均算子。

如果特征方程 $\Phi(L)=0$ 和 $\Theta(L)=0$ 的根均在单位圆外,且 $\Phi(L)$和$\Theta(L)$无公共因子,则称此 ARMA 模型为平稳可逆的。对于平稳可逆的 ARMA 模型,既可以将序列当前值表示为当前及过去误差项的线性组合,即 $y_t = \Phi^{-1}(L)$ $\Theta(L) \varepsilon_t$,相当于一个纯 MA 过程;也可以用序列的当前和过去值表示当前的误差项,即 $\Phi^{-1}(L) \Theta(L) y_t = \varepsilon_t$,相当于一个纯 AR 过程。ARMA 过程的上述 2 种形式,可分别称为序列 y_t 的传递形式和逆转形式。

最常用和最简单的自回归移动平均过程是 ARMA(1,1)过程,表达式为:

$$y_t - \phi_1 y_{t-1} = \varepsilon_t - \theta_1 \varepsilon_{t-1} \qquad (4.2.49)$$

若 ARMA(1,1)过程符合平稳性和可逆性的性质,则要求:

$$|\phi_1| < 1, |\theta_1| < 1 \qquad (4.2.50)$$

2. ARMA 模型的识别

ARMA 模型阶的确定方法之一是观察序列的 ACF 和 PACF,以及一些常用的 ARMA 过程,如 AR(1)、AR(2)、MA(1)、MA(2)、ARMA(1,1)和 ARMA(2,2)对应的相关图。因为每一随机过程都有它典型的 ACF 和 PACF 样式,如果所研究的时间序列适合于其中一个样式,表明该时间序列符合这个过程。当然,我们仍有必要利用其他诊断性检验以判断所选的 ARMA 模型是否足够精确。

通过表 4-6 可以发现,AR(q)过程的 ACF 和 PACF 完全不同于 MA(q)过程的 ACF 和 PACF:对于 AR(p)情形,ACF 按几何或指数规律下降(即拖尾),而 PACF 则在一定时滞之后截尾;但对于 MA(q)过程,情况则恰好相反。当然,在某些时候,ACF 和 PACF 可能并不是非常有用,则可以结合信息准则等方法加以判断。

表 4-6　ACF 与 PACF 的理论模式

模型种类	ACF 的典型模式	PACF 的典型模式
$AR(p)$	指数衰减或衰减的正弦波	显著直至滞后 p 期截尾
$MA(q)$	显著直至滞后 q 期截尾	指数衰减
$ARMA(p,q)$	指数衰减	指数衰减

3. ARMA 模型的预测

对于平稳可逆的 ARMA 模型,我们可以采用传递形式讨论其预测误差。由于 $y_t = \Phi^{-1}(L)\Theta(L)\varepsilon_t$,令 $\Psi(L) = \Phi^{-1}\Theta(L) = \sum_{j=0}^{\infty} \Psi_j L^j$,其中 $\Psi_0 = 1$,则 ARMA 模型的无限阶移动平均形式为:

$$y_t = \Psi(L)\varepsilon_t = \varepsilon_t + \Psi_1 \varepsilon_{t-1} + \Psi_2 \varepsilon_{t-2} + \cdots \qquad (4.2.51)$$

设预测原点为 h,对 $ARMA(p,q)$ 过程的向前 l 步预测,模型为:

$$y_{h+l} = \varepsilon_{h+l} + \Psi_1 \varepsilon_{h+l-1} + \cdots + \Psi_l \varepsilon_h + \Psi_{l+1}\varepsilon_{h-1} + \cdots$$

$$= \varepsilon_{h+l} + \Psi_1 \varepsilon_{h+l-1} + \cdots + \Psi_{l-1}\varepsilon_{h+1} + \sum_{j=0}^{\infty} \Psi_{l+j}\varepsilon_{h-j} \qquad (4.2.52)$$

当然,$\hat{y}_h(l)$ 是基于 h 时的所有信息对未来进行的预测值,可以将它表示为已知误差项 $(\varepsilon_h, \varepsilon_{h+1}, \cdots)$ 的加权和,即:

$$\hat{y}_h(l) = \sum_{j=0}^{\infty} \Psi_{l+j}^* \varepsilon_{h-j} \qquad (4.2.53)$$

其中,权系数 Ψ_{l+j}^* 可以由预测误差达到最小时来确定。预测误差为:

$$e_h(l) = y_{h+l} + \hat{y}_h(l)$$

$$= \varepsilon_{h+l} + \Psi_1 \varepsilon_{h+l-1} + \cdots + \Psi_{l-1}\varepsilon_{h+1} + \sum_{j=0}^{\infty} (\Psi_{l+j} - \Psi_{l+j}^*)\varepsilon_{h-j} \quad (4.2.54)$$

因为 $\{\varepsilon_i\}$ 为白噪声,所以均方预测误差为:

$$E(e_h^2(l)) = (1 + \Psi_1^2 + \cdots + \Psi_{l-1}^2)\sigma_\varepsilon^2 + \sum_{j=0}^{\infty} (\Psi_{l+j} - \Psi_{l+j}^*)^2 \sigma_\varepsilon^2 \qquad (4.2.55)$$

显然,当权系数 Ψ_{l+j}^* 等于实际系数 Ψ_{l+j} 时,均方预测误差达到最小。此时的最佳预测值恰好为条件期望,即对式 (4.2.52) 取条件期望,有:

$$\hat{y}_h(l) = E(y_{h+l} \mid y_h, y_{h-1}, \cdots) = \sum_{j=0}^{\infty} \Psi_{l+j}\hat{\varepsilon}_{h-j} \qquad (4.2.56)$$

此时的均方预测误差为:

$$E(e_h^2(l)) = (1 + \Psi_1^2 + \cdots + \Psi_{l-1}^2)\sigma_\varepsilon^2 \qquad (4.2.57)$$

当然,上面的最优预测涉及无穷多项,无法精确表示。实际利用 ARMA (p,q) 模型预测时,常常利用下面的公式:

$$\hat{y}_h(1) = \phi_1 y_h + \phi_2 y_{h-1} + \cdots + \phi_p y_{h-p+1} - \theta_1 \varepsilon_h - \theta_2 \varepsilon_{h-1} - \cdots - \theta_q \varepsilon_{h-q+1}$$

$$\vdots \tag{4.2.58}$$

$$\hat{y}_h(l) = \phi_1 \hat{y}_h(l-1) + \cdots + \phi_p y_{h+l-p} - \theta_l \varepsilon_h - \cdots - \theta_q \varepsilon_{h-q+l}$$

而当 $l > p$ 和 $l > q$ 时,有:

$$\hat{y}_h(l) = \phi_1 \hat{y}_h(l-1) + \cdots + \phi_p \hat{y}_h(l-p) \tag{4.2.59}$$

综合 AR、MA 和 ARMA 模型的预测结果看,当预测步长 l 逐渐增大时,预测值 $\hat{y}_h(l)$ 趋于序列的均值。这表明 ARMA 类模型适用于短期预测,长期预测的效果并不是很好。

第三节　非平稳随机型时间序列的预测

绝大多数经济序列都表现出一定的趋势性,从而呈现出上升或下降的趋势,或者表现出季节性和方差的不稳定性。非平稳序列一般不能直接建模进行预测,需要转化为平稳序列后,根据平稳序列的预测结果再推导原序列的预测值。因此,将非平稳序列转化为平稳序列,是预测非平稳随机序列的首要工作。

一、随机游走序列

本章第一节提及的随机游走序列 $y_t = y_{t-1} + \varepsilon_t$ 为纯随机游走,对该式取一阶差分后,有:

$$\Delta y_t = y_t - y_{t-1} = \varepsilon_t \tag{4.3.1}$$

由于 ε_t 是一个白噪声,序列 $\{\Delta y_t\}$ 是平稳的。这里的结论说明,如果一个时间序列是非平稳的,常常可通过取差分的方法得到平稳序列,并且将差分后平稳的过程称作差分平稳过程。

此外,随机游走序列还有另外 2 种形式。第一种是带漂移的随机游走,模型为:

$$y_t = \alpha_0 + y_{t-1} + \varepsilon_t \tag{4.3.2}$$

其中,α_0 为漂移参数。不难证明,式(4.3.2)也是一个非平稳过程,一阶差分后得:

$$\Delta y_t = y_t - y_{t-1} = \alpha_0 + \varepsilon_t \tag{4.3.3}$$

对照协方差平稳的定义,可以证明该差分序列也是一个平稳过程。上式说明,y_t 表现出一个正的($\alpha_0 > 0$)或负的($\alpha_0 < 0$)变化趋势,不过这种趋势是不确定的,因此称作随机趋势。此外,假设初始值 y_0 已知,则式(4.3.2)的通解为:

$$y_t = y_0 + \alpha_0 t + \sum_{i=1}^{t} \varepsilon_t \qquad (4.3.4)$$

可以发现,序列 y_t 由 2 个非平稳成分组成,即线性确定性趋势($y_0 + \alpha_0 t$)和随机趋势 $\left(\sum_{i=1}^{t} \varepsilon_t\right)$,每个冲击 ε_t 均对序列产生持久影响。

第二种为带漂移和确定性趋势的随机游走,模型为:

$$y_t = \alpha_0 + \alpha_1 t + y_{t-1} + \varepsilon_t \qquad (4.3.5)$$

我们首先看模型 $y_t = \alpha_0 + \alpha_1 t + \varepsilon_t$,此即第三章讨论的线性趋势外推模型,为确定性趋势模型。尽管确定性趋势的均值 $\alpha_0 + \alpha_1 t$ 不是常数,但是其方差等于白噪声的方差 σ^2,是一个常数。因而如果知道 2 个系数的数值,就能预测变量的均值为 $\alpha_0 + \alpha_1 t$。由于 $y_t = \alpha_0 + \alpha_1 t + \varepsilon_t$ 减去其均值后是一个平稳序列,可将 y_t 称作趋势平稳过程,而将去除确定性趋势的过程称为去趋势(Detrending),$\varepsilon_t = y_t - \alpha_0 - \alpha_1 t$ 则称为去趋势序列。

显然,式(4.3.5)是非平稳的,将其一阶差分后,得:

$$\Delta y_t = y_t - y_{t-1} = \alpha_0 + \alpha_1 t + \varepsilon_t \qquad (4.3.6)$$

虽然差分后仍然是非平稳的,但是该差分序列已是趋势平稳序列。

这里的例子表明,通常有 2 种去趋势的方法。一种是差分平稳序列,通过差分转化为一个平稳序列;另一种是趋势平稳序列,通过去除确定性趋势而转化为平稳序列。

二、ARIMA 模型

1. 概念

很多时间序列往往具有如下性质:对一个非平稳的时间序列进行一定阶数的差分处理,则可以变成一个平稳序列。假定一个随机过程经过 d 次差分后就变成一个平稳过程,这样的性质称为齐次非平稳性。即若 $\Delta^d y_t$ 是平稳时间序列,则称 y_t 是 d 阶齐次非平稳序列。

考虑如下形式的模型:

$$\Phi(L)\Delta^d y_t = \Theta(L)\varepsilon_t \qquad (4.3.7)$$

或者

$$\Phi(L)(1-L)^d y_t = \Theta(L)\varepsilon_t \qquad (4.3.8)$$

其中,$\Phi(L)$ 是平稳的自回归算子,$\Theta(L)$ 为可逆的移动平均算子;而 $\Delta^d y_t$ 是对序列 y_t 进行 d 阶差分之后的序列,并且得到的该序列具有平稳性特征。若用 y_t' 表示 $\Delta^d y_t$,则式(4.3.7)就可以表示为:

$$\Phi(L)y'_t = \Theta(L)\varepsilon_t \qquad (4.3.9)$$

可以发现,该表达式与前面所述的 ARMA 模型的表达式完全相同,但式 (4.3.9)表示的是一个 ARIMA 模型。由于 ARIMA 模型的表达式经过 d 阶差分得到一个平稳序列,同时假定其自回归算子的滞后期为 p,移动平均算子的滞后期为 q,因而式(4.3.9)可以表示为 ARIMA(p,d,q)。ARIMA($p,d,$ q)模型是最一般化的时间序列模型,它包括了 AR、MA 和 ARMA 模型。比如,ARIMA($p,0,q$)＝ARMA(p,q),ARIMA($p,0,0$)＝AR(p),ARIMA($0,$ $0,q$)＝MA(q)。

根据 ARIMA 模型的表达式可以知道,在该模型中主要有 3 个未知的参数,分别是 p、q、d,这些参数需要我们根据序列的性质进行决定。只有在决定了这 3 个参数后,我们才能够估计出反映序列性质的模型,进而对序列的未来趋势进行预测。关于 ARIMA 模型中的 p 和 q,我们可以参照 AR 和 MA 模型中参数 p 和 q 的决定方式。由于大多数序列都具有齐次非平稳的特性,将其转化为平稳序列的方法之一便是对原数据序列进行 d 阶差分,使其满足平稳性的特征,因此如何判断序列的平稳性是决定 d 参数的关键。

根据上面的介绍,在序列满足平稳性的条件下,其自相关图会具有拖尾的特征,并呈指数或正弦衰减,因此可根据差分后自相关图的特征初步判断序列的平稳性,从而确定参数 d 的数值。当然,由于这种判断序列平稳性的方法不够准确,比较常用的一种方法是单位根检验方法。

2. ARIMA 模型的预测方法

针对 ARIMA 模型的式(4.3.8),可得:

$$y_t = \Phi(L)^{-1}(1-L)^{-d}\Theta(L)\varepsilon_t \triangleq \sum_{j=0}^{\infty} \Psi_j \varepsilon_{t-j} \qquad (4.3.10)$$

接下来可以仿照上一节 ARMA 模型的预测方法。当然,也可以依据式(4.3.9)先预测出差分序列 y'_t,方法同前面的 ARMA 预测方法;然后再利用预测值 $\hat{y}'_t$ 推导出 $\hat{y}_t$。比如,假若 $d=1$,则有:

$$\hat{y}_h(l) = \hat{y}_h + \hat{y}'_h(1) + \hat{y}'_h(2) + \cdots + \hat{y}'_h(l) \qquad (4.3.11)$$

如果 $d=2$,那么序列的 $h+l$ 期预测值为:

$$\hat{y}_h(l) = \hat{y}_h + (\Delta y_h + \hat{y}'_h(1)) + (\Delta y_h + \hat{y}'_h(1) + \hat{y}'_h(2)) + \cdots + (\Delta y_h + \hat{y}'_h(1) + \cdots + \hat{y}'_h(l))$$
$$\qquad (4.3.12)$$

对于其他正整数 d,可以以此类推。

三、去除确定性趋势预测方法

如果一个序列为趋势平稳序列,但是我们采用了差分的方法进行转换,很可能导致过度差分。比如过程 $y_t = \alpha_0 + \alpha_1 t + \varepsilon_t$,一阶差分后为 $\Delta y_t = \alpha_1 + \varepsilon_t - \varepsilon_{t-1}$,此差分过程是非可逆的。而如果一个序列为差分平稳序列,但是我们采用了去趋势方法,可能存在差分不足的现象。所以模型的正确设定很重要,对预测的效果将产生很大影响。

1938 年沃尔德(Wold)提出了一个分解定理,被称作 Wold 分解定理。该定理的内容为,任何协方差平稳过程 y_t,都可以被表示成:

$$y_t - \mu - d_t = \sum_{j=0}^{\infty} \Psi_j \varepsilon_{t-j} \qquad (4.3.13)$$

其中,μ 表示 y_t 的期望,d_t 表示 y_t 的线性确定性成分,如周期性成分、时间 t 的多项式或指数形式等;$\Psi_0 = 1$,$\sum_{j=0}^{\infty} \Psi_j^2 < \infty$,$\sum_{j=0}^{\infty} \Psi_j \varepsilon_{t-j}$ 称为 y_t 的线性非确定性成分。当 $d_t = 0$ 时,称 y_t 为纯线性随机过程。

从原理上讲,要得到过程的 Wold 分解,就必须知道无限个参数 Ψ_j,这对于一个有限样本来说是不可能的。根据前面的 ARMA 分析,可以把 $\Psi(L)$ 看作 2 个有限特征多项式的比,即

$$\Psi(L) = \sum_{j=0}^{\infty} \Psi_j L^j = \frac{\Theta(L)}{\Phi(L)} = \frac{1 - \theta_1 L - \theta_2 L^2 - \cdots - \theta_q L^q}{1 - \phi_1 L - \phi_2 L^2 - \cdots - \phi_p L^p} \qquad (4.3.14)$$

需要强调的是,无论原序列中含有何种确定性成分,在本章前面介绍的各种模型中,都假设在原序列中已经剔除了所有确定性成分,是一个纯的随机过程。比如,若一个原始序列形如 $y_t = \alpha_0 + \alpha_1 t + \alpha_2 t^2 + \sum_{j=0}^{\infty} \Psi_j \varepsilon_{t-j}$,则所有研究都是在 $y_t - \alpha_0 - \alpha_1 t - \alpha_2 t^2$ 的基础上进行的。前面给出的各类模型中都不含有均值项、时间趋势项就是这个道理。因此,去除确定性趋势的预测方法,就是在对去趋势后的残差进行分析的基础上,构造一个平稳可逆的序列,而后据此进行预测。

四、案例分析

【例 4.2】 某地区 2015 年 1 月至 2019 年 12 月每月的生猪产量(单位:头)如表 4-7 所示,根据时间序列预测该地区 2020 年各月的生猪产量。

表 4-7　某地区 2015—2019 年各月生猪产量

年份	月 份											
	1	2	3	4	5	6	7	8	9	10	11	12
2015	6300	6300	6050	5850	5700	5680	5800	5920	5900	6000	6200	6400
2016	6550	6530	6350	6040	5990	5920	5950	6135	6160	6280	6380	6670
2017	6740	6610	6450	6280	6110	6010	6130	6210	6200	6310	6650	6780
2018	7000	7020	6800	6490	6480	6380	6500	6560	6590	6710	6880	7100
2019	7280	7280	7030	6830	6680	6660	6780	6900	6880	7000	7230	7420

首先,我们绘制出生猪产量的折线图,如图 4-4 所示。可以看出,生猪产量 y_t 呈现明显的季节性变动和长期上升趋势。12 个月的季节差分序列 $ys_t = y_t - y_{t-12}$ 如图 4-5 所示,序列仍然表现出一定的自相关性。对 ys_t 再进行一次差分后,序列变化趋势如图 4-6 所示,基本为平稳性序列。该序列可以表示为 $(1-L)(1-L^s)y_t$,记为 dys_t。

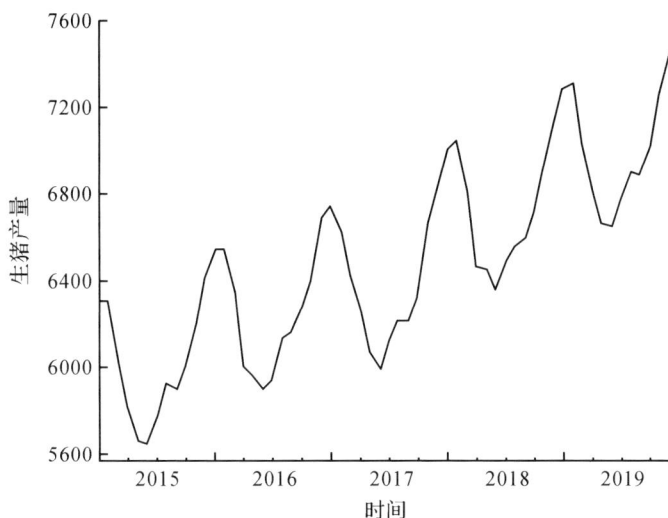

图 4-4　原始序列趋势图

其次,根据序列 $(1-L)(1-L^s)y_t$ 的自相关系数,我们确定的模型为:

$$(1 - \phi L^{12})(1-L)(1-L^{12})y_t = (1 - \theta_1 L - \theta_{12}L^{12})\varepsilon_t \quad (4.3.15)$$

解得:$\phi = -0.7877$,$\theta_1 = 0.4357$,$\theta_{12} = -0.5684$。其中,上述系数均显著不为 0,模型可决系数 $R^2 = 0.7563$,因而具备一定的预测能力。

最后,根据上述模型预测 2020 年各月生猪产量。本例可分 3 步进行预测。

第一步,预测平稳序列 $dys_t \cdot (1-L)(1-L^s)y_t$,预测模型为:

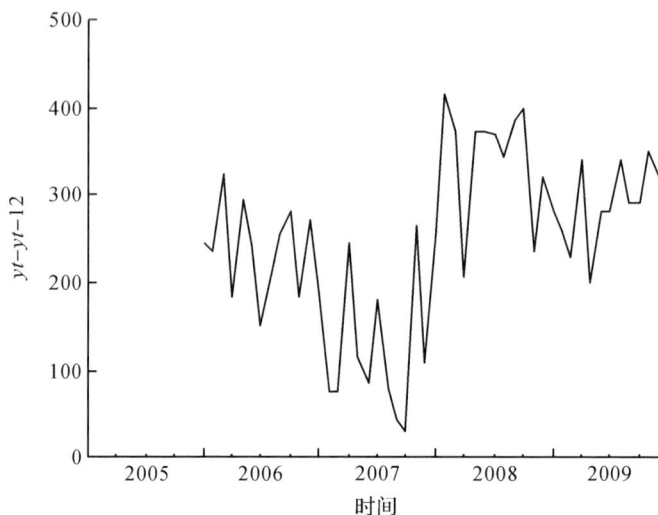

图 4-5　季节差分序列

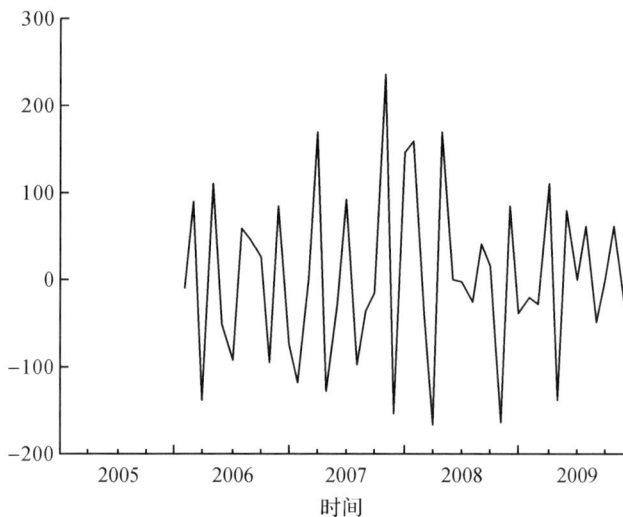

图 4-6　季节差分后的差分序列

$$\hat{d}ys_t = -0.7877 \cdot \hat{d}ys_{t-12} + \varepsilon_t + 0.4357\varepsilon_{t-1} - 0.5684\varepsilon_{t-12} \quad (4.3.16)$$

包括 2020 年各月的 dys_t 的预测值如图 4-7 所示,图中还包括了 2 倍标准误差的预测区间。

第二步,预测季节差分序列 ys_t:$\hat{y}s_t = \hat{d}ys_t + \hat{y}s_{t-1}$。

第三步,预测原始序列 y_t:$\hat{y}_t = \hat{y}s_t + y_{t-12}$。其中 y_{t-12} 可以用 2019 年各月的实际值代入。2020 年各月的最终预测值如表 4-8 所示。

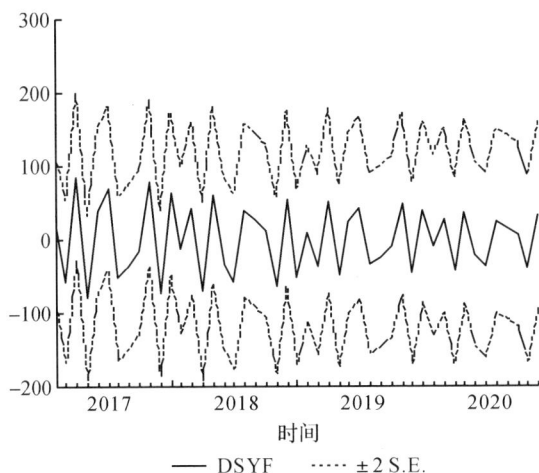

图 4-7 预测值及预测区间

表 4-8 2020 年各月生猪产量的最终预测值

月份	1	2	3	4	5	6	7	8	9	10	11	12
预测值	7320	7313	7090	6847	6736	6697	6782	6927	6924	7052	7243	7468

第四节 干预分析模型预测法

一、干预分析模型概述

干预分析模型(Intervention Analysis Model)的研究始于 20 世纪 70 年代。自 1975 年美国威斯康星大学统计系教授博克斯(Box)与刁锦寰(Tiao)联合发表《经济与环境问题的干预分析及应用》一文以后,干预分析模型开始引起人们的重视。该模型常被用来描绘经济政策的变化或突发事件带给经济的影响。时间序列经常会受到特殊事件的影响,比如国内经济政策变化对特定行业产生的影响,国际政治局势变化对出口的影响,我们称这类外部事件为干预事件。

研究干预分析的目的在于,从定量分析的角度来评估政策干预或突发事件对经济运行的具体影响。经济政策的变动或突发事件的影响是不能忽视的,在干预事件发生后,序列是否产生了显著变化?影响的基本形式及其程度如何?这些是干预分析所要重点关注的问题。

干预分析与回归分析中虚拟变量分析虽然有些类似,但两者之间存在本质差别:干预分析使用的是动态模型,描述的是一个过程;而虚拟变量分析使

139

用的是静态模型,反映的是单个或多个变量。因此,从研究内容和分析方法上看,干预分析要比虚拟变量分析更加复杂。

二、干预分析模型的基本形式

1. 干预变量的形式

干预分析模型的基本变量是干预变量,常见的干预变量有 2 种形式。一种是持续性的干预变量,表示 T 时刻发生以后一直有影响,如图 4-8 所示,可以用阶梯函数(Step Function)表示:

$$S_t^T = \begin{cases} 0,\text{干预事件发生之前}(t < T) \\ 1,\text{干预事件发生之后}(t \geqslant T) \end{cases} \qquad (4.4.1)$$

第二种是短暂性的干预变量,表示仅在某时刻发生时有影响,如图 4-9 所示,可用单位脉冲函数(Unite Pulse Function)表示,形式为:

$$P_t^T = \begin{cases} 1,\text{干预事件发生时}(t = T') \\ 0,\text{其他时间}(t \neq T') \end{cases} \qquad (4.4.2)$$

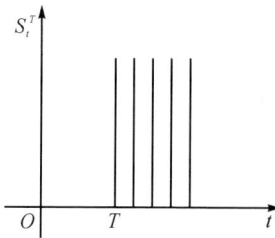

图 4-8　持续干预变量　　　　图 4-9　短暂干预变量

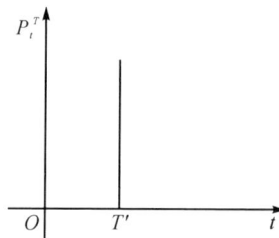

持续干预变量与短暂干预变量虽然形式不同,但两者之间存在如下关系:

$$(1 - L)S_t^T = P_t^T \qquad (4.4.3)$$

其中,L 为滞后算子,即 $LS_t^T = S_{t-1}^T$。

2. 干预事件的形式

干预事件的种类非常多,按其影响的形式,基本可以归纳为 4 种类型。

(1)干预事件的影响突然开始,长期持续下去。设从某一时刻 T 开始,干预事件对因变量的影响是固定的,但影响程度是未知的,即因变量大小是未知的。这种影响的干预模型可写为:

$$y_t = \omega S_t^T \qquad (4.4.4)$$

其中,ω 表示干预影响强度的未知参数。如果序列 y_t 不平稳,可以通过差分将其化为平稳序列,则干预模型可调整为:

$$(1 - L)y_t = \omega S_t^T \qquad (4.4.5)$$

如果干预事件要滞后若干个时期才产生影响,比如 b 个时期,如图 4-10 所示,那么干预模型可进一步修改为:

$$y_t = \omega L^b S_t^T \qquad\qquad (4.4.6)$$

(2)干预事件的影响逐渐开始,并长期持续下去。有时候干预事件突然发生,但并不能立刻产生完全的影响,而是随着时间的推移,逐渐产生影响,如图 4-11 所示。这种形式最简单的模型为:

$$y_t = \frac{\omega L}{1-\delta L} S_t^T, 0 < \delta < 1 \qquad\qquad (4.4.7)$$

更一般的模型是:

$$y_t = \frac{\omega L^b}{1-\delta_1 L - \cdots - \delta_T L^T} S_t^T, 0 < \delta < 1 \qquad\qquad (4.4.8)$$

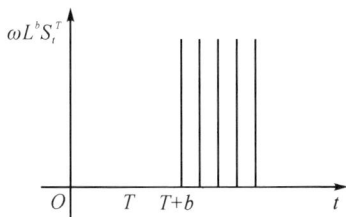

图 4-10   滞后的持续的干预事件   图 4-11   影响渐强的干预事件

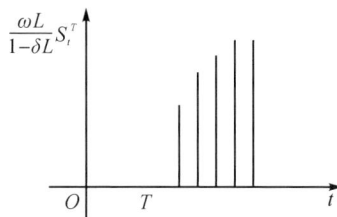

(3)干预事件突然开始,影响是暂时的。研究某个促销广告对销售量的影响时可以发现,在广告刚开始投放的一段时间内,销售量可能大幅上升,但此后,广告的影响逐步减弱,直至完全消失。这类干预事件可以表示为:

$$y_t = \frac{\omega L^b}{1-\delta L} P_t^T, 0 < \delta < 1 \qquad\qquad (4.4.9)$$

如图 4-12 所示,当 $\delta = 0$ 时,干预的影响只存在一个时期,当 $\delta = 1$ 时,干预的影响将长期存在。如果希望在影响逐渐降低以后保持持久的较小影响,则干预模型可如下表示:

$$y_t = \left(\frac{\omega_1 L}{1-\delta L} + \frac{\omega_2 L}{1-\delta L} \right) P_t^T, 0 < \delta < 1 \qquad\qquad (4.4.10)$$

(4)干预事件的影响逐渐开始,影响是暂时的。干预的影响逐渐增强,在某个时刻到达高峰,然后又逐渐减弱以至消失。如图 4-13 所示,此类干预事件的模型可以表示为:

$$y_t = \frac{\omega_0}{1-\delta_1 L - \cdots - \delta_r L^r} P_t^T \qquad\qquad (4.4.11)$$

其中,$r \geq 2$。应该说,经济系统受到的干扰事件是多种多样的,也是较为复杂的,但是基本上都可以归结为上述 4 种形式,或者通过它们的组合来表示。

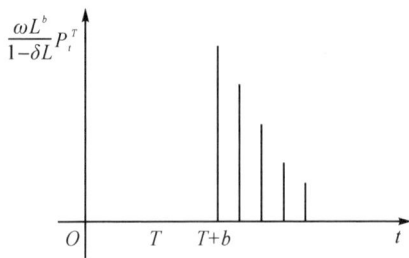

图 4-12　影响渐弱的干预事件

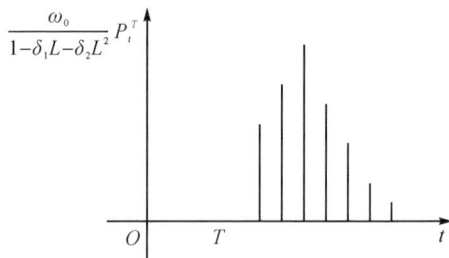

图 4-13　影响渐强而后减弱的干预事件

三、单变量序列干预模型的识别与估计

1. 单变量干预模型的构造

在经济环境良好和经济系统稳定的条件下,ARIMA 模型短期预测的效果是不错的。但是,在社会经济转型阶段,由于各种经济政策和偶发事件的实际影响,在 ARIMA 模型中加入干预分析是十分有必要的,此举不仅能提高预测的精度,而且使得经济分析更加科学。

设平稳化后的单变量序列模型为:

$$y_t = \frac{\theta(L)}{\phi(L)} \varepsilon_t \qquad (4.4.12)$$

又假设干预事件的影响为 $\frac{\omega(L)}{\delta(L)} I_t^T$,其中 I_t^T 为干预变量,它等于 S_t^T 或 P_t^T,则单变量序列的干预模型为:

$$y_t = \frac{\omega(L)}{\delta(L)} I_t^T + \frac{\theta(L)}{\phi(L)} \varepsilon_t \qquad (4.4.13)$$

若设 $\Psi(L) = \frac{\omega(L)}{\delta(L)}$, $v_t = \frac{\theta(L)}{\phi(L)} \varepsilon_t$,则上述模型可以转化为:

$$y_t = \Psi(L) I_t^T + v_t \qquad (4.4.14)$$

当序列受到干预变量影响时,仅仅根据样本自相关函数和偏自相关函数所确定的 ARIMA 模型可能不是真实的,因而接下来的任务就是根据现实的时间序列,对 $\Psi(L)$ 与 $\frac{\theta(L)}{\phi(L)}$ 进行估计。

2. 单变量干预模型的估计

如果在模型识别之前,对干预变量的影响已经很清楚,通过数据分析能够确定干预变量的影响部分 $\frac{\omega(L)}{\delta(L)} I_t^T$,并估计出这部分参数 $\hat{\omega}(L)$ 和 $\hat{\delta}(L)$,这样可以计算出残差序列:

$$v_t = y_t - \frac{\hat{\omega}(L)}{\hat{\delta}(L)}I_t^T \tag{4.4.15}$$

序列 v_t 消除了干预变量的影响,可以计算出它的自相关系数和偏自相关系数,从而确定 ARIMA 模型的阶数 p 和 q。

当然,干预变量的性质及其影响一般都是未知的,需要我们深入分析和识别。比如,欲辨别干预变量的影响是短暂的还是长期的,可以根据干预变量影响之前或干预变量影响之后的数据,即没有干预影响或者消除了干预影响的净化数据,计算出自相关系数和偏自相关系数,从而识别出 ARIMA 模型的阶数 p 和 q,估计出 $\theta(L)$ 和 $\phi(L)$,那么待估计的只有干预部分。干预分析这部分可以根据经验进行确定,比如遵循一定的经济规律或观察数据自身的变化规律。假如干预分析模型为:

$$\frac{\omega(L)}{\delta(L)}I_t^T = \frac{\omega_0}{1-\delta L}S_t^T \tag{4.4.16}$$

又假设 ARMA 模型估计的 $\theta(L)=1-\theta_1 L$,$\phi(L)=1-\phi_1 L$,那么该变量的干预分析模型就是:

$$y_t = \frac{\omega_0}{1-\delta L}S_t^T + \frac{1-\theta_1 L}{1-\phi_1 L}\varepsilon_t \tag{4.4.17}$$

或

$$(1-\phi_1 L)y_t = \frac{\omega_0(1-\phi_1 L)}{1-\delta L}S_t^T + (1-\theta_1 L)\varepsilon_t \tag{4.4.18}$$

准确识别干预变量的影响方式及其程度是干预分析的关键。总体上看,干预模型建模的一般步骤为:

(1)利用干预影响产生前的数据,建立一个单变量的时间序列模型。然后利用此模型进行外推预测,得到的预测值作为不受干预影响的数值。

(2)将实际值减去预测值,得到的便是受干预影响的具体结果,利用这些结果可以估计干预模型的参数 $\omega(L)$ 和 $\delta(L)$。

(3)利用排除干预影响后的全部数据,识别与估计出一个单变量的时间序列模型,即估计出 $\theta(L)$ 和 $\phi(L)$。

(4)将上述(2)和(3)合并,求出总的干预分析模型,为:$y_t = \frac{\omega(L)}{\delta(L)}I_t^T + \frac{\theta(L)}{\phi(L)}\varepsilon_t$。

四、案例分析

【例 4.3】 1949—2009 年我国每年年末人口情况(单位:万人)如表 4-9 所示(1949 年年末人口为 54167 万人),请选择合适的模型描述我国人口变动情况,并预测 2010—2005 年年末人口数。

表 4-9　我国 1949—2009 年年末人口数据

年份	人口	年份	人口	年份	人口	年份	人口	年份	人口	年份	人口
1950	55196	1960	66207	1970	82992	1980	98705	1990	114333	2000	126743
1951	56300	1961	65859	1971	85229	1981	100072	1991	115823	2001	127627
1952	57482	1962	67295	1972	87177	1982	101654	1992	117171	2002	128453
1953	58796	1963	69172	1973	89211	1983	103008	1993	118517	2003	129227
1954	60266	1964	70499	1974	90859	1984	104357	1994	119850	2004	129988
1955	61465	1965	72538	1975	92420	1985	105851	1995	121121	2005	130756
1956	62828	1966	74542	1976	93717	1986	107507	1996	122389	2006	131448
1957	64653	1967	76368	1977	94974	1987	109300	1997	123626	2007	132129
1958	65994	1968	78534	1978	96259	1988	111026	1998	124761	2008	132802
1959	67207	1969	80671	1979	97542	1989	112704	1999	125786	2009	133474

来源:《新中国 60 年统计资料汇编》和《中国统计年鉴 2009》。

1949—2009 年之间我国经历了两次大事件。一次是 1959—1961 年的三年困难时期,致使 1960 年和 1961 年人口较上一年分别减少 1000 万人和 348 万人。但从 1962 年的人口达到 67295 万人,并超过 1959 年人口数就可以看出,三年困难时期的影响是短暂的,因此该事件对近年人口预测的影响可以忽略不计。另外一次事件是计划生育政策的施行。为了使人口增长与经济社会发展、环境资源保护相协调,我国从 20 世纪 70 年代开始大力推行计划生育政策。1978 年,我国第一次把计划生育的内容写入宪法,规定"国家提倡和推行计划生育"。1982 年宪法第二十五条规定:"国家推行计划生育,使人口的增长同经济和社会发展相适应。"其后计划生育政策被确定为基本国策。下面重点研究计划生育这一干预事件的影响。我们将利用 2 种方法分析没有干预影响的模型:一种是趋势外推法;另一种是利用 ARI-MA 模型。

1. 基于趋势外推的干预分析法

第一步,根据 1949—1981 年的数据,建立时间序列模型。经过不断尝试,最终选择二次曲线进行拟合,结果为:

$$\hat{y}_t = 53437.30 + 934.60t + 16.56t^2 \tag{4.4.19}$$

其中,$t=0$ 表示 1948 年。上述模型的 $R^2=0.9910$,$F=1647.07$,F 统计量对应的 p 值为 0.0000,说明模型拟合效果很好。

第二步,运用拟合模型进行外推,预测 1982—2009 年的数值。将 1982—2009 年各年实际值减去预测值,得到的差值记为 z_t,将 z_t 视作计划生育政策

的影响所致。z_t 的具体数值如表 4-10 所示。由于计划生育政策对人口的影响具有持久性,选择的干预模型为:

$$z_t = \frac{\omega}{1 - \delta L} S_t^T \qquad (4.4.20)$$

其中,S_t^T 在 1982 年之前取 0,1982 年及以后取 1。上式实为自回归模型 $z_t = \delta z_{t-1} + \omega$。利用表 4-10 中的数据进行回归分析,可得:$\hat{\delta} = 1.058, \hat{\omega} = -435.36$。即模型为:

$$z_t = 1.058 z_{t-1} - 435.36 \qquad (4.4.21)$$

该模型的 $R^2 = 0.9998, F = 120589$,意味着模型拟合效果很好。

表 4-10　趋势外推后的干预影响序列

t	1982	1983	1984	1985	1986	1987	1988	1989	1990	1991
z_t	-2701	-3424	-4185	-4834	-5355	-5771	-6288	-6886	-7566	-8418
t	1992	1993	1994	1995	1996	1997	1998	1999	2000	2001
z_t	-9445	-10507	-11616	-12819	-14059	-15363	-16801	-18383	-20066	-21856
t	2002	2003	2004	2005	2006	2007	2008	2009	—	—
z_t	-23736	-25701	-27713	-29751	-31897	-34088	-36320	-38586	—	—

第三步,计算净化序列,并拟合模型。

净化序列是消除了干预影响后的序列,它等于实际值 y_t 减去干预影响值 z_t,即:

$$x_t = y_t - \frac{-435.36}{1 - 1.058 L} S_t^T, T = 1982, 1983, \cdots, 2009 \qquad (4.4.22)$$

根据上述模型得到的净化序列如表 4-11 所示。

表 4-11　趋势外推后的净化序列

t	1982	1983	1984	1985	1986	1987	1988	1989	1990	1991
x_t	104355	106301	108277	110434	112791	115326	117838	120347	122855	125275
t	1992	1993	1994	1995	1996	1997	1998	1999	2000	2001
x_t	127607	129995	132429	134866	137368	139910	142426	144912	147415	149935
t	2002	2003	2004	2005	2006	2007	2008	2009	—	—
x_t	152491	155097	157795	160613	163474	166450	169552	172793	—	—

注:1982 年以前的净化数据等于实际数据,实际数据请如表 4-9 所示,本表从略。

将所有净化数据利用二次曲线模型拟合,结果为:

$$\hat{x}_t = 53324.15 + 941.88t + 16.64t^2 \qquad (4.4.23)$$

其中,$R^2 = 0.9991, F = 32441$,F 统计量对应的 p 值为 0.0000,说明模型拟合程度很高。

第四步,构建干预分析预测模型。将式(4.4.20)与式(4.4.23)合并,得到干预分析预测模型:

$$\hat{y}_t = 53324.15 + 941.88t + 16.64t^2 + \frac{-435.36}{1 - 1.058L}S_t^T \quad (4.4.24)$$

现在我们就可以利用上式进行预测。一方面,将 $t = 62$、63、64、65、66 和 67 分别代入上式,求出 2010—2015 年的净化数值;另一方面,根据上式后面的干预模型,预测 2010—2015 年的干预影响数值。将 2 个方面的预测值相加,得到 2010—2015 年的各年人口数值,如表 4-12 所示。可以发现,该数值与实际人口相比,相对误差较小,预测的精度较高。

表 4-12　基于趋势外推分析法的人口预测值

年份	2010	2011	2012	2013	2014	2015
净化预测值	175691.7	178713.8	181769.2	184857.9	187979.8	191135
干预影响值	-42037.8	-44914.3	-47957.8	-51178	-54585.2	-58190.3
总的预测值	133653.9	133799.5	133811.4	133679.9	133394.6	132944.7
实际值	134091	134916	135922	136726	137646	138326
相对误差(%)	-0.33	-0.83	-1.55	-2.23	-3.09	-3.89

2. 基于 ARIMA 模型的干预分析法

第一步,我们对人口序列求对数,并记为 y_t。由单位根检验可知,一阶差分后数据为平稳序列,因此我们接下来对平稳序列 $(1-L)y_t$ 进行分析。基于 1949—1981 年的 33 个数据不断试验,发现一阶自回归模型比较合适,即模型为 ARIMA(1,1,0),最终结果为:

$$(1 - 0.561385L)(1 - L)y_t = 0.008327 + \varepsilon_t \quad (4.4.25)$$

上式的 $R^2 = 0.3316$,$F = 13.13$,F 统计量对应的 p 值为 0.0011。经检验,残差项不存在异方差和自相关,是一个白噪声序列。

第二步,运用上式预测 1982—2009 年的数值,然后将 1982—2009 年各年实际值减去预测值,得到的差值即为计划生育政策的影响数值,记为 z_t,具体数值如表 4-13 所示。干预模型仍然选择 $z_t = \frac{\omega}{1-\delta L}S_t^T$,解得 $\hat{\delta} = 0.9772$,$\hat{\omega} = -0.000588$。即模型为:

$$z_t = -0.000588 + 0.9772z_{t-1} \quad (4.4.26)$$

该模型的 $R^2 = 0.9596$,$F = 589.35$。

表 4-13　ARIMA 模型的干预影响序列

t	1982	1983	1984	1985	1986	1987	1988	1989	1990	1991
z_t	−0.0033	−0.0058	−0.0060	−0.0048	−0.0035	−0.0024	−0.0033	−0.0040	−0.0046	−0.0060
t	1992	1993	1994	1995	1996	1997	1998	1999	2000	2001
z_t	−0.0074	−0.0076	−0.0078	−0.0084	−0.0086	−0.0089	−0.0098	−0.0108	−0.0114	−0.0120
t	2002	2003	2004	2005	2006	2007	2008	2009	—	—
z_t	−0.0125	−0.0130	−0.0131	−0.0131	−0.0137	−0.0138	−0.0139	−0.0139	—	—

第三步,计算净化序列,并拟合模型。

实际对数值 y_t 减去干预影响值 z_t,即得净化序列模型:

$$x_t = y_t - \frac{-0.000588}{1 - 0.9772L}S_t^T, T = 192, 1983, \cdots, 2009 \quad (4.4.27)$$

根据上述模型得到的净化序列如表 4-14 所示。

表 4-14　基于 ARIMA 模型的净化序列

t	1982	1983	1984	1985	1986	1987	1988	1989	1990	1991
x_t	11.5293	11.5464	11.5599	11.5746	11.5906	11.6076	11.6237	11.6392	11.6540	11.6673
t	1992	1993	1994	1995	1996	1997	1998	1999	2000	2001
x_t	11.6793	11.6911	11.7027	11.7137	11.7245	11.7349	11.7444	11.7529	11.7609	11.7681
t	2002	2003	2004	2005	2006	2007	2008	2009	—	—
x_t	11.7749	11.7813	11.7874	11.7936	11.7992	11.8047	11.8100	11.8154	—	—

注:1982 年以前的净化数据等于实际数据的对数,本表从略。

将所有净化数据利用 ARIMA(1,1,0) 模型拟合,结果为:

$$(1 - 0.6945L)(1 - L)x_t = 0.004484 + \varepsilon_t \quad (4.4.28)$$

其中,$R^2 = 0.4725$,$F = 51.05$,F 统计量对应的 p 值为 0.0011。经检验,上式的残差项也是白噪声序列。

第四步,构建干预分析预测模型。将净化序列模型和干预分析模型相加,得到干预分析预测模型:

$$\hat{y}_t = \frac{0.004484}{(1 - 0.6945L)(1 - L)} + \frac{-0.000588}{1 - 0.9772L}S_t^T \quad (4.4.29)$$

上式右边第一项可以预测 2010—2015 年的净化数值,第二项可以预测干预影响数值,将 2 个预测值相加,最终得到 2010—2015 年人口数值的对数,再取反对数,即得各年人口预测值,具体数值如表 4-15 所示。可以看到,与实际人口数相比,预测的相对误差较小,预测精度也是较好的。

表 4-15　基于 ARIMA 模型的人口预测值

年份	2010	2011	2012	2013	2014	2015
对数的净化预测值	11.8163	11.8310	11.8457	11.8604	11.8751	11.8897
对数的干预影响值	−0.0140	−0.0143	−0.0145	−0.0148	−0.0150	−0.0153
对数的总预测值	11.8023	11.8168	11.8312	11.8456	11.8600	11.8745
人口预测值	133565.3	135504.1	137471.7	139468.8	141495.6	143552.8
相对误差(%)	−0.39	0.44	1.14	2.01	2.80	3.78

比较上述 2 种方法的预测结果,可以发现,虽然 6 个年份的预测结果还可以接受,但是不可忽视的是,预测时间越长,误差越大,并且 2 种方法预测的差异也将越大。这里面的原因比较复杂,可以从每种方法的拟合优度、残差的特征及干预函数的形式等多个方面,探究进一步完善预测结果的途径。此外,近年来我国人口生育政策发生了一系列变化,比如 2011 年的"双独二孩"、2013 年的"一独二孩"、2016 年的"全面二孩"等政策,对生育人口乃至总人口的影响又是怎样的,相信经过一段时间实践后,可以利用有关数据进行分析,有兴趣的读者可以持续关注。

◆本章小结

(1)描述随机序列模型的 2 个简单方法是计算自相关系数和偏自相关系数。Box-Jenkins 模型是一种理论上比较完善的统计预测模型。

(2)协方差平稳只要求均值和方差不随时间变化,自协方差只与间隔时期有关,这在实践中比较容易识别。AR(p)模型 $\Phi(L)y_t = \varepsilon_t$ 平稳的充分必要条件是,特征方程 $\Phi(L)=0$ 的根全部在单位圆之外。MA(q)模型一定是平稳的,而 MRMA(p,q)模型的平稳性决定于 AR(p)是否平稳。

(3)AR(p)模型的阶数可以通过偏自相关系数的 p 期截尾来判断,MA(q)模型则可以通过自相关系数的 q 期截尾来辨别。当然,必要时可以结合信息准则等方法加以判断。

(4)当预测步长逐渐增大时,ARMA 类模型的预测值趋于序列的均值,而且预测误差不会减少,因此 ARMA 类模型比较适合用于短期预测,用于长期预测的效果并不是很好。

(5)将非平稳序列平稳化主要有 2 种方法,即差分平稳序列和去趋势平稳序列。ARIMA(p,d,q)模型和季节 ARIMA 模型本质上都是基于差分平稳序列。

(6)干预分析的目的是从定量分析的角度,评估政策干预或突发事件对经济运行的影响。干预变量主要有持续性和短暂性 2 种,干预事件的影响形式则比较复杂,需要结合实际问题具体分析。通常,可以通过对干预影响序列和不受干预影响的净化序列分别识别与估计,然后将 2 部分模型结合在一起构造干预分析模型。

◆ 思考与练习

1. 将时间序列理解为随机过程的思想是什么?

2. 单位根检验的目的是什么? ADF 单位根检验包括哪 3 种情形? 如何识别?

3. 运用 ARMA 模型预测的一般步骤包括哪些?

4. 将下面各式写成滞后算子表达式:

(1) $y_t = 0.3y_{t-1} - 0.1y_{t-2} + \varepsilon_t$

(2) $y_t = \varepsilon_t - 0.2\varepsilon_{t-1} - 0.4\varepsilon_{t-2}$

(3) $y_t = 0.3y_{t-1} - 0.1y_{t-2} + \varepsilon_t - 0.2\varepsilon_{t-1} - 0.4\varepsilon_{t-2}$

5. 为什么说 AR(1)模型具有无限记忆力?

6. 简述 AR(p)、MA(q)和 ARMA(p,q)模型的自相关函数和偏自相关函数的特性。

7. 请证明 AR(p)模型的自相关系数满足 Yule-Wolker 方程组。

8. 干预变量主要有哪 2 种? 干预变量与虚拟变量有何不同?

9. 利用单变量干预模型建模的一般步骤有哪些?

10. 序列 y_t 的数据如下表所示,试计算其前 3 阶的自相关系数和偏自相关系数。

t	1	2	3	4	5	6	7	8	9	10	11	12
y_t	18	21	12	9	17	25	20	13	19	22	27	18

11. MA(2)模型为 $y_t = \varepsilon_t - \theta_1\varepsilon_{t-1} - \theta_2\varepsilon_{t-2}$,已知其自协方差函数为: $\hat{\gamma}_0 = 6$, $\hat{\gamma}_1 = 5$, $\hat{\gamma}_2 = 4.2$。试求待估参数 $\hat{\theta}_1$、$\hat{\theta}_2$ 和 $\hat{\sigma}_\varepsilon^2$。

12. 如果序列 y_t 是一个 ARMA(2,1)过程,且: $y_t = 3 + 0.3y_{t-1} - 0.1y_{t-2} + \varepsilon_t - 0.2\varepsilon_{t-1}$,已知 $y_{50} = 4$, $y_{51} = 3.6$, $\hat{\sigma}_\varepsilon^2 = 1.21$,请预测 $\hat{y}_{51}(1)$、$\hat{y}_{51}(2)$ 和 $\hat{y}_{51}(3)$ 的数值,并计算它们的均方预测误差。

13. 请收集我国宏观经济方面的某一数据资料,比如 1949 年以来的 GDP、财政收入、居民收入或消费价格指数等,利用 ARIMA 模型对此进行分析,并说明模型的预测效果。

14. 请收集我国 1965—2019 年的农业总产值数据,并运用干预模型分析 1982 年家庭联产承包责任制这一事件对农业总产值的影响。

第五章　含季节变动的时间序列预测方法

　　季节变动预测法是对季节性时间序列进行有效预测的专门方法。在统计预测中,很多商品的生产、销售等都存在着季节变动,比如冷饮、瓜果等,夏天的消费量明显要高于其他季节;而礼品的销售额和旅客运输量等,在节假日要明显高于平时。季节变动的最大特点是有规律地循环往复。如果我们在对时间序列进行外推预测时,能结合季节变化的规律和特点,必将大大提高预测的精确度和可靠性。

第一节　季节变动预测法概述

　　季节变动预测属于周期预测的范畴。统计预测中的周期包括循环周期和季节周期。循环周期预测较多用于长期或远期预测中,而季节周期预测更多用于近期或短期预测中。循环周期预测通常与宏观管理中的景气分析结合使用,而季节周期预测更多与微观管理中的营销策略结合使用。

一、季节因子的概念

　　季节变动预测法是对包含季节变动的时间序列进行预测的方法。进行季节变动预测之前,首先要研究时间序列中的季节变动规律。季节变动是指在一年内研究对象随着季节变动而产生的有规律的周期性变化,这是季节因子的作用使然。

　　预测对象的季节因子千变万化,但究其规律,不外乎 3 种情形。进行季节变动预测时,正是根据季节因子的 3 种不同情形,计算季节指数,构建季节预测模型。

　　(1)季节因子相对稳定。季节因子相对稳定是指每一个季节周期的同一个阶段,其规律特征基本不变。针对这种情形,季节变动预测中一般采用同季的平均季节指数作为今后预测的季节因子。

(2)季节因子不稳定,但季节变动的变化趋势明显。有些时候,季节因子本身并不稳定,但其变化始终保持着一致的运动方向,比如上升趋势或者下降趋势。此时,进行季节变动预测,就要根据具体的季节因子变化规律来预测季节指数。

(3)季节因子不稳定,且无规律可循。如果时间序列中的季节因子不稳定,并且其变化没有明显的规律可循,则预测季节变动就比较棘手。当然,如果季节因子确实存在,仅仅是规律不明显,我们还可以用其他方法进行分析,比如随机型序列分析方法。

二、季节变动预测法的步骤

季节变动一般都是伴随着趋势而发生的。由于长期趋势是很多时间序列中最主要的因子,研究季节变动时,通常都包含了对长期趋势的分析。基于此,序列的预测值可以视作长期趋势和季节指数的函数,从而假设季节模型的一般表达式为:

$$\hat{y}_t = f(T_t, S_j) \tag{5.1.1}$$

其中,T_t 表示长期趋势水平,S_j 为季节指数或季节变动,$j = 1, 2, \cdots, K$,K 为季节变动的周期数。

季节变动预测的一般步骤如下:

(1)求预测对象的长期趋势水平。求季节变动预测模型中的长期趋势,需要根据趋势的具体表现选择合适的模型,不太复杂的情况下可以简单地选择线性趋势。

(2)计算预测对象的季节指数。季节指数在季节变动预测模型中处于十分重要的地位,季节指数估计得准确与否,直接关系预测结果的精确度。用于季节预测的不同模型,实际上都是根据季节变化规律的具体情况设计的,旨在有的放矢地对季节因子及其变化规律进行准确的测量、描述和预测。

(3)综合长期趋势水平与季节因子。季节变动预测模型中的长期趋势因子和季节因子,必须按照一定的形式综合起来,才能进行最终的预测。根据第三章时间序列的分解方法,通常有加法模型和乘法模型2种形式。

对于加法模型,长期趋势因子与季节因子之和等于序列的数值,即

$$\hat{y}_t = f(t) + S_j \tag{5.1.2}$$

其中,$f(t)$ 为长期趋势水平预测值,S_j 为第 j 个季节的预测值。当运用

加法模型时,长期趋势因子和季节因子必须是彼此独立的。

基于乘法模型,长期趋势因子与季节因子以乘法形式结合,即

$$\hat{y}_t = f(t) \times S_j \tag{5.1.3}$$

其中,$f(t)$ 为长期趋势水平预测值,这与式(5.1.2)中的含义相同;但是 S_j 为第 j 个季节的季节指数预测值,这是一个相对数。正因为此,人们常将加法模型中的季节因子称作季节变差,而将乘法模型中的季节因子称作季节指数。

当长期趋势因子与季节因子不是相互独立时,应该选择乘法模型。由于大多数社会经济现象中的长期趋势因子和季节因子都不是彼此独立的,下面在介绍季节变动预测方法时,均以乘法模型为例。

三、季节变动的判定

在使用季节变动预测模型前,首先要判断时间序列中是否包含明显的季节因子。判断时间序列季节性的方法有很多,下面介绍几种最常用的方法。

1. 主观判断

主观判断法是判别时间序列季节性变动的一种基本方法。这种分析方法需要预测者具有一定的经济理论基础,并且对研究对象十分熟悉。由于判断分析属于主观判断基础上的经验分析,不需要经过大量的数据运算,方便简单。

2. 图示法

统计图在判断时间序列季节变动中的作用十分明显。利用统计分析中的散点图和折线图等,能非常直观地帮助我们判断时间序列的季节变动及其强弱。

3. 指标法

季节指数和季节变差是判断时间序列季节变动的 2 个常用指标。季节指数是通过一个季节周期内,各期实际水平与平均水平的偏差程度来显示季节变动的,一般为各期实际水平除以总平均水平。而季节变差等于各期实际水平减去总平均水平,用于加法模型中。时间序列季节性的判断方法为:

(1)季节指数大于 100% 为旺季,季节指数小于 100% 为淡季;

(2)季节指数与 100% 的偏差越大,表明淡季越淡或旺季越旺;

(3)季节指数等于 100%,表明时间序列中不存在季节因子。

除了利用指标法除用季节指数外,还可以用自相关系数判断时间序列的季节性,我们将在第五节对此进行介绍。

4. 方差分析法

方差分析中是用 F 统计量判定时间序列中的季节性。F 统计量是通过对组间方差与组内方差关系的分析,判断时间序列中是否存在季节因子。对包含明显季节因子的时间序列而言,组间方差总是大于组内方差的。具体判断时,要先根据原始资料分别计算出季节内的方差和季节之间的方差,从而得到 F 统计量的值,然后与一定置信水平下 F 统计量的临界水平 F_a 进行比较。如果实际计算得到的 F 统计量的值大于 F_a,则判断时间序列中存在季节因子。

在实际判断季节变动情况时,为保证判断结果的可靠性,通常使用 2 种以上的方法相互印证。

第二节 季节变动预测的直接平均法

一、直接平均法的概念

直接平均法是通过将同期(同月、同季等)数值直接平均的方法度量季节水平,进而求解各期的季节指数,预测出时间序列未来水平的预测方法,又称同期平均法。如果原序列围绕一个水平值上下周期性地波动,没有表现出明显的上升或下降趋势,说明序列不存在长期升降趋势,仅仅存在季节变动和不规则变动。因此,对于原序列,可以采取同期直接平均法消除不规则变动,得出季节变动用于预测。

由此可知,直接平均法是直接根据各期的季节指数,对预测对象的趋势水平进行季节性调整或预测。其重点是对周期内各个不同季节的水平进行预测,因此有人把它叫作季节预测的水平模型。比如,根据某公司最近 3 年的销售资料,4 个季度的季节指数分别为 120%、80%、70% 和 130%,下一年的季均销售额为 100 万元,则可以预测下一年 4 个季度的销售额分别为 120 万元、80 万元、70 万元和 130 万元。

二、直接平均法的一般步骤

1. 计算同期平均水平和总平均水平

同期平均水平是历年同期(同月、同季等)水平的平均数,总平均水平是所有年份所有时期的平均水平。以月度数据为例,设 y_{ij} 为第 i 年第 j 个月的数值，$1 \leqslant i \leqslant n$，$1 \leqslant j \leqslant 12$，则第 j 个月的平均水平为 $y_j = \dfrac{1}{n} \sum\limits_{i=1}^{n} y_{ij}$，第 i 年的

月均水平为 $y_i = \dfrac{1}{12} \sum\limits_{j=1}^{12} y_{ij}$，总的月均水平为 $\bar{y} = \dfrac{1}{12n} \sum\limits_{i=1}^{n} \sum\limits_{j=1}^{12} y_{ij} = \dfrac{\sum\limits_{i=1}^{n} y_i}{n} =$

$\dfrac{\sum\limits_{j=1}^{12} y_j}{12}$。

2. 计算各期季节指数

直接平均法求解季节指数的公式为：

$$季节指数 = \frac{同期平均水平}{总平均水平} \times 100\% \qquad (5.2.1)$$

如果是加法模型，可以计算各期季节变差，即季节变差＝同期平均水平－总平均水平。

3. 建立预测模型并进行预测

根据各期的季节指数及整个时期的期均水平，预测下一年各期水平，计算公式为：

$$下一年第 i 期预测水平 = 下一年期均水平 \times 第 i 期季节指数 \qquad (5.2.2)$$

三、案例分析

【例 5.1】 某公司 2014 年到 2019 年各季度的纺织品销售额（单位：万元）资料如表 5-1 所示。若已知 2020 年的销售任务是 640 万元，请预测 2020 年各季度纺织品的销售额。

表 5-1　某公司 2014 年到 2019 年各季度纺织品销售量

时间	第一季度	第二季度	第三季度	第四季度
2014	180	150	120	150
2015	210	160	130	160
2016	220	150	110	160
2017	200	140	120	150
2018	230	130	120	170
2019	220	140	130	170

根据表 5-1，我们计算出 2014—2019 年 4 个季度的平均销售额、每年的季均销售额和总的季均销售额。由于每年的季均销售额大致呈水平趋势，适合

用直接平均法计算季节指数。依据季节指数＝历年同季平均数/总平均数，相关指标的计算结果如表 5-2 所示。

由于 2020 年的季均销售额为 160 万元，所以各个季度的销售额分别为：

2020 年第一季度预测值＝160×139.41％＝223.1(万元)

2020 年第二季度预测值＝160×91.1％＝145.8(万元)

2020 年第三季度预测值＝160×76.44％＝122.3(万元)

2020 年第四季度预测值＝160×100.52％＝160.8(万元)

当然，对于水平趋势的时间序列而言，如果不知道下一年的总销售额或季均销售额，我们也可以采取一定的方法进行预测。比如，根据各年的季均水平，采用指数平滑法预测下一年的季均水平，再对下一年各期水平进行预测。

表 5-2 各季季节指数计算表

时间	第一季度	第二季度	第三季度	第四季度	平均
2014	180	150	120	150	150
2015	210	160	130	160	165
2016	220	150	110	160	160
2017	200	140	120	150	152.5
2018	230	130	120	170	162.5
2019	220	140	130	170	165
平均	210	145	121.7	160	159.2
季节指数(％)	131.94	91.10	76.44	100.52	400

第三节　季节变动预测的趋势剔除法

一、趋势剔除法的概念

趋势剔除法是通过计算序列各期的趋势因子(趋势值)，然后剔除趋势因子后计算季节指数，并据此进行季节预测的方法。不难看出，趋势剔除法与直接平均法最大的区别是，趋势剔除法首先要剔除所有时期包含的趋势因子，然后求出纯粹的季节因子，因而它适用于存在明显的上升或下降趋势的时间序列。

在计算出序列的趋势值后，如何剔除各期趋势涉及 2 种不同的处理方法。

一种是分别剔除每个时期的长期趋势,即先计算 $y_t/\hat{y}_t$,然后将同期的 $y_t/\hat{y}_t$ 按照直接平均法计算季节指数;另一种是分别计算同期平均的实际水平 $\sum y_t/n$ 和平均的趋势水平 $\sum \hat{y}_t/n$,然后用两者之比来剔除长期趋势后得到季节指数。相对来说,第一种趋势剔除法较为合理,因而本书只介绍该方法。

二、趋势剔除法的一般步骤

趋势剔除法的一般步骤如下:

(1)建立趋势方程,求各期趋势值。直接按月份(季度)序列建立趋势模型,预测各月(季)的趋势值。再计算历年同月(季)平均数和各年总月(季)平均数。这与前面直接平均法的计算方法是一样的。

(2)剔除长期趋势因子,即用各期实际值除以趋势值,此即去趋势数值。剔除长期趋势因子后的序列呈水平趋势,不再呈现上升或下降趋势。

(3)计算季节指数。将同期的去趋势数值进行简单平均,作为各期的季节指数。

(4)根据乘法模型进行预测。

三、案例分析

【例 5.2】 某商店 2017—2019 年的销售额(单位:万元)资料如表 5-3 所示,试用趋势剔除法预测 2020 年各月的商品销售额。

表 5-3 某商店 2017—2019 年销售额

年份	月份											
	1	2	3	4	5	6	7	8	9	10	11	12
2017	8	11	36	29	31	57	129	123	78	42	15	5
2018	9	39	54	57	93	102	180	186	168	72	24	11
2019	27	45	93	111	126	153	262	279	240	120	38	15

为了直观地判断原数列的趋势特点,根据原数列绘制趋势图(见图 5-1),原数列中主要包含长期趋势和季节变动 2 个因子,季节变化明显,适合用季节变动预测模型预测。具体预测过程如下。

第一步,建立线性趋势方程。基于 3 年 36 个月的数据,利用最小二乘法建立线性趋势方程,结果为:$\hat{y} = 24.627 + 3.275t$,其中 $t = 0$ 代表 2016 年 12 月。

第二步,剔除长期趋势因子,计算季节比率,其计算方法为:季节比率＝$\frac{y_t}{\hat{y}_t} \times 100\%$。计算过程及结果如表 5-4 所示,季节比率的趋势如图 5-2 所示,从图中可以看出它的趋势线已经近乎一条水平线。

第三步,计算季节指数,即历年同月季节比率的平均数。同月季节比率的平均值虽然反映了季节因子,但由于计算过程中的各种误差,12 个月的季节比率之和一般不等于 1200%,需要进行调整。调整后的季节指数的计算方法为:

$$季节指数＝季节比率 \times 调整系数 \qquad (5.3.1)$$

其中,月度调整系数＝1200/各月季节比率之和＝100/各月季节比率的平均数。

本例季节指数的计算过程及结果如表 5-5 所示。

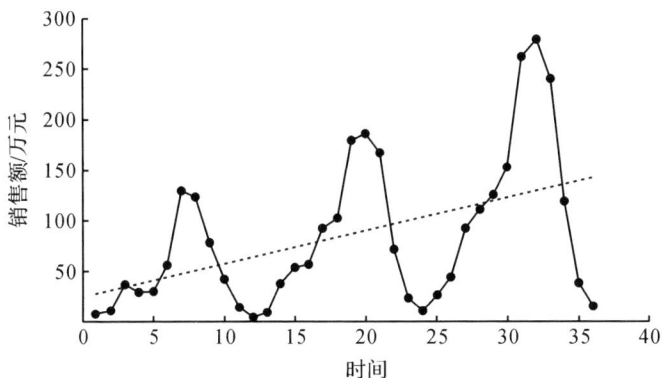

图 5-1　原数列趋势图

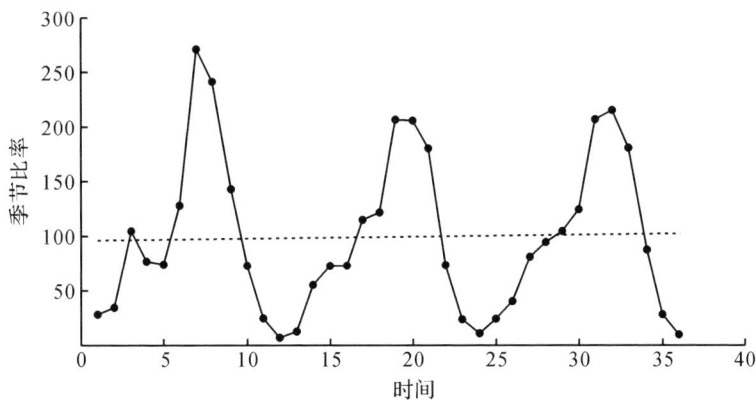

图 5-2　季节比率趋势图

第四步,构建季节变动预测的乘法模型并进行预测。根据上述分析过程,季节变动预测模型为:

表 5-4　各期趋势值与季节比率

年份		月份												
		1	2	3	4	5	6	7	8	9	10	11	12
2017	实际	8	11	36	29	31	57	129	123	78	42	15	5
	趋势	27.9	31.2	34.5	37.7	41.0	44.3	47.6	50.8	54.1	57.4	60.7	63.9
	比率	28.7	35.3	104.5	76.9	75.6	128.7	271.3	242.0	144.2	73.2	24.7	7.8
2018	实际	9	39	54	57	93	102	180	186	168	72	24	11
	趋势	67.2	70.5	73.8	77.0	80.3	83.6	86.9	90.1	93.4	96.7	100.0	103.2
	比率	13.4	55.3	73.2	74.0	115.8	122.0	207.2	206.4	179.9	74.5	24.0	10.7
2019	实际	27	45	93	111	126	153	262	279	240	120	38	15
	趋势	106.5	109.8	113.1	116.3	119.6	122.9	126.2	129.4	132.7	136.0	139.3	142.5
	比率	25.3	41.0	82.3	95.4	105.3	124.5	207.7	215.5	180.8	88.2	27.3	10.5

表 5-5　季节指数计算表

年份	月份												平均
	1	2	3	4	5	6	7	8	9	10	11	12	
2017	28.7	35.3	104.5	76.9	75.6	128.7	271.3	242.0	144.2	73.2	24.7	7.8	101.1
2018	13.4	55.3	73.2	74.0	115.8	122.0	206.4	206.4	179.9	74.5	24.0	10.7	96.4
2019	25.3	41.0	82.3	95.4	105.3	124.5	207.7	215.5	180.8	88.2	27.3	10.5	100.3
同月平均	22.5	43.9	86.7	82.1	98.9	125.1	228.7	221.3	168.3	78.6	25.3	9.7	99.3
季节指数	22.6	44.2	87.3	82.7	99.6	126.0	230.5	223.0	169.6	79.2	25.5	9.7	100
2020	33.0	65.9	133.0	128.7	158.3	204.4	381.3	376.2	291.7	138.9	45.6	17.7	—

$$\hat{y} = f(t) \times S_j$$

由于 2020 年 1 月的趋势预测值为 24.627＋3.275×37＝145.8,该月的销售额预测值为:145.8×22.6％＝33.0(万元)。

2020 年其他月份以此类推,具体预测数值如表 5-5 最后一行所示。

第四节　季节变动预测的指数平滑法

一、指数平滑法的概念

指数平滑法是指通过指数平滑的方法,消除季节因子中的长期趋势因子和不规则变动因子,从而求得季节指数,并进行季节预测的方法。与其他季节变动预测方法相比,利用指数平滑法求解季节变动预测模型中的参数时,统一采用了指数平滑法,消除了同一模型中参数估计方法不同造成的不可比性问题。

利用指数平滑法预测季节变动情况使用最广泛的是温特斯(Winters)法。在实际运用中,指数平滑法又分 2 种情况。一是单纯用指数平滑的方法建立模型,即在季节变动预测模型中,无论是长期趋势因子还是季节因子,其参数估计值都统一使用指数平滑的方法求得。二是将指数平滑法与因子分解法相结合建立模型。

二、温特斯法

温特斯法实际上是在指数平滑法的基础上的一种自适应校正的建模方法。该方法有 3 个平滑方程式,分别对长期趋势因子、趋势增长因子和季节变动因子进行指数平滑,然后把 3 个平滑结果用一个预测模型综合起来,进行外推预测。

温特斯法的预测模型为:

$$\hat{y}_{t+k} = (a_t + kb_t)S_{t+k-L} \tag{5.4.1}$$

其中,a_t 为第 t 期的水平因子(或平滑值),b_t 为趋势增长因子,S_t 为第 t 期的季节因子。a_t、b_t 和 S_t 均通过指数平滑的方法得到,公式如下:

$$a_t = \alpha \frac{y_t}{S_{t-L}} + (1-\alpha)(a_{t-1} + b_{t-1}) \tag{5.4.2}$$

$$b_t = \beta(a_t - a_{t-1}) + (1-\beta)b_{t-1} \tag{5.4.3}$$

$$S_t = \gamma \frac{y_t}{a_t} + (1-\gamma)S_{t-L} \tag{5.4.4}$$

只要根据公式(5.4.2)、(5.4.3)和(5.4.4)估计出温特斯法模型中的参数，就能根据式(5.4.1)进行预测了。3 个公式的意义可做如下理解。式(5.4.2)说明了当前的平滑值 a_t 可以看作两项数值的加权平均，即消除季节影响的数值 $\dfrac{y_t}{S_{t-L}}$ 和消除趋势影响的数值 $(a_{t-1}+b_{t-1})$，它们的权重分别为 α 和 $(1-\alpha)$。式(5.4.3)意味着，趋势增长因子可以用本期平滑值的增量 (a_t-a_{t-1}) 和上期趋势增长因子 b_{t-1} 的加权平均得到，它们的权重分别为 β 和 $(1-\beta)$。式(5.4.4)则表明当期的季节因子可以利用新计算的季节指数 $\dfrac{y_t}{a_t}$ 和最近时期的季节因子加权平均得到，它们的权重分别为 γ 和 $(1-\gamma)$。

温特斯法建立模型的过程比较复杂，具体步骤如下：

(1)确定指数平滑的起始值；

(2)分别对长期趋势因子、趋势增长因子和季节因子做一次指数平滑，计算平滑值；

(3)根据最后一期的指数平滑值建立温特斯法预测模型；

(4)根据模型进行季节预测。

三、案例分析

【例 5.3】 某企业 2013—2018 年各季度商品出口额（单位：百万美元）资料如表 5-6 所示，试用温特斯法预测 2019 年各季度的商品出口规模。

表 5-6 某企业 2013—2018 年各季度商品出口额资料

季度	年份					
	2013	2014	2015	2016	2017	2018
1	362	382	473	544	628	627
2	385	409	513	582	707	725
3	432	498	582	681	773	854
4	341	387	474	557	592	661

首先，我们根据原序列绘制了图 5-3。可以看出，原数列存在明显的趋势增长因子和季节变动因子，因而用温特斯法预测模型预测是合适的。

预测的具体步骤如下：

第一步，确定长期趋势因子、趋势增长因子和季节因子指数平滑的起始值。

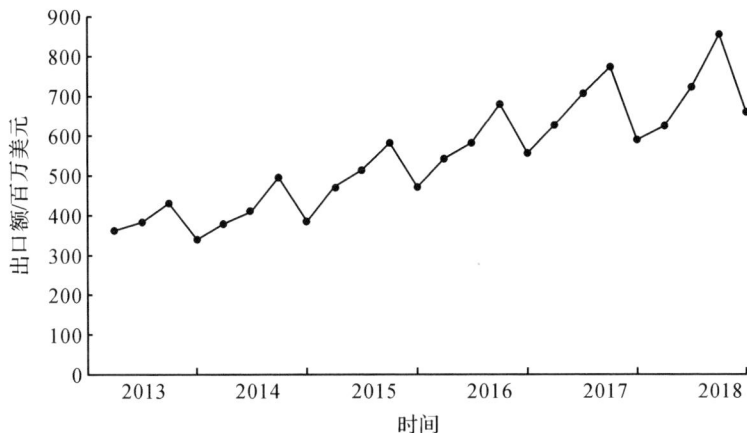

图 5-3　原数列趋势图

长期趋势因子的起始值为序列前 4 个数据的平均数,即:

$$a_t^0 = \frac{362 + 385 + 432 + 341}{4} = 380.0$$

趋势增长因子的起始值为:

$$b_t^0 = \frac{1}{4} \times \left(\frac{382-362}{4} + \frac{409-385}{4} + \frac{498-432}{4} + \frac{387-341}{4} \right) = 9.75$$

季节因子的起始值为第一年各季的季节指数,即:

$$S_t^0 = \begin{cases} \dfrac{362}{380} = 0.953 \\[2mm] \dfrac{385}{380} = 1.013 \\[2mm] \dfrac{432}{380} = 1.137 \\[2mm] \dfrac{341}{380} = 0.897 \end{cases}$$

第二步,分别对长期趋势因子、趋势增长因子和季节因子进行一次指数平滑,求指数平滑值 a_t、b_t 和 S_t。

在指数平滑时,我们取平滑系数 $\alpha = 0.882$、$\beta = 0.055$、$\gamma = 0.000$。平滑过程和结果如表 5-7 所示。

表 5-7　指数平滑值计算表

时间	商品出口额	a_t	b_t	S_t	预测值
2013 年第 1 季度	362	—	—	0.953	—
2013 年第 2 季度	385	—	—	1.013	—

时间	商品出口额	a_t	b_t	S_t	预测值
2013 年第 3 季度	432	—	—	1.137	—
2013 年第 4 季度	341	380.00	9.75	0.897	—
2014 年第 1 季度	382	398.99	10.26	0.953	371.29
2014 年第 2 季度	409	404.68	10.01	1.013	414.64
2014 年第 3 季度	498	433.90	11.07	1.137	471.43
2014 年第 4 季度	387	433.70	10.45	0.897	399.30
2015 年第 1 季度	473	487.20	12.83	0.953	423.11
2015 年第 2 季度	513	505.21	13.11	1.013	506.60
2015 年第 3 季度	582	513.08	12.82	1.137	589.26
2015 年第 4 季度	474	527.80	12.93	0.897	471.93
2016 年第 1 季度	544	565.65	14.31	0.953	515.12
2016 年第 2 季度	582	575.42	14.06	1.013	587.59
2016 年第 3 季度	681	597.33	14.49	1.137	670.14
2016 年第 4 季度	557	619.12	14.89	0.897	549.03
2017 年第 1 季度	628	654.74	16.04	0.953	603.98
2017 年第 2 季度	707	693.01	17.27	1.013	679.60
2017 年第 3 季度	773	685.35	15.89	1.137	807.47
2017 年第 4 季度	592	667.10	14.00	0.897	629.27
2018 年第 1 季度	627	662.26	12.96	0.953	648.84
2018 年第 2 季度	725	708.40	14.80	1.013	684.10
2018 年第 3 季度	854	746.22	16.07	1.137	822.16
2018 年第 4 季度	661	741.17	14.90	0.897	684.05
2019 年第 1 季度	—	—	—	—	720.26
2019 年第 2 季度	—	—	—	—	781.12
2019 年第 3 季度	—	—	—	—	893.41
2019 年第 4 季度	—	—	—	—	718.59

第三步,建立预测模型,进行预测。

根据表 5-7 得到的温特斯法预测模型如下:

$$\hat{y}_{t+k} = (a_t + kb_t)S_{t+k-L} \tag{5.4.5}$$

其中，$a_t = 741.17$，$b_t = 14.90$，$S_{t+1-l} = 0.953$，$S_{t+2-l} = 1.013$，$S_{t+3-l} = 1.137$，$S_{t+4-l} = 0.897$。

第四步，根据模型进行预测。

2019 年，第 1—4 季度的预测结果如下：

$\hat{y}_{2019.1} = (741.17 + 14.90 \times 1) \times 0.953 = 720.53$（百万美元）

$\hat{y}_{2019.2} = (741.17 + 14.90 \times 2) \times 1.013 = 780.99$（百万美元）

$\hat{y}_{2019.3} = (741.17 + 14.90 \times 3) \times 1.137 = 893.53$（百万美元）

$\hat{y}_{2019.4} = (741.17 + 14.90 \times 4) \times 0.897 = 718.29$（百万美元）

第五步，检验模型的预测效果。

模型的主要检验统计测量指标如表 5-8 所示，它们显示模型的拟合效果较好。我们将预测值与实际值绘制成图 5-4，也可以发现拟合效果较好。

表 5-8   模型检验的统计测量指标

指标	数值	指标	数值
平均误差	3.39	平均平方误差	582.94
平均绝对误差	20.65	平均绝对百分误差	3.13

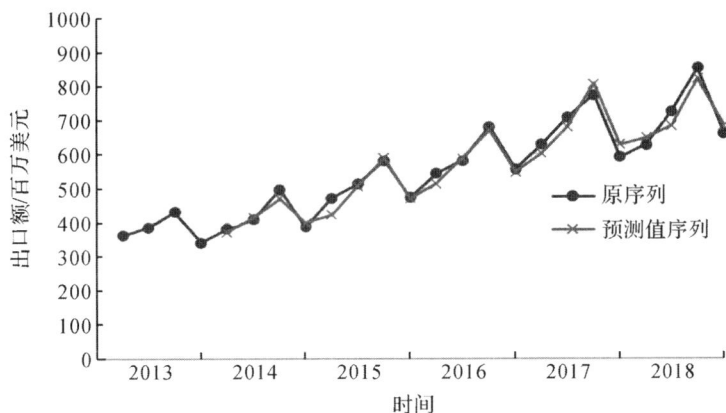

图 5-4   原数列与预测值序列的比较

第五节   随机型时间序列的季节变动预测

对于季节性时间序列，Box 和 Jenkins（1976）提出可以构建季节自回归模型（Seasonal AR 模型，简称 SAR 模型）、季节移动平均模型（Seasonal MA 模型，简称 SMA 模型）以及季节 ARIMA 模型（Seasonal ARIMA 模型，简称 SARIMA 模型），以刻画季节性波动特征。本节首先介绍这 3 个季节时间序列模型，然后介绍与之相关的季节调整方法。

一、SAR 模型和 SMA 模型

1. SAR 模型

SAR 模型是以 AR 模型为基础构建的季节时间序列模型。以二阶自回归模型 $y_t = \phi_1 y_{t-1} + \phi_2 y_{t-2} + \varepsilon_t$ 为例,该 AR(2) 模型可以表示为 $(1 - \phi_1 L - \phi_2 L^2) y_t = \varepsilon_t$。对于季度数据,每一个季度的数据可能与上一年相应季度的数据具有一定的相关性。例如,由于春节长假的原因,每年第 1 季度中国的交通客运量都较高,而且与相邻年度第 1 季度的数据具有极强的相关性;每年 2 月,中国的工业增加值都较低,而且与相邻年度的工业增加值数据也具有较强的相关性。考虑到这种季节相关性特征,可以用乘积形式引入季节算子,构建 SAR 模型。比如,若模型为:

$$(1 - \phi_1 L - \phi_2 L^2)(1 - aL^s) y_t = \varepsilon_t \qquad (5.5.1)$$

则与上述模型对应的可用于预测的 SAR 模型($s=4$)为:

$$y_t = \phi_1 y_{t-1} + \phi_2 y_{t-2} + a y_{t-4} - a\phi_1 y_{t-5} - a\phi_2 y_{t-6} + \varepsilon_t \qquad (5.5.2)$$

不难看出,SAR 模型本质上还是 AR 模型。

2. SMA 模型

SMA 模型是以 MA 模型为基础构建的季节时间序列模型。以二阶移动平均过程 $y_t = \varepsilon_t + \theta_1 \varepsilon_{t-1} + \theta_2 \varepsilon_{t-2}$ 为例,该 MA(2) 模型即 $y_t = (1 + \theta_1 L + \theta_2 L^2) \varepsilon_t$。考虑到季度或月度数据的季节性特征,同样以乘积形式引入季节算子,构建 SMA 模型,即:

$$y_t = (1 + \theta_1 L + \theta_2 L^2)(1 + \beta_1 L^4) \varepsilon_t \qquad (5.5.3)$$

上述模型等价于:

$$y_t = \varepsilon_t + \theta_1 \varepsilon_{t-1} + \theta_2 \varepsilon_{t-2} + \beta_1 \varepsilon_{t-4} + \theta_1 \beta_1 \varepsilon_{t-5} + \theta_2 \beta_1 \varepsilon_{t-6} \qquad (5.5.4)$$

可以看出,SMA 模型实质上还是 MA 模型。

二、SARIMA 模型

如果序列 y_t 包含周期性的季节变动,而我们拟合的是没有考虑季节性的 ARIMA 模型,则残差项必然不是白噪声序列,因为它包含未被解释的季节之间的相关关系。SARIMA 模型是基于普通的 ARIMA 模型构建的季节时间序列模型。假设不具有季节性特征的时间序列 y_t 为 ARIMA(p, d, q) 模型,即 $\Phi_p(L) \Delta^d y_t = \Theta_q(L) \varepsilon_t$,$\Phi_p(L)$ 和 $\Theta_q(L)$ 分别为 p 阶自回归特征多项式和 q 阶移动平均多项式,即 $\Phi_p(L) = 1 - \phi_1 L - \phi_2 L^2 - \cdots - \phi_p L^p$,$\Theta_q(L) = 1 + \theta_1 L + \theta_2 L^2 + \cdots + \theta_q L^q$。

为了构建 SARIMA 模型,我们将基于上述 ARIMA 模型,分别从差分、自回归(AR)和移动平均(MA)3 个部分引入季节性。首先用季节差分的方法消除具有季节性特征的周期性变化。令季节差分算子(Seasonal deference operator)为 $\Delta_s = 1 - L^s$,则一次季节差分表示为:

$$\Delta_s y_t = (1 - L^s) y_t = y_t - y_{t-s} \tag{5.5.5}$$

对于非平稳的季节性时间序列,有时需要通过 D 次季节差分之后才能转换为平稳的序列,可以表示为 $\Delta_s^D y_t$。除了可以对季节性进行差分处理之外,还可以将季节特征引入自回归(AR)特征多项式或者移动平均(MA)特征多项式。

一般地,SARIMA 模型可以表示为:

$$\Phi_p(L) A_P(L^s) \Delta^d \Delta_s^D y_t = \Theta_q(L) B_Q(L^s) \varepsilon_t \tag{5.5.6}$$

其中,下标 p、q、P、Q 分别表示自回归、移动平均、季节自回归、季节移动平均多项式的最大滞后期数,d、D 分别表示(非季节)差分次数和季节差分次数。$\Delta^d \Delta_s^D y_t$ 表示先进行 D 次季节差分,再进行 d 次非季节差分,目的是将 y_t 转换为平稳时间序列。$\Phi_p(L)$、$A_P(L^s)$、$\Theta_q(L)$ 和 $B_Q(L^s)$ 分别为自回归、季节自回归、移动平均和季节移动平均特征多项式,可以表示为

$$\Phi_p(L) = 1 - \phi_1 L - \phi_2 L^2 - \cdots - \phi_p L^p \tag{5.5.7}$$

$$A_P(L^s) = 1 - a_1 L^s - a_2 L^{2s} - \cdots - a_P L^{Ps} \tag{5.5.8}$$

$$\Theta_q(L) = 1 + \theta_1 L + \theta_2 L^2 + \cdots + \theta_q L^q \tag{5.5.9}$$

$$B_Q(L^s) = 1 + \beta_1 L^s + \beta_2 L^{2s} + \cdots + \beta_Q L^{Qs} \tag{5.5.10}$$

上述 SARIMA 模型可以记作 $(p, d, q) \times (P, D, Q)_s$。平稳性的条件是 $\Phi_p(L) A_P(L^s) = 0$ 的根在单位圆外,可逆性的条件是 $\Theta_q(L) B_Q(L^s) = 0$ 的根在单位圆外。

Box 和 Jenkins(1970)采用 $(0, 1, 1) \times (0, 1, 1)_{12}$ 模型刻画 1949—1960 年国际航空旅客人数的月度数据的走势,这种模型也被称为航线模型(Airline model)。航线模型在实际中被广泛使用,其表达式为:

$$\Delta \Delta_{12} y_t = (1 - \theta_1 L)(1 - \beta_1 L^{12}) \varepsilon_t \tag{5.5.11}$$

此外,$(1,1,1) \times (1,1,1)_{12}$ 阶 SARIMA 模型也是一种常见的 SARIMA 模型,表达式为:

$$(1 - \phi_1 L)(1 - \alpha_1 L^{12}) \Delta \Delta_{12} y_t = (1 - \theta_1 L)(1 - \beta_1 L^{12}) \varepsilon_t \tag{5.5.12}$$

其中,$\Delta \Delta_{12} y_t$ 具有平稳性的条件是 $|\phi_1| < 1$,$|\alpha_1| < 1$,$\Delta \Delta_{12} y_t$ 具有可逆性的条件是 $|\theta_1| < 1$,$|\beta_1| < 1$。

当 $P = D = Q = 0$ 时,SARIMA 模型转化为 ARIMA 模型;当 $P = D = Q = p = q = d = 0$ 时,SARIMA 模型转化为白噪声模型;当 $D = Q = q = d = 0$ 时,

SARIMA 模型转化为 SAR 模型;当 $P=D=p=d=0$ 时,SARIMA 模型转化为 SMA 模型。因此,SAR 模型、SMA 模型、ARIMA 模型等都可以看作 SA-RIMA 模型的特例。

三、季节时间序列模型的构建步骤

根据前面的分析,SAR 模型本质上是 AR 模型,SMA 模型本质上是 MA 模型,SARIMA 模型也可以转化为 ARIMA 模型。因此,对 SAR 模型、SMA 模型及 SARIMA 模型的识别、估计、检验与预测与前面介绍的 AR 模型、MA 模型及 ARIMA 模型的识别、估计和检验的原理基本一致。步骤如下:

(1)绘制原始序列图,分析序列的基本特征。比如,时间序列是否平稳? 是否具有规律的季节性特征? 如果时间序列为非平稳序列,则需要考虑通过差分或季节差分将序列转换为平稳序列;如果时间序列的季节性比较稳定,可以考虑引入 SAR 项或者 SMA 项。

(2)模型识别。绘制相关图和偏相关图,确定最大滞后期数 p、P、q 和 Q。前面已经介绍过 ARMA 模型的 p 和 q 的判断方法,区别在于:SAR 模型的自相关图呈拖尾特征,偏自相关图在 $k>p+Ps$ 期(季度数据 $s=4$;月度数据 $s=12$)呈截尾特征;SMA 模型的偏自相关图呈拖尾特征,自相关图在 $k>q+Qs$ 期呈截尾特征。高阶 SARIMA 模型的自相关函数和偏自相关函数的图形较复杂,较难识别最大滞后阶数,一般根据回归系数的显著性进行判断。

(3)参数估计。运用极大似然估计法,借助统计软件估计模型的回归系数。

(4)模型检验。对上一步的估计结果进行检验,主要包括 3 类检验:一是 t 检验,判断回归系数是否显著;二是 Q 检验,判断误差序列是否是白噪声序列;三是平稳性检验和可逆性检验,依据是模型特征根的值在单位圆之内还是单位圆之外。

(5)模型预测。将通过上述 3 类检验的模型用于分析和预测。

四、X-13ARIMA-SEATS 季节调整方法简介

1. 季节调整的原理

对于月度或者季度时间序列,常常需要先对其进行季节调整,去掉季节因素和节假日因素后才能进行趋势分析。比如,由于春节长假的影响,浙江省第 1 季度的生产总值远远低于上一年的第 4 季度,也低于当年的第 2 季度,如图 5-5 所示。如果直接用原始数据计算环比增长率,则第 1 季度的环比增长率为负数,第 2 季度的环比增长率过高。这样不考虑季节变化特征,直接计算出来的环比

增长率,并不能说明经济发展的真实状况。此外,还可以根据季节调整方法进行时间序列预测。因此,在对实际经济指标的分析中,季节调整非常有必要。

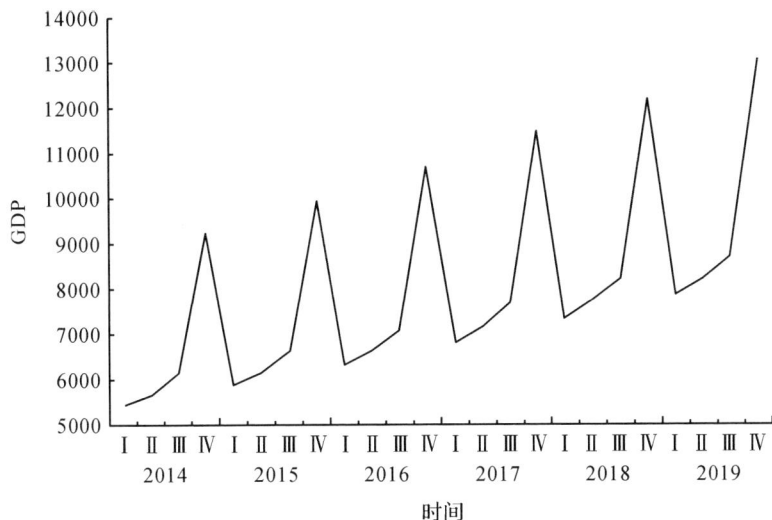

图 5-5　浙江省不变价季度生产总值的时间序列

可能导致季节效应的因素包括天气因素(如冬天供暖对燃煤的需求影响)、节假日因素(如春节、"十一"长假等对企业生产和零售及交通客运量的影响)、日历因素(如闰年效应)、交易日效应(如通常周末时商场的销售量比平时多)等。所有这些统称为季节成分或季节因子。除了季节成分以外,季度或月度时间序列中还包含反映序列长期走势的趋势循环成分及不规则成分。

如果原始季度或月度序列为 Y_t,可将该序列分解为如下 4 种成分:趋势因列(T_t)、循环因列(C_t)、季节因列(S_t)和不规则因列(I_t)。也可以将趋势成分和循环成分作为整体,即趋势循环因列(TC_t)。季节调整的步骤是,首先将时间序列分解成不同的因列,其次剔除季节因列,得到季节调整后序列,记为 SA_t。

经典的时间序列分解方法有 2 种:

(1)加法分解模型,$Y_t = TC_t + S_t + I_t$,则 $SA_t = TC_t + I_t$。

(2)乘法分解模型,$Y_t = TC_t \times S_t \times I_t$,则 $SA_t = TC_t \times I_t$。

2. 季节调整软件

1954 年,美国普查局开发了可以在计算机上运行的首个季节调整程序,称为普查局模型 I。通过这个程序,基于不同的移动平均算子,可以将原始的季度或月度时间序列分解为季节成分、趋势循环成分和不规则成分,并据此剔除季节成分,得到季节调整后序列。此后,该程序的每一次改进都以 X 加上序号表示。其后,1965 年推出季节调整程序 X-11,1998 年推出 X-12-ARI-

MA,2006 年推出季节调整软件 X-13ARIMA-SEATS。

就 X-13ARIMA-SEATS 模型而言,一方面它吸收了 SARIMA 模型的建模思想,在进行季节调整之前,先通过建立 ARIMA 模型对序列进行向前预测和向后预测,补充数据以保证在使用移动平均进行季节调整的过程中数据的完整性;另一方面,X-13ARIMA-SEATS 模型吸收了 TRAMO/SEATS 模型的建模思想[①]。目前,X-13ARIMA-SEATS 已成为功能最强大、应用最广泛的季节调整方法和软件。

季节调整方法还涉及节假日的影响、异常值的检测、SARIMA 模型的设定、移动平均算子的选择、谱分析等问题,实际理论和方法尤为复杂,本书不做介绍。

目前,发达国家和许多发展中国家公布的经济数据包含季度调整数据。采用季节调整软件,不仅可以对原始序列进行分解,计算出季节调整后序列,还可以基于 SARIMA 模型进行样本外预测。有关季节调整的更详细的理论说明,参见《时间序列 X-12-ARIMA 季节调整——原理和方法》(中国人民银行调查统计司,2006)一书。关于 EViews 的季节调整操作,可参见《计量经济分析方法与建模——EViews 应用及实例》(高铁梅等,2020)。

需要特别说明的是,由于节假日对季节调整结果影响较大,X-12-ARIMA 和 X-13ARIMA-SEATS 等系列软件对欧美国家的复活节、感恩节等进行了相关功能设置,这显然不适用于中国。相反地,春节、中秋节、国庆长假等节假日对中国的经济指标影响甚大,这些有待进行相应的设置,这也是国内经济序列季节调整的难点和热点。

五、案例分析

【例 5.4】 2000 年 1 月至 2019 年 12 月中国社会消费品零售额月度序列(y_t,单位:亿元)如图 5-6 所示(数据来源:《中国统计年鉴》)。从中可以看

---

① TRAMO/SEATS 模型是基于 ARIMA 模型,使用信号提取技术的一种季节调整模型。该模型由 2 部分组成,即 TRAMO(Time Series Regression with ARIMA Noise, Missing Observation and Outlier)模块和 SEATS(Signal Extraction in ARIMA Time Series)模块。TRAMO 模块能够对原序列进行插值,自动识别 ARIMA 模型和异常值,并可以处理节假日等特殊因素及 ARIMA 过程中产生的误差项。SEATS 模块基于 ARIMA 模型来对时间序列中不可观测成分进行估计,并将时间序列分解为趋势循环成分、季节成分和不规则成分。实际操作时,通常先采用 TRAMO 模块对数据进行预处理,然后采用 SEATS 模块进行信号提取,最终完成季节调整。

出，社会消费品零售总额总体呈现上升趋势，但由于受到节假日（如春节、"五一"假期、"十一"长假等）的影响，这个序列具有很强的季节波动特征，且这种季节特征呈现递增型异方差现象，即变差越来越大。

社会消费品零售总额序列在进行对数变换后，数据的数量级显著下降，异方差问题也得到有效解决，如见图 5-7 所示。$\log y_t$ 是一个季节特征明显的非平稳序列，下面将基于 $\log y_t$ 构建 SARIMA 模型。

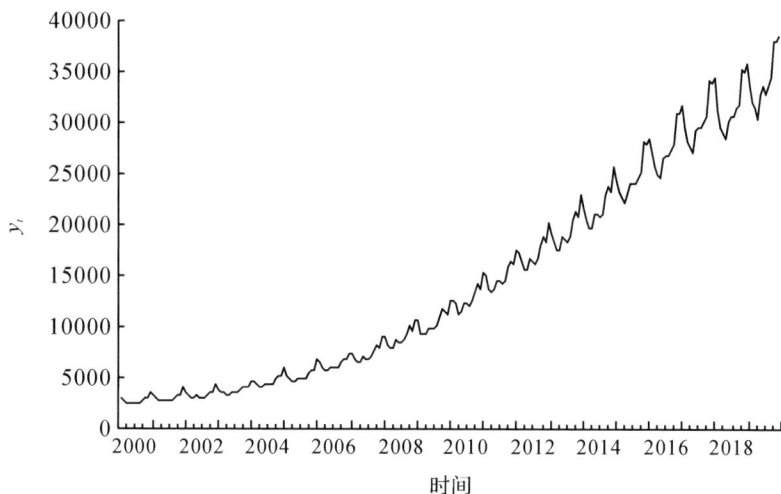

图 5-6　社会消费品零售总额月度序列

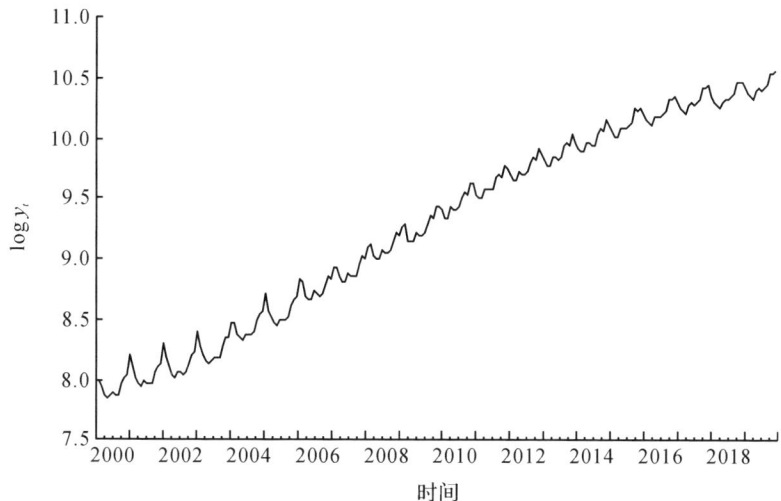

图 5-7　$\log y_t$ 序列

图 5-8 是 $\log y_t$ 的自相关图和偏自相关图，其中自相关图衰减很慢，可见 $\log y_t$ 是一个非平稳序列。

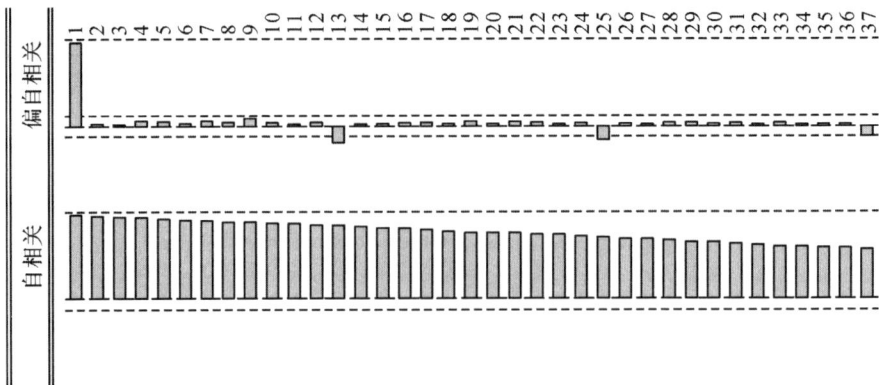

图 5-8 **log** y_t 的自相关图和偏自相关图

对 $\log y_t$ 进行一阶差分得到 $\Delta\log y_t$，$\Delta\log y_t$ 的变动如图 5-9 所示。可以看出，序列中的所有数值围绕 0 上下波动，序列比较平稳。图 5-10 是对序列 $\ln y_t$ 进行二阶差分（$\Delta^2\log y_t$）的结果，与序列 $\Delta\log y_t$ 相比，序列 $\Delta^2\log y_t$ 的极差变大，据此判定序列 $\Delta^2\log y_t$ 属于过度差分，因此没必要进行二阶差分。

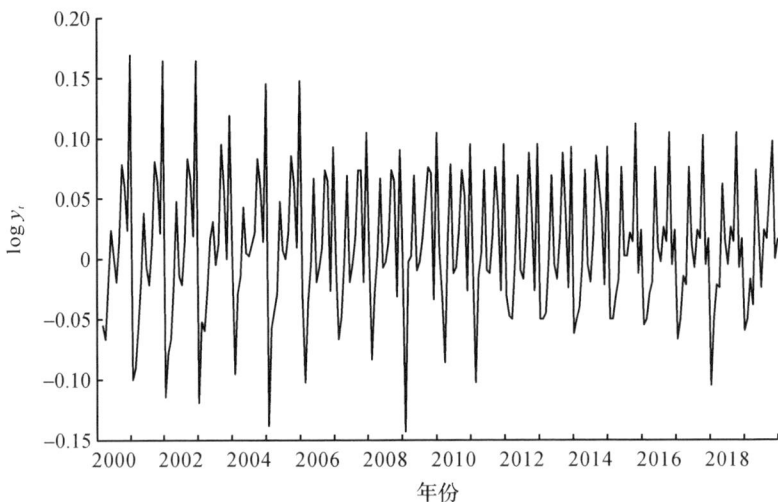

图 5-9 **Δlog** y_t 序列

由于序列 $\Delta\log y_t$ 仍存在明显的季节性，考虑在序列 $\Delta\log y_t$ 的基础上，再进行一次季节差分（12 阶差分），得到 $\Delta\Delta_{12}\log y_t$ 序列。从图 5-11 可以看出，$\Delta\Delta_{12}\log y_t$ 序列围绕数值 0 上下波动。$\Delta\Delta_{12}\log y_t$ 序列的自相关图和偏自相关图如图 5-12 所示，可以发现，序列呈指数或正弦函数衰减特征，即 $\log y_t$ 序列在经过 1 次季节差分、1 次普通差分之后，序列近似变为平稳序列，因此可以基于 $\Delta\Delta_{12}\log y_t$ 序列构建 SARIMA 模型。初步确定差分阶数 d 和季节差分阶数 D 都等于 1，即 $d=D=1$。

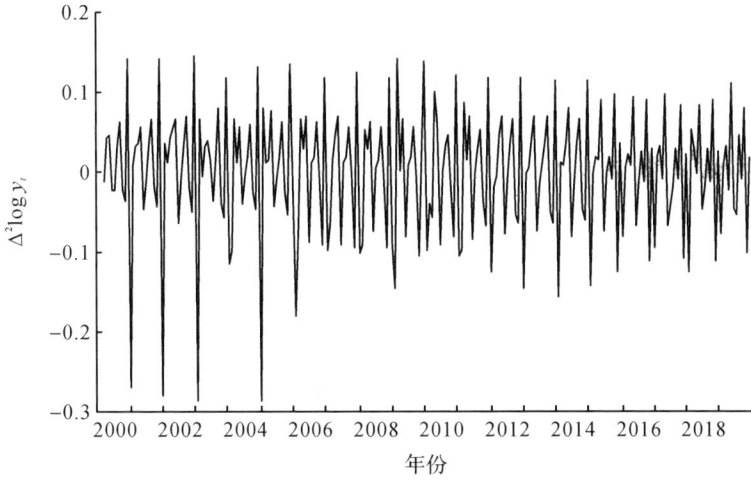

图 5-10 $\Delta^2 \log y_t$ 序列

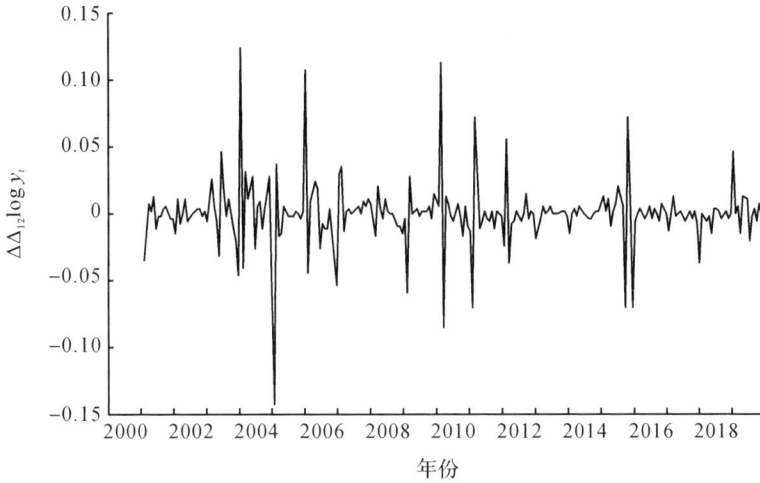

图 5-11 $\Delta\Delta_{12} \log y_t$ 序列

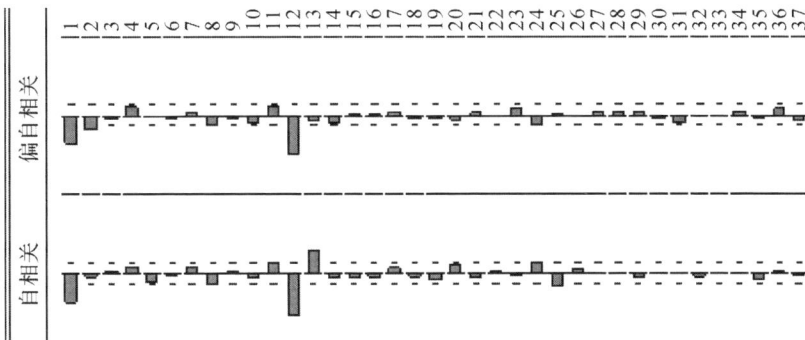

图 5-12 $\Delta\Delta_{12} \log y_t$ 序列的自相关图和偏自相关图

下面通过观察 $\Delta\Delta_{12}\log y_t$ 序列的自相关图和偏自相关图,以确定 SARI-MA 模型 $(p,d,q)\times(P,D,Q)_s$ 中 P、Q、p、q 的值。自相关图在 1、12、13、24、25 期的位置超出虚线位置(95% 置信区间),偏自相关图在 1、2 和 12 期的位置超出虚线位置(95% 置信区间)。首先观察第 1—11 期,偏自相关图似乎具有拖尾特征,自相关图似乎具有截尾特征,因此可能包含 MA 项、不包含 AR 项。进一步观察自相关图第 12、13、24、25 期超出虚线位置然后截尾,偏自相关图第 1、2、12 期超出虚线位置后截尾,此时可能包含 12 阶季节 AR 项及 12 阶、24 阶季节 MA 项。综合以上分析,考虑建立季节 ARIMA 模型 $(0,1,1)\times(1,1,2)_{12}$,结果发现,季节 AR 项 t 检验并不显著,因此剔除季节 AR 项,最终模型为 SARIMA$(0,1,1)\times(0,1,2)_{12}$,即:

$$\Delta\Delta_{12}\log y_t = (1-\theta_1 L)(1-\beta_1 L^{12}-\beta_2 L^{24})\varepsilon_t$$

在 EViews 软件中,变量 $\Delta\Delta_{12}y_t$ 用 $D\log(Y,1,12)$ 表示,估计 $(0,1,1)\times(0,1,2)_{12}$ 模型的 EViews 命令是:

$D\log(Y,1,12)$ MA(1)   SMA(12)   SMA(24)

EViews 软件输出的结果如图 5-13 所示,因而估计的 $(0,1,1)\times(0,1,2)_{12}$ 模型是:

$$\Delta\Delta_{12}\log y_t = (1-0.41L)(1-0.58L^{12}+0.30L^{24})\varepsilon_t$$
$$(-9.68) \quad\quad (-13.69) \quad (4.43)$$

$R^2 = 0.41, DW = 1.96, Q_{25} = 20.72, \chi^2_{0.05}(25-3) = 33.92, T = 240$

下面从 3 个角度对所拟合的模型进行检验。首先是回归系数的 t 检验。从输出结果可以看出,模型的移动平均系数及季节移动平均系数对应的 t 统计量值都超过临界值,对应的 p 值小于 0.05,因此回归系数都具有显著性(截距项不显著,已经剔除)。其次,根据特征根的值可以发现,25 个特征根的倒数值都在单位圆之内(图 5-13 下半部分及图 5-14)。最后是 Q 检验,检验 SARIMA 模型的残差序列是否是白噪声。在图 5-15 中,$Q_{25} = 20.72 < \chi^2_{0.05}(25-2-1) = 33.92$,$Q$ 值对应的 p 值大于 0.05,符合检验要求。因此,上述 SARIMA 模型可以确定为最终模型。

Dependent Variable: DLOG(Y,1,12)
Method: ARMA Maximum Likelihood (BFGS)
Date: 12/06/20   Time: 11:00
Sample: 2001M02 2019M12
Included observations: 227
Convergence achieved after 6 iterations
Coefficient covariance computed using outer product of gradients

Variable	Coefficient	Std. Error	t-Statistic	Prob.
MA(1)	-0.408894	0.042262	-9.675327	0.0000
SMA(12)	-0.584358	0.042678	-13.69231	0.0000
SMA(24)	0.302492	0.068353	4.425417	0.0000
SIGMASQ	0.000366	2.38E-05	15.38825	0.0000

R-squared	0.406920	Mean dependent var		-0.000178
Adjusted R-squared	0.398942	S.D. dependent var		0.024881
S.E. of regression	0.019290	Akaike info criterion		-5.018192
Sum squared resid	0.082977	Schwarz criterion		-4.957841
Log likelihood	573.5648	Hannan-Quinn criter.		-4.993839
Durbin-Watson stat	1.961647			

Inverted MA Roots	.95-.08i	.95+.08i	.86-.40i	.86+.40i
	.78-.54i	.78+.54i	.54+.78i	.54-.78i
	.41	.40+.86i	.40-.86i	.08+.95i
	.08-.95i	-.08+.95i	-.08-.95i	-.40+.86i
	-.40-.86i	-.54+.78i	-.54-.78i	-.78-.54i
	-.78+.54i	-.86-.40i	-.86+.40i	-.95-.08i
	-.95+.08i			

图 5-13　EViews 软件的输出结果

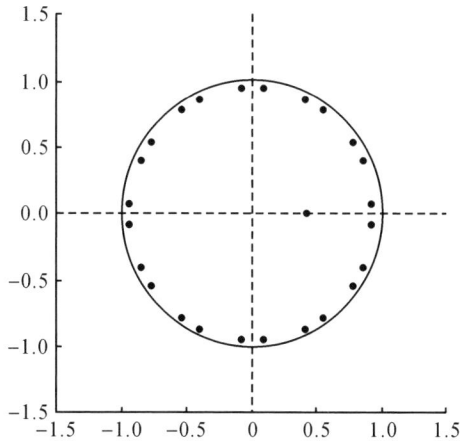

图 5-14　特征根的值的倒数

Autocorrelation	Partial Correlation		AC	PAC	Q-Stat	Prob
		1	0.014	0.014	0.0438	
		2	-0.082	-0.082	1.6053	
		3	0.115	0.118	4.6873	
		4	0.065	0.054	5.6599	0.017
		5	-0.026	-0.009	5.8167	0.055
		6	-0.047	-0.052	6.3446	0.096
		7	-0.020	-0.036	6.4406	0.169
		8	-0.074	-0.082	7.7280	0.172
		9	0.038	0.052	8.0771	0.233
		10	-0.104	-0.109	10.647	0.155
		11	-0.070	-0.040	11.821	0.159
		12	-0.007	-0.029	11.835	0.223
		13	0.109	0.122	14.727	0.142
		14	-0.008	0.003	14.741	0.195
		15	0.027	0.059	14.923	0.246
		16	0.024	-0.024	15.062	0.304
		17	0.056	0.052	15.829	0.324
		18	-0.044	-0.083	16.301	0.362
		19	-0.077	-0.061	17.797	0.336
		20	0.077	0.050	19.269	0.313
		21	0.018	0.029	19.354	0.370
		22	0.051	0.075	20.017	0.394
		23	0.013	0.045	20.060	0.454
		24	-0.019	-0.021	20.149	0.512
		25	-0.047	-0.050	20.720	0.538

图 5-15　SARIMA 模型的残差序列 Q 检验

在运用自相关图和偏自相关图识别时间序列模型时,季节序列的识别难度要远大于非季节序列。在实证分析中,可以多设置几个备选模型,然后根据回归系数的显著性综合判断。

把 SARIMA 模型展开可得:

$$\Delta \log y_t - \Delta \log y_{t-12} = \varepsilon_t - 0.41\varepsilon_{t-1} - 0.58\varepsilon_{t-12} + 0.24\varepsilon_{t-13} + 0.30\varepsilon_{t-24} - 0.12\varepsilon_{t-25}$$

可得 $\log y_t = \log y_{t-1} + \log y_{t-12} - \log y_{t-13} + \varepsilon_t - 0.41\varepsilon_{t-1} - 0.58\varepsilon_{t-12} + 0.24\varepsilon_{t-13} + 0.30\varepsilon_{t-24} - 0.12\varepsilon_{t-25}$,因而 y_t 的预测等式为:

$$y_t = 10^n (\log y_{t-1} + \log y_{t-12} - \log y_{t-13} + \varepsilon_t - 0.41\varepsilon_{t-1} - 0.58\varepsilon_{t-12} + 0.24\varepsilon_{t-13} + 0.30\varepsilon_{t-24} - 0.12\varepsilon_{t-25})$$

下面将从样本内预测和样本外预测 2 个角度进行预测分析。图 5-16 是样本内静态预测后预测值和实际值的走势图,可以看出,预测值和实际值几乎重叠在一起,二者差异非常小。从图 5-17 可知,样本内预测的平均相对误差(MAPE)是 1.24%。因此,预测模型的拟合效果较好。

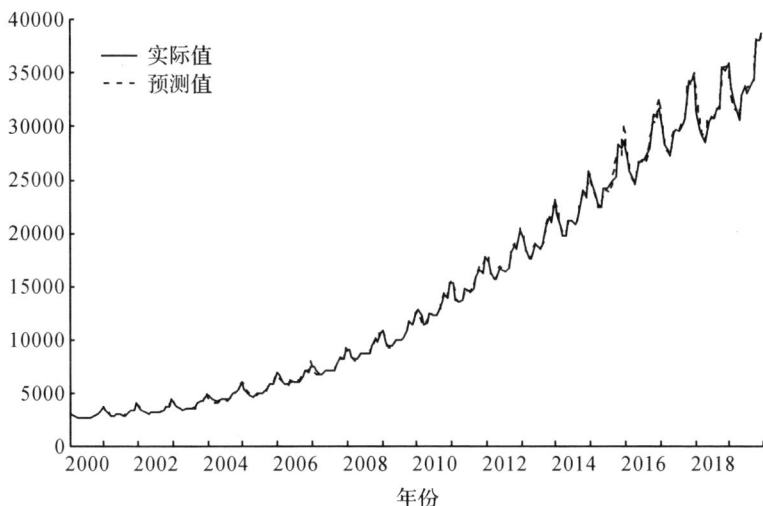

图 5-16　序列 y_t 的实际值和样本内预测值

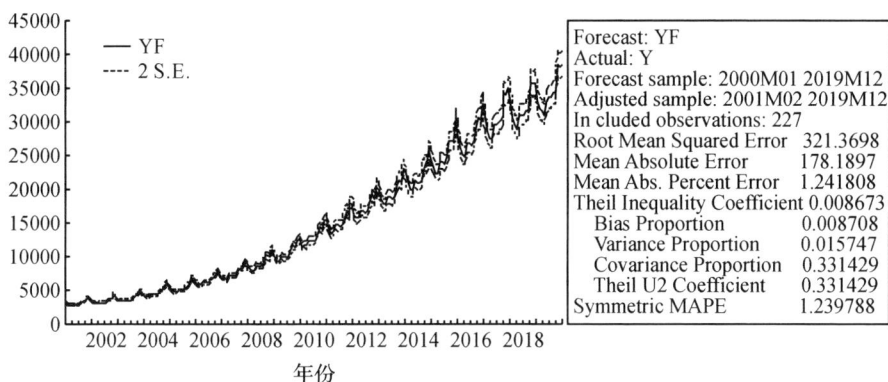

图 5-17　样本内预测值及预测区间

　　基于上述模型,对 2020 年 1 月中国社会消费品零售总额 y_t 进行样本外 1 期预测,预测值为 35498.50 亿元,实际值为 33355.05 亿元。预测误差为 $(35498.50-33355.05)/33355.05 \times 100\% = 6.43\%$。考虑到 2020 年新冠肺炎疫情的影响,这个误差还是可以接受的。

第六节　季节变动的预测方法比较

　　如果不考虑循环因子和不规则变动因子,长期趋势因子和季节变动因子的组合形式不同,预测模型的数学表达式就不同,模型中参数估计的方法也不完全相同。因此,在季节预测前,确定预测对象中长期趋势因子和季节变动因子的组合形式是至关重要的。

一、预测模型的主要形式

因为季节预测是对长期趋势因子与季节因子综合作用结果的预测,所以季节预测模型的一般表达式为:

$$\hat{y}_{t+m} = f(a_t, b_t, S_t) \tag{5.6.1}$$

式(5.6.1)中,a_t 表示长期趋势的平均水平,b_t 表示趋势增长因子,S_t 表示季节因子。

季节预测模型的具体形式如表5-9所示。

表 5-9 季节预测模型的形式

长期趋势因子	季节因子		
A(无)	1(无)	2(加法)	3(乘法)
	$\hat{y}_{t+m} = a_t$	$\hat{y}_{t+m} = a_t + S_{t+m-l}$	$\hat{y}_{t+m} = a_t S_{t+m-l}$
B(加法)	$\hat{y}_{t+m} = a_t + mb_t$	$\hat{y}_{t+m} = (a_t + mb_t) + S_{t+m-l}$	$\hat{y}_{t+m} = (a_t + mb_t) S_{t+m-l}$
C(乘法)	$\hat{y}_{t+m} = a_t b_t^m$	$\hat{y}_{t+m} = a_t b_t^m + S_{t+m-l}$	$\hat{y}_{t+m} = a_t b_t^m S_{t+m-l}$

关于季节预测模型中趋势增长因子的3种情况,做如下说明:

(1)没有趋势增长因子是指预测对象的趋势水平只围绕平均水平做不规则变动。

(2)加法趋势是指预测对象的趋势水平始终以某个固定的绝对量增减。

(3)乘法趋势是指预测对象的趋势水平始终以某个固定的比率来增减。

对于季节预测模型中的季节因子也可以分为3种情况:

(1)没有季节因子,预测对象只受随机因素干扰而围绕平均水平随机波动。

(2)有季节因子,且季节因子与长期趋势因子是以加法模型结合的。

(3)有季节因子,且季节因子与长期趋势因子是以乘法模型结合的。

二、季节因子的估计方法

对于季节预测模型中的组成因子有很多估计方法,为了方便比较,我们统一用指数平滑法来估计。具体估计方法如表5-10所示,其中的一次指数平滑公式如下:

$$a_t = \alpha \cdot P_t + (1 - \alpha) \cdot Q_t \tag{5.6.2}$$

$$b_t = \beta \cdot R_t + (1 - \beta) \cdot b_{t-1} \tag{5.6.3}$$

$$S_t = \gamma \cdot T_t + (1 - \gamma) \cdot S_{t-1} \tag{5.6.4}$$

根据式(5.6.2)、(5.6.3)和(5.6.4),就能求解出所有季节预测模型中的所有因子,从而进行预测。

表 5-10 季节预测模型的估计方法

长期趋势因子	季节因子		
	1(无)	2(加法)	3(乘法)
A(无)	$P_t = y_t$	$P_t = y_t - S_{t-l}$	$P_t = y_t / S_{t-l}$
	$Q_t = a_{t-1}$	$Q_t = a_{t-1}$	$Q_t = a_{t-1}$
	—	$T_t = y_t - a_t$	$T_t = y_t / a_t$
	$\hat{y}_{t+m} = a_t$	$\hat{y}_{t+m} = a_t + S_{t+m-l}$	$\hat{y}_{t+m} = a_t S_{t+m-l}$
B(加法)	$P_t = y_t$	$P_t = y_t - S_{t-l}$	$P_t = y_t / S_{t-l}$
	$Q_t = a_{t-1} + b_{t-1}$	$Q_t = a_{t-1} + b_{t-1}$	$Q_t = a_{t-1} + b_{t-1}$
	$R_t = a_t - a_{t-1}$	$R_t = a_t - a_{t-1}$	$R_t = a_t - a_{t-1}$
	—	$T_t = y_t - a_t$	$T_t = y_t / a_t$
	$\hat{y}_{t+m} = a_t + mb_t$	$\hat{y}_{t+m} = (a_t + mb_t) + S_{t+m-l}$	$\hat{y}_{t+m} = (a_t + mb_t) S_{t+m-l}$
C(乘法)	$P_t = y_t$	$P_t = y_t - S_{t-l}$	$P_t = y_t / S_{t-l}$
	$Q_t = a_{t-1} b_{t-1}$	$Q_t = a_{t-1} b_{t-1}$	$Q_t = a_{t-1} b_{t-1}$
	$R_t = a_t / a_{t-1}$	$R_t = a_t / a_{t-1}$	$R_t = a_t / a_{t-1}$
	—	$T_t = y_t - a_t$	$T_t = y_t / a_t$
	$\hat{y}_{t+m} = a_t b_t^m$	$\hat{y}_{t+m} = a_t b_t^m + S_{t+m-l}$	$\hat{y}_{t+m} = a_t b_t^m S_{t+m-l}$

三、案例分析

在实际进行季节预测前,准确描述时间序列中的季节因子,确定季节周期的长度,判断长期趋势因子与季节因子的结合形式,以及选择季节模型中的参数估计方法等,都是十分重要的。方法选择得正确与否,会直接影响到预测结果的准确性。

【例 5.5】 某钢铁集团公司 2013—2018 年各月产量(单位:万吨)如表 5-11所示。试对该公司钢铁产量的趋势变化进行分析,并预测 2019 年该公司各月钢铁的产量。

表 5-11　某钢铁集团公司 2013—2018 年产量资料

时间	钢铁产量	时间	钢铁产量	时间	钢铁产量
2013 年 1 月	203.80	2015 年 1 月	301.01	2017 年 1 月	354.39
2013 年 2 月	214.10	2015 年 2 月	285.50	2017 年 2 月	359.41
2013 年 3 月	229.90	2015 年 3 月	286.60	2017 年 3 月	390.93
2013 年 4 月	223.70	2015 年 4 月	260.50	2017 年 4 月	363.78
2013 年 5 月	220.70	2015 年 5 月	298.50	2017 年 5 月	342.92
2013 年 6 月	198.40	2015 年 6 月	291.50	2017 年 6 月	380.24
2013 年 7 月	207.80	2015 年 7 月	267.30	2017 年 7 月	397.92
2013 年 8 月	228.50	2015 年 8 月	277.90	2017 年 8 月	398.05
2013 年 9 月	206.50	2015 年 9 月	303.60	2017 年 9 月	404.99
2013 年 10 月	226.80	2015 年 10 月	313.30	2017 年 10 月	413.77
2013 年 11 月	247.80	2015 年 11 月	327.60	2017 年 11 月	419.57
2013 年 12 月	259.50	2015 年 12 月	338.30	2017 年 12 月	469.86
2014 年 1 月	240.50	2016 年 1 月	340.37	2018 年 1 月	453.14
2014 年 2 月	222.80	2016 年 2 月	318.51	2018 年 2 月	416.70
2014 年 3 月	243.10	2016 年 3 月	336.85	2018 年 3 月	415.50
2014 年 4 月	222.20	2016 年 4 月	326.64	2018 年 4 月	449.74
2014 年 5 月	220.60	2016 年 5 月	342.90	2018 年 5 月	511.63
2014 年 6 月	218.70	2016 年 6 月	337.53	2018 年 6 月	432.61
2014 年 7 月	234.50	2016 年 7 月	320.09	2018 年 7 月	423.18
2014 年 8 月	248.60	2016 年 8 月	332.17	2018 年 8 月	436.31
2014 年 9 月	261.00	2016 年 9 月	344.01	2018 年 9 月	476.93
2014 年 10 月	275.30	2016 年 10 月	355.79	2018 年 10 月	528.01
2014 年 11 月	269.40	2016 年 11 月	350.67	2018 年 11 月	513.66
2014 年 12 月	291.20	2016 年 12 月	367.37	2018 年 12 月	521.74

第一步,分析原数列趋势类型,选择合适的预测模型。

在时间序列的趋势外推预测中,模型的拟合效果与外推效果是 2 个不同的问题。为保证模型在对原始数据有良好拟合效果的基础上,也能有较好的外推预测效果,一般会使用部分已知的实际数据,检验模型的外推预测效果。因此,我们基于已知数据中前 5 年的数据建立模型,然后用最后 1 年的实际数据对模型进行外推预测效果的检验。

原数列的趋势如图 5-18 所示。可以看出，原数列中除包含明显的趋势增长因子外，还存在季节因子。因此，选择季节模型预测。

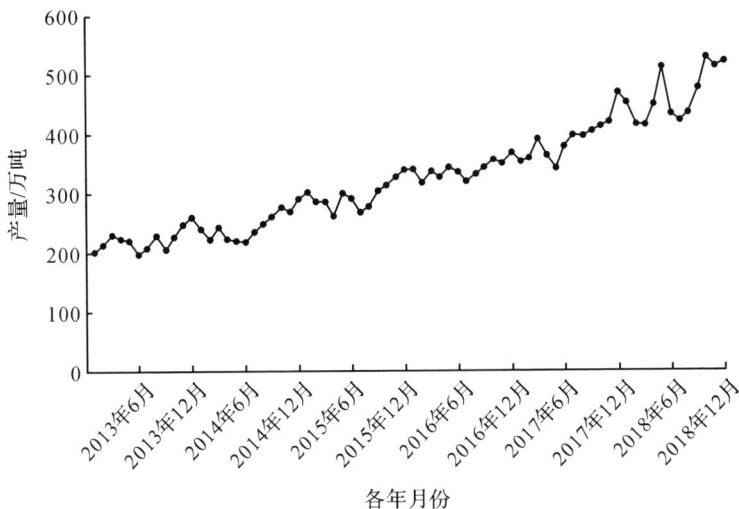

图 5-18　原数列趋势图

在季节预测模型中，根据图形特征，我们选择加法趋势与乘法趋势结合的预测模型，即预测模型为：

$$\hat{y}_{t+m} = (a_t + mb_t)S_{t+m-l} \tag{5.6.5}$$

第二步，估计模型参数。

根据上述季节预测模型，利用趋势剔除法和指数平滑法来进行参数估计。我们先看趋势剔除法，用普通最小平方法建立的线性趋势方程为：

$$\hat{T}_t = 187.9981 + 3.6376t \tag{5.6.6}$$

第三步，求出各期趋势预测值，并计算季节比率。季节比率＝实际数/趋势估计值，计算得到的历年各期趋势预测值和季节比率结果如表 5-12 所示，根据季节比率计算得到的季节指数如表 5-13 所示。

第四步，对模型进行外推效果检验。

首先，根据趋势方程 $\hat{T}_t = 187.9981 + 3.6376t$，将相应的 t 值代入模型，计算 2019 年各月的长期趋势值。

其次，根据预测模型 $\hat{y}_{t+m} = (a_t + mb_t)S_{t+m-s}$，利用表 5-13 计算得到的季节指数进行预测，预测结果如表 5-14 所示。根据表 5-14 反映的绝对百分误差，平均的绝对百分误差为 6.23%，因此模型预测的精度比较高。

最后，预测公司 2019 年各月的钢产量，结果见表 5-15 第 2 行趋势外推预测值。

表 5-12　季节比率计算表

时间	钢铁产量	趋势值	季节比率	时间	钢铁产量	趋势值	季节比率
2013 年 1 月	203.80	191.63	1.06	2015 年 7 月	267.30	300.76	0.88
2013 年 2 月	214.10	195.27	1.09	2015 年 8 月	277.90	304.40	0.91
2013 年 3 月	229.90	198.91	1.15	2015 年 9 月	303.60	308.03	0.98
2013 年 4 月	223.70	202.54	1.10	2015 年 10 月	313.30	311.67	1.00
2013 年 5 月	220.70	206.18	1.07	2015 年 11 月	327.60	315.31	1.03
2013 年 6 月	198.40	209.82	0.94	2015 年 12 月	338.30	318.95	1.06
2013 年 7 月	207.80	213.46	0.97	2016 年 1 月	340.37	322.58	1.05
2013 年 8 月	228.50	217.09	1.05	2016 年 2 月	318.51	326.22	0.97
2013 年 9 月	206.50	220.73	0.93	2016 年 3 月	336.85	329.86	1.02
2013 年 10 月	226.80	224.37	1.01	2016 年 4 月	326.64	333.50	0.97
2013 年 11 月	247.80	228.01	1.08	2016 年 5 月	342.90	337.13	1.01
2013 年 12 月	259.50	231.64	1.12	2016 年 6 月	337.53	340.77	0.99
2014 年 1 月	240.50	235.28	1.02	2016 年 7 月	320.09	344.41	0.92
2014 年 2 月	222.80	238.92	0.93	2016 年 8 月	332.17	348.05	0.95
2014 年 3 月	243.10	242.56	1.00	2016 年 9 月	344.01	351.68	0.97
2014 年 4 月	222.20	246.19	0.90	2016 年 10 月	355.79	355.32	1.00
2014 年 5 月	220.60	249.83	0.88	2016 年 11 月	350.67	358.96	0.97
2014 年 6 月	218.70	253.47	0.86	2016 年 12 月	367.37	362.60	1.01
2014 年 7 月	234.50	257.11	0.91	2017 年 1 月	354.39	366.23	0.96
2014 年 8 月	248.60	260.74	0.95	2017 年 2 月	359.41	369.87	0.97
2014 年 9 月	261.00	264.38	0.98	2017 年 3 月	390.93	373.51	1.04
2014 年 10 月	275.30	268.02	1.02	2017 年 4 月	363.78	377.15	0.94
2014 年 11 月	269.40	271.66	0.99	2017 年 5 月	342.92	380.78	0.90
2014 年 12 月	291.20	275.29	1.05	2017 年 6 月	380.24	384.42	0.94
2015 年 1 月	301.01	278.93	1.08	2017 年 7 月	397.92	388.06	1.02
2015 年 2 月	285.50	282.57	1.01	2017 年 8 月	398.05	391.70	1.01
2015 年 3 月	286.60	286.21	1.00	2017 年 9 月	404.99	395.33	1.02
2015 年 4 月	260.50	289.84	0.89	2017 年 10 月	413.77	398.97	1.05
2015 年 5 月	298.50	293.48	1.01	2017 年 11 月	419.57	402.61	1.04
2015 年 6 月	291.50	297.12	0.98	2017 年 12 月	469.86	406.25	1.15

表 5-13　季节指数计算表

时间	2013 年	2014 年	2015 年	2016 年	2017 年	平均比率	季节指数
1 月	1.06	1.02	1.08	1.05	0.96	1.034	1.04
2 月	1.09	0.93	1.01	0.97	0.97	0.994	1.00
3 月	1.15	1.00	1.00	1.02	1.04	1.042	1.05
4 月	1.10	0.90	0.89	0.97	0.94	0.96	0.97
5 月	1.07	0.88	1.01	1.01	0.90	0.974	0.98
6 月	0.94	0.86	0.98	0.99	0.94	0.942	0.95
7 月	0.97	0.91	0.88	0.92	1.02	0.94	0.95
8 月	1.05	0.95	0.91	0.95	1.01	0.974	0.98
9 月	0.93	0.98	0.98	0.97	1.02	0.976	0.98
10 月	1.01	1.02	1.00	1.00	1.05	1.016	1.02
11 月	1.08	0.99	1.03	0.97	1.04	1.022	1.03
12 月	1.12	1.05	1.06	1.01	1.15	1.078	1.08
平均	—	—	—	—	—	11.95	12.0

表 5-14　预测值与实际值的比较

t	月份	实际产量	预测值	绝对百分误差（%）
61	2018 年 1 月	453.14	426.29	5.93
62	2018 年 2 月	416.70	413.53	0.76
63	2018 年 3 月	415.50	438.03	5.42
64	2018 年 4 月	449.74	408.18	9.24
65	2018 年 5 月	511.63	415.95	1.05
66	2018 年 6 月	432.61	406.68	5.99
67	2018 年 7 月	423.18	410.13	3.08
68	2018 年 8 月	436.31	426.65	2.21
69	2018 年 9 月	476.93	430.21	9.89
70	2018 年 10 月	528.01	451.48	14.49
71	2018 年 11 月	513.66	459.66	10.51
72	2018 年 12 月	521.74	485.90	6.87

表 5-15 2019 年各月钢产量预测值

时间(月)	1	2	3	4	5	6	7	8	9	10	11	12
外推预测值	454	457	461	464	468	472	475	479	483	486	490	494
指数平滑预测值	529	500	529	503	523	516	504	535	550	569	579	614

作为对比,我们再看指数平滑法的预测结果。取 $\alpha = 0.3, \beta = 0.1, \gamma = 0.05$,样本内的预测结果如图 5-19 所示。从图 5-19 可以看出,预测序列与原序列的变动趋势较为一致,模型拟合效果较好。将利用 2 种预测方法得出的 2019 年预测结果及原始序列绘制在同一张图上,如图 5-20 所示。可以看出,利用指数平滑法计算得到的预测值相对好于趋势剔除法。按指数平滑法得出的 2019 年各月钢产量见表 5-15 第 3 行指数平滑预测值。

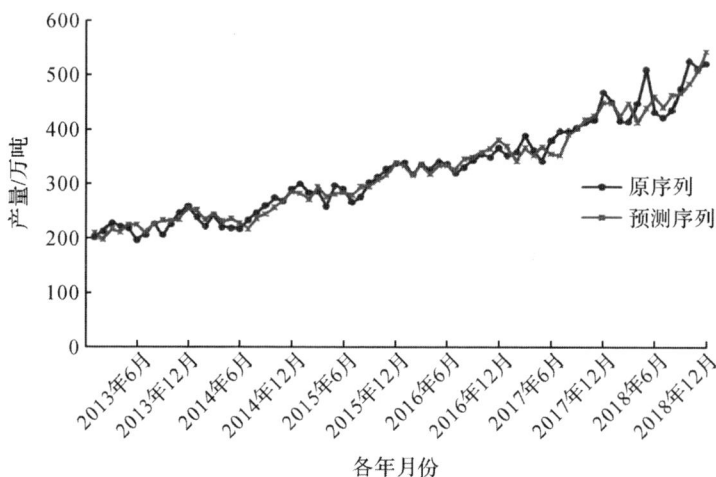

图 5-19 样本内预测值与实际值的比较

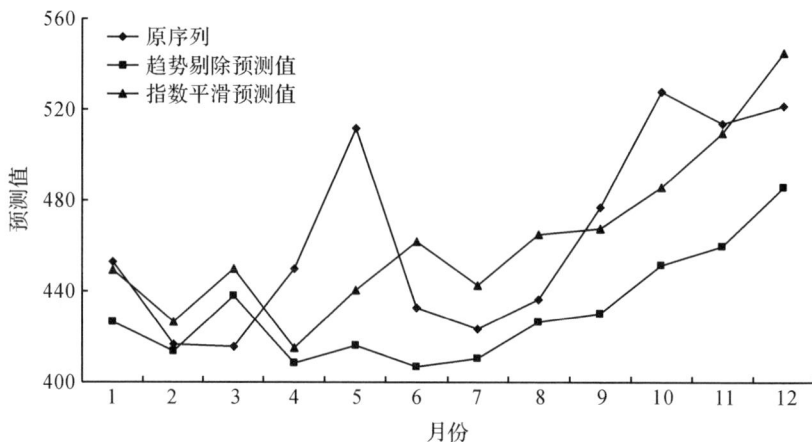

图 5-20 基于 2 种估计方法求得的 2019 年各月拟合效果比较情况

最后,我们还选择了其他几种非季节预测模型,将预测结果与季节预测模型的预测结果进行比较。表 5-16 显示,不同预测模型的预测效果是不同的。当然,预测误差是我们选择模型和参数估计的重要参考之一,实际选择预测方法时,还可结合预测对象的特点、系统的稳定性等方面进行判断。此外,也可以同时选择不同的方法进行预测,供决策者全面掌握情况并选用。

表 5-16 不同模型预测误差比较

误差指标	简单移动平均预测 $N=5$	简单指数平滑预测 $\alpha=0.3$	单一参数线性指数平滑模型 $\alpha=\beta=0.5$	双参数线性指数平滑模型 $\alpha=0.5$, $\beta=0.6$	三次曲线模型	温特斯法预测模型 $\alpha=0.3, \beta=0.1$ $\gamma=0.05$
平均绝对误差	19.24	14.24	15.25	15.64	16.47	13.9
平均绝对相对误差(%)	7.57	6.30	5.34	5.05	5.75	4.29
均方误差	504.81	287.26	356.50	364.89	403.12	331.49

◆ 本章小结

(1)季节预测的重点在于判断、分析预测季节周期内各阶段水平的差异,为经营管理提供决策依据。判断季节变动的方法主要有判断分析法、图示法、指标法和方差分析法等。

(2)大多数经济序列由长期趋势因子和季节因子 2 部分组成,两者的组合形式主要为加法模型和乘法模型 2 种。加法模型通过季节变差反映季节因子,乘法模型则通过季节指数刻画季节因子。检验分析中,以乘法模型居多,主要利用季节指数度量季节因子。

(3)如果原始序列围绕一个水平值上下周期性地波动,没有表现出明显的上升或下降趋势,说明序列不存在长期趋势,可以采用直接平均法度量季节因子,并预测各期水平。其中,季节指数等于同期平均水平除以总平均水平。

(4)趋势剔除法是通过计算序列各期的长期趋势因子,然后剔除长期趋势因子后计算季节指数,最后根据各期的长期趋势因子和季节因子进行预测。

(5)指数平滑法是指通过指数平滑的方法,消除序列中的长趋趋势因子和不规则变动因子,从而求得季节指数。温特斯法有 3 个平滑式,分别对长期趋势因子、趋势增长因子和季节因子进行指数平滑,然后把 3 个平滑结果用一个预测模型综合起来进行预测。

(6)随机型序列可以通过构建 SAR、SMA 及 SARIMA 模型以刻画季节波动,本质上它们可以转化为 AR、MA 和 ARIMA 模型。X-13ARIMA-SEATS 模型运用较为广泛,一方面是因为它吸收了 SARIMA 模型的建模思想,在进行季节调整之前,先通过建立 ARIMA 模型对序列进行向前预测和向后预测,补充数据以保证在使用移动平均进行季节调整的过程中数据的完整性;另一方面是由于它吸收了 TRAMO/SEATS 模型的建模思想。

◆思考与练习

1.什么是季节预测? 季节预测模型的特点是什么?

2.季节预测的基本步骤是什么? 季节预测模型中长期趋势因子与季节因子如何结合?

3.季节预测中直接平均法的理论依据和适用条件是什么?

4.什么是趋势剔除法?

5.什么是温特斯法? 温特斯法有哪些优缺点?

6.季节因子和长期趋势因子相结合的预测模型是怎样分类的?

7.为什么说 SAR、SMA 及 SARIMA 模型的本质分别为 AR、MA 和 ARIMA 模型?

8.X-13ARIMA-SEATS 模型的建模思想是什么?

9.某医院 2016—2020 年诊疗人次数据(单位:人次)如下表:

月份	年份				
	2016	2017	2018	2019	2020
1	7511	6212	6115	5891	6871
2	6164	6016	7121	7280	5798
3	6671	7687	7647	7567	8735
4	6842	7331	7617	7851	8131
5	7186	7526	7018	8172	8579
6	6718	8221	7867	7680	7828
7	6881	7994	7723	7893	8057
8	8755	7282	7866	8553	8314
9	7509	7051	6963	7261	7983
10	6985	6545	6974	7628	7153

月份	年份				
	2016	2017	2018	2019	2020
11	6725	6277	6260	6753	7247
12	5902	6303	6122	6018	7497

要求：

(1)分析该医院诊疗人数的季节变动规律；

(2)假设2021年各月平均诊疗人数为7700人次，试用直接平均法预测2021年各个月实际诊疗人次。

10.某产品近4年各季需求量(单位：万件)如下表：

年度	季度			
	第1季度	第2季度	第3季度	第4季度
第1年	1000	800	1300	1100
第2年	1200	1000	1500	1200
第3年	1000	900	1900	1200
第4年	1300	1100	1800	1300

试用趋势比率剔除法预测下年度各季需求量。

11.2017—2020年某导航装备配件的消耗数量(单位：件)如下表：

年份	月份											
	1	2	3	4	5	6	7	8	9	10	11	12
2017	5	7	10	11	14	15	19	17	16	12	6	4
2018	6	8	11	13	15	16	20	19	18	14	7	5
2019	7	10	13	14	17	18	23	22	19	16	8	6
2020	9	11	14	16	19	20	24	23	21	17	9	6

要求：

(1)判别时间序列趋势变化的特点；

(2)依据2017—2019年配件消耗量，利用温特斯法中的指数平滑法建立预测模型；($\alpha=0.2,\beta=0.1,\gamma=0.05$)

(3)计算2020年各月消耗量的预测误差；

(4)预测2021年各月配件消耗量。

12.收集 2000 年 1 月至 2020 年 12 月我国各月出口总值(国家统计局网站可以下载月度数据),请选择合适的季节变动模型预测 2021 年各月出口总值,并结合预测效果分析误差产生的主要原因。

第六章　多变量时间序列的预测方法

前面章节我们分析的时间序列预测方法主要针对单变量,包括确定性序列预测方法和随机型序列预测方法。而第二章的回归分析预测法主要针对横截面数据,并没有讨论对不同时间序列进行直接回归分析可能产生的不良后果。比如,被解释变量与解释变量均是非平稳序列,就很容易产生伪回归现象,这将导致预测结果失去意义。本章我们将着重论述时间序列与回归分析相结合时的分析方法,包括误差自相关的预测方法、协整分析和向量自回归模型(Vector Autoregressive Model,简称 VAR 模型)等。

第一节　误差自相关的预测方法

一、自相关的概念

仅仅考虑异方差的线性模型为:

$$\begin{cases} \boldsymbol{Y} = \boldsymbol{X}\boldsymbol{\beta} + \boldsymbol{\varepsilon} \\ E(\boldsymbol{\varepsilon}) = 0, \mathrm{Var}(\boldsymbol{\varepsilon}) = \boldsymbol{\Phi} = \mathrm{diag}(\sigma_1^2, \cdots, \sigma_n^2) \end{cases} \tag{6.1.1}$$

其中,$\boldsymbol{\Phi}$ 只是对角矩阵,表示随机误差项 $\varepsilon_i (i=1, \cdots, n)$ 是彼此不相关的。但在实际问题分析中,这种不相关假设通常难以满足。自相关主要有 3 种可能:

(1)y_t 依赖于自身过去的数值,一般而言,当年经济发展水平都与过去数值有关,这是惯性使然;

(2)$\boldsymbol{X}$ 可能包含解释变量的当前数值和滞后数值,从而 $\boldsymbol{X}$ 的相关性也造成 $\boldsymbol{Y}$ 的相关性;

(3)随机误差项 $\boldsymbol{\varepsilon}$ 本身相关,它依赖于随机误差值。

本节重点研究由于随机误差项 $\boldsymbol{\varepsilon}$ 自身相关形成的自相关模型。由于在参数有效性的证明中,我们运用了 $E(\boldsymbol{\varepsilon}'\boldsymbol{\varepsilon})=\sigma^2\boldsymbol{I}$,因此与异方差一样,自相关使得参数估计不再有效,而且常用的 t 检验和 F 检验等不再适用,原来的预测结果也将失效。

二、自相关的检验方法

1. 图示检验法

图示检验法是一种直观的自相关检验方法,它是通过当期残差值与其滞后期残差值的散点图来判断是否存在自相关。具体做法是,以 OLS 回归的残差当期值为纵坐标,以其滞后值为横坐标(可以是滞后 1 期及 1 期以上的)绘制散点图。如果该图形明显呈现某种趋势,则可以认为残差存在自相关。在图 6-1 中,图(a)与图(b)反映了前后误差项之间存在正相关,图(c)和图(d)则显示了前后误差项之间存在负相关。

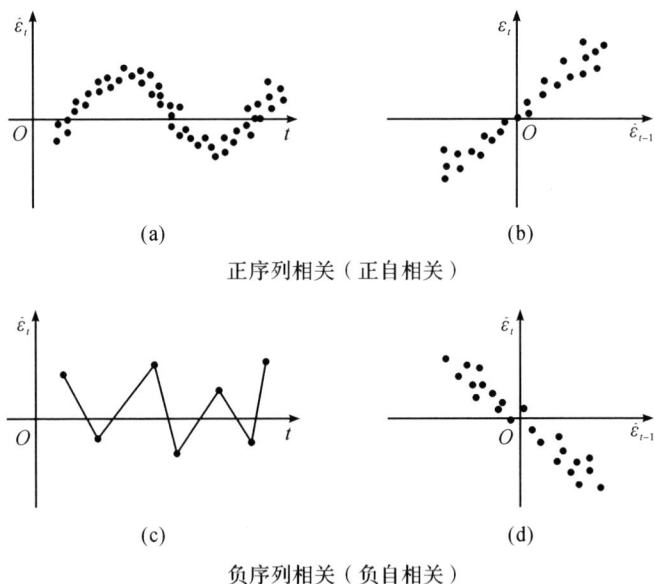

(a)

(b)

正序列相关（正自相关）

(c)

(d)

负序列相关（负自相关）

图 6-1 自相关图示

2. 回归检验法

回归检验法是检验自相关的一个简单方法。其基本思想就是通过计算 OLS 回归得到的残差之间的一阶自相关系数,来确认是否存在自相关现象。具体方法是以残差 $\hat{\varepsilon}_t$ 为被解释变量,以可能的 $\hat{\varepsilon}_{t-1}$、$\hat{\varepsilon}_{t-2}$、$\cdots$ 为解释变量,建立各种回归方程:

$$\hat{\varepsilon}_t = \rho_1 \hat{\varepsilon}_{t-1} + v_t$$

$$\hat{\varepsilon}_t = \rho_1 \hat{\varepsilon}_{t-1} + \rho_2 \hat{\varepsilon}_{t-2} + v_t$$

$$\cdots$$

其中，v_t 是一个白噪声序列。如果上述某个方程显著成立，即其中的自相关系数显著不等于 0，则说明原模型的误差项存在自相关性。回归检验法的优点是能够确定自相关的形式，适用于任何类型自相关性问题的检验。

3. D-W 检验

D-W 检验是杜宾（J. Durbin）和瓦森（G. S. Watson）于 1951 年提出的一种检验序列自相关的方法。该方法主要是针对回归模型 $\hat{\varepsilon}_t = \rho \hat{\varepsilon}_{t-1} + v_t$，在原假设 $H_0: \rho = 0$ 的前提下，构造的检验统计量为：

$$DW = \frac{\sum_{t=2}^{T} (\hat{\varepsilon}_t - \hat{\varepsilon}_{t-1})^2}{\sum_{t=1}^{T} \hat{\varepsilon}_t^2} \qquad (6.1.2)$$

DW 统计量的分布与给定样本的关系较为复杂，其精确的分布很难得到。但是杜宾和瓦森成功地推导出临界值的下限 d_L 和上限 d_U，且上下限只与样本的容量 n 和解释变量的个数 k 有关，而与解释变量 x 的取值无关。由于

$$DW = \frac{\sum_{t=2}^{T} (\hat{\varepsilon}_t - \hat{\varepsilon}_{t-1})^2}{\sum_{t=1}^{T} \hat{\varepsilon}_t^2} = \frac{\sum_{t=2}^{T} \hat{\varepsilon}_t^2 + \sum_{t=2}^{T} \hat{\varepsilon}_{t-1}^2 - 2\sum_{t=2}^{T} \hat{\varepsilon}_t \hat{\varepsilon}_{t-1}}{\sum_{t=1}^{T} \hat{\varepsilon}_t^2}$$

$$\approx 2\left(1 - \frac{\sum_{t=2}^{T} \hat{\varepsilon}_t \hat{\varepsilon}_{t-1}}{\sum_{t=1}^{T} \hat{\varepsilon}_t^2}\right) \approx 2(1 - \hat{\rho}) \qquad (6.1.3)$$

由此可见，当 $\hat{\rho} = 0$ 时，$DW = 2$，说明序列不存在一阶自相关。由于 $-1 \leqslant \hat{\rho} \leqslant 1, 0 \leqslant DW \leqslant 4$。因此，根据 DW 值判断自相关的准则可由图 6-2 表示，具体方法为：

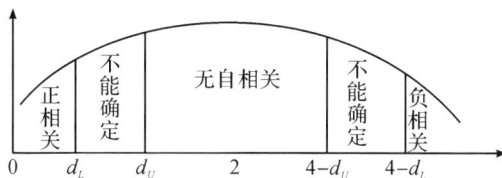

图 6-2 利用 DW 统计量的自相关判别法

（1）若 $0 < DW < d_L$，存在正自相关；

（2）若 $d_L \leqslant DW \leqslant d_U$ 或者 $4-d_U \leqslant DW \leqslant 4-d_L$，不能确定是否存在自相关；

（3）若 $d_U < DW < 4-d_U$，不存在自相关；

（4）若 $4-d_L < DW < 4$，存在负自相关。

一个简单的判断方法是，如果 DW 值在 2 左右，说明不存在自相关。

使用 DW 统计量对自相关进行检验需要注意 2 个问题：一是该统计量只能检验一阶自相关，不能检验高阶自相关；二是该检验要求回归式中不能包含被解释变量的滞后值，否则计算得到的统计量总是倾向于没有自相关的结论。

为了克服 D-W 检验要求回归方程中不含被解释变量滞后项的问题，杜宾于 1970 年提出了被称为 Durbin h 统计量的修正统计量，其定义为：

$$h = \hat{\rho} \sqrt{\frac{T}{1 - T \cdot \mathrm{Var}(\beta_2)}} \tag{6.1.4}$$

其中，$\mathrm{Var}(\beta_2)$ 是对回归方程 $y_t = \beta_1 + \beta_2 y_{t-1} + \beta_3 x_t + \varepsilon_t$ 进行 OLS 分析后 β_2 的方差，$\hat{\rho}$ 是一阶自相关系数的估计值。杜宾证明了 Durbin h 统计量近似地服从方差为 1 的正态分布，因而可直接利用正态分布对一阶自相关性进行显著性检验。不过，当 $\mathrm{Var}(\beta_2) = 1/T$ 时，Durbin h 统计量的检验方法将不再有效，于是杜宾提出了改进方法。这些内容超出了本书范围，我们不做介绍。

4. 拉格朗日乘数检验

拉格朗日乘数（Lagrange Multiplier）检验是由布劳殊（Breusch）与戈弗雷（Godfrey）于 1978 年提出的，也被称为 BG 检验。BG 检验克服了 D-W 检验中的问题，适合于高阶序列相关及模型中存在滞后被解释变量的情形。

对于模型 $y_t = \beta_1 + \beta_2 x_{t2} + \beta_3 x_{t3} + \cdots + \beta_k x_{tk} + \varepsilon_t$，如果怀疑随机误差项存在 p 阶自相关，即 $\varepsilon_t = \rho_1 \varepsilon_{t-1} + \rho_2 \varepsilon_{t-2} + \cdots + \rho_p \varepsilon_{t-p} + v_t$，则 BG 检验就可用于检验回归方程：

$$y_t = \beta_1 + \beta_2 x_{t2} + \beta_3 x_{t3} + \cdots + \beta_k x_{tk} + \rho_1 \varepsilon_{t-1} + \rho_2 \varepsilon_{t-2} + \cdots + \rho_p \varepsilon_{t-p} + v_t \tag{6.1.5}$$

BG 检验的一般步骤为：

（1）提出假设：

$H_0 : \rho_1 = \rho_2 = \cdots = \rho_p = 0$；

$H_1 : \rho_j (j = 1, 2, \cdots, p)$ 中至少有一个不为零。

（2）对原模型做 OLS 估计，求出残差 $\hat{\varepsilon}_t (t = 1, 2, \cdots, T)$。

（3）做辅助回归，模型为：

$$\hat{\varepsilon}_t = \beta_1 + \beta_2 x_{t2} + \beta_3 x_{t3} + \cdots + \beta_k x_{tk} + \rho_1 \hat{\varepsilon}_{t-1} + \rho_2 \hat{\varepsilon}_{t-2} + \cdots + \rho_p \hat{\varepsilon}_{t-p} + v_t \tag{6.1.6}$$

其中，$t = p+1, p+2, \cdots, T$。当然，如果所有的 $x_{ij} (j = 2, 3, \cdots, k)$ 都是严

格随机外生的,那么 x_{ij} 与所有滞后 $\varepsilon_{t-i}(i=1,2,\cdots,p)$ 不相关,如此,所有的 x_{ij} 可从辅助回归模型中略去。假设上述辅助回归的可决系数为 R^2,可以证明,在原假设成立的情况下,$(T-p)R^2$ 近似服从自由度为 p 的 χ^2 分布,即

$$(T-p)R^2 \sim \chi^2(p) \tag{6.1.7}$$

如果拒绝原假设,则表明原模型的误差项存在自相关。

三、自相关的校正方法

1. 广义差分法

对于误差项一阶自相关,如果自相关系数为 1,即:

$$\begin{cases} y_t = \beta_1 + \beta_2 x_{t2} + \beta_3 x_{t3} + \cdots + \beta_k x_{tk} + \varepsilon_t & (6.1.8) \\ \varepsilon_t = \varepsilon_{t-1} + v_t & (6.1.9) \end{cases}$$

这时一阶差分就可消除自回归,即:

$$y_t - y_{t-1} = \beta_2(x_{t2} - x_{t-1,2}) + \beta_3(x_{t3} - x_{t-1,3}) + \cdots + \beta_k(x_{tk} - x_{t-1,k}) + \varepsilon_t - \varepsilon_{t-1} \tag{6.1.10}$$

式(6.1.10)还可写为:

$$\Delta y_t = \beta_2(\Delta x_{t2}) + \beta_3(\Delta x_{t3}) + \cdots + \beta_k(\Delta x_{tk}) + v_t \tag{6.1.11}$$

这是一个不存在自相关的回归模型。当相关系数不为 1 时,也可采用类似方法消除自相关,即广义差分法。比如,如果

$$\begin{cases} y_t = \beta_1 + \beta_2 x_{t2} + \beta_3 x_{t3} + \cdots + \beta_k x_{tk} + \varepsilon_t & (6.1.12) \\ \varepsilon_t = \rho_1 \varepsilon_{t-1} + \rho_2 \varepsilon_{t-2} + \cdots + \rho_p \varepsilon_{t-p} + v_t & (6.1.13) \end{cases}$$

则可以得到:

$$y_t - \rho_1 y_{t-1} - \rho_2 y_{t-2} - \cdots - \rho_p y_{t-p} = \beta_1(1 - \rho_1 - \rho_2 - \cdots - \rho_p) + \beta_2(x_{t2} - \rho_1 x_{t-1,2} - \rho_2 x_{t-2,2} - \cdots - \rho_p x_{t-p,2}) + \cdots + \beta_k(x_{tk} - \rho_1 x_{t-1,k} - \rho_2 x_{t-2,k} - \cdots - \rho_p x_{t-p,k}) + (\varepsilon_t - \rho_1 \varepsilon_{t-1} - \rho_2 \varepsilon_{t-2} - \cdots - \rho_p \varepsilon_{t-p}) \tag{6.1.14}$$

令 $y_i^* = y_t - \rho_1 y_{t-1} - \rho_2 y_{t-2} - \cdots - \rho_p y_{t-p}$,$\beta_1^* = \beta_1(1 - \rho_1 - \rho_2 - \cdots - \rho_p)$,$x_{tj}^* = x_{tj} - \rho_1 x_{t-1,j} - \rho_2 x_{t-2,j} - \cdots - \rho_p x_{t-p,j}$,$v_t = \varepsilon_t - \rho_1 \varepsilon_{t-1} - \rho_2 \varepsilon_{t-2} - \cdots - \rho_p \varepsilon_{t-p}$,则新的模型为:

$$y_t^* = \beta_1^* + \beta_2 x_{t2}^* + \beta_3 x_{t3}^* + \cdots + \beta_k x_{tk}^* + v_t \tag{6.1.15}$$

该模型已经没有自相关。

2. 广义最小二乘法

消除自相关的广义最小二乘法等同于消除异方差的方法。对于线性回归模型 $\boldsymbol{Y} = \boldsymbol{X\beta} + \boldsymbol{\varepsilon}$,当同时存在自相关和异方差时,会有:

$$\mathrm{Var}(\boldsymbol{\varepsilon}_t) = E(\boldsymbol{\varepsilon}'\boldsymbol{\varepsilon}) = \begin{pmatrix} \sigma_1^2 & \sigma_{12} & \cdots & \sigma_{1n} \\ \sigma_{21} & \sigma_2^2 & \cdots & \sigma_{2n} \\ \vdots & \vdots & \vdots & \vdots \\ \sigma_{n1} & \sigma_{n2} & \cdots & \sigma_n^2 \end{pmatrix} = \sigma^2 \boldsymbol{\Omega} \tag{6.1.16}$$

由于 $\boldsymbol{\Omega}$ 为一个对称正定矩阵,存在可逆矩阵 $\boldsymbol{P}$,使得

$$\boldsymbol{\Omega} = \boldsymbol{P}\boldsymbol{P}' \tag{6.1.17}$$

下面的做法与第二章异方差的校正完全相同。用 $\boldsymbol{P}^{-1}$ 左乘 $\boldsymbol{Y} = \boldsymbol{X}\boldsymbol{\beta} + \boldsymbol{\varepsilon}$ 的两边得到新模型 $\boldsymbol{Y}_* = \boldsymbol{X}_* \boldsymbol{\beta} + v$,其中 $\boldsymbol{Y}_* = \boldsymbol{P}^{-1}\boldsymbol{Y}, \boldsymbol{X}_* = \boldsymbol{P}^{-1}\boldsymbol{X}, v = \boldsymbol{P}^{-1}\boldsymbol{\varepsilon}$,此时为同方差模型,因为

$$E(vv') = E(\boldsymbol{P}^{-1}\boldsymbol{\varepsilon}\boldsymbol{\varepsilon}'\boldsymbol{P}^{-1}) = \boldsymbol{P}^{-1}E(\boldsymbol{\varepsilon}\boldsymbol{\varepsilon}')\boldsymbol{P}^{-1}$$
$$= \boldsymbol{P}^{-1}\sigma^2\boldsymbol{\Omega}\boldsymbol{P}^{-1'} = \sigma^2\boldsymbol{P}^{-1}\boldsymbol{P}\boldsymbol{P}'\boldsymbol{P}^{-1'} = \sigma^2(\boldsymbol{P}^{-1}\boldsymbol{P})(\boldsymbol{P}^{-1}\boldsymbol{P})' = \sigma^2\boldsymbol{I}$$

$$\tag{6.1.18}$$

因此,参数为 β 的估计公式为:

$$\hat{\boldsymbol{\beta}} = (\boldsymbol{X}'\boldsymbol{\Omega}^{-1}\boldsymbol{X})^{-1}\boldsymbol{X}'\boldsymbol{\Omega}^{-1}\boldsymbol{Y} \tag{6.1.19}$$

四、自回归条件异方差简介

通常认为,自相关是时间序列所特有的现象,而异方差性主要是横截面数据的一个特点。但在时间序列数据中,经常会出现一种特殊形式的异方差。比如,从事于股票价格、通货膨胀率、外汇汇率等金融时间序列预测的研究工作者会发现,对这些变量的预测能力随时期的不同而发生明显变化。预测误差在某一时期里相对较小,而在某段时期相对较大,然后在另一时期又是较小,此即群集波动现象。

自回归条件异方差模型(Autoregressive Conditional Heteroskedasticity Model,简称 ARCH 模型)由恩格尔(Engle)在 1982 年首次提出。ARCH 模型的主要思想是,时刻 t 的误差项 ε_t 的方差 σ_t^2 依赖于时刻 $(t-1)$ 的残差平方 ε_{t-1}^2,即

$$\mathrm{Var}(\varepsilon_t) = \sigma_t^2 = \alpha_0 + \alpha_1\varepsilon_{t-1}^2 \tag{6.1.20}$$

上式表明,ε_t 存在着以前一时期的 ε_{t-1} 为条件的异方差,记为 ARCH(1)。如果 σ_t^2 依赖于任意 p 个滞后残差平方和,可以记为 ARCH(p),即:

$$\sigma_t^2 = \alpha_0 + \alpha_1\varepsilon_{t-1}^2 + \alpha_2\varepsilon_{t-2}^2 + \cdots + \alpha_p\varepsilon_{t-p}^2 \tag{6.1.21}$$

虽然有理由认为 σ_t^2 依赖于很多时刻之前的变化量,但很多参数是很难精确估计的。如果我们能够意识到上式可以用 σ_t^2 的滞后项代替它,就能够用 1 个或 2 个 σ_t^2 的滞后值代替许多的 ε_t^2 滞后值,这就是广义自回归条件异方差模

型（Generalized Autoregressive Conditional Heteroscedasticity Model，简称 GARCH 模型）。最简单的 GARCH 模型是 GARCH(1,1)，表达式为：

$$\sigma_t^2 = \alpha_0 + \alpha_1 \varepsilon_{t-1}^2 + \lambda_1 \sigma_{t-1}^2 \tag{6.1.22}$$

不难看出，上式中的误差项由 3 个部分构成：常数项、前一时期的变化量（ARCH 项），以及前一时期的方差（GARCH 项）。一般地，一个 GARCH(p, q)模型可写为：

$$\sigma_t^2 = \alpha_0 + \sum_{i=1}^{p} \alpha_i \varepsilon_{t-i}^2 + \sum_{j=1}^{q} \lambda_j \sigma_{t-i}^2 \tag{6.1.23}$$

五、案例分析

【例 6.1】　第二章表 2-8 为我国 GNP 与居民储蓄的数据，当时用简单回归模型进行了分析。此处，我们来考虑模型的自相关问题。第二章得到的回归分析模型为：

$$\begin{cases} \hat{y}_t = 0.3459x_t, t \leqslant 1992 \\ \hat{y}_t = -10109.57 + (0.3459 + 0.4216)x_t = -10109.57 + 0.7675x_t, t > 1992 \end{cases}$$

由于 $DW = 1.12$，查 DW 表可得 $d_L = 1.23$，$d_U = 1.65$，因而模型存在正的一阶自相关。图 6-3 是残差项的自相关图和偏自相关图，可以看出，残差项呈现出明显的 AR(1)过程。下面运用 BG 方法进行检验并利用广义差分消除自相关。具体步骤为：

第一步，检验模型 $y_t = \beta_1 x_t + \beta_2 D_t + \beta_3 D_t x_t + \rho_1 \varepsilon_{t-1} + v_t$，在原假设 $H_0: \rho_1 = 0$ 的条件下，求出 OLS 回归的残差 $\hat{\varepsilon}_t (t = 1, 2, \cdots, 31)$。

第二步，对残差项进行辅助回归，模型为 $\hat{\varepsilon}_t = \beta_1 x_t + \beta_2 D_t + \beta_3 D_t x_t + \rho_1 \hat{\varepsilon}_{t-1} + v_t$，计算出的可决系数为 $R^2 = 0.18853$。

第三步，计算出 $(T-1)R^2 = 5.655$，而 $\chi^2(1) = 3.84$，表明误差项存在一阶自相关。

也可以利用 EViews 进行残差的自相关检验，BG 检验的结果如表 6-1 所示，由于 F 统计量和 LM 统计量的 p 值都很小，表明存在自相关。

第四步，对残差 ε_t 进行 AR(1)模拟，结果为：$\hat{\varepsilon}_t = 0.4395\hat{\varepsilon}_{t-1} + v_t$。

第五步，利用广义差分进行回归分析。根据式(6.1.14)将每个变量广义差分后再进行回归分析，基于 EViews 输出的结果如表 6-2 所示，因此回归模型为：

$$y_t - 0.4395y_{t-1} = 0.3975(x_t - 0.4395x_{t-1}) - 9555.86(z_t - 0.4395z_{t-1})$$
$$+ 0.3625(x_t z_t - 0.4395x_{t-1}z_{t-1})$$

再次进行 BG 检验,结果是不能拒绝原假设,即不存在自相关。

第六步,预测。如果 2009 年的 GNP 为 350000 亿元,那么居民储蓄约为 255246 亿元。

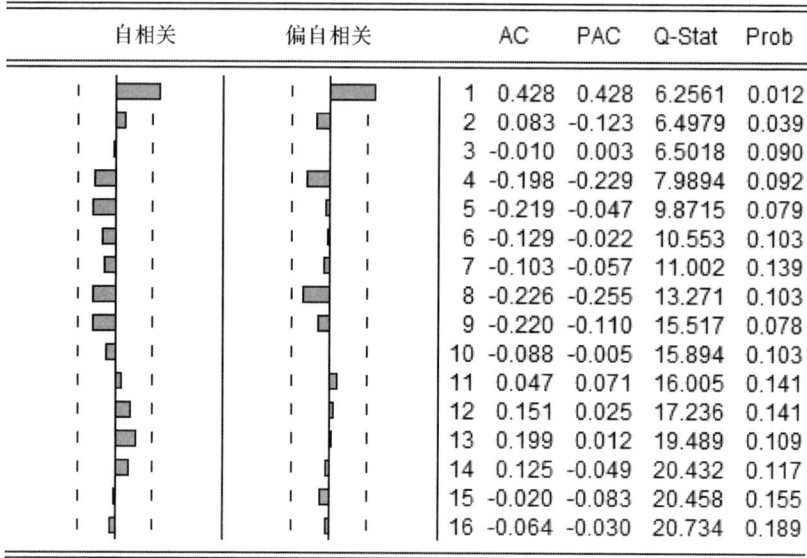

自相关	偏自相关		AC	PAC	Q-Stat	Prob
		1	0.428	0.428	6.2561	0.012
		2	0.083	-0.123	6.4979	0.039
		3	-0.010	0.003	6.5018	0.090
		4	-0.198	-0.229	7.9894	0.092
		5	-0.219	-0.047	9.8715	0.079
		6	-0.129	-0.022	10.553	0.103
		7	-0.103	-0.057	11.002	0.139
		8	-0.226	-0.255	13.271	0.103
		9	-0.220	-0.110	15.517	0.078
		10	-0.088	-0.005	15.894	0.103
		11	0.047	0.071	16.005	0.141
		12	0.151	0.025	17.236	0.141
		13	0.199	0.012	19.489	0.109
		14	0.125	-0.049	20.432	0.117
		15	-0.020	-0.083	20.458	0.155
		16	-0.064	-0.030	20.734	0.189

图 6-3　简单回归模型的残差自相关

表 6-1　BG 自相关检验结果

F-statistic	6.394781	Prob. F(1,27)		0.0176
Obs$\times R$-squared	5.844269	Prob. Chi-Square(1)		0.0156
Variable	Coefficient	Std. Error	t-Statistic	Prob.
X	0.012572	0.094595	0.132907	0.8953
Z	332.2498	2379.588	0.139625	0.8900
Z×X	−0.016678	0.096045	−0.173648	0.8634
RESID(−1)	0.446996	0.176763	2.528790	0.0176
R-squared	0.188525	Mean dependent var		−301.7074
Adjusted R-squared	0.098361	S. D. dependent var		5063.971
S. E. of regression	4808.478	Akaike info criterion		19.91406
Sum squared resid	6.24E+08	Schwarz criterion		20.09909
Log likelihood	−304.6680	Hannan-Quinn criter.		19.97438
D-W stat	1.927684			

表 6-2　广义差分回归模型结果

Variable	Coefficient	Std. Error	t-Statistic	Prob.
$X-0.4395\times X(-1)$	0.397468	0.144440	2.751781	0.0105
$Z-0.4395\times Z(-1)$	-9555.856	3667.374	-2.605640	0.0147
$X\times Z-0.4395\times X(-1)\times Z(-1)$	0.362471	0.149968	2.416979	0.0227
R-squared	0.985124	Mean dependent var		30345.22
Adjusted R-squared	0.984023	S. D. dependent var		37898.14
S. E. of regression	4790.394	Akaike info criterion		19.88125
Sum squared resid	6.20E+08	Schwarz criterion		20.02137
Log likelihood	-295.2188	Hannan-Quinn criter.		19.92608
Durbin-Watson stat	1.912624			

第二节　协整及误差修正模型预测法

一、协整的概念

有时虽然 2 个变量都是非平稳的,但它们的某个线性组合可能是平稳的,这种情况下我们称这 2 个变量是协整(Cointegration)关系。协整的概念由恩格尔(Engle)和格兰杰(Granger)于 1987 年首次提出。之所以经济现象中存在协整关系,是因为虽然很多经济时间序列数据都是不平稳的,但它们可能由于受某些共同因素的影响,在时间上表现出共同的趋势。即变量之间存在一种稳定的关系,它们的变化受到这种关系的制约,因此它们的某种线性组合可能是平稳的,即存在协整关系。

为了给出协整关系的精确定义,我们需要先定义单整的概念。如果序列 y_t 在经过 d 次差分后才成为平稳序列,则称序列 y_t 为 d 阶单整,记为 $y_t\sim I(d)$。显然,一个平稳序列可以记为 $I(0)$。

对于序列 x_t 和 y_t,一般存在如下性质:

(1)如果 $x_t\sim I(0)$,即 x_t 是平稳序列,则有 $a+bx_t\sim I(0)$;

(2)如果 $x_t\sim I(1)$,表示 x_t 只需经过一次差分就可变成平稳序列,那么 $a+bx_t\sim I(1)$;

(3)如果 x_t 和 y_t 都是 $I(0)$,则 $ax_t+by_t\sim I(0)$;

(4)如果 $x_t\sim I(0)$,$y_t\sim I(1)$,则 $ax_t+by_t\sim I(1)$,即 $I(1)$ 具有占优势的

性质；

(5)如果 x_t 和 y_t 都是 $I(1)$，则 ax_t+by_t 一般情况下是 $I(1)$，但不保证一定是 $I(1)$。如果该线性组合是 $I(0)$，x_t 和 y_t 就是协整的，其中 a、b 为协整参数。

一般地，如果序列 $\{y_{1t},y_{2t},\cdots,y_{kt}\}$ 都是 d 阶单整，存在向量 $\boldsymbol{\alpha}=(\alpha_1,\alpha_2,\cdots,\alpha_k)$，使得：

$$z_t=\boldsymbol{\alpha}\boldsymbol{y}'=\alpha_1 y_{1t}+\alpha_2 y_{2t}+\cdots+\alpha_k y_{kt}\sim I(d-b) \qquad (6.2.1)$$

其中，$b>0$，$\boldsymbol{y}=(y_{1t},y_{2t},\cdots,y_{kt})$，则认为序列 $\{y_{1t},y_{2t},\cdots,y_{kt}\}$ 是 (d,b) 阶协整，记为 $y\sim CI(d,b)$，$\boldsymbol{\alpha}$ 为协整向量。

对于协整定义，有 3 个需要注意的地方：

(1)此处协整只涉及非平稳序列的线性组合 $\alpha_1 y_{1t}+\alpha_2 y_{2t}+\cdots+\alpha_k y_{kt}$，而理论上可能存在非线性的长期均衡关系。

(2)协整向量不具有唯一性。因为若 $\boldsymbol{\alpha}=(\alpha_1,\alpha_2,\cdots,\alpha_k)$ 是协整向量，那么对任意 $\lambda\neq 0$，$\lambda\boldsymbol{\alpha}=(\lambda\alpha_1,\lambda\alpha_2,\cdots,\lambda\alpha_k)$ 也是协整向量。因此，通常选择标准化协整向量，即将其中一个变量的系数固定为 1。比如，一般将第一个变量的系数确定为 1，此时选择 $\lambda=1/\alpha_1$。

(3)上述定义为恩格尔和格兰杰(1987)的原始定义，只针对单整阶数相同的序列。一方面，一组 $I(d)$ 序列可能不是协整的，表明序列之间不存在长期均衡关系，它们可以任意地远离彼此。另一方面，如果 2 个变量都是单整变量，只有当它们的单整阶数相同时，才可能协整。如果它们的单整阶数不相同，就不可能协整。当然，对于 3 个以上的变量，如果具有不同的单整阶数，有可能经过线性组合构成低阶单整变量。比如，若 $y_{1t}\sim I(2)$，$y_{2t}\sim I(2)$，$y_{3t}\sim I(1)$，虽然 y_{1t} 和 y_{2t} 均不可能与 y_{3t} 之间存在协整关系，但是如果 y_{1t} 和 y_{2t} 是 $CI(2,1)$，即存在线性组合 $\alpha_1 y_{1t}+\alpha_2 y_{2t}$ 是 $I(1)$，那么这个线性组合与 y_{3t} 可能是协整的。

二、协整的 EG 检验法

为了检验两变量 x_t 和 y_t 是否为协整关系，恩格尔和格兰杰于 1987 年提出了两步检验法，也称为 EG 检验法。在正式检验之前，首先要确定变量的单整阶数：若两变量的单整阶数相同，则进入 EG 检验程序；若两变量的单整阶数不同，则两变量不是协整关系；若两变量是平稳的，则无须进行协整检验，可以直接进行回归分析。EG 检验的 2 个步骤为：

第一步，用 OLS 方法估计方程 $y_t=\beta_1+\beta_2 x_t+\varepsilon_t$，并计算残差 e_t。

第二步,检验残差是否平稳。如果 x_t 和 y_t 没有协整关系,那么它们的任一线性组合都是非平稳的,残差 e_t 也将是非平稳的。残差平稳性的检验方法可以采用单位根的 ADF 检验,即检验模型:

$$\Delta e_t = \Psi e_{t-1} + \sum_{i=1}^{p} \alpha_i \Delta e_{t-1} + \varepsilon_t \tag{6.2.2}$$

如果拒绝原假设 $\psi = 0$,则断定残差序列平稳,变量之间存在协整关系。需要注意的是,上述检验模型不含常数项,因为残差 e_t 的均值为 0。还有,此时的临界值不能再用 DF 检验的临界值,而要用恩格尔和格兰杰提供的临界值,故这种协整检验又称为扩展的恩格尔-格兰杰检验(简记为 AEG 检验)。

此外,也可以用协整回归的德宾-沃森(Durbin-Watson)统计检验(Cointegration Regression Durbin-Watson Test,简记为 CRDW 检验)判断残差的平稳性。CRDW 检验构造的统计量是:

$$DW = \frac{\sum (e_t - e_{t-1})^2}{\sum e_t^2} \tag{6.2.3}$$

原假设是 $DW = 0$。若 e_t 是随机游走序列,则 $e_t - e_{t-1}$ 的数学期望为 0,所以 DW 统计量应接近于 0,即不能拒绝原假设,表明变量之间不存在协整关系。反之,如果拒绝原假设,我们就认为变量间存在协整关系。

当然,CRDW 检验对于带常数项或时间趋势加上常数项的随机游走是不适合的,因此该检验一般仅作为大致判断是否存在协整关系的标准。而 EG检验也至少存在 2 个缺点:其一,EG 检验一般仅适用于包含 2 个变量的单一协整关系,当系统中有 2 个以上的变量时,除非我们知道该系统中存在协整关系的变量个数,否则很难用 EG 检验来估计和检验;其二,小样本下 EG 检验的结论是不可靠的。还可利用 Johansen 检验来检验协整关系,该检验方法在实际中的应用比较普遍,我们将在下一节介绍。

三、误差修正模型

1. 差分回归的不足

对于非平稳时间序列,人们可能通过差分的方法将其化为稳定序列,然后建立经典回归分析模型。比如,建立人均消费水平(y)与人均可支配收入(x)之间的回归模型 $y_t = \beta_1 + \beta_2 x_t + \varepsilon_t$,如果 2 个变量都是一阶单整,可以差分后进行回归:

$$\Delta y_t = \beta_2 \Delta x_t + v_t \tag{6.2.4}$$

其中,$v_t = \varepsilon_t - \varepsilon_{t-1}$。然而,这样做会引起 2 个问题:第一,如果 x 与 y 间存

在着长期且稳定的均衡关系 $y_t = \beta_1 + \beta_2 x_t + \varepsilon_t$,且误差项 ε_t 不存在序列相关,但差分回归方程 $\Delta y_t = \beta_2 \Delta x_t + v_t$ 中的残差项 v_t 是一个一阶移动平均时间序列,因而 v_t 是序列相关的;第二,如果采用差分形式进行估计,则关于变量水平值的重要信息将被忽略,这时模型只表达了 y 与 x 间的短期关系,或者说我们只知道 2 个变量的增长量之间的关系,并没有揭示它们间的长期关系。从长期均衡的观点看,y 在第 t 期的变化不仅取决于 x 本身的变化,还取决于 x 与 y 在第 $t-1$ 期的状态,尤其是 x 与 y 在 $t-1$ 期的非均衡程度。此外,使用差分变量也往往会得出不能令人满意的回归方程。例如,使用 $\Delta y_t = \beta_2 \Delta x_t + v_t$ 进行回归时,很少出现截距项显著为 0 的情况,即我们常常会得到如下形式的方程:

$$\Delta y_t = \hat{\beta}_1 + \hat{\beta}_2 \Delta x_t + v_t,\text{且}\hat{\beta}_1 \neq 0 \qquad (6.2.5)$$

在 x 保持不变时,如果模型存在静态均衡,y 也会保持它的长期均衡值不变。但如果使用式(6.2.5),即使 x 保持不变,y 也会处于长期上升($\hat{\beta}_1 > 0$)或下降($\hat{\beta}_1 < 0$)的过程中,这意味着 x 与 y 之间不存在静态均衡,这与大多数具有静态均衡的经济理论假说不相符。可见,简单差分不一定能解决非平稳时间序列所遇到的全部问题,因此就有下面的误差修正模型(Error Correction Model,简记为 ECM)。

2. 误差修正模型的概念

误差修正模型是一种具有特定形式的回归分析模型,为了便于理解,我们通过一个具体的例子来介绍它的结构。假设两变量 x 与 y 的长期均衡关系为 $y_t = \beta_1 + \beta_2 x_t + \varepsilon_t$,由于现实社会经济中 x 与 y 很少处在均衡点上,实际观测到的只是 x 与 y 间短期的或非均衡的关系,如果具有一阶分布滞后形式为:

$$y_t = \beta_1 + \beta_2 x_t + \beta_3 x_{t-1} + \gamma y_{t-1} + \varepsilon_t \qquad (6.2.6)$$

由于变量可能是非平稳的,不能直接运用 OLS 法估计上式。对上述分布滞后模型适当变形后得:

$$\Delta y_t = \beta_1 + \beta_2 \Delta x_t + (\beta_2 + \beta_3) x_{t-1} - (1-\gamma) y_{t-1} + \varepsilon_t$$

$$= \beta_2 \Delta x_t - (1-\gamma)\left(y_{t-1} - \frac{\beta_1}{1-\gamma} - \frac{\beta_2 + \beta_3}{1-\gamma} x_{t-1}\right) + \varepsilon_t \qquad (6.2.7)$$

令 $\lambda = 1 - \gamma$,$\alpha_1 = \dfrac{\beta_1}{1-\gamma}$,$\alpha_2 = \dfrac{\beta_2 + \beta_3}{1-\gamma}$,并将 β_2 简单写成 β,则上式化为:

$$\Delta y_t = \beta \Delta x_t - \lambda(y_{t-1} - \alpha_1 - \alpha_2 x_{t-1}) + \varepsilon_t \qquad (6.2.8)$$

式(6.2.8)表明,y 的变化决定于 x 的变化及前一时期的非均衡程度

$(y_{t-1}-\alpha_1-\alpha_2 x_{t-1})$。同时,式(6.2.8)也弥补了简单差分模型 $\Delta y_t = \beta_2 \Delta x_t + v_t$ 的不足,因为该式含有用 x、y 水平值表示的前期非均衡程度,所以 y 的值已对前期的非均衡程度做出了修正。式(6.2.8)称为一阶误差修正模型(First-order Error Correction Model)。如果用 $e_{t-1}=y_{t-1}-\hat{\alpha}_1-\hat{\alpha}_2 x_{t-1}$ 表示误差修正项,则式(6.2.8)变为:

$$\Delta y_t = \beta \Delta x_t - \lambda e_{t-1} + \varepsilon_t \tag{6.2.9}$$

由于一般情况下 $|\alpha|<1$,由关系式 $\lambda=1-\alpha$ 得 $\lambda>0$,因而可以据此分析 e_{t-1} 的修正作用:

(1)若 $t-1$ 时刻的 y 大于其长期均衡解 $\alpha_1+\alpha_2 x_t$,e_{t-1} 为正,则 $-\lambda e_{t-1}$ 为负,使得 Δy_t 减小;

(2)若 $t-1$ 时刻的 y 小于其长期均衡解 $\alpha_1+\alpha_2 x_t$,e_{t-1} 为负,则 $-\lambda e_{t-1}$ 为正,使得 Δy_t 增大。

误差修正模型的优点比较明显,主要有:

(1)一阶差分项的使用消除了变量可能存在的趋势因素,从而避免了虚假回归问题;

(2)一阶差分项的使用也消除了模型中可能存在的多重共线性问题;

(3)误差修正项的引入保证了变量水平值的信息没有被忽视;

(4)由于误差修正项本身的平稳性,该模型可以用经典的回归方法进行估计,尤其是模型中差分项可以使用 t 检验与 F 检验进行检验。

误差修正模型的优点如此之多,那么什么样的序列可以建立误差修正模型呢?恩格尔与格兰杰于 1987 年提出了著名的格兰杰表述定理(Granger Representaion Theorem):如果变量 x 与 y 是协整的,则它们之间的短期非均衡关系总能由一个误差修正模型表述。误差修正模型可以推广到多个变量及滞后多期的情形,我们将在下一节介绍。

3. E-G 两步法

最常用的误差修正模型的估计方法是恩格尔与格兰杰提出的 E-G 两步法:

第一步,利用 OLS 法进行协整回归,检验变量间的协整关系,估计协整向量(长期均衡关系参数)。比如,求模型 $y_t=\beta_2 x_t+\varepsilon_t$ 的协整向量和残差序列 e_t。

第二步,以残差作为非均衡误差项加入误差修正模型中,并用 OLS 法估计相应参数。即对下列模型进行回归:

$$\Delta y_t = \beta \Delta x_t - \lambda e_{t-1} + v_t \tag{6.2.10}$$

对于上述 2 个步骤,需要注意的是,在进行变量间的协整检验时,如有必要,可在协整回归模型中加入趋势项,这时对残差项的稳定性检验就无须再设趋势项。此外,第二步中变量差分滞后项的多少,可以根据残差项序列是否存在自相关来判断。如果存在自相关,则应加入变量差分的滞后项以削弱自相关。

四、案例分析

【例 6.2】 以第四章第一节表 4-3 中我国 1978—2019 年人均 GDP 和人均消费为例,我们来分析 2 个变量之间的协整关系和误差修正模型,并根据误差修正模型预测 2020 年居民人均消费。

具体预测步骤如下:

第一步,对序列 $\ln x$ 和 $\ln y$ 进行单整检验。在第四章第一节中我们已经证明了 $\ln x \sim I(1)$ 和 $\ln y \sim I(1)$,因此 $\ln x$ 和 $\ln y$ 间可能存在协整关系。

第二步,检验 $\ln x$ 和 $\ln y$ 的协整关系,并建立长期均衡模型。首先,建立回归模型得到:

$$\ln y_t = 0.0408 + 0.8901 \ln x_t + \varepsilon_t \tag{6.2.11}$$
$$\overline{R}^2 = 0.9970, DW = 0.1636$$

图 6-4(a)是残差序列 ε_t 的自相关图和偏自相关图,结合 $DW = 0.1636$ 来看,残差序列具有较强的自相关性,是一个非平稳序列,且 ADF 单位根检验也显示其为非平稳序列。将序列 $\ln x$ 和 $\ln y$ 滞后 1 期的数值放入模型中,回归结果为:

$$\ln y_t = 0.0149 + 0.4493 \ln x_t + 0.9428 \ln y_{t-1} - 0.3956 \ln x_{t-1} + \varepsilon_t$$
$$\tag{6.2.12}$$

其中,$\overline{R}^2 = 0.9996, DW = 1.7416$。图 6-4(b)是此时残差序列的自相关图和偏自相关图,因此可以认为式(6.2.12)反映了 $\ln y$ 和 $\ln x$ 的长期均衡关系。

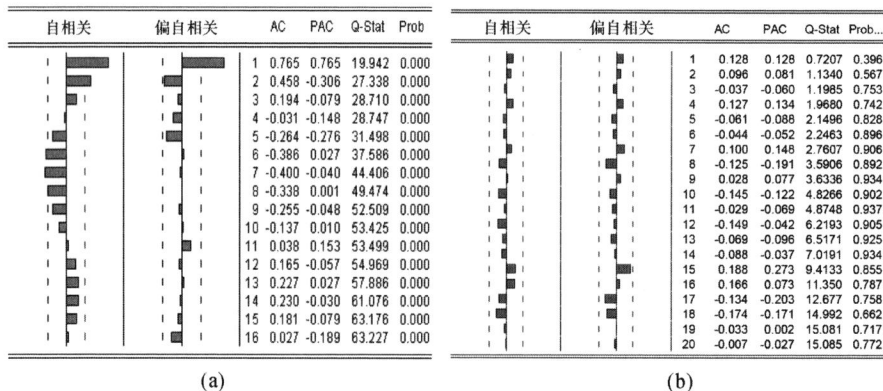

自相关	偏自相关		AC	PAC	Q-Stat	Prob
		1	0.765	0.765	19.942	0.000
		2	0.458	-0.306	27.338	0.000
		3	0.194	-0.079	28.710	0.000
		4	-0.031	-0.148	28.747	0.000
		5	-0.264	-0.276	31.498	0.000
		6	-0.386	0.027	37.586	0.000
		7	-0.400	-0.040	44.406	0.000
		8	-0.338	0.001	49.474	0.000
		9	-0.255	-0.048	52.509	0.000
		10	-0.137	0.010	53.425	0.000
		11	0.038	0.153	53.499	0.000
		12	0.165	-0.057	54.969	0.000
		13	0.227	0.027	57.886	0.000
		14	0.230	-0.030	61.076	0.000
		15	0.181	-0.079	63.176	0.000
		16	0.027	-0.189	63.227	0.000

(a)

自相关	偏自相关		AC	PAC	Q-Stat	Prob...
		1	0.128	0.128	0.7207	0.396
		2	0.096	0.081	1.1340	0.567
		3	-0.037	-0.060	1.1985	0.753
		4	0.127	0.134	1.9680	0.742
		5	-0.061	-0.088	2.1496	0.828
		6	-0.044	-0.052	2.2463	0.896
		7	0.100	0.148	2.7607	0.906
		8	-0.125	-0.191	3.5906	0.892
		9	0.028	0.077	3.6336	0.934
		10	-0.145	-0.122	4.8266	0.902
		11	-0.029	-0.069	4.8748	0.937
		12	-0.149	-0.042	6.2193	0.905
		13	-0.069	-0.096	6.5171	0.925
		14	-0.088	-0.037	7.0191	0.934
		15	0.188	0.273	9.4133	0.855
		16	0.166	0.073	11.350	0.787
		17	-0.134	-0.203	12.677	0.758
		18	-0.149	-0.171	14.992	0.662
		19	-0.033	0.002	15.081	0.717
		20	-0.007	-0.027	15.085	0.772

(b)

图 6-4 残差序列自相关和偏自相关

第三步,建立误差修正模型。将式(6.2.12)的残差 ε_t 作为修正误差项,建立的修正误差模型为:

$$\Delta\ln y_t = 0.4591\Delta\ln x_t + 0.9529\Delta\ln y_{t-1} - 0.4156\Delta\ln x_{t-1} - 0.8814\hat{\varepsilon}_{t-1} + v_t$$

$$(6.2.13)$$

系数基本都通过了显著性检验。结果表明,人均 GDP 对居民人均消费的短期变动存在正向影响,居民人均消费关于人均 GDP 的短期弹性为 0.4591,而根据式(6.2.12)计算的长期弹性为 $(0.4493-0.3956)/(1-0.9428)=0.9388$。此外,由于短期调整系数是显著的,说明每年居民人均消费与人均 GDP 长期均衡值偏差的约 88% 被修正。

第四步,预测。由式(6.2.12)可得 2019 年居民人均消费对于人均 GDP 长期均衡的偏差为 $\hat{\varepsilon}_{2019}=-0.0027$,根据式(6.2.13)可得:

$$\Delta\ln y_{2020} = 0.4591\Delta\ln x_{2020} + 0.9529\Delta\ln y_{2019} - 0.4156\Delta\ln x_{2019} - 0.8814\hat{\varepsilon}_{2019}$$

若已知 $x_{2020}=10500$,将表 4-3 中相关数据代入可得:$\Delta\ln y_{2020}=0.0158$。

因此,$\ln y_{2020} = 0.0158 + \ln3985 = 8.3062$,从而 $y_{2020} = e^{8.3062} = 4049$(亿元,1978 年价格计价)。当然,一般情况下,同期 $\Delta\ln x_t$ 是未知的,即本题未知 $\Delta\ln x_{2020}$。因此首先要预测 x_{2020},对 y_{2020} 而言这就是条件预测。显然,由于先要预测自变量的同期数值,无疑增加了预测误差。

第三节　向量自回归模型预测法

在对经济变量进行统计建模时,通常要以一定的经济理论为基础,但是经济理论通常并不足以对变量之间的动态关系提供一个非常严密的解释,而且内生变量既可以出现在方程的左端,又可以出现在方程的右端,这使得估计和推断变得更加复杂。为了解决这些问题,一种用非结构性方法来建立各个变量之间关系的模型出现了。1980 年希姆斯(C. A. Smis)提出了 VAR 模型和向量误差修正模型(Vector Error Correction Model,简记为 VECM),这是非结构化的多方程模型。VAR 模型是基于数据的统计性质建立的,它把系统中每一个内生变量作为系统中所有内生变量滞后值的函数来构造模型,从而将单变量自回归模型推广到由多元时间序列变量组成的"向量"自回归模型。根据对多个相关经济指标的分析与预测,VAR 模型是最容易操作的模型之一,并且在一定的条件下,多元 MA 和 ARMA 模型也可转化成 VAR 模型。

一、VAR 模型的概念

假设 $y_{1,t}$、$y_{2,t}$ 之间存在关系,但如果分别建立 2 个自回归模型 $y_{1,t} = f(y_{1,t-1}, y_{1,t-2}, \cdots)$ 和 $y_{2,t} = f(y_{2,t-1}, y_{2,t-2}, \cdots)$,则无法捕捉 $y_{1,t}$ 和 $y_{2,t}$ 这 2 个变量之间的关系。如果采用联立方程组的形式,就可以建立起 2 个变量之间的关系。VAR 模型的结构与 2 个参数有关:一个是所含变量的个数 k,一个是最大滞后期数 p。

以 2 个变量 $y_{1,t}$ 和 $y_{2,t}$ 滞后 1 期的 VAR 模型为例:

$$\begin{cases} y_{1,t} = b_{10} - b_{12} y_{2,t} + \gamma_{11} y_{1,t-1} + \gamma_{12} y_{2,t-1} + \varepsilon_{1t} \\ y_{2,t} = b_{20} - b_{21} y_{1,t} + \gamma_{21} y_{1,t-1} + \gamma_{22} y_{2,t-1} + \varepsilon_{2t} \end{cases} \tag{6.3.1}$$

其中,ε_{1t} 和 ε_{2t} 是白噪声干扰项,且 $\mathrm{Cov}(\varepsilon_{1t}, \varepsilon_{2t}) = 0$。写成矩阵形式为:

$$\begin{bmatrix} 1 & b_{12} \\ b_{21} & 1 \end{bmatrix} \begin{bmatrix} y_{1,t} \\ y_{2,t} \end{bmatrix} = \begin{bmatrix} b_{10} \\ b_{20} \end{bmatrix} + \begin{bmatrix} \gamma_{11} & \gamma_{12} \\ \gamma_{21} & \gamma_{22} \end{bmatrix} \begin{bmatrix} y_{1,t-1} \\ y_{2,t-1} \end{bmatrix} + \begin{bmatrix} \varepsilon_{1t} \\ \varepsilon_{2t} \end{bmatrix} \tag{6.3.2}$$

设 $\boldsymbol{B} = \begin{bmatrix} 1 & b_{12} \\ b_{21} & 1 \end{bmatrix}$,$\boldsymbol{y}_t = \begin{bmatrix} y_{1,t} \\ y_{2,t} \end{bmatrix}$,$\boldsymbol{\zeta}_0 = \begin{bmatrix} b_{10} \\ b_{20} \end{bmatrix}$,$\boldsymbol{\zeta}_1 = \begin{bmatrix} \gamma_{11} & \gamma_{12} \\ \gamma_{21} & \gamma_{22} \end{bmatrix}$,$\boldsymbol{\varepsilon}_t = \begin{bmatrix} \varepsilon_{1t} \\ \varepsilon_{2t} \end{bmatrix}$ 则有

$$\boldsymbol{B} \boldsymbol{y}_t = \boldsymbol{\zeta}_0 + \boldsymbol{\zeta}_1 \boldsymbol{y}_{t-1} + \boldsymbol{\varepsilon}_t \tag{6.3.3}$$

用 $\boldsymbol{B}^{-1}$ 左乘式(6.3.3)的两边,可得 VAR 模型的标准形式:

$$\boldsymbol{y}_t = \boldsymbol{A}_0 + \boldsymbol{A}_1 \boldsymbol{y}_{t-1} + \boldsymbol{v}_t \tag{6.3.4}$$

其中,$\boldsymbol{A}_0 = \boldsymbol{B}^{-1} \boldsymbol{\zeta}_0$,$\boldsymbol{A}_1 = \boldsymbol{B}^{-1} \boldsymbol{\zeta}_1$,$\boldsymbol{v}_t = \boldsymbol{B}^{-1} \boldsymbol{\varepsilon}_t$。一般地,含有 k 个变量滞后 p 期的 VAR 模型表示如下:

$$\begin{bmatrix} y_{1,t} \\ y_{2,t} \\ \vdots \\ y_{k,t} \end{bmatrix} = \boldsymbol{A}_0 + \boldsymbol{A}_1 \begin{bmatrix} y_{1,t-1} \\ y_{2,t-1} \\ \vdots \\ y_{k,t-1} \end{bmatrix} + \boldsymbol{A}_2 \begin{bmatrix} y_{1,t-2} \\ y_{2,t-2} \\ \vdots \\ y_{k,t-2} \end{bmatrix} + \cdots + \boldsymbol{A}_p \begin{bmatrix} y_{1,t-p} \\ y_{2,t-p} \\ \vdots \\ y_{k,t-p} \end{bmatrix} + \begin{bmatrix} \varepsilon_{1t} \\ \varepsilon_{2t} \\ \vdots \\ \varepsilon_{kt} \end{bmatrix} \tag{6.3.5}$$

或简写成:

$$\boldsymbol{y}_t = \boldsymbol{A}_0 + \boldsymbol{A}_1 \boldsymbol{y}_{t-1} + \boldsymbol{A}_2 \boldsymbol{y}_{t-2} + \cdots + \boldsymbol{A}_p \boldsymbol{y}_{t-p} + \boldsymbol{\varepsilon}_t \tag{6.3.6}$$

其中,$\boldsymbol{\varepsilon}_t \sim \mathrm{iid}(0, \Omega)$ 是 $k \times 1$ 阶随机误差列向量,$\boldsymbol{y}_{t-j} = (y_{1,t-j}, y_{2,t-j}, \cdots, y_{k,t-j})'$(其中 $j = 0, 1, 2, \cdots, p$)为 $k \times 1$ 阶时间序列列向量。$\boldsymbol{A}_0 = (a_1, a_2, \cdots, a_k)'$ 为 $k \times 1$ 阶常数项列向量,$\boldsymbol{A}_1, \cdots, \boldsymbol{A}_p$ 均为 $k \times k$ 阶参数矩阵,$\boldsymbol{A}_j = \begin{bmatrix} a_{11,j} & a_{12,j} & \cdots & a_{1k,j} \\ a_{21,j} & a_{22,j} & \cdots & a_{2k,j} \\ \vdots & \vdots & \ddots & \vdots \\ a_{k1,j} & a_{k2,j} & \cdots & a_{kk,j} \end{bmatrix}$。由于 $\boldsymbol{\varepsilon}_t$ 没有结构性经济含义,实证分析时也被称

为冲击向量。为便于理解矩阵方程,我们写出与式(6.3.5)等价的方程组:

$$y_{1,t} = a_1 + (a_{11.1}y_{1,t-1} + \cdots a_{1k.1}y_{k,t-1}) + \cdots + (a_{11.p}y_{1,t-p} + \cdots a_{1k.p}y_{k,t-p}) + \varepsilon_{1t}$$

$$\vdots$$

$$y_{k,t} = a_k + (a_{k1.1}y_{1,t-1} + \cdots a_{kk.1}y_{k,t-1}) + \cdots + (a_{k1.p}y_{1,t-p} + \cdots a_{kk.p}y_{k,t-p}) + \varepsilon_{kt}$$

$$\text{(6.3.7)}$$

由于 VAR 模型中每个方程的右侧只含有内生变量的滞后项,它们与 ε_t 是渐近不相关的,可以用 OLS 法依次估计每一个方程,得到的参数估计量都具有一致性。

上述 VAR 模型的特点主要有:

(1)不以严格的经济理论为依据。在建模过程中只需明确哪些变量是相互有关系及滞后期 p。

(2)VAR 模型对参数不施加零约束,即不把模型中不显著的参数估计值剔除,不分析回归参数的经济意义。

(3)VAR 模型中有相当多的参数需要估计。比如一个 VAR 模型含有 3 个变量,最大滞后期 $p=3$,则有 $pk^2 = 3 \times 3^2 = 27$ 个参数需要估计。因此当样本容量较小时,多数参数的估计量误差会较大。

(4)VAR 模型的解释变量中不包括任何当期变量,此为无约束向量自回归(Unrestricted VAR)。无约束 VAR 模型的应用之一是预测,由于在 VAR 模型中每个方程的右侧都不含有当期变量,用于一步预测的优点是不必对解释变量在预测期内的取值做任何预测。当然,用 VAR 模型做近期预测非常准确,但做长期预测时,预测结果可能并不理想。

西姆斯认为,VAR 模型中的全部变量都是内生变量。后来有学者认为,具有单向因果关系的变量,也可以作为外生变量加入 VAR 模型中。设 $\boldsymbol{x}_t =$

$(x_{1t} \quad x_{2t} \quad \cdots \quad x_{dt})'$ 是 d 维外生变量列向量,$\boldsymbol{D} = \begin{bmatrix} d_{11} & d_{12} & \cdots & d_{1d} \\ d_{21} & d_{22} & \cdots & d_{2d} \\ \cdots & \cdots & \cdots & \cdots \\ d_{k1} & d_{k2} & \cdots & d_{kd} \end{bmatrix}$ 是要

被估计的 $k \times d$ 维系数矩阵,则带有外生变量的 VAR 模型为:

$$\boldsymbol{y}_t = \boldsymbol{A}_0 + \boldsymbol{A}_1\boldsymbol{y}_{t-1} + \boldsymbol{A}_2\boldsymbol{y}_{t-2} + \cdots + \boldsymbol{A}_p\boldsymbol{y}_{t-p} + \boldsymbol{D}\boldsymbol{x}_t + \boldsymbol{\varepsilon}_t \quad \text{(6.3.8)}$$

一般地,称模型(6.3.8)为受约束性 VAR 模型。

二、VAR 模型的平稳性

对于 AR(1)模型 $y_t = \phi_0 + \phi_1 y_{t-1} + \varepsilon_t$,即 $(1-\phi_1 L)y_t = \phi_0 + \varepsilon_t$,平稳的条件是特征方程 $1-\phi_1 L=0$ 的根在单位圆外,从而 $|\phi_1|<1$。而对于 VAR(1)模型 $y_t = \boldsymbol{A}_0 + \boldsymbol{A}_1 y_{t-1} + \boldsymbol{\varepsilon}_t$,同样有 $(\boldsymbol{I}-\boldsymbol{A}_1 L)y_t = \boldsymbol{A}_0 + \boldsymbol{\varepsilon}_t$,平稳的条件仍然是方程 $1-\boldsymbol{A}_1 L=0$ 的根在单位圆外。不过,在 VAR 模型中,一般将方程 $\boldsymbol{I}-\boldsymbol{A}_1 L=0$ 称作逆特征方程(Reverse Characteristic Function),而将方程 $\boldsymbol{A}_1 - \lambda I=0$ 称作特征方程,此时平稳的条件则是特征根在单位圆内,这也是 Eviews 显示结果的形式。

比如,设 2 个变量滞后 1 期的 VAR 模型为:$\begin{bmatrix} y_{1,t} \\ y_{2,t} \end{bmatrix} = \begin{bmatrix} 5/8 & 1/8 \\ 1/2 & 5/8 \end{bmatrix} \begin{bmatrix} y_{1,t-1} \\ y_{2,t-1} \end{bmatrix} + \begin{bmatrix} \varepsilon_{1t} \\ \varepsilon_{2t} \end{bmatrix}$,其逆特征方程为:$\boldsymbol{I}-\boldsymbol{A}_1 L = \begin{bmatrix} 1 & 0 \\ 0 & 1 \end{bmatrix} - \begin{bmatrix} (5/8)L & (1/8)L \\ (1/2)L & (5/8)L \end{bmatrix} = (1-5L/8)^2 - L^2/16 = 0$。

解得:$L_1 = 8/7, L_2 = 8/3$。因为 L_1 和 L_2 都大于 1,所以对应的 VAR 模型是平稳的。

对于 $k>1$ 的 k 阶 VAR 模型可以通过矩阵变换,改写成 1 阶分块矩阵的 VAR 模型形式,然后利用其特征方程的根判别稳定性。比如,式(6.3.6)可以写成如下形式(注意从第二个方程开始均为恒等式 $\boldsymbol{y}_{t-j} = \boldsymbol{y}_{t-j}, j=1,2,\cdots,p-1$):

$$\begin{bmatrix} \boldsymbol{y}_t \\ \boldsymbol{y}_{t-1} \\ \vdots \\ \boldsymbol{y}_{t-p+1} \end{bmatrix}_{kp \times 1} = \begin{bmatrix} \boldsymbol{A}_0 \\ 0 \\ \vdots \\ 0 \end{bmatrix}_{kp \times 1} + \begin{bmatrix} \boldsymbol{A}_1 & \boldsymbol{A}_2 & \cdots & \boldsymbol{A}_{p-1} & \boldsymbol{A}_p \\ \boldsymbol{I} & 0 & \cdots & 0 & 0 \\ \vdots & \vdots & \ddots & \vdots & \vdots \\ 0 & 0 & \cdots & 0 & 0 \\ 0 & 0 & \cdots & \boldsymbol{I} & 0 \end{bmatrix}_{kp \times kp} \begin{bmatrix} \boldsymbol{y}_{t-1} \\ \boldsymbol{y}_{t-2} \\ \vdots \\ \boldsymbol{y}_{t-p} \end{bmatrix}_{kp \times 1} + \begin{bmatrix} \boldsymbol{\varepsilon}_t \\ 0 \\ \vdots \\ 0 \end{bmatrix}_{kp \times 1}$$

$$(6.3.9)$$

令 $\boldsymbol{Y}_t = \begin{bmatrix} \boldsymbol{y}_t \\ \boldsymbol{y}_{t-1} \\ \vdots \\ \boldsymbol{y}_{t-p+1} \end{bmatrix}$,$\boldsymbol{C} = \begin{bmatrix} \boldsymbol{A}_0 \\ 0 \\ \vdots \\ 0 \end{bmatrix}$,$\boldsymbol{A} = \begin{bmatrix} \boldsymbol{A}_1 & \boldsymbol{A}_2 & \cdots & \boldsymbol{A}_{p-1} & \boldsymbol{A}_p \\ \boldsymbol{I} & 0 & \cdots & 0 & 0 \\ \vdots & \vdots & \ddots & \vdots & \vdots \\ 0 & 0 & \cdots & 0 & 0 \\ 0 & 0 & \cdots & \boldsymbol{I} & 0 \end{bmatrix}$,$\boldsymbol{Y}_{t-1} = \begin{bmatrix} \boldsymbol{y}_{t-1} \\ \boldsymbol{y}_{t-2} \\ \vdots \\ \boldsymbol{y}_{t-p} \end{bmatrix}$,

$\boldsymbol{E}_t = \begin{bmatrix} \boldsymbol{\varepsilon}_t \\ 0 \\ \vdots \\ 0 \end{bmatrix}$,则上式即为:

$$Y_t = C + AY_{t-1} + E_t \qquad (6.3.10)$$

式(6.3.10)的特征方程为 $I - AL = 0$，只要特征根在单位圆外，该 VAR 模型就是平稳的。之所以强调平稳性，是因为当一个脉动冲击在某时刻施加到 VAR 模型中的某个方程时，随着时间的推移，这个冲击会逐渐消失。而对于含有单位根的 VAR 模型，当新的信息中存在脉动冲击时，VAR 模型中内生变量的响应不会随时间的推移而消失。

VAR 模型涉及滞后期的选择。如果滞后期太短，误差项的自相关会很严重，会导致参数的非一致性估计。如果在 VAR 模型中适当增加滞后期，可以消除误差项中存在的自相关问题，但会导致自由度减小，影响模型参数估计量的有效性。确定滞后期的方法，仍然可以参考前面提及的信息准则，此处不再赘述。

需要说明的是，平稳变量构成的 VAR 模型一定是稳定的，但稳定的 VAR 模型不一定由平稳变量构成，也可能由存在协整关系的非平稳变量构成。

三、Johansen 协整检验与 VECM

如果 VAR 模型的内生变量都含有一个单位根，那么可以用这些变量的一阶差分序列建立一个平稳的 VAR 模型。但同前所述，当这些变量存在协整关系时，采用差分方法构造 VAR 模型虽然是平稳的，但会丢失一些重要信息。如果 $y_t \sim I(1)$，且非平稳变量间存在协整关系，那么由这些非平稳变量组成的线性组合就是平稳的。通过变量间的协整关系，可以得到变量间的长期关系，同时还可以得到向量误差修正模型(VECM)。

Johansen(1988)及 Johansen & Juselius(1990)提出的一种以 VAR 模型为基础的检验回归系数的方法，是进行多变量协整检验的较好方法，该方法常称作 Johansen 协整检验法或 JJ(Johansen-Juselius)检验法。

首先看简单的 2 个序列情形。假设 $y_{1,t}$ 和 $y_{2,t}$ 都是 $I(1)$ 序列，若存在 a_1，使得 $y_{1,t} - a_1 y_{2,t} \sim I(0)$；如果另有 a_2，使得 $y_{1,t} - a_2 y_{2,t} \sim I(0)$，则：

$$(y_{1,t} - a_1 y_{2,t}) - (y_{1,t} - a_2 y_{2,t}) = (a_1 - a_2) y_{2,t} \sim I(0) \quad (6.3.11)$$

由于 $y_{2,t} \sim I(1)$，只能有 $a_1 = a_2$。可见 $y_{1,t}$ 和 $y_{2,t}$ 之间存在协整关系时，协整向量 $\boldsymbol{\beta} = (1, -a_1)$ 是唯一的。下面讨论一般的 k 维变量情形，假设 VAR (p) 模型为：

$$y_t = A_1 y_{t-1} + A_2 y_{t-2} + \cdots + A_p y_{t-p} + Bx_t + \varepsilon_t \qquad (6.3.12)$$

其中，$y_{1,t}, y_{2,t}, \cdots, y_{k,t}$ 都是 $I(1)$ 序列；x_t 是一个确定的 d 维外生向量，可以代表趋势项、常数项等确定性项。将式(6.3.12)差分并进行下列变换：

$$\boldsymbol{y}_t - \boldsymbol{y}_{t-1} = -(\boldsymbol{I} - \boldsymbol{A}_1 - \boldsymbol{A}_2 - \cdots - \boldsymbol{A}_p)\boldsymbol{y}_{t-1} - (\boldsymbol{A}_2 + \cdots + \boldsymbol{A}_p)(\boldsymbol{y}_{t-1} - \boldsymbol{y}_{t-2}) -$$

$$(\boldsymbol{A}_3 + \cdots + \boldsymbol{A}_p)(\boldsymbol{y}_{t-2} - \boldsymbol{y}_{t-3}) - \cdots - \boldsymbol{A}_p(\boldsymbol{y}_{t-p+1} - \boldsymbol{y}_{t-p}) + \boldsymbol{B}\boldsymbol{x}_t + \boldsymbol{\varepsilon}_t$$

上式即为:

$$\Delta \boldsymbol{y}_t = \prod \boldsymbol{y}_{t-1} + \sum_{i=1}^{p-1} \boldsymbol{\Gamma}_i \Delta \boldsymbol{y}_{t-i} + \boldsymbol{B}\boldsymbol{x}_t + \boldsymbol{\varepsilon}_t \qquad (6.3.13)$$

其中,$\prod = -(\boldsymbol{I} - \sum_{i=1}^{p} \boldsymbol{A}_i)$,$\boldsymbol{\Gamma}_i = -\sum_{j=i+1}^{p} \boldsymbol{A}_i$。由于 $I(1)$ 序列经过差分变换转变成 $I(0)$ 序列,即式(6.3.13)右边第二项 $\Delta \boldsymbol{y}_{t-i}(i=1,2,\cdots,p-1)$ 都是 $I(0)$ 序列构成的向量,那么只要第一项 $\prod \boldsymbol{y}_{t-1}$ 是 $I(0)$ 向量,即 $y_{1,t-1},y_{2,t-1},\cdots,y_{k,t-1}$ 之间具有协整关系,就能保证 $\Delta \boldsymbol{y}_t$ 是平稳过程。变量 $y_{1,t-1},y_{2,t-1},\cdots,y_{k,t-1}$ 之间是否具有协整关系主要依赖于矩阵 $\prod$ 的秩。设 $\prod$ 的秩为 r,则 r 存在 3 种情况:

(1)如果 $r=k$,只有当 $y_{1,t-1},y_{2,t-1},\cdots,y_{k,t-1}$ 都是 $I(0)$ 序列时,才能保证 $\prod \boldsymbol{y}_{t-1}$ 是 $I(0)$ 变量构成的向量。而这与已知的 $\boldsymbol{y}_t$ 为 $I(1)$ 序列相矛盾,所以必然有 $r<k$。

(2)如果 $r=0$,意味着 $\prod = 0$,因此式(6.3.13)仅仅是个差分方程,各项都是 $I(0)$ 变量,不需要讨论 $y_{1,t-1},y_{2,t-1},\cdots,y_{k,t-1}$ 之间是否具有协整关系。

(3)下面讨论 $0<r<k$ 的情形:

$0<r<k$ 表示存在 r 个协整组合,其余 $k-r$ 个关系仍为 $I(1)$ 关系。在这种情况下,$\prod$ 可以分解成 2 个 $(k \times r)$ 阶矩阵 $\boldsymbol{\alpha}$ 和 $\boldsymbol{\beta}$ 的乘积:

$$\prod = \boldsymbol{\alpha}\boldsymbol{\beta}' \qquad (6.3.14)$$

其中,秩$(\boldsymbol{\alpha})$=秩$(\boldsymbol{\beta})$=r,将式(6.3.14)代入式(6.3.13),得:

$$\Delta \boldsymbol{y}_t = \boldsymbol{\alpha}\boldsymbol{\beta}'\boldsymbol{y}_{t-1} + \sum_{i=1}^{p-1} \boldsymbol{\Gamma}_i \Delta \boldsymbol{y}_{t-i} + B\boldsymbol{x}_t + \boldsymbol{\varepsilon}_t \qquad (6.3.15)$$

上式要求 $\boldsymbol{\beta}'\boldsymbol{y}_{t-1}$ 为一个 $I(0)$ 向量,其每一行都是 $I(0)$ 的组合变量,即 $\boldsymbol{\beta}$ 的每一行所表示的 $y_{1,t-1},y_{2,t-1},\cdots,y_{k,t-1}$ 的线性组合都是一种协整形式,所以矩阵 $\boldsymbol{\beta}$ 决定了 $y_{1,t-1},y_{2,t-1},\cdots,y_{k,t-1}$ 之间协整向量的个数与形式,称此 $\boldsymbol{\beta}$ 为协整向量矩阵,r 为协整向量的个数。矩阵 $\boldsymbol{\alpha}$ 的每一行 α_i 是出现在第 i 个方程中的 r 个协整组合的一组权重,故称 $\boldsymbol{\alpha}$ 为调整参数矩阵。需要说明的是,矩阵 $\boldsymbol{\alpha}$ 和 $\boldsymbol{\beta}$ 并不是唯一的,因为对于任何可逆的 $r \times r$ 矩阵 $\boldsymbol{H}$,$\boldsymbol{\alpha}\boldsymbol{\beta}' = \boldsymbol{\alpha}\boldsymbol{H}(\boldsymbol{H}^{-1}\boldsymbol{\beta}')$ $= \prod$,因而 $\boldsymbol{\beta}(\boldsymbol{H}^{-1})'$ 和 $\boldsymbol{\alpha}\boldsymbol{H}$ 也可作为协整向量矩阵和调整参数矩阵。

将 $\boldsymbol{y}_t$ 的协整检验变成对矩阵 $\prod$ 的分析,这是 Johansen 协整检验的基本原理。因为矩阵 $\prod$ 的秩等于它的非零特征根的个数,因此可以通过非零特征根的个数来检验协整关系和协整向量的秩。关于 Johansen 协整检验的具体步骤此处从略,我们将在本章附录中简单介绍。

对于不包含外生变量的 VAR 模型,式(6.3.15)即为:

$$\Delta \boldsymbol{y}_t = \boldsymbol{\alpha}\boldsymbol{\beta}' \boldsymbol{y}_{t-1} + \sum_{i=1}^{p-1} \boldsymbol{\Gamma}_i \Delta \boldsymbol{y}_{t-i} + \boldsymbol{\varepsilon}_t \tag{6.3.16}$$

令 $ecm_{t-1} = \boldsymbol{\beta}' \boldsymbol{y}_{t-1}$,则有:

$$\Delta \boldsymbol{y}_t = \boldsymbol{\alpha} \cdot ecm_{t-1} + \sum_{i=1}^{p-1} \boldsymbol{\Gamma}_i \Delta \boldsymbol{y}_{t-i} + \boldsymbol{\varepsilon}_t \tag{6.3.17}$$

式(6.3.17)就是向量误差修正模型的一种形式,其中的每一个方程都是一个误差修正模型。$ecm_{t-1} = \boldsymbol{\beta}' \boldsymbol{y}_{t-1}$ 是误差修正项,反映了变量之间的长期均衡关系。系数向量 $\boldsymbol{\alpha}$ 反映了变量之间的均衡关系偏离长期均衡状态时,将其调整到均衡状态的调整速度。而所有作为解释变量差分项的系数 $\boldsymbol{\Gamma}_i$ 反映了各变量的短期波动对被解释变量短期变化的影响。

四、格兰杰非因果性检验

VAR 模型还可用来检验一个变量与另一个变量是否存在因果关系。格兰杰非因果性定义如下:如果由 y_t 和 x_t 滞后值所决定的 y_t 的条件分布与仅由 y_t 滞后值所决定的条件分布相同,即 $f(y_t | y_{t-1}, \cdots, y_{t-k}, x_{t-1} \cdots, x_{t-m}) = f(y_t | y_{t-1}, \cdots, y_{t-k})$,则称 x_{t-1} 对 y_t 存在格兰杰非因果性。

格兰杰非因果性的直观表述是:在其他条件不变的情形下,若加上 x_t 的滞后变量后对 y_t 的预测精度不存在显著性改善,则称 x_{t-1} 对 y_t 存在格兰杰非因果性关系。为方便述说,通常把 x_{t-1} 对 y_t 存在非因果关系表述为 x_t 对 y_t 存在非因果关系。在实际中,除了使用格兰杰非因果性概念外,也可使用格兰杰因果性概念。

根据以上定义,x_t 对 y_t 是否存在因果关系,可通过检验 VAR 模型,即以 y_t 为被解释变量的方程中是否可以把 x_t 的全部滞后变量剔除掉。比如,VAR 模型中以 y_t 为被解释变量的方程表示如下:

$$y_t = \sum_{i=1}^{p} \alpha_i y_{t-1} + \sum_{i=1}^{p} \beta_i x_{t-i} + \varepsilon_t \tag{6.3.18}$$

如有必要,上式右边还可以包括常数项、趋势项和季节虚拟变量等。因此,检验 x_t 对 y_t 存在格兰杰非因果性的原假设和备择假设是:

$H_0: \beta_1 = \beta_2 = \cdots = \beta_p = 0$

$H_1: \beta_1 、 \beta_2 、 \cdots 、 \beta_p$ 中至少有一个不为 0

如果式(6.3.18)中的 x_t 滞后变量的回归参数估计值全部不存在显著性,则不能拒绝原假设。换句话说,如果 x_t 的任何一个滞后变量的回归参数的估计值存在显著性,则结论应是 x_t 对 y_t 存在格兰杰因果关系。上述检验可用 F 统计量完成。

$$F = \frac{(\text{SSE}_r - \text{SSE}_u)/p}{\text{SSE}_u/(T - kp)} \qquad (6.3.19)$$

其中,SSE_r 表示施加约束(原假设成立)后的残差平方和,SSE_u 表示不施加约束条件下的残差平方和数,p 表示最大滞后期,k 表示 VAR 模型中所含变量个数。在原假设成立的条件下,F 统计量近似服从 $F(p, T-kp)$ 分布。如果计算的 F 值落在临界值以内,则接受原假设,即 x_t 对 y_t 不存在格兰杰因果关系。需要说明的是,如果式(6.3.18)还包含常数项,则式(6.3.19)要改为 $F = \frac{(\text{SSE}_r - \text{SSE}_u)/p}{\text{SSE}_u/(T-kp-1)} \sim F(p, T-kp-1)$。

五、案例分析

【例 6.3】 以我国 1978—2019 年人均 GDP 和居民消费水平为例(如表 4-3 所示),上一节我们分析了 2 个变量之间的协整关系和误差修正模型,本部分我们基于 2 个变量建立 VAR 模型,并预测 2020 年的居民消费和人均 GDP。

具体预测步骤如下:

(1)建立 VAR 模型。根据信息准则选定模型的阶数为 2 或 3,2 阶的格兰杰因果检验显示 2 个变量不存在格兰杰因果关系,而滞后 3 阶的检验结果显示 $\ln x$ 是 $\ln y$ 的格兰杰原因、$\ln y$ 并不是 $\ln x$ 的格兰杰原因。预测的 $\ln y$ 模型的最终结果如表 6-3 所示,虽然有部分系数的显著性不高,但为了预测的目的,我们保留了所有的解释变量。

表 6-3　VAR 模型系数

因变量	$\ln x(-1)$	$\ln x(-2)$	$\ln x(-3)$	$\ln y(-1)$	$\ln y(-2)$	$\ln y(-3)$	常数 C	$\bar{R}^2$
$\ln y$	0.5650	−0.9633	0.5171	0.9978	0.0764	−0.2056	0.0355	0.9996
t 值	3.23	−3.16	2.69	5.59	0.29	−1.11	1.31	

(2)VAR 模型的平稳性检验。我们建立的 VAR 模型的特征根情况如表 6-4 所示,由于没有一个根在单位圆外,这是一个平稳系统。

表 6-4　VAR 模型的特征根及其模

特征根	模
$0.976197-0.025563i$	0.976532
$0.976197+0.025563i$	0.976532
$0.437479-0.489575i$	0.656561
$0.437479+0.489575i$	0.656561
0.303075	0.303075
-0.229326	0.229326

（3）进行预测。根据表 6-3，我们可得 $\ln \hat{y}_{2020}=8.275$，由此得到 2020 年居民消费的预测值为 $\hat{y}_{2020}=3924$ 元（以 1978 年价格计价）。

第四节　混频数据模型的预测方法

传统的时间序列回归预测技术通常要求被解释变量的频率与解释变量同频数据的频率相同，即模型为同频数据模型。实际上，很多时候我们面临的数据集中各变量的频率并不相同，比如 GDP 数据是季度或年度频率发布的数据，而工业增加值和消费者价格指数是按月度频率发布的数据。应该说，在实际数据的分析预测中，用混频数据模型能提高预测的时效性和精度。本小节将简要介绍混频数据模型的预测方法。

一、传统的混频数据处理方法

在传统的回归模型中，要求自变量和因变量的观测数据的频率相同，否则模型无法识别。在实际的数据分析预测问题中，当得到的数据频率不相同时，为保持数据的频率相同，传统的处理方法是将数据实施同频化预处理，主要有加总法、插值法及后来发展出的桥接等式法等处理方法。

加总法，也称集成法，即将高频观测数据加总，使其成为最低频率数据。比如，已知某公司 1 月、2 月和 3 月的产出数据，将这 3 个月的数据加总，即可得到第 1 季度产出数据，这样月度数据就降低为更低频率的季度数据。

插值法，即对低频观测数据进行插值得到高频数据。比如，已知月初和月末的数据，可以利用线性插值公式估计月中数据，从而将月度频率数据转化为半月频率数据。

桥接等式法。该方法是早期处理混频数据的一种方法，是某些时期高频数据还没有正式发布的弥补技术。其思想是先利用自回归技术预测尚未得到的高频数据,然后将这些高频预测值加总转化为低频预测值 x_{it},最后将低频数据 x_{it} 放入桥接方程中,即求得低频因变量 y_t 的预测值,即:

$$y_t = \alpha + \sum_{i=1}^{k} \beta_i(L)x_{it} + \mu_t \qquad (6.4.1)$$

其中,$\beta_i(L)$ 是阶数为 k 的滞后多项式。在上述的同频化方法中,加总法对数据的处理会损失高频数据的信息,使得很多微观模式丧失,从而造成对信息的浪费;插值法种类繁多,但总体上该方法相对粗糙;桥接等式法本质上也是使用了数据的集成处理思维,并没有充分有效地利用已有数据信息。基于以上情况,如果可以直接同时利用低频数据和高频数据构建一个回归模型而无须将变量同频化,无疑是较为理想的,此即混频数据回归模型。

二、混频数据抽样回归模型简介

1. 混频数据抽样回归模型的概念

Ghysels 等学者直接运用低频数据和高频数据,于 2004 年提出了混频数据抽样(Mixed-Data Sampling)回归模型,简称 MIDAS 回归模型。MIDAS 回归模型不需要对高频数据进行集成,而是在一个回归模型中,通过对高频变量赋权,将其作为低频变量的解释变量,进而对低频变量进行回归和预测。使用 MIDAS 回归模型实施预测主要有两方面优点:一方面,相比于使用相同低频数据的回归模型,混频数据抽样回归模型因为直接包含了高频数据,通常可以提供更多的有效信息,故而使其在样本内拟合和样本外预测方面的精准性都更有优势;另一方面,对于大型数据集,不但计算上容易实施而且更少犯模型设定错误。

MIDAS 回归模型的基本形式表示如下:

$$y_t = \beta x_t + B(L^{1/m};\theta)x_{t-h}^{(m)}\lambda + \varepsilon_t \qquad (6.4.2)$$

其中,y_t 是低频的因变量,从 $t-1$ 到 t 期只能观测到一次;x_t 为低频的自变量,$x_t^{(m)}$ 为高频的自变量,能在 $t-1$ 到 t 期观测 m 次。例如,y_t 为季度数据序列,而 x_t 为月度数据序列,此时 $m=3$,即 1 个季度对应 3 个月的长度。θ 为权重函数参数,$L^{1/m}$ 为高频数据的滞后算子,则 $B(L^{1/m};\theta)$ 为权重和高频滞后算子相结合的滞后算子多项式。α_k 是具体的权重组合系数,可以将滞后算子多项式的形式表达如下:

$$B(L^{1/m};\theta) = \sum_{k=0}^{K} \alpha_k L^{k/m} \qquad (6.4.3)$$

从而有：

$$B(L^{1/m};\theta)x_{t-h}^{(m)} = \sum_{k=0}^{K}\alpha_k L^{k/m}x_{t-h}^{(m)} = \sum_{k=0}^{K}\alpha_k x_{t-h-k/m}^{(m)} \qquad (6.4.4)$$

2. 权重函数的设定

权重函数的选择是 MIDAS 回归模型结构确定中的重要方面。不同的权重设定会产生不同的 MIDAS 回归模型形式。常见的权重函数选择有以下几种：Almon 函数、exponential Almon 函数、Beta 权重函数、step 权重函数、U-MIDAS 权重函数等。下面列举几种权重函数的具体形式。

（1）Almon 函数。Almon 函数的基本形式为 $\alpha_k = \sum_{j=0}^{p}a_j k^j$，$\alpha_0 = a_0$，即：

$$\alpha_1 = a_0 + a_1 + a_2 + \cdots + a_p$$
$$\alpha_2 = a_0 + 2a_1 + 2^2 a_2 + \cdots + 2^p a_p$$
$$\cdots \qquad (6.4.5)$$
$$\alpha_K = a_0 + Ka_1 + K^2 a_2 + \cdots + K^p a_p$$

此时，MIDAS 回归可写成：

$$y_t = x_t\beta + \sum_{k=0}^{K}\left(x_{t-k/m}^{(m)}\sum_{j=0}^{p}k^j a_j\right) + \varepsilon_t = x_t\beta + \sum_{j=0}^{p}m_{j,t}a_j + \varepsilon_t \quad (6.4.6)$$

其中，$m_{j,t} = \sum_{k=0}^{K}k^j x_{t-k/m}^{(m)}$，回归系数个数为 p 而不是 k。

Almon 函数是最一般的权重函数形式，运用此函数形式可直接使用最小二乘准则来估计 MIDAS 混频模型。

（2）Exponential Almon 函数。Exponential Almon 函数是对上述 Almon 多项式函数进行变化，得到的指数 Almon 函数。这种权重函数性质优良，不仅可用来构造不同的权重函数，保证权重为整数，而且还可以保证方程获得零逼近误差，因而是目前被普遍使用的一种权重确定函数。其具体形式如下：

$$\alpha_k = \frac{\exp(\theta_0 + k\theta_1 + k^2\theta_2 + \cdots + k^p\theta_p)}{\sum_{k=1}^{K}\exp(\theta_0 + k\theta_1 + k^2\theta_2 + \cdots + k^p\theta_p)} \qquad (6.4.7)$$

通常情况下，我们只需要保留 2 个参数 θ_1、θ_2 即可，且一般有 $\theta_1 < 300$，$\theta_2 < 0$。当 $\theta_1 = \theta_2 = 0$ 时，权重函数退化为简单平均（$1/K$）。

（3）Beta 权重函数。Beta 权重函数是利用 Beta 函数构造的多项式函数，令

$$\omega_i = \begin{cases} \delta, & i = 0 \\ i/k, & i = 1,2,\cdots,K-1 \\ 1-\delta, & i = K \end{cases} \qquad (6.4.8)$$

其中,δ 通常被设定为一个非常小的值(比如计算机中默认为 2.22e-16)。Beta 权重函数的具体形式如下:

$$\alpha_k = \frac{\omega_k^{\theta_1-1}(1-\omega_k)^{\theta_2-1}}{\displaystyle\sum_{j=0}^{K}\omega_k^{\theta_1-1}(1-\omega_k)^{\theta_2-1}} + \theta_3 \tag{6.4.9}$$

记 $m_{j,t} = \left(\dfrac{\omega_k^{\theta_1-1}(1-\omega_k)^{\theta_2-1}}{\displaystyle\sum_{j=0}^{K}\omega_k^{\theta_1-1}(1-\omega_k)^{\theta_2-1}} + \theta_3\right)x_{t-j/m}^{(m)}$,此时 MIDAS 混频模型可表示为:

$$y_t = x_t\beta + \sum_{k=0}^{K}x_{t-k/m}^{(m)}\left(\frac{\omega_k^{\theta_1-1}(1-\omega_k)^{\theta_2-1}}{\displaystyle\sum_{j=0}^{K}\omega_k^{\theta_1-1}(1-\omega_k)^{\theta_2-1}} + \theta_3\right)\lambda + \varepsilon_t$$

$$= x_t\beta + \sum_{k=0}^{K}m_{j,t}\lambda + \varepsilon_t \tag{6.4.10}$$

在利用 Beta 权重函数估计模型时,每个高频变量有 4 个参数,即 θ_1、θ_2、θ_3 和 λ。通常情况下,取 $\theta_3 = 0$。当 θ_1、θ_2 的值变化时,Beta 权重函数可以表现出多种形状,比如递增型、递减型、水平型、U 型和倒 U 型。当 $\theta_1 = \theta_2 = 1$ 时,表现为简单平均;当 $\theta_1 = 1$,$\theta_2 > 1$ 时,表现为递减型;当 $\theta_1 = 1$,$\theta_2 < 1$ 时,表现为递增型。一般情况下,将 $\theta_1 = 1$ 的情况称为非零 Beta 权重函数。

(4)step 权重函数。step 权重函数是分段函数权重形式,其具体形式见下:

$$y_t = x_t\beta + \sum_{j=1}^{K}x_{t-j/m}^{(m)}\theta_j + \varepsilon_t \tag{6.4.11}$$

其中,K 表示高频变量滞后数,m 表示能在 $t-1$ 到 t 期观测 m 次,一般我们以 m 的倍数对高频变量滞后期数进行分段。

step 权重函数意味着 $x_t^{(m)}$ 的每 j 个滞后项具有相同的系数。比如,季度数据对月度数据的混频回归时,$m = 3$,此时 1、2、3 月的自变量值 $x_{t-1/3}^{(3)}$、$x_{t-2/3}^{(3)}$、$x_{t-1}^{(3)}$ 具有共同的系数,即 $\theta_1 = \theta_2 = \theta_3$,4、5、6 月具有共同的系数,依此类推,从而减少了系数个数。

(5)U-MIDAS 权重函数。U-MIDAS 权重函数为无约束混频数据回归模型,a_k 无约束,每个滞后项都有不同的系数。U-MIDAS 模型主要适用于样本频率差较小(比如月度、季度数据),且估计参数的要求不多的混频数据回归。

3. MIDAS 模型拓展——MIDAS-AR 模型

在实际问题分析中,一些被解释经济变量自身存在自相关性,即当期的数值会受到上一期的影响,因此需要在模型中引入带有滞后期数的被解释变量来提高模型预测的准确性,即 MIDAS-AR 模型。以添加被解释变量的一

阶自回归关系的 MIDAS-AR(1)模型为例,其向前预测 h 步的具体形式如下:

$$y_t = \beta_0 + \rho y_{t-1} + B(L^{1/m};\theta)(1-\rho L)x_{t-h}^{(m)}\lambda + \varepsilon_t \qquad (6.4.12)$$

三、权重函数的选择标准

在混频回归模型的设定中,权重函数的形式是需要事先设定的,然后才能进一步估计函数中的参数。那么在众多的权重函数类型中,如何选择适合数据的权重函数类型呢? 通常情况下,可以基于一些模型评估的准则进行选择。常用的选择标准有赤池信息量(AIC)、贝叶斯准则(BIC)、均方根误差进行选择等,下面简单介绍一下:

(1)赤池信息量(AIC),其表达式为:

$$\text{AIC} = -2\ln L(\hat{\theta}_L,X) + 2p \qquad (6.4.13)$$

其中,$\hat{\theta}_L$ 为 θ 的极大似然估计,p 为未知参数个数。可以选择能使 AIC 达到最小的权重函数来构建混频数据回归模型。

(2)贝叶斯准则(BIC),其表达式如下:

$$\text{BIC} = p\ln n - 2\ln L(\hat{\theta}_L,\boldsymbol{X}) \qquad (6.4.14)$$

其中,n 为样本容量,其余符号约定同 AIC。较于 AIC 准则,BIC 准则中考虑了样本数量。这可以有效防止当样本量过大时,模型复杂度过高的问题。

(3)均方根误差(RMSE),其表达式如下:

$$\text{RMSE} = \sqrt{\frac{\sum_{i}^{N}(Predicted_i - Actual_i)^2}{N}} \qquad (6.4.15)$$

RMSE 准则衡量了模型预测值与真实值之间的误差,根据不同权重函数计算的 RMSE,值越小,表明该模型拟合得越好。

四、权重参数的估计方法

可以采取多种方法估计混频数据回归模型中权重函数的参数,常见的有非线性最小二乘法、贝叶斯估计方法、最大似然估计方法、非参数估计方法等,其中非线性最小二乘法是最基本且应用更为普遍的估计方法,下面简要叙述其估计方法的思路。

假设回归方程为:

$$y_t = f(x_1,\beta) + \mu_t \qquad (6.4.16)$$

最小二乘法估计的目标是选择参数 β 的估计值 b,使得回归模型的残差

平方和 $W(b) = \sum_t (y_t - f(x_t, b))^2$ 达到最小。如果 f 关于参数的导数与参数 β 无关,则模型(6.4.16)的参数为线性参数,可以使用普通最小二乘法估计。反之,称模型为参数非线性的。这时需要采用非线性最小二乘法估计方法。残差平方和最小化时,其一阶条件为:

$$\frac{\partial W(b)}{\partial b} = -2 \sum_t (y_t - f(x_t, b)) \frac{\partial f(x_t, b)}{\partial b} = 0 \qquad (6.4.17)$$

这时候需要采用数值计算方法求解非线性方程。在 MIDAS 回归模型中,

$$f(\boldsymbol{X}, b) = \beta x_t + B(L^{1/m}; \theta) x_{t-h}^{(m)} \lambda + \varepsilon_t \qquad (6.4.18)$$

对于混频数据抽样模型 MIDAS,一般的预测公式为:

$$\hat{y}_{t+\eta} = \hat{\beta} x_{t+\eta} + B(L^{1/m}; \theta) x_{t+\eta-h}^{(m)} \lambda \qquad (6.4.19)$$

混频数据抽样回归模型的预测依赖于向前的步长,对于新的给定的预测区间,需要重新估计 MIDAS 回归模型。由于低频率变量与高频率变量有倍数对应关系,在预测因变量时,即使最新的某些时期高频率变量数据还未能收集,预测仍然可以进行。

五、案例分析

【例 6.4】 表 6-5 为浙江省 2010 年 1 季度至 2019 年 4 季度的服务业(此处即为第三产业)累计同比增速($gfwy$),表 6-6、表 6-7、表 6-8 和 6-9 分别为浙江省 2010 年 1 月至 2019 年 12 月的财政公共支出累计同比增速(gcz)情况、工业增加值累计同比增速(ggy)情况、进出口累计同比增速($gjck$)情况、社会消费品零售总额累计同比增速(gxf)情况,数据均来自浙江省统计局(http://tjj.zj.gov.cn/col/col1525547/index.html)。试建立 $gfwy$ 关于其他 3 个变量的混频数据回归模型,并利用浙江省 2020 年 1—2 月的财政公共服务支出、工业增加值、进出口和社会消费品零售总额的月度增长率,预测 2020 年第 1 季度服务业的季度增长率。

表 6-5　浙江省 2010—2019 年各月的服务业累计同比增速

(单位:%)

时间	服务业累计同比增速	时间	服务业累计同比增速	时间	服务业累计同比增速
2010 第 1 季度	12.3	2013 第 3 季度	8.5	2017 第 1 季度	10
2010 第 2 季度	11.4	2013 第 4 季度	8.7	2017 第 2 季度	9.8
2010 第 3 季度	11.3	2014 第 1 季度	7.9	2017 第 3 季度	9.3

时间	服务业累计同比增速	时间	服务业累计同比增速	时间	服务业累计同比增速
2010 第 4 季度	12.1	2014 第 2 季度	8.4	2017 第 4 季度	8.8
2011 第 1 季度	10.5	2014 第 3 季度	8.4	2018 第 1 季度	8.1
2011 第 2 季度	10.3	2014 第 4 季度	8.7	2018 第 2 季度	8.1
2011 第 3 季度	9.7	2015 第 1 季度	10.8	2018 第 3 季度	8.0
2011 第 4 季度	9.4	2015 第 2 季度	11.4	2018 第 4 季度	7.8
2012 第 1 季度	8.2	2015 第 3 季度	11.3	2019 第 1 季度	7.8
2012 第 2 季度	8.8	2015 第 4 季度	11.3	2019 第 2 季度	8.3
2012 第 3 季度	9.2	2016 第 1 季度	9.5	2019 第 3 季度	7.6
2012 第 4 季度	9.3	2016 第 2 季度	9.7	2019 第 4 季度	7.8
2013 第 1 季度	8.2	2016 第 3 季度	9.2	2020 年 1 季度	—
2013 第 2 季度	8.1	2016 第 4 季度	9.4		

表 6-6　浙江省 2010—2019 年各月的财政公共支出累计同比增速

（单位：%）

时间	财政公共支出累计同比增速	时间	财政公共支出累计同比增速	时间	财政公共支出累计同比增速
2010 年 1 月	−17.5	2013 年 5 月	6.1	2016 年 9 月	18.2
2010 年 2 月	6	2013 年 6 月	5.9	2016 年 10 月	15.5
2010 年 3 月	12.8	2013 年 7 月	5.9	2016 年 11 月	17.7
2010 年 4 月	10.6	2013 年 8 月	5.5	2016 年 12 月	13
2010 年 5 月	12.8	2013 年 9 月	5.4	2017 年 1 月	101.5
2010 年 6 月	12.9	2013 年 10 月	4.7	2017 年 2 月	24.2
2010 年 7 月	12.7	2013 年 11 月	4.7	2017 年 3 月	25
2010 年 8 月	12.4	2013 年 12 月	7	2017 年 4 月	22.4
2010 年 9 月	14.1	2014 年 1 月	59.6	2017 年 5 月	21.9
2010 年 10 月	14	2014 年 2 月	0.8	2017 年 6 月	26.6
2010 年 11 月	16.3	2014 年 3 月	0.6	2017 年 7 月	24.2
2010 年 12 月	9.2	2014 年 4 月	−1.2	2017 年 8 月	20.4
2011 年 1 月	13.4	2014 年 5 月	−0.5	2017 年 9 月	21
2011 年 2 月	13.2	2014 年 6 月	−0.5	2017 年 10 月	19.9
2011 年 3 月	13.6	2014 年 7 月	−2.4	2017 年 11 月	15.9

时间	财政公共支出累计同比增速	时间	财政公共支出累计同比增速	时间	财政公共支出累计同比增速
2011 年 4 月	12.5	2014 年 8 月	−1.8	2017 年 12 月	16.5
2011 年 5 月	12.1	2014 年 9 月	−1.5	2018 年 1 月	−38.8
2011 年 6 月	14.5	2014 年 10 月	−1.9	2018 年 2 月	21.8
2011 年 7 月	13.7	2014 年 11 月	−3.1	2018 年 3 月	16.8
2011 年 8 月	13.6	2014 年 12 月	−2.6	2018 年 4 月	16.9
2011 年 9 月	11.5	2015 年 1 月	−46	2018 年 5 月	16.7
2011 年 10 月	12	2015 年 2 月	8.4	2018 年 6 月	12.7
2011 年 11 月	12.7	2015 年 3 月	9.4	2018 年 7 月	13.5
2011 年 12 月	12.5	2015 年 4 月	7.5	2018 年 8 月	13.4
2012 年 1 月	−5.5	2015 年 5 月	4.1	2018 年 9 月	12.3
2012 年 2 月	10.3	2015 年 6 月	5.4	2018 年 10 月	13.8
2012 年 3 月	12.1	2015 年 7 月	7.2	2018 年 11 月	13.5
2012 年 4 月	10.4	2015 年 8 月	5.7	2018 年 12 月	14.4
2012 年 5 月	9.9	2015 年 9 月	6.4	2019 年 1 月	86.2
2012 年 6 月	7.8	2015 年 10 月	8.6	2019 年 2 月	7.8
2012 年 7 月	8.6	2015 年 11 月	10.7	2019 年 3 月	9.2
2012 年 8 月	8.3	2015 年 12 月	10.7	2019 年 4 月	10.8
2012 年 9 月	8	2016 年 1 月	11.1	2019 年 5 月	10.4
2012 年 10 月	7.9	2016 年 2 月	15.2	2019 年 6 月	11.4
2012 年 11 月	6.5	2016 年 3 月	16.5	2019 年 7 月	10.1
2012 年 12 月	6.8	2016 年 4 月	15.1	2019 年 8 月	10.5
2013 年 1 月	−5.5	2016 年 5 月	16.4	2019 年 9 月	11.7
2013 年 2 月	9.4	2016 年 6 月	18.2	2019 年 10 月	11.6
2013 年 3 月	3.2	2016 年 7 月	16.5	2019 年 11 月	11.4
2013 年 4 月	6.5	2016 年 8 月	19.2	2019 年 12 月	13.6

表 6-7　浙江省 2010—2019 年各月的工业增加值累计同比增速

（单位：%）

时间	工业增加值累计同比增速	时间	工业增加值累计同比增速	时间	工业增加值累计同比增速
2010 年 1 月	25.3	2013 年 5 月	8.8	2016 年 9 月	6.6
2010 年 2 月	25.3	2013 年 6 月	8.9	2016 年 10 月	6.4

时间	工业增加值累计同比增速	时间	工业增加值累计同比增速	时间	工业增加值累计同比增速
2010 年 3 月	22.5	2013 年 7 月	8.8	2016 年 11 月	6.1
2010 年 4 月	21.6	2013 年 8 月	8.6	2016 年 12 月	6.2
2010 年 5 月	20.6	2013 年 9 月	8.6	2017 年 1 月	7.2
2010 年 6 月	18.8	2013 年 10 月	8.5	2017 年 2 月	7.2
2010 年 7 月	16.7	2013 年 11 月	8.5	2017 年 3 月	7.5
2010 年 8 月	17.6	2013 年 12 月	8.5	2017 年 4 月	7.5
2010 年 9 月	17.5	2014 年 1 月	6.1	2017 年 5 月	7.6
2010 年 10 月	17.2	2014 年 2 月	6.1	2017 年 6 月	7.7
2010 年 11 月	16.8	2014 年 3 月	6.2	2017 年 7 月	7.7
2010 年 12 月	16.2	2014 年 4 月	6.4	2017 年 8 月	7.8
2011 年 1 月	12.5	2014 年 5 月	6.3	2017 年 9 月	8.3
2011 年 2 月	12.5	2014 年 6 月	6.4	2017 年 10 月	8.4
2011 年 3 月	12.9	2014 年 7 月	6.5	2017 年 11 月	8.4
2011 年 4 月	12.4	2014 年 8 月	6.5	2017 年 12 月	8.3
2011 年 5 月	12.3	2014 年 9 月	6.6	2018 年 1 月	9.8
2011 年 6 月	12.1	2014 年 10 月	6.7	2018 年 2 月	9.8
2011 年 7 月	11.8	2014 年 11 月	6.7	2018 年 3 月	7.6
2011 年 8 月	11.4	2014 年 12 月	9	2018 年 4 月	8.7
2011 年 9 月	11.2	2015 年 1 月	7	2018 年 5 月	8.6
2011 年 10 月	11	2015 年 2 月	7	2018 年 6 月	8.2
2011 年 11 月	10.9	2015 年 3 月	5.1	2018 年 7 月	8
2011 年 12 月	10.9	2015 年 4 月	4.7	2018 年 8 月	8
2012 年 1 月	2.9	2015 年 5 月	4.7	2018 年 9 月	8
2012 年 2 月	2.9	2015 年 6 月	5	2018 年 10 月	7.8
2012 年 3 月	4.8	2015 年 7 月	4.6	2018 年 11 月	7.6
2012 年 4 月	5.1	2015 年 8 月	4.3	2018 年 12 月	7.3
2012 年 5 月	5	2015 年 9 月	4.2	2019 年 1 月	3.6
2012 年 6 月	5.2	2015 年 10 月	4.2	2019 年 2 月	3.6
2012 年 7 月	5.5	2015 年 11 月	4.3	2019 年 3 月	8.9
2012 年 8 月	5.7	2015 年 12 月	4.4	2019 年 4 月	6.9
2012 年 9 月	5.9	2016 年 1 月	4.1	2019 年 5 月	6.1
2012 年 10 月	6.4	2016 年 2 月	4.1	2019 年 6 月	6.2

时间	工业增加值累计同比增速	时间	工业增加值累计同比增速	时间	工业增加值累计同比增速
2012 年 11 月	6.8	2016 年 3 月	6.1	2019 年 7 月	6
2012 年 12 月	7.1	2016 年 4 月	6.4	2019 年 8 月	5.8
2013 年 1 月	7.7	2016 年 5 月	6.5	2019 年 9 月	5.8
2013 年 2 月	7.7	2016 年 6 月	6.7	2019 年 10 月	5.9
2013 年 3 月	8.1	2016 年 7 月	6.9	2019 年 11 月	6.2
2013 年 4 月	8.6	2016 年 8 月	6.9	2019 年 12 月	6.6

表 6-8　浙江省 2010—2019 年各月的进出口累计同比增速

（单位：%）

时间	进出口累计同比增速	时间	进出口累计同比增速	时间	进出口累计同比增速
2010 年 1 月	26.1	2013 年 5 月	6	2016 年 9 月	−4.1
2010 年 2 月	50.6	2013 年 6 月	6.5	2016 年 10 月	−4.4
2010 年 3 月	41.1	2013 年 7 月	7.6	2016 年 11 月	−3
2010 年 4 月	38.8	2013 年 8 月	8.2	2016 年 12 月	−3
2010 年 5 月	41.4	2013 年 9 月	7	2017 年 1 月	13.1
2010 年 6 月	41.3	2013 年 10 月	5.9	2017 年 2 月	8.6
2010 年 7 月	39.9	2013 年 11 月	6.6	2017 年 3 月	16
2010 年 8 月	38.6	2013 年 12 月	7.5	2017 年 4 月	12.7
2010 年 9 月	36.7	2014 年 1 月	12.2	2017 年 5 月	12.7
2010 年 10 月	35.1	2014 年 2 月	0.8	2017 年 6 月	12.8
2010 年 11 月	36.3	2014 年 3 月	2.9	2017 年 7 月	11.5
2010 年 12 月	35	2014 年 4 月	5	2017 年 8 月	10.1
2011 年 1 月	45.9	2014 年 5 月	6.1	2017 年 9 月	10.9
2011 年 2 月	19.9	2014 年 6 月	6	2017 年 10 月	11.3
2011 年 3 月	26.1	2014 年 7 月	6.4	2017 年 11 月	12.2
2011 年 4 月	26.2	2014 年 8 月	6.2	2017 年 12 月	12.3
2011 年 5 月	24.9	2014 年 9 月	6.7	2018 年 1 月	14.3
2011 年 6 月	23.1	2014 年 10 月	7.3	2018 年 2 月	35.9
2011 年 7 月	22.7	2014 年 11 月	6.2	2018 年 3 月	17.6

时间	进出口累计同比增速	时间	进出口累计同比增速	时间	进出口累计同比增速
2011 年 8 月	23.8	2014 年 12 月	5.8	2018 年 4 月	17.6
2011 年 9 月	23.8	2015 年 1 月	−5.5	2018 年 5 月	17
2011 年 10 月	23.6	2015 年 2 月	14.8	2018 年 6 月	17
2011 年 11 月	22.6	2015 年 3 月	2.7	2018 年 7 月	17.2
2011 年 12 月	22	2015 年 4 月	−1.4	2018 年 8 月	17.3
2012 年 1 月	−2.6	2015 年 5 月	−3.2	2018 年 9 月	18.5
2012 年 2 月	3.4	2015 年 6 月	−2.4	2018 年 10 月	18
2012 年 3 月	5.2	2015 年 7 月	−3.2	2018 年 11 月	16.6
2012 年 4 月	3.1	2015 年 8 月	−3	2018 年 12 月	14.4
2012 年 5 月	4.1	2015 年 9 月	−2.8	2019 年 1 月	18
2012 年 6 月	3.5	2015 年 10 月	−2.7	2019 年 2 月	−5
2012 年 7 月	2	2015 年 11 月	−2.8	2019 年 3 月	1.5
2012 年 8 月	0.8	2015 年 12 月	−2.2	2019 年 4 月	1.7
2012 年 9 月	0.9	2016 年 1 月	−10.4	2019 年 5 月	1.6
2012 年 10 月	1.7	2016 年 2 月	−19.2	2019 年 6 月	−0.2
2012 年 11 月	1.3	2016 年 3 月	−9.7	2019 年 7 月	1.9
2012 年 12 月	0.9	2016 年 4 月	−6.5	2019 年 8 月	1.5
2013 年 1 月	12.2	2016 年 5 月	−4.1	2019 年 9 月	0.9
2013 年 2 月	16.3	2016 年 6 月	−4.1	2019 年 10 月	1.2
2013 年 3 月	5.8	2016 年 7 月	−3.5	2019 年 11 月	1.3
2013 年 4 月	7.1	2016 年 8 月	−2.6	2019 年 12 月	3.4

表 6-9　浙江省 2010—2019 年各月的社会消费品零售总额累计同比增速

（单位：%）

时间	社会消费品零售总额累计同比增速	时间	社会消费品零售总额累计同比增速	时间	社会消费品零售总额累计同比增速
2010 年 1 月	12.6	2013 年 5 月	10.9	2016 年 9 月	12.8
2010 年 2 月	17.8	2013 年 6 月	11.1	2016 年 10 月	12.8
2010 年 3 月	18.1	2013 年 7 月	11.2	2016 年 11 月	13

时间	社会消费品零售总额累计同比增速	时间	社会消费品零售总额累计同比增速	时间	社会消费品零售总额累计同比增速
2010 年 4 月	18.3	2013 年 8 月	11.1	2016 年 12 月	11
2010 年 5 月	18.4	2013 年 9 月	11.3	2017 年 1 月	8.3
2010 年 6 月	18.11	2013 年 10 月	11.5	2017 年 2 月	8.3
2010 年 7 月	18.2	2013 年 11 月	11.6	2017 年 3 月	8.9
2010 年 8 月	18.1	2013 年 12 月	11.8	2017 年 4 月	9.4
2010 年 9 月	18.2	2014 年 1 月	11.5	2017 年 5 月	9.8
2010 年 10 月	18	2014 年 2 月	11.5	2017 年 6 月	9.9
2010 年 11 月	17.8	2014 年 3 月	13.1	2017 年 7 月	10.1
2010 年 12 月	17.9	2014 年 4 月	12.5	2017 年 8 月	10.2
2011 年 1 月	23.1	2014 年 5 月	12.2	2017 年 9 月	10.6
2011 年 2 月	17	2014 年 6 月	12.1	2017 年 10 月	10.7
2011 年 3 月	17.9	2014 年 7 月	12	2017 年 11 月	10.7
2011 年 4 月	18.3	2014 年 8 月	11.8	2017 年 12 月	10.6
2011 年 5 月	18.5	2014 年 9 月	11.8	2018 年 1 月	5.5
2011 年 6 月	18.4	2014 年 10 月	11.8	2018 年 2 月	5.5
2011 年 7 月	18.4	2014 年 11 月	11.7	2018 年 3 月	4.6
2011 年 8 月	18.3	2014 年 12 月	11.7	2018 年 4 月	4.4
2011 年 9 月	18.1	2015 年 1 月	14.1	2018 年 5 月	3.9
2011 年 10 月	17.8	2015 年 2 月	14.1	2018 年 6 月	3.6
2011 年 11 月	17.6	2015 年 3 月	12.7	2018 年 7 月	3.5
2011 年 12 月	17.4	2015 年 4 月	13.1	2018 年 8 月	3.4
2012 年 1 月	12.7	2015 年 5 月	13.6	2018 年 9 月	3.2
2012 年 2 月	12.7	2015 年 6 月	13.6	2018 年 10 月	3.1
2012 年 3 月	13.2	2015 年 7 月	14.1	2018 年 11 月	2.9
2012 年 4 月	12.5	2015 年 8 月	16.7	2018 年 12 月	2.9
2012 年 5 月	12.3	2015 年 9 月	13.9	2019 年 1 月	8.2
2012 年 6 月	13	2015 年 10 月	14.7	2019 年 2 月	8.2
2012 年 7 月	12.8	2015 年 11 月	15.4	2019 年 3 月	8.6

时间	社会消费品零售总额累计同比增速	时间	社会消费品零售总额累计同比增速	时间	社会消费品零售总额累计同比增速
2012 年 8 月	12.9	2015 年 12 月	17	2019 年 4 月	8.3
2012 年 9 月	13.2	2016 年 1 月	11.9	2019 年 5 月	8.5
2012 年 10 月	13.3	2016 年 2 月	11.9	2019 年 6 月	9.3
2012 年 11 月	13.4	2016 年 4 月	12.2	2019 年 7 月	8.8
2012 年 12 月	13.5	2016 年 5 月	12.5	2019 年 8 月	8.6
2013 年 1 月	10	2016 年 5 月	12.5	2019 年 9 月	8.5
2013 年 2 月	10	2016 年 6 月	12.9	2019 年 10 月	8.5
2013 年 3 月	10.3	2016 年 7 月	12.9	2019 年 11 月	8.6
2013 年 4 月	10.7	2016 年 8 月	12.9	2019 年 12 月	8.7

下面展示混频数据回归模型的估计与预测过程。这里,混频数据回归模型的基本形式为:

$$gfwy_t = \beta_0 + \rho gfwy_{t-1} + \sum_{j=3}^{6} \alpha_{1j} gcz_{3t-j} + \sum_{j=3}^{6} \alpha_{2j} ggy_{3t-j} + \sum_{j=3}^{6} \alpha_{3j} gjck_{3t-j} +$$

$$\sum_{j=3}^{6} \alpha_{4j} gxf_{3t-j} + \varepsilon_t \tag{6.3.20}$$

上述模型的设定中,包含了被解释变量的一阶滞后项。解释变量浙江省财政公共支出、工业增加值、进出口和社会消费品零售总额的月度增长率序列的滞后期数均设定为 3 到 6。高频变量数与低频变量数的对应关系为 3∶1。例如设定无约束模型(U-MIDAS)的权重函数形式,其他权重函数可以依次选择。

将原始数据集分为训练数据集和检验数据集两部分,其中训练数据集的对应时期为 2010—2018 年,检验数据集的对应时期为 2019 年。训练数据集数据的模型估计系数如表 6-10 所示:

表 6-10　混频数据回归模型系数估计表

参数	β_0	ρ	α_{13}	α_{14}	α_{15}	α_{16}
系数	0.4704	0.9629	0.0495	−0.1209	0.0293	−0.0036
参数	α_{23}	α_{24}	α_{25}	α_{26}	α_{33}	α_{34}
系数	0.0102	0.5314	−0.3861	−0.0187	−0.1189	0.0789

参数	α_{35}	α_{36}	α_{43}	α_{44}	α_{45}	α_{46}
系数	−0.0665	0.0650	−0.5756	0.0493	0.3441	0.1393

对模型约束可以实施充分性检验(hAh_test),结果显示 p-value=1,因此不拒绝原假设,模型约束是充分的。

表 6-11 展示了利用检验数据集数据进行预测的结果,该结果基于特征值加权组合估计。模型的均方误差(MSE)约等于 0.22,平均绝对百分比误差(MAPE)约等于 5.34,平均绝对比例误差(MASE)约等于 0.91。由于预留的检验数据序列比较短,模型评估的结果有一定的波动,但总体上模型估计的效果良好。

表 6-11　混频回归模型样本外预测检验

时间	2019 第 1 季度	2019 第 2 季度	2019 第 3 季度	2019 第 4 季度
实际值	7.80	8.30	7.60	7.80
预测值	8.22	8.95	8.13	7.88

将建立的混频数据回归模型投入向前预测中。已知 2020 年 1—2 月的工业增加值累计同比增速为−18.5%、进出口累计同比增速为−13.7%、社会消费品零售总额累计同比增速为−18.0%,而 1—2 月的财政公共支出累计同比增速为−3.9%(该数值实为地方一般公共预算支出同比增速)。将上述数值代入模型中,得到 2020 年第 1 季度浙江省服务业的累计同比增速预测值为 4.77%。但是,2020 年第 1 季度正值全国抗击新冠肺炎疫情的非常时期,外生的突发因素造成经济系统发生了一定变化,这显著地提高了模型预测的难度。从事后看,2020 年第 1 季度,浙江省服务业的累计同比增速实际为−1.5%,应该说预测误差较大,这是统计预测中普遍面临的挑战。

◆本章小结

(1)识别自相关的方法有图示法、残差回归法、DW 检验法和 BG 检验法等。消除自相关的方法主要有广义差分法和广义最小二乘法。

(2)如果 2 个或多个变量都是非平稳的,但它们的某个线性组合是平稳的,称这样的序列具有协整关系。EG 检验和 Johansen 检验是检验协整关系是否存在的 2 种常用方法。

(3)VAR 模型不以严格的经济理论为依据,对参数不施加零约束,建模较为简捷。VAR 模型对样本外的近期预测比较准确,不适合进行长期预测。

(4)如果变量或向量之间存在协整关系,误差修正模型或向量误差修正模型是比较好的分析模式,它们不仅反映了变量之间的长期均衡关系,也刻画了解释变量短期波动对被解释变量短期变化的影响。

(5)利用混频数据能提高预测的时效性和精度。MIDAS 回归模型不需要集成高频数据,而是在一个回归模型中通过对高频变量赋权将其作为低频变量的解释变量,进而依据低频变量进行回归和预测。MIDAS 模型可以提供低频的有效信息,更少犯模型设定错误。

◆ 思考与练习

1.误差项自相关的原因主要有哪些?如何检验自相关?自相关的校正方法主要有哪些?

2.什么是协整关系?

3.EG 检验方法是检验协整关系的一种简单方法,请简要描述它的操作步骤。

4.什么是误差修正模型?它有哪些优点?

5.VAR 模型的特点有哪些?

6.简述格兰杰非因果性检验的主要思想。

7.下表为我国 1979—2008 年农村居民家庭人均纯收入与消费支出的数据,其中 x 和 y 分别表示家庭人均纯收入与人均消费支出,单位均为元。

年份	1979	1980	1981	1982	1983	1984	1985	1986	1987	1988
x	160.2	191.3	223.4	270.1	309.8	355.3	397.6	423.8	462.6	544.9
y	134.5	162.2	190.8	220.2	248.3	273.8	317.4	357.0	398.3	476.7
年份	1989	1990	1991	1992	1993	1994	1995	1996	1997	1998
x	601.5	686.3	708.6	784.0	921.6	1221.0	1577.7	1926.1	2090.1	2162.0
y	535.4	584.6	619.8	659.2	769.7	1016.8	1310.4	1572.1	1617.5	1590.3
年份	1999	2000	2001	2002	2003	2004	2005	2006	2007	2008
x	2210.3	2253.4	2366.4	2475.6	2622.2	2936.4	3254.9	3587.0	4140.4	4760.6
y	1577.4	1670.1	1741.1	1834.3	1943.3	2184.7	2555.4	2829.8	3223.9	3660.7

要求:

(1)运用普通最小二乘法建立回归模型,判断残差是否存在自相关问题。

(2)如果残差项存在自相关问题,请根据自相关的形式运用一定的方法消除自相关。

8.下表为 1993—2019 年我国城市化率(x)、工业化率(y)和非农产业增加值率(z),表中数值为百分数。要求:

(1)分别对 x、y 和 z 进行单整分析,并回答哪些变量两两之间存在协整关系。

(2)对存在协整关系的 2 个变量基于 VAR 模型进行参数估计,并预测 2020 年的数值。

年份	x	y	z	年份	x	y	z	年份	x	y	z
1993	27.99	39.94	80.48	2002	39.09	39.25	86.41	2011	51.83	39.99	90.55
1994	28.51	40.19	80.32	2003	40.53	40.29	87.35	2012	53.10	38.79	90.61
1995	29.04	40.79	80.22	2004	41.76	40.64	86.77	2013	54.49	37.50	90.78
1996	30.48	41.12	80.48	2005	42.99	41.62	88.03	2014	55.75	36.24	91.07
1997	31.91	41.43	81.88	2006	44.34	42.03	89.05	2015	57.33	34.11	91.31
1998	33.35	40.07	82.61	2007	45.89	41.35	89.45	2016	58.84	32.88	91.63
1999	34.78	39.77	83.69	2008	46.99	41.26	89.53	2017	60.24	33.07	92.23
2000	36.22	40.15	85.10	2009	48.34	39.62	90.06	2018	61.50	32.75	92.65
2001	37.66	39.56	85.77	2010	49.95	40.07	90.39	2019	62.71	31.61	92.54

9.请收集 2007—2019 年以来我国各季 GDP 和各月工业增加值数据,并基于 2020 年前 2 个月的工业增加值数据,尝试运用混频数据回归模型预测 2020 年我国第 1 季度 GDP,并对预测误差做必要分析。

◆附录

Johansen 协整检验的 2 个方法

1.特征根迹(trace)检验

设矩阵 $\prod$ 的 r 个特征根为 $\lambda_1 > \lambda_2 > \cdots > \lambda_r$,由于 r 个最大特征根可得到 r 个协整向量,而对于其余 $k-r$ 个非协整组合来说,$\lambda_{r+1}, \cdots, \lambda_k$ 应该为 0,则原假设和备选假设分别为:

$H_{r0} : \lambda_r > 0, \lambda_{r+1} = 0$

$H_{r1} : \lambda_{r+1} > 0, r = 0, 1, \cdots, k-1$

相应的检验统计量为 $\eta_r = -T \sum_{i=r+1}^{k} \ln(1-\lambda_i)$,其中 η_r 为特征根迹统计量,可简记为 λ_{trace}。可以按照下列步骤依次检验这一系列统计量的显著性:

(1)当 η_0 不显著时(即 η_0 值小于某一显著性水平下的 Johansen 分布临界

值),接受 $H_{00}(r=0)$,表明有 k 个单位根,0 个协整向量(即不存在协整关系)。当 η_0 显著时(即 η_0 值大于某一显著性水平下的 Johansen 分布临界值),拒绝 H_{00},则表明至少有一个协整向量,必须接着检验 η_1 的显著性。

(2)当 η_1 不显著时,接受 $H_{11}(r=1)$,表明只有 1 个协整向量,依次进行下去,直到接受 H_{r0},说明存在 r 个协整向量。这 r 个协整向量就是对应于最大的 r 个特征根的经过正规化的特征向量。

2. 最大特征值检验

Johansen 协整检验的另一个类似方法是:

$H_{r0}:\lambda_{r+1}=0$

$H_{r1}:\lambda_{r+1}>0$

检验统计量也是基于最大特征值的,其形式为 $\xi_r=-T\ln(1-\lambda_{r+1})$,$r=0,1,\cdots,k-1$,其中 ξ_r 为最大特征根统计量,简记为 $\lambda_{\max}$ 统计量。检验可按从下往上的顺序进行:首先检验 ξ_0,如果 $\xi_0<$ 临界值,接受 H_{00},无协整向量;如果 $\xi_0>$ 临界值,拒绝 H_{00},则至少有 1 个协整向量。再检验 ξ_1,如果 ξ_1 不显著,接受 H_{10},则表明有 1 个协整向量;如果 ξ_1 显著,拒绝 H_{10},接受至少有 2 个协整向量的备择假设 H_{11}。依次进行下去,直到接受 H_{r0},意味着共有 r 个协整向量。

第七章 景气预测法与马尔科夫预测法简介

景气预测法是一种基于经济周期的统计分析方法，以选取的敏感统计指标为依据，测定经济波动中复苏、高涨、衰退和萧条的过程，说明经济的活跃程度。马尔科夫预测法是运用概率论中马尔科夫链（Markov Chain）的理论和方法，研究和分析时间序列的变化规律，预测未来变化趋势的一种预测方法，特别适合用于经济运行状态的概率预测。

第一节　景气预测法

经济景气的分析方法可以追溯到 19 世纪末期。在 1888 年巴黎统计学大会上，法国经济学家福里利用黑、灰、淡红和大红等几种颜色，测定了法国 1877 年到 1881 年的经济波动情况。1903 年，英国政府为了描述宏观经济波动情况，绘制了"国家波动图"。1917 年，哈佛大学编制了"经济晴雨表"和"哈佛指数"。1920 年，英国伦敦与剑桥经济研究所编制了英国商业循环指数。1950 年，穆尔带领美国经济研究局（National Bureau of Economic Research，NBER）推出了扩散指数，建立了新的景气监测体系。20 世纪 70 年代，经济景气监测预警系统初步定型，并日趋完善。

一、经济景气分析法概述

1.经济景气分析的概念

"景气分析"的英文为 Business Cycle Analysis，字面意思为"商业循环分析"，也称景气循环、经济波动、经济周期等。景气是对经济发展状况的一种综合性描述，用以说明经济的活跃程度。经济景气是指总体经济呈上升趋势，呈现出市场繁荣和购销两旺的状态；相反，经济不景气指的是总体经济呈下滑趋势,多数经济活动处于收缩状态,呈现出市场疲软和经济效益下降的状态。

一个标准的经济周期,通常包括扩张和收缩 2 个时期,分为复苏、高涨、衰退和萧条 4 个阶段,具体如图 7-1 所示。其中,经济高涨的特征主要有产量迅速增加、投资增加、信用扩张、价格水平上升、就业增加及人们对未来持较为乐观的态度;而萧条的特征基本与高涨相反,即产量急剧减少、投资减少、信用紧缩、价格水平下跌、失业严重及人们对未来持悲观态度等;复苏是从萧条到高涨的过渡时期,此时经济开始从谷底回升,但仍未达到顶峰;衰退则是从高涨到萧条的过渡时期,此时经济开始从顶峰下降,但仍未达到谷底。

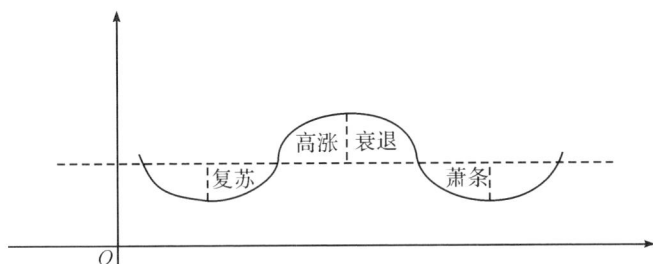

图 7-1　经济周期的 4 个阶段

2. 经济周期的划分

早期的经济周期是指国民经济绝对水平扩张与收缩交替的过程,比如 GDP 的增长和下降。现代经济周期则是指国民经济相对水平上升与下降的过程,比如 GDP 增长的加快与减缓或停滞。

此外,经济周期按周期长短可分为以下几种:

(1)基钦周期。1923 年,美国经济学家基钦(Kitchin)根据美国和英国 1890 年到 1922 年的利率、物价、生产和就业等统计数据,发现厂商生产过多时就会形成存货从而减少生产,便把这种短期调整称为存货周期,周期长度大约为 40 个月,此即基钦周期。

(2)朱格拉周期。1860 年,法国经济学家朱格拉(Juglar)提出了一种为期 10 年左右的经济周期,它是以国民收入、失业率和多数经济部门的生产、利润和价格的波动为标志加以划分的。

(3)康波周期。1926 年,俄国经济学家康德拉季耶夫(Kondratiev)提出了一种为期 50—60 年的经济周期,简称康波周期。通过研究资本主义经济行为,康德拉季耶夫认为,技术变革会带来投资,但过度投资会导致市场供给过多,然后发生经济衰退,直到有新技术出现,才会带来新一轮投资的井喷。

(4)库兹涅茨周期。1930年,美国经济学家库兹涅茨(Kuznets)提出了平均长度约为20年的经济周期,由于该周期主要以建筑业的兴旺和衰落加以划分,也被称为建筑周期。

在上述4种周期中,基钦周期属于短周期,朱格拉周期为中周期,库兹涅茨周期属于中长周期,康波周期为长周期,大致2—3个基钦周期构成1个朱格拉周期,18个基钦周期构成1个康波周期。这些都是对早期资本主义经济周期的实践总结,就我国社会主义市场经济而言,虽然有一定的借鉴意义,但是由于经济制度和体制不同,不能完全照搬照套,需要结合现实做具体分析。

二、景气指标的确定方法

经济景气状态是通过一系列经济指标来描述的,这些指标称为景气指标。景气指标是从众多的经济指标中被挑选出来的,分为同步指标、先行指标和滞后指标3类。

1. 景气指标的种类

(1)同步指标,指的是伴随经济的涨落而变化的指标,它的变化与总体经济的变化相一致或者同步,能反映当前经济的基本走势。从变化周期来看,同步指标出现峰与谷的时间与经济运行中峰与谷的时间一致。

(2)先行指标,指的是在经济全面增长或衰退尚未来临之前就率先发生变动的指标,可以预示经济周期中的转折点和估计经济活动波动的幅度,推测经济波动的趋向。先行指标的明显变化,预示着总体经济将要出现变化,可用来预测同步指标将要发生的变化。

(3)滞后指标,指的是在经济波动发生后经过一段时期才发生变化的指标,其是对总体经济波动的一种确认。滞后指标的变化意味着总体经济的变化已经发生,可用来检验同步指标发生的变化,也可以对先行指标的信号进行验证。

2. 景气指标的选取原则

影响经济景气的因素很多,包括宏观经济、政治、社会等环境和政策因素,因此筛选合适的景气指标应遵循以下原则:

(1)重要性。所选景气指标要具有明确的经济意义和重要的评价监测功能,能够充分代表经济活动的某一方面。

(2)充分性。所选景气指标的数据应该完整可靠,能及时定期地更新,通常选用月度或季度数据。

(3)对应性。所选景气指标的峰、谷应该与经济周期波动的基准日期的峰、谷有较稳定的对应关系,即表现为先行、一致或滞后的关系。

(4)灵敏性。所选景气指标应能敏感地反映经济波动,具有"指示器"和"报警器"的作用。

3. 景气指标的划分方法

在经济景气分析中,基准指标是能够敏感反映当前经济活动的经济指标。选择基准指标的方法主要有:一是将 GDP、CPI 等能反映经济景气波动的重要经济指标作为基准指标;二是选取多个重要并能同步反映经济景气波动的指标,将它们合成一个指数作为基准指标;三是根据专家意见或专家评分选择基准指标。

选定基准指标后,确定先行指标、同步指标和滞后指标的方法就较多了。一个直观的方法是,将备选指标序列与基准指标序列画在同一个图上,比较备选指标与基准指标的峰、谷对应情况,从中选择合适的时差数,这种方法通常称为峰谷对应法或图示法。下面主要介绍 2 种定量分析方法:时差相关分析和 K-L 信息量。

(1)时差相关分析。时差相关分析是利用相关系数验证时间序列的先行、一致或滞后关系的一种方法。具体计算方法是,以一个重要的能够敏感反映当前经济活动的指标序列 y 作为基准指标序列,然后选择待定指标序列 x 的超前或滞后若干期,再计算两者的相关系数,即:

$$r_l = \frac{\sum\limits_{l=1}^{n_l}(x_{t-l}-\bar{x})(y_t-\bar{y})}{\sqrt{\sum\limits_{l=1}^{n_l}(x_{t-l}-\bar{x})^2 \sum\limits_{l=1}^{n_l}(y_t-\bar{y})^2}} \tag{7.1.1}$$

其中,$l=0,\pm1,\pm2,\cdots,\pm L$,为时差或延迟数,取负数表示超前,取正数表示滞后,L 为最大延迟数;n_l 是 2 个序列 x 和 y 数据取齐后的数据个数。在选择景气指标时,可将最大的时差相关系数 $r=\max\limits_{-L\leqslant l\leqslant L} r_l$ 作为备选指标与基准指标超前、滞后或同步的时差相关关系,并将对应的 l 当作超前或滞后的时期数。

(2)K-L 信息量。K-L 信息量是由 Kull-back 和 Leibler 在 20 世纪中叶提出的,用来判定 2 个概率分布的接近程度。其基本思路是以基准指标序列为理论分布,备选指标序列为样本分布,不断变化备选指标序列与基准指标序列的时差来计算 K-L 信息量,K-L 信息量最小时对应的时差数即备选指标的最终时差。

设基准指标序列为 $y=(y_1,y_2,\cdots,y_n)$，备选指标序列为 $x=(x_1,x_2,\cdots,x_n)$，各项归一化后分别为 $p_t=y_t/\sum\limits_{i=1}^n y_i$、$q_t=x_t/\sum\limits_{i=1}^n x_i$，其中 $t=1,2,\cdots,n$，则 K-L 信息量的计算公式为：

$$k_l = \sum_{t=1}^{n_l} p_t \ln \frac{p_t}{q_{t+l}} \qquad (7.1.2)$$

其中，$l=0,\pm1,\pm2,\cdots,\pm L$，为时差或延迟数。K-L 信息量越小（越接近 0），说明备选指标 x 与基准指标 y 越接近。在选择景气指标时，取最小的 K-L 信息量 $k=\max\limits_{-L\leqslant l\leqslant L} k_l$，此时的 l 当作备选指标与基准指标超前、滞后或同步的时差数。

三、景气指数的计算方法

目前常用的景气指数计算方法主要有扩散指数（Diffusion Index）和合成指数（Composite Index）。

1. 扩散指数

扩散指数指的是在研究期内，所有选定的指标中扩张（上升）指标所占的比重，其中扩张指标是指有所改进的指标。扩散指数的计算公式为：

$$DI_t = \sum_{i=1}^n w_t \cdot I(x_{i,t} \geqslant x_{i,t-s}) \times 100\% \qquad (7.1.3)$$

其中，$x_{i,t}$ 为第 i 个指标在 t 时刻的数值，w_t 为第 i 个指标的权重，s 为两比较指标的时差数；示性函数 $I(x_{i,t},x_{i,t-s})=\begin{cases} 1 & x_{i,t}>x_{i,t-s} \\ 0.5 & x_{i,t}=x_{i,t-s} \\ 0 & x_{i,t}<x_{i,t-s} \end{cases}$，即 t 期数据大于 $t-s$ 期数值时，示性函数取 1，两者相等时取 0.5，否则取 0。

根据扩散指数的数值及其变动方向，可以确定经济运行的阶段及走向（见图 7-2）：

当 DI_t 从 0 逐渐转向 50% 时，表示经济向扩张方向运动，经济系统处于不景气空间后期；

当 DI_t 从 50% 逐渐转向 100% 时，表示经济运行于景气空间，经济状况发生重大转折，随着 DI_t 向 100% 不断逼近，经济越来越好；

当 DI_t 从 100% 逐渐转向 50% 时，表示经济处于景气空间后期，经济系统处于降温阶段；

当 DI_t 从 50% 逐渐转向 0 时，经济运行发生重大转折，经济系统处于全面收缩阶段，进入一个新的不景气空间前期。

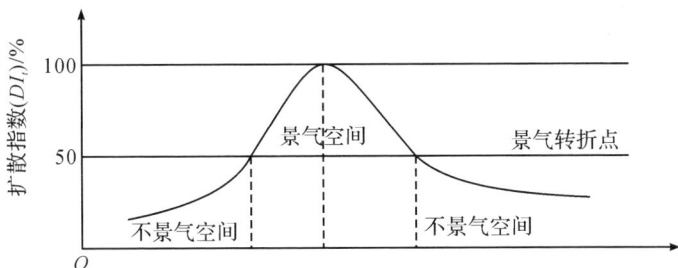

图 7-2 扩散指数对应的景气状态

实际运用中,我们还可以分别计算先行扩散指数、同步扩散指数和滞后扩散指数,用以预测和监控经济运行情况。扩散指数能有效分析和预测经济波动的转折方向及转折点,但不能说明经济上升或下降的程度。

2. 合成指数

合成指数又称景气综合指数,采用合成各指标变化率的方法来监测经济景气变动的强弱,因而它不仅可以预测经济波动的转折点,还能反映经济波动的强弱程度,弥补了扩散指数的不足。美国商务部、日本经济企划厅、经济合作与发展组织等机构在合成指数编制方面进行了深入研究,目前许多有影响力的行业景气指数均基于合成指数法编制而成。

合成指数的编制方法分为 3 个步骤:

(1)计算每个指标的变化率及其标准化数值。假如所有序列已经剔除了季节因素和不规则因素,设指标 $y_{ij}(t)$ 为第 j 类指标的第 i 个指标,$j=1,2,3$ 时分别代表先行、同步、滞后指标,$i=1,2,\cdots,k_j$ 时分别为第 j 类指标的序号,k_j 是第 j 类指标的指标个数,指标 $y_{ij}(t)$ 的变化率 $C_{ij}(t)$ 为:

$$C_{ij}(t) = \frac{y_{ij}(t) - y_{ij}(t-1)}{(y_{ij}(t) + y_{ij}(t-1))/2} \times 100 = \frac{200(y_{ij}(t) - y_{ij}(t-1))}{y_{ij}(t) + y_{ij}(t-1)}$$

$$(7.1.4)$$

上式计算的是对称变化率,其中 $t=2,3,\cdots,T$。当然,如果 $y_{ij}(t)$ 中有零或负值,或者该序列本身就是增长速度、利润率相等对数时,直接按照 $C_{ij}(t) = y_{ij}(t) - y_{ij}(t-1)$ 计算。

令 A_{ij} 为第 j 类指标中第 i 个指标变化率的序时平均数,即有:

$$A_{ij} = \frac{\sum\limits_{t=2}^{T} |C_{ij}(t)|}{T-1} \qquad (7.1.5)$$

从而,标准化后的变化率为:

$$S_{ij}(t) = \frac{C_{ij}(t)}{A_{ij}} \qquad (7.1.6)$$

（2）计算每类指标的平均变化率及标准化平均变化率。首先，将每类指标（先行、同步或滞后指标）内部所有指标变化率的标准化数值进行加权平均，即每类指标的平均变化率，计算公式为：

$$R_j(t) = \frac{\left| \sum\limits_{i=1}^{k_j} S_{ij}(t) \times w_{ij} \right|}{\sum\limits_{i=1}^{k_j} w_{ij}} \qquad (7.1.7)$$

然后，计算每类指标相对于同步指标的标准化因子，即：

$$F_j = \frac{\sum\limits_{t=2}^{T} |R_j(t)| / (T-1)}{\sum\limits_{t=2}^{T} |R_2(t)| / (T-1)} \qquad (7.1.8)$$

需要说明的是，$j=1,2,3$ 时分别代表先行、同步、滞后指标，从而 $F_2=1$。

最后，用每类指标的平均变化率除以标准化因子，即标准化平均变化率，公式为：

$$V_j(t) = \frac{R_j(t)}{F_j} \qquad (7.1.9)$$

（3）计算合成指数。基于对称变化率的计算公式，第 j 类指标的初始合成指数为：

$$I_j(t) = I_j(t-1) \times \frac{200 + V_j(t)}{200 - V_j(t)} \qquad (7.1.10)$$

其中，$t=2,3,\cdots,T$，$I_j(1)=100$。如果基准年份的初始合成指数为 $\overline{I_j}$，则第 t 年第 j 类指标的合成指数为：

$$CI_j(t) = \frac{I_j(t)}{\overline{I_j}} \times 100 \qquad (7.1.11)$$

需要说明的是，如果同步指标的平均增速与初始合成指数的平均增速相差较大，可以对各类合成指数进行调整。具体调整方法如下：

首先，设同步指标中第 i 个指标的平均增速为 g_i，则同步指标的平均增速为 $G_2 = \dfrac{\sum\limits_{j=1}^{k_2} g_i}{k_2}$。

其次，根据每类指标的初始合成指数，调整各类指标的平均增速。假设第 j 类指标的初始合成指数的移动平均序列的第一项和最后一项分别为 $\overline{I_j(1)}$、$\overline{I_j(m)}$，则第 j 类指标的初始合成指数的平均增速为 $r_j = \left[\sqrt[m-1]{\dfrac{\overline{I_j(m)}}{\overline{I_j(1)}}} - 1 \right] \times$

100。将每类指标的标准化平均变化率进行趋势调整,即为:

$$V'_j(t) = V_j(t) + G_2 - r_j \qquad (7.1.12)$$

因而,调整后的合成指数为:

$$I'_j(t) = I'_j(t-1) \times \frac{200 + V'_j(t)}{200 - V'_j(t)} \qquad (7.1.13)$$

其中, $I'_j(t) = 100$。

最后,设 $I'_j(t)$ 在基准年份的平均值为 $\overline{I'_j}$,则以基准年份为 100 的合成指数为:

$$CI_j(t) = \frac{I'_j(t)}{\overline{I'_j}} \times 100 \qquad (7.1.14)$$

四、景气预警系统

1. 景气预警的概念

根据合成指数曲线图显示的信号,可以观察经济运行的动态,并进行预测和预警。景气预警系统是依据一组反映经济发展状况的敏感指标,对每个指标进行处理后合成为一个综合性指标,然后通过一组类似于交通管制信号红灯、黄灯、绿灯的标识,对经济运行状况显示不同的信号,并通过观察信号的变动情况,预测未来经济的变动趋势。

2. 预警指标状态区域划分和临界点确定

预警指标状态区域划分是依据指标波动的情况,事先将指标数值划分为几个区域,临界点就是各个区域的分界点。通常将指标状态分为过热、偏热、正常、偏冷和过冷 5 个区域。

确定单个指标的临界点是一个比较复杂的问题,需要结合定性分析与定量分析,临界点随着经济运行的不同发展阶段可以有所变化,这是一个不断探索、调整和优化的过程。实际操作中,我们可以依据历史数据,结合经济理论或相应学科的基本理论,运用一定的统计方法进行估算。比如,依据历史数据的统计分布,选择 15%、30%、70% 和 85% 分位数作为 5 个区域的临界点。

3. 景气综合评分的计算

对于每个时期,将所有指标所处灯区对应的分值加总,就得到了景气综合评分。根据综合评分落在哪个区域、显示哪种灯色,就能揭示经济运行可能处于哪种状态。

具体操作如下:首先,将每个指标的区域状态赋值,一般将过热、偏热、正常、偏冷和过冷 5 个区域分别赋值 5、4、3、2 和 1；然后，将所有指标的得分加总，得到景气综合得分；最后，确定景气综合得分的临界值，将经济景气也分为过热、偏热、正常、偏冷和过冷 5 个区域，分别以红灯、黄灯、绿灯、浅蓝灯和蓝灯表示。

假定参与计算的指标有 M 个，由于每个指标的得分有 5、4、3、2 和 1，因此景气综合得分的满分为 $5M$。通常将满分的 85% 作为红灯区与黄灯区的分界线，即分数为 $5M \times 85\% = 4.25M$；将满分的 75% 和 50% 作为绿灯区的上、下分界线，对应的分数分别为 $5M \times 75\% = 3.75M$ 和 $5M \times 50\% = 2.5M$；将满分的 40% 作为浅蓝灯与蓝灯的分界线，对应的分数为 $5M \times 40\% = 2M$。当然，实证分析中可以视具体情况灵活确定分界线，并且可以将分数转换为百分制得分进行分析。

景气预警系统的作用主要表现在以下几个方面。首先，正确评价当前宏观经济的状态，恰当地反映经济形势的冷热程度，对短期经济形势做出分析和判断。其次，能描述宏观经济运行的轨迹，预测其发展趋势，在重大经济形势发生变化或转折前及时发出预警信号，为相关决策结构提供警示，防止经济发生严重的衰退或过热。再次，能及时反映宏观经济的调控效果，判断宏观经济调控措施是否得当，是否起到了平抑经济波动的效果。最后，有利于企业的经营决策，帮助企业有序平稳地从事生产经营活动。

五、案例分析

【例 7.1】　为了分析浙江省工业经济景气，现收集整理了 21 个指标在 2003 年 7 月至 2009 年 7 月的月度数据，包括进口累计同比增长 x1、铁路货运量 x2、中长期贷款 x3、固定资产投资 x4、用电量累计同比增长 x5、工业生产者购进价格指数 x6、工业增加值增速 x7、规上工业的利润总额 x8、进口价格指数 x9、流动资产 x10、业务收入 x11、营业成本 x12、出口累计同比 x13、出口价格指数 x14、应收账款同比 x15、亏损企业数同比 x16、存货累计同比 x17、利息支出累计同比 x18、财务费用累计同比 x19、企业负债累计同比 x20、PPI 生产资料同比 x21。下面对此做简要分析。

第一步，上述 21 个指标的时间序列都是月度数据，采用分解方法分别对它们进行季节调整，得到不含季节变动的序列。

第二步，以工业增加值增速 x7 为基准指标，计算每个指标的 K-L 信息量，据此筛选出先行指标、一致指标和滞后指标，结果如表 7-1 所示。可以看出，用电量累计同比增长 x5 和出口累计同比 x13 这 2 个指标与工业增加值增速的变动时差在 2 个月之内,可以视作一致指标;进口价格指数 x9、亏损企业数同比 x16、存货累计同比 x17、利息支出累计同比 x18、财务费用累计同比 x19 和企业负债累计同比 x20 这 6 个指标的时差约为 4 个月,可以归为先行指标;其余 12 个指标的变动较基准指标滞后 4 个月,可以作为滞后指标。

表 7-1 不同指标的类别

指标类别	指标名称	时差(月)
先行指标	x9、x16、x17、x18、x19、x20	+4
一致指标	x5、x13	0~2
滞后指标	x1、x2、x3、x4、x6、x8、x10、x11、x12、x14、x15、x21	−4
基准指标	x7	0

第三步,计算扩散指数。依据式(7.1.3),我们采用等权方式计算了 2003 年 8 月至 2009 年 7 月的各月扩散指数,结果如图 7-3 所示。可以发现,2015 年 8 月到 2017 年 3 月,浙江省工业经济发展处于景气空间,其他时间基本处于不景气空间,其中 2015 年前后和 2018 年下半年处于最不景气空间。从扩散指数的变化趋势来看,浙江省工业经济发展在 2019 年之后的一段时期处于稳定复苏时期,总体形势稳定,但活跃度还需加强。

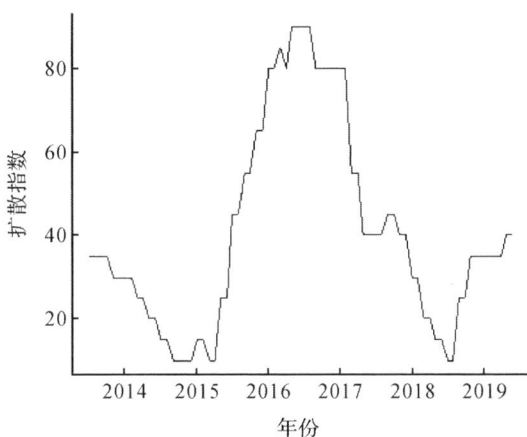

图 7-3 浙江省工业发展扩散指数

第四步,计算合成指数。依据式(7.1.11),我们计算了先行指标合成指数,具体如图 7-4 所示。可以看出,先行指标合成指数在 2016 年下半年开始大幅提高,在经过短暂的高水平状态后又快速下降,直至 2018 年后步入一个低水平状态。从领先 4 个月的实际情况看,这说明浙江省工业经济的高速发展阶段是 2017 年和 2018 年上半年,之后进入了较低的发展阶段。

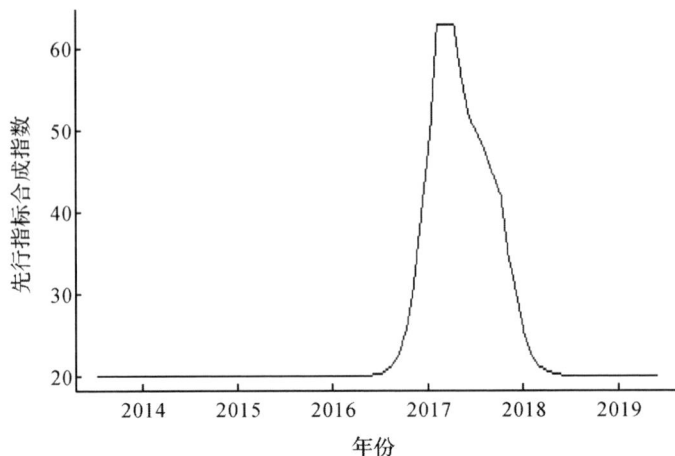

图 7-4　先行指标合成指数

第五步,计算景气综合评分。先根据该时期每个指标的频率分布,对不同月份赋值 5、4、3、2 或 1,然后加总得到景气综合评分。由于指标太多,每个指标的赋值方法不做介绍,每个月份景气综合评分的百分制得分如图 7-5 所示。从中可以发现,2013 年 7 月至 2019 年 7 月,浙江省工业经济大致经历了一个完整的周期。其中:2013 年 7 月至 2015 年 6 月,景气得分不断下降,依次显示出正常、偏冷和过冷 3 种信号;2016 年 7 月至 2017 年 2 月,景气得分不断提高,依次表现出过冷、偏冷、正常和偏热 4 种信号;2017 年 3 月至 2018 年 3 月显示为经济过热状态,之后景气得分表现出偏热、正常和偏冷 3 种信号,预示着其后一段时期浙江省工业经济景气可能进入偏冷和过冷状态。

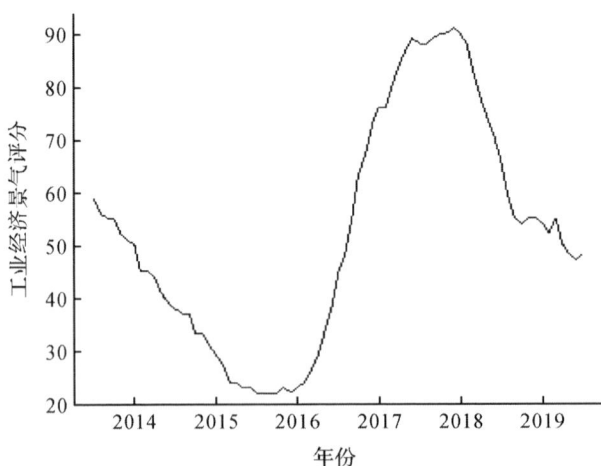

图 7-5　浙江省工业经济景气评分

第二节　马尔科夫预测法

马尔科夫(Markov)预测法是以俄罗斯数学家 Markov 名字命名的一种方法,它将时间序列看作一个随机过程,通过对事物不同状态的初步概率和状态之间转移概率的研究,确定状态变化趋势,以预测事物的未来。这种技术在分析经济过程及市场预测等方面有着广泛的应用。

一、基本概念

1.马尔科夫链

事物的状态由过去转变到现在,由现在转变到将来,一环接一环,像一根链条。如果该链条具有"无后效性"的特点,即随机时间序列在将来取什么值只与它现在的取值有关,而与它过去取什么值无关,此即马尔科夫链。一个典型的马尔科夫链是青蛙在荷叶上的跳动过程:池塘里有很多荷叶,一只青蛙在荷叶之间跳跃,该青蛙在未来处于什么位置,只与它当前位置有关,与以前在哪张荷叶上并无关系。

假设一个离散随机过程的所有可能的状态集合为 $S=\{1,2,\cdots,N\}$,此即状态空间。如果对 $n>1$,任意的 $i_1,i_2,\cdots,i_{n-1}$ 和 j 属于 S,恒有:

$$p = \Pr\{x_n = j \mid x_1 = i_1, x_1 = i_2, \cdots, x_{n-1} = i_{n-1}\} = \Pr\{x_n = j \mid x_{n-1} = i_{n-1}\}$$

$$(7.2.1)$$

则称离散型随机过程 $\{x_t\}$ 为马尔科夫链。

2.状态转移概率

状态是指客观事物可能出现或存在的状况。比如,商品可能畅销也可能滞销;机器运转可能正常也可能出现故障等。预测中对预测对象状态的划分常有两大类:一类是预测对象本身有明显的状态界限,则以其界限划分;另一类是需根据实际情况人为划分的。同一事物的不同状态之间必须相互独立,即不能同时存在 2 种状态。客观事物的状态不是固定不变的,它可能处于这种状态,也可能处于那种状态,往往条件变化,状态也会发生变化。如某种产品在市场上本来是滞销的,但是由于销售渠道变了,或者消费者心理发生了变化等,它便可能变为畅销产品。

假设客观事物可能有 $1,2,\cdots,N$ 共有 N 种状态,特定时间只能处于一种状态下,则下一时间每个状态都具有 N 个转向,即 $i\rightarrow1$、$i\rightarrow2$、$\cdots$、$i\rightarrow N$,将这种转移的可能性用概率描述,就是状态转移概率。状态转移概率有一步转移概率和多步转移概率,其中一步转移概率是最基本的。

设事物在时间 t_n 呈现状态 i,下一个时间 t_{n+1} 转变为状态 j 的概率为一步转移概率,以 p_{ij} 表示。此处,p_{ij} 与它在 t_n 时所处的状态 i 及 t_{n+1} 时所处的状态 j 有关,而与 t_n 以前的任何历史状态无关,即:

$$p_{ij} = \Pr\{x_{t_{n+1}} = j \mid x_{t_n} = i\} \tag{7.2.2}$$

由于事物从任何一个状态 i 出发,经过一步转移后,必然达到状态 $\{1,2,\cdots,N\}$ 中的一个,将 p_{ij} 依顺序排列,就构成一个矩阵,这个矩阵就是一步转移概率矩阵,即:

$$\boldsymbol{P} = \begin{bmatrix} p_{11} & p_{12} & \cdots & p_{1N} \\ p_{21} & p_{22} & \cdots & p_{2N} \\ \vdots & \vdots & \cdots & \vdots \\ p_{N1} & p_{N2} & \cdots & p_{NN} \end{bmatrix} \tag{7.2.3}$$

其中,第 i 行第 j 列的元素 p_{ij} 表示从状态 i 到状态 j 的概率。不难得出,一步转移概率矩阵具有下述 2 个性质:

(1)$p_{ij} \geqslant 0$,即每个元素都是非负的;

(2)任意 i 有 $\sum_{j=1}^{N} p_{ij} = 1$,即每行元素之和等于 1。

比如,有一个企业从事某种产品的生产,这种产品的销路可能处于 2 种不同的状态。如果它在市场上畅销,我们说它处于状态 1;如果销路不好即滞销积压,我们说它处于状态 2。假定将来的产品销售状态只与现在的销售状态有关,与以前的销售状态无关,那么产品的销售状态就构成一个马尔科夫链。该厂产品近 3 年各月的销售记录依时间顺序排列如表 7-2 所示,求其转移概率矩阵。

表 7-2 某企业各月销售状况

月份	1	2	3	4	5	6	7	8	9	10	11	12	13	14	15	16	17	18
状态	畅	畅	滞	畅	滞	畅	畅	畅	滞	滞	滞	滞	畅	畅	滞	畅	畅	畅
	1	1	2	1	2	1	1	1	2	2	2	2	1	1	2	1	1	1
月份	19	20	21	22	23	24	25	26	27	28	29	30	31	32	33	34	35	36
状态	畅	畅	滞	滞	滞	滞	滞	滞	畅	畅	畅	滞	滞	畅	畅	畅	畅	畅
	1	1	2	2	2	2	2	2	1	1	1	2	2	1	1	1	1	1

表中 21 个月为畅销,15 个月为滞销。因此 $p_{11} = \dfrac{14}{21-1} = 0.7$,$p_{12} = \dfrac{6}{21-1}$ $= 0.3$,$p_{21} = \dfrac{6}{15} = 0.4$,$p_{22} = \dfrac{9}{15} = 0.6$,其转移概率矩阵为:

$$\boldsymbol{P} = \begin{bmatrix} p_{11} & p_{12} \\ p_{21} & p_{22} \end{bmatrix} = \begin{bmatrix} 0.7 & 0.3 \\ 0.4 & 0.6 \end{bmatrix}.$$

若系统在时间 t_0 处于状态 i,经过 n 步转移,时间 t_n 时处于状态 j,描述这种转移可能性的数量指标称为 n 步转移概率,即:

$$p_{ij}(n) = \Pr\{x_{t_n} = j \mid x_{t_0} = i\} \tag{7.2.4}$$

因此,n 步转移概率矩阵为:

$$\boldsymbol{P}(n) = \begin{bmatrix} p_{11}(n) & p_{12}(n) & \cdots & p_{1N}(n) \\ p_{21}(n) & p_{22}(n) & \cdots & p_{2N}(n) \\ \vdots & \vdots & \cdots & \vdots \\ p_{N1}(n) & p_{N2}(n) & \cdots & p_{NN}(n) \end{bmatrix} \tag{7.2.5}$$

根据定义,n 步转移概率矩阵可以通过一步转移概率矩阵求得:

$$\boldsymbol{P}(n) = \boldsymbol{P}(n-1) \cdot \boldsymbol{P} = \boldsymbol{P}(n-2) \cdot \boldsymbol{P}^2 = \cdots = \boldsymbol{P}^n \tag{7.2.6}$$

下面看一个例子:某经济系统有 3 种状态,即 E_1、E_2、E_3(比如畅销、一般、滞销),系统状态转移情况如表 7-3 所示。比如,本步处于状态 E_1 的 42 个观察点,下一步仍然处于 E_1 的有 21 个,下一步转变为 E_2 和 E_3 的观察点分别有 7 个和 14 个。求系统的二步转移概率矩阵。

表 7-3　某经济系统的状态转移情况

系统本步所处状态	系统下步所处状态		
	E_1	E_2	E_3
E_1	21	7	14
E_2	16	8	12
E_3	10	8	2

首先,不难求出一步转移概率矩阵为:

$$\boldsymbol{P} = \begin{bmatrix} 0.500 & 0.167 & 0.333 \\ 0.444 & 0.222 & 0.334 \\ 0.500 & 0.400 & 0.100 \end{bmatrix}$$

因此,两步转移概率矩阵为:

$$\boldsymbol{P}(2) = \boldsymbol{P}^2 = \begin{bmatrix} 0.500 & 0.167 & 0.333 \\ 0.444 & 0.222 & 0.334 \\ 0.500 & 0.400 & 0.100 \end{bmatrix}^2 = \begin{bmatrix} 0.491 & 0.254 & 0.255 \\ 0.488 & 0.257 & 0.255 \\ 0.478 & 0.212 & 0.310 \end{bmatrix}$$

这表明,如果初始状态是 E_1,则 2 个时期以后处于 E_1、E_2 和 E_3 的概率分别为 0.491、0.254 和 0.255。而关于 n 步转移概率矩阵的元素 $p_{ij}(n)$ 与一步

转移概率矩阵的元素 p_{ij} 的关系,可由矩阵乘积的结果得出。比如:

$$p_{ij}(2) = \sum_{k=1}^{N} p_{ik} p_{kj} \tag{7.2.7}$$

$$p_{ij}(3) = \sum_{k=1}^{N} p_{ik}(2) p_{kj} \tag{7.2.8}$$

3. 稳态概率矩阵

设系统在时间 t_0 处于各个状态的概率为 $\boldsymbol{\pi} = (\pi_1, \pi_2, \cdots, \pi_N)$,此即初始状态概率向量。如果一步转移概率矩阵为 $\boldsymbol{P}$,则 n 步后系统处于相应状态的概率为:

$$\boldsymbol{\pi}(n) = \boldsymbol{\pi}\boldsymbol{P}(n) = \boldsymbol{\pi}\boldsymbol{P}^n \tag{7.2.9}$$

在上例中,如果已知初始状态概率向量为 $(0.5, 0.3, 0.2)$,则两步后的状态概率向量为:

$$\boldsymbol{\pi}(2) = \boldsymbol{\pi}\boldsymbol{P}^2 = (0.5, 0.3, 0.2) = \begin{pmatrix} 0.491 & 0.254 & 0.255 \\ 0.488 & 0.257 & 0.255 \\ 0.478 & 0.212 & 0.310 \end{pmatrix}$$

$$= (0.4875, 0.2465, 0.2660)$$

在马尔科夫链中,已知系统的初始状态和状态转移概率矩阵,就可推断出系统在任意时刻处于某种状态的可能性。

马尔科夫链达到稳定状态时的状态概率称为稳定状态概率,它表示处于稳定状态下,预测对象转移到各个状态的概率。设 $\boldsymbol{P}$ 为马尔科夫链的一步转移概率矩阵,如果存在概率向量 $\boldsymbol{x} = (x_1, x_2, \cdots, x_N)$,使得 $\boldsymbol{x} \cdot \boldsymbol{P} = \boldsymbol{x}$,则 $\boldsymbol{x}$ 为一步转移概率矩阵 $\boldsymbol{P}$ 的平稳分布。因为 $\boldsymbol{x} \cdot \boldsymbol{P} = \boldsymbol{x}$,所以可以通过求解方程 $\boldsymbol{x}(\boldsymbol{P} - \boldsymbol{I}) = 0$ 得到 $\boldsymbol{x}$,其中 $\boldsymbol{I}$ 为单位矩阵。

一旦系统处于平衡状态,则经过一步或多步状态转移之后,其状态概率分布保持不变。也就是说,系统一旦处于平衡状态后将永远处于平衡状态,这是因为:

$$\boldsymbol{x} \cdot \boldsymbol{P}(n) = \boldsymbol{x}\boldsymbol{P}\boldsymbol{P}^{n-1} = \boldsymbol{x}\boldsymbol{P}^{n-1} = \cdots = \boldsymbol{x} \tag{7.2.10}$$

需要说明的是,对于状态有限的马尔科夫链,平稳分布必定存在。特别地,当转移概率矩阵为正规概率矩阵时[①],平稳分布唯一。

---

① 如果 $\boldsymbol{P}$ 为概率矩阵,且存在 $m > 0$,使 $\boldsymbol{P}^m$ 中诸元素皆非负非零,则称 $\boldsymbol{P}$ 为正规概率矩阵。

下面再看一个例子:假若某个马尔科夫链的转移概率矩阵为 $P=$

$\begin{pmatrix} 0.50 & 0.25 & 0.25 \\ 0.50 & 0 & 0.50 \\ 0.25 & 0.25 & 0.50 \end{pmatrix}$,求其平稳分布及稳态分布。

因为 $P(2)=P^2=P\begin{pmatrix} 0.4375 & 0.1875 & 0.3750 \\ 0.3750 & 0.2500 & 0.3750 \\ 0.3750 & 0.1875 & 0.4375 \end{pmatrix}$,所以 P 为正规概率矩

阵。求解方程组 $\begin{cases} xP = x \\ \sum\limits_{i=1}^{3} x_i = 1 \end{cases}$,得 $x=(0.4 \quad 0.2 \quad 0.4)$,此即马尔科夫链的稳

态分布。

二、马尔科夫预测法的一般步骤

马尔科夫预测法的一般步骤为:

第一步,划分预测对象所出现的状态。可以从预测目的出发,考虑决策需要来划分现象所处的状态。

第二步,计算初始概率。据实际问题,分析历史资料所得的状态概率可以作为初始概率。

第三步,根据所给资料计算转移概率。

第四步,根据转移概率进行预测。

当然,有些步骤如果已知,可以略去。

三、案例分析

【例 7.2】 某商店最近 20 个月的商品销售量(单位:千件)统计记录如表 7-4 所示。假定以盈利状况为标准将销售情况分为 3 种状态:①滞销:销售量 <60 千件;②一般:60 千件≤销售量≤100 千件;③畅销:销售量>100 千件。试预测第 21 个月商品的销售状态。

表 7-4 某商店销售额

时间	1	2	3	4	5	6	7	8	9	10	11	12	13	14	15	16	17	18	19	20
销售量	40	45	80	120	110	38	40	50	62	90	110	130	140	120	55	70	45	80	110	120

为使问题呈现得更为直观,绘制出销售量散点图如图 7-6 所示,并画出状态分界线。不难看出,滞销状态、一般状态和畅销状态的数目分别为 7、5 和 8。

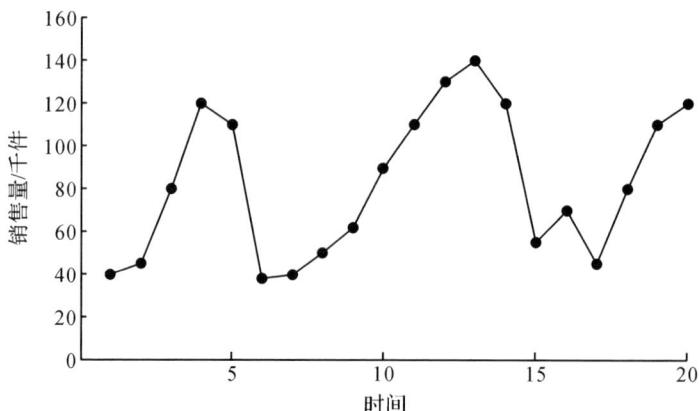

图 7-6　某商店各月销售额

计算转移概率时,最后一个数据不参加计算,因为它究竟转到哪个状态

尚不清楚。根据前文,容易计算得到转移概率矩阵为 $P = \begin{pmatrix} \frac{3}{7} & \frac{4}{7} & \frac{0}{7} \\ \frac{1}{5} & \frac{1}{5} & \frac{3}{5} \\ \frac{2}{7} & 0 & \frac{5}{7} \end{pmatrix}$。

由于第 20 个月的销售情况属于畅销状态,而经由一次转移到达 3 种状态的概率分别为 $P_{31} = 2/7$、$P_{32} = 0$、$P_{33} = 5/7$,可得 $P_{33} > P_{31} > P_{32}$。因此,第 21 个月超过 100 千件的可能性最大,即预测第 21 个月的销售状态是畅销状态。

【例 7.3】　整理一个企业的数据资料时发现,当企业的商品处于畅销状态时,下个月其仍处于畅销状态的概率为 0.7,转移到滞销状态的概率是 0.3;而当它处于滞销状态时,下个月到畅销状态的概率是 0.4,仍处于滞销状态的概率是 0.6。如果商品本月处于畅销状态,试计算今后半年各个月的状态概率,并对产品销售状况进行预测。

根据题目已知条件,今后半年各月的状态概率为:

$$\pi(1) = \pi P = (1 \quad 0) \begin{pmatrix} 0.7 & 0.3 \\ 0.4 & 0.6 \end{pmatrix} = (0.7 \quad 0.3)$$

$$\pi(2) = \pi P^2 = (0.7 \quad 0.3) \begin{pmatrix} 0.7 & 0.3 \\ 0.4 & 0.6 \end{pmatrix} = (0.61 \quad 0.39)$$

$$\pi(3) = \pi P^3 = (0.583 \quad 0.417)$$

$$\pi(4) = \pi P^4 = (0.5749 \quad 0.4521)$$

$$\pi(5) = \pi P^5 = (0.58327 \quad 0.44373)$$

$$\pi(6) = \pi P^6 = (0.58578 \quad 0.44122)$$

可见,随着 n 的增大,畅销趋近于 0.586,滞销状态趋近于 0.441。即可预测 6 个月后,该企业商品畅销的可能性为 58.6%。

【例 7.4】 已知甲、乙、丙 3 家公司的产品市场占有率分别为 50%、30%、20%。由于丙公司改善了销售方法与服务,销售额逐期稳定上升,而甲公司却在下降。通过市场调查发现,3 个公司间的顾客流动情况如表 7-5 所示,其中产品销售周期是季度。按目前趋势发展,三家公司产品的占有率将如何变化?

表 7-5　3 家公司之间的客户转移

公司		时期 1		
		甲	乙	丙
时期 0	甲	3500	500	1000
	乙	300	2400	300
	丙	100	100	1800

根据表 7-5,不难求出一步转移概率矩阵为:

$$P = \begin{vmatrix} 0.7 & 0.1 & 0.2 \\ 0.1 & 0.8 & 0.1 \\ 0.05 & 0.05 & 0.9 \end{vmatrix}$$

因此今后 3 个时期每个企业的市场占有率分别为:

$$\pi(1) = \pi P = (0.5 \quad 0.3 \quad 0.2) \begin{vmatrix} 0.7 & 0.1 & 0.2 \\ 0.1 & 0.8 & 0.1 \\ 0.05 & 0.05 & 0.9 \end{vmatrix} = (0.39 \quad 0.30 \quad 0.31)$$

$$\pi(2) = \pi(1)P = (0.319 \quad 0.295 \quad 0.387)$$

$$\pi(3) = \pi(2)P = (0.272 \quad 0.287 \quad 0.442)$$

由此可以看出,丙公司的市场占有率呈现上升趋势。稳态分布可由下列方程组求解得出:

$$\begin{cases} (x_1, x_2, x_3) \begin{vmatrix} 0.7 & 0.1 & 0.2 \\ 0.1 & 0.8 & 0.1 \\ 0.05 & 0.05 & 0.9 \end{vmatrix} = (x_1, x_2, x_3) \\ x_1 + x_2 + x_3 = 1 \end{cases}$$

解得:$x_1 = 0.1765$,$x_2 = 0.2353$,$x_3 = 0.5882$。因此,甲公司如果不采取对策,其市场占有率将有较大幅度下降,从目前的 50% 下降到最终的 17.65%。而丙公司的市场占有率将有较大幅度上升,从目前的 20% 上升到最终的 58.82%。

需要说明的是,马尔科夫模型是一种概率转移模型,其中转移概率矩阵是模型预测成功的关键。一般地,如果某变量可以使用马尔科夫模型来预测,前提条件是在各个期间或者状态时,变量面临的下一个期间或者状态的转移概率都是一样且不随时间变化的。一旦转移概率有所变化,马尔科夫模型必须改变转移概率矩阵的参数,否则预测结果将会发生很大偏差。

◆本章小结

(1)景气预测法是一种基于经济周期的统计分析方法,它以选取的敏感统计指标为依据,测定经济周期中复苏、高涨、衰退和萧条的过程,说明经济的活跃程度。景气指标分为先行指标、同步指标和滞后指标 3 类,确定方法包括时差相关分析和 K-L 信息量分析等。景气指数计算方法主要有扩散指数和合成指数,根据合成指数编制的信号预警系统可以对经济运行进行预测和预警。

(2)马尔科夫链的特点是"无后效性",即序列在将来取什么值只与它现在的取值有关,而与它过去的取值无关。在系统保持不变的情况下,已知系统的初始状态和转移概率矩阵,利用马尔科夫预测法就可推断出系统在任意时刻处于各种状态的可能性。

◆思考与练习

1.景气指标分为哪几类? 选定景气指标的原则有哪些? 划分景气指标的方法主要有哪些?

2.景气指数的计算方法主要有哪 2 种? 各有什么优缺点?

3.马尔科夫链的特点是什么?

4.什么是状态转移概率? 转移概率矩阵具有什么性质?

5.运用马尔科夫模型预测要注意什么问题?

6.为了分析我国房地产行业发展状况,请设计相关指标和收集相关数据,测算 2010—2019 年我国房地产行业景气指数。

7.设有甲、乙、丙 3 种品牌的食品,当前市场占有率为 40%、40%、20%,购买这 3 种品牌的顾客流动转移概率矩阵为 $\boldsymbol{P} = \begin{bmatrix} 0.7 & 0.1 & 0.2 \\ 0.1 & 0.6 & 0.3 \\ 0.1 & 0.1 & 0.8 \end{bmatrix}$,顾客的流动转移是按月统计的。请问 2 个月后 3 种品牌食品的市场占有率各是多少? 如果转移概率矩阵保持不变,平衡状态的市场占有率又是多少?

第八章　灰色预测法与人工神经网络预测法简介

社会经济系统内的因素及因素之间的关系一般是不确定的，可以视作灰色系统。从系统论的观点看，尽管该系统表面上数据散乱，信息不充分，但必然有整体功能和内在规律，因而是有序的。灰色预测法就是从灰色系统的角度出发，将杂乱无章的原始数据变为规律性较强的生成数据，挖掘系统内部信息，并对现象进行预测。此外，当前全球大数据市场每年都在高速发展，如何应用数据挖掘、机器学习等新技术从大型数据集中发现有用知识并预测未来，是商业机构、政府部门等普遍面临的需求。近期涌现的大数据预测方法比较多，限于篇幅，本章简要介绍人工神经网络预测技术。

第一节　灰色预测法

灰色预测是就灰色系统所做的预测，所谓灰色系统是介于白色系统和黑箱系统之间的过渡系统。如果某一系统的全部信息已知则为白色系统，全部信息未知则为黑箱系统，部分信息已知但部分信息未知的系统就是灰色系统。一般地说，社会系统、经济系统、生态系统都是灰色系统。灰色预测通过对原始数据的处理和灰色模型的建立，发现和掌握系统发展规律，对系统的未来状态做出科学的定量预测。该方法由邓聚龙教授在20世纪80年代首先提出和发展起来。

依据过去的大量数据，按照一定的统计方法分析事物规律并进而预测，是统计预测的常用模式。但是该模式的最大缺陷是受数据数量限制，结果的准确性有赖于数据的大量性。灰色系统理论则把随机变量看作在一定范围内变化的灰色量，对灰色量的处理不是寻求它的统计规律和概率分布，而是对原始数据进行处理，将杂乱无章的原始数据变为规律性较强的生成数据，再基于生成数据建立动态模型，来挖掘系统内部信息并充分利用信息进行预测。

一、基本概念

1.灰数的概念

灰数是指信息不完全的数,即处在某一范围内的数。灰色系统用灰数、灰色方程、灰色矩阵等来描述,其中灰数是灰色系统的基本"单元"。在实际应用中,灰数实际上指在某一个区间或某个一般数集内取值的不确定数,通常用记号"$\otimes$"表示灰数。比如,某人的身高约为 175cm、体重大致为65kg,这里的"(约为)175(cm)"和"(大致)65(kg)"就是灰数,分别记为$\otimes 175$、$\otimes 65$。又如,某人身高在 165—170cm 之间,则关于身高 h 的灰数$\otimes(h) \in [165, 170]$。

当$\otimes \in (-\infty, \infty)$或$\otimes \in (\otimes_1, \otimes_2)$时,即当$\otimes$的上、下界皆为无穷或上、下界都是灰数时,称$\otimes$为黑数。而当$\otimes \in [a_1, a_2]$且 $a_1 = a_2$ 时,称$\otimes$为白数。

2.灰色生成数列

在灰色系统理论中,把随机变量看成灰数。对灰数的处理主要是利用数据处理方法寻求数据间的内在规律,通过对已知数据进行处理而产生新的数据列,以此来探寻数据的规律性,这种方法称为数据的生成。数据生成的常用方式有累加生成、累减生成和加权累加生成。

(1)累加生成。将数列各时刻数据依次累加的过程称为累加生成过程(Accumulated Generating Operation,简称 AGO)。由累加生成过程所得的数列称为累加生成数列。

设原始数列为$x^{(0)} = (x^{(0)}(1), x^{(0)}(2), \cdots, x^{(0)}(n))$,令:

$$x^{(1)}(k) = \sum_{i=1}^{k} x^{(0)}(i), k = 1, 2, \cdots, n \qquad (8.1.1)$$

称所得到的新数列 $x^{(1)} = (x^{(1)}(1), x^{(1)}(2), \cdots, x^{(1)}(n))$ 为数列 $x^{(0)}$ 的一次累加生成数列。类似地有:

$$x^{(r)}(k) = \sum_{i=1}^{k} x^{(r-1)}(i), k = 1, 2, \cdots, n, r \geqslant 1 \qquad (8.1.2)$$

称 $x^{(r)}$ 为 $x^{(0)}$ 的次累加生成数列。

比如,若$x^{(0)} = (2, 2.8, 3.4, 4.4, 5.2)$,则一次累加生成数列为:

$x^{(1)}(1) = x^{(0)}(1) = 2$

$x^{(1)}(2) = x^{(1)}(1) + x^{(0)}(2) = 2 + 2.8 = 4.8$

$x^{(1)}(3) = x^{(1)}(2) + x^{(0)}(3) = 4.8 + 3.4 = 8.2$

$x^{(1)}(4) = x^{(1)}(3) + x^{(0)}(4) = 8.2 + 4.4 = 12.6$

$$x^{(1)}(5)=x^{(1)}(4)+x^{(0)}(5)=12.6+5.2=17.8$$

（2）累减生成。对于原始数列依次做前后相邻的 2 个数据相减的运算过程称为累减生成过程（IAGO）。如果原始数列为 $x^{(1)}=(x^{(1)}(1),x^{(1)}(2),\cdots,x^{(1)}(n))$，令：

$$x^{(0)}(k)=x^{(1)}(k)-x^{(1)}(k-1),k=2,3,\cdots,n \qquad (8.1.3)$$

称所得到的数列 $x^{(0)}$ 为 $x^{(1)}$ 的一次累减生成数列，其中 $x^{(1)}(0)=0$。在累加生成中，从原始数列 $x^{(0)}$ 得到新数列 $x^{(1)}$，再通过累减生成过程可以还原出原始数列，即

$$X^{(0)} \xrightarrow{\text{AGO}} X^{(1)} \xrightarrow{\text{IAGO}} X^{(0)} \qquad (8.1.4)$$

实际运用中，一般在数列 $x^{(1)}$ 的基础上预测出 $\hat{x}^{(1)}$，通过累减生成得到预测数列 $\hat{x}^{(0)}$。

（3）加权邻值生成。设原始数列为 $x^{(0)}=(x^{(0)}(1),x^{(0)}(2),\cdots,x^{(0)}(n))$，称 $x^{(0)}(k-1)$ 与 $x^{(0)}(k)$ 为数列 $x^{(0)}$ 的邻值，其中 $x^{(0)}(k-1)$ 为前邻值，$x^{(0)}(k)$ 为后邻值。对于常数 $\alpha\in[0,1]$，令：

$$z^{(0)}(k)=\alpha x^{(0)}(k)+(1-\alpha)x^{(0)}(k-1),k=2,3,\cdots,n \qquad (8.1.5)$$

由此得到的数列 $z^{(0)}$ 称为数列 $x^{(0)}$ 在权重 α 下的邻值生成数，α 也称为生成系数。特别地，当生成系数 $\alpha=0.5$ 时，即：

$$z^{(0)}(k)=0.5x^{(0)}(k)+0.5x^{(0)}(k-1),k=2,3,\cdots,n \qquad (8.1.6)$$

称此为均值生成数，也称等权邻值生成数。

3. 关联度

为了定量地研究 2 个事物间的关联程度，人们提出了各种形式的指标，如相关系数等。这些指标大多以数理统计原理为基础，需要足够的样本容量或者要求数据服从一定的概率分布，才能确定。

在客观世界中，有许多因素之间的关系是灰色的，即分不清哪些因素之间关系密切，哪些不密切，这样就难以找到主要矛盾，发现主要关系和主要特性。进行灰因素关联分析，目的是定量地表征诸因素之间的关联程度，从而揭示灰色系统的主要特性。关联分析是灰色系统分析和预测的基础。

关联分析是一种相对性的排序分析。如图 8-1 所示的 A、B、C、D 4 个时间序列：曲线 A 与 B 比较平行，我们就认为 A 与 B 的关联程度大；曲线 C 与 A 随时间变化的方向很不一致，则认为 A 与 C 的关联程度较小；曲线 A 与 D 相差最大，则认为两者的关联程度最小。

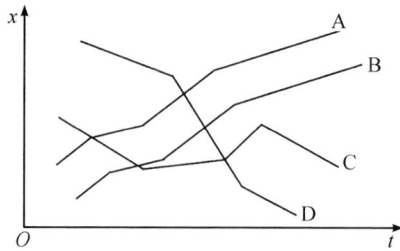

图 8-1 序列的几何关联性

因此，关联分析实质上是一种曲线间几何形状的分析比较，几何形状越接近，发展变化趋势越接近，关联程度则越大；反之，则关联程度越小。关联度分析是分析系统中各因素关联程度的方法。计算关联度首先需计算关联系数。

(1)关联系数的计算。设参考序列为：

$$x_0 = \{x_0(k) \mid k = 1,2,\cdots,n\} = \{x_0(1),x_0(2),\cdots,x_0(n)\} \quad (8.1.7)$$

其中，k 表示时刻或时期。假设有 m 个比较序列，则：

$$x_i = \{x_i(1),x_i(2),\cdots,x_i(n)\},i = 1,2,\cdots,m \quad (8.1.8)$$

关联系数定义为：

$$\eta_i(k) = \frac{\min_j \min_l |x_0(l) - x_j(l)| + \rho \max_j \max_l |x_0(l) - x_j(l)|}{|x_0(k) - x_i(k)| + \rho \max_j \max_l |x_0(l) - x_j(l)|}$$

$$(8.1.9)$$

其中，$|x_0(k)-x_i(k)|$ 为 x_0 与 x_i 在第 k 点的绝对差；$\min_j \min_l |x_0(l)-x_j(l)|$ 为两级最小差，其中 $\min_l |x_0(l)-x_j(l)|$ 是第一级最小差，表示在 x_j 序列上找各点与 x_0 的最小差；$\min_j \min_l |x_0(l)-x_j(l)|$ 为第二级最小差，表示在各序列中找出的最小差的基础上寻求所有序列中的最小差；$\max_j \max_l |x_0(l)-x_j(l)|$ 是两极最大差，含义与最小差相似。ρ 称为分辨率，$0<\rho<1$，一般采用 $\rho=0.5$。

对单位不一、初始值不同的序列，在计算关联系数之前应先进行初始化，即将该序列的所有数据分别除以第一个数据，将变量化为无量纲的相对数值。

(2)关联度的计算。关联系数只表示每个时刻参考序列和比较序列之间的关联程度，为了从总体上了解序列之间的关联程度，必须求出它们的平均值，即关联度。计算关联度的公式为：

$$r_i = \frac{\sum_{k=1}^{n} \eta_i(k)}{n} \quad (8.1.10)$$

例如，设参考序列为 $y_0=(2,2.8,3.4,4.4,5.2)$，被比较序列分别为 $y_1=(3,3.6,4.8,6.6,8.1)$ 和 $y_2=(4,4.8,6,7.2,8)$，则可以分别计算 2 个关联

度。步骤如下。

第一步,将每个变量初始化。3 个序列的初始化序列为:

$$x_0 = \left(\frac{2}{2}, \frac{2.8}{2}, \frac{3.4}{2}, \frac{4.4}{2}, \frac{5.2}{2} \right) = (1, 1.4, 1.7, 2.2, 2.6)$$

$$x_1 = \left(\frac{3}{3}, \frac{3.6}{3}, \frac{4.8}{3}, \frac{6.6}{3}, \frac{8.1}{3} \right) = (1, 1.2, 1.6, 2.2, 2.7)$$

$$x_2 = \left(\frac{4}{4}, \frac{4.8}{4}, \frac{6}{4}, \frac{7.2}{4}, \frac{8}{4} \right) = (1, 1.2, 1.5, 1.8, 2)$$

第二步,求绝对差序列。序列 x_0 与 x_1、x_2 的绝对差的公式为:

$$\Delta_1(k) = |x_0(k) - x_1(k)|, \Delta_2(k) = |x_0(k) - x_2(k)|, k = 1, 2, 3, 4, 5$$

因而可得:$\Delta_1(1) = |1-1| = 0, \Delta_1(2) = |1.4-1.2| = 0.2, \Delta_1(3) = |1.7-1.6| = 0.1, \Delta_1(4) = |2.2-2.2| = 0, \Delta_1(5) = |2.6-2.7| = 0.1$。类似地,可得到所有 $\Delta_2(k)$。表 8-1 显示了 2 个绝对差序列的情况。

表 8-1　2 个绝对差序列

序号	1	2	3	4	5
Δ_1	0	0.2	0.1	0	0.1
Δ_2	0	0.2	0.2	0.4	0.6

由表 8-1 可得:$\min\{\Delta_1(k)\} = 0, \min\{\Delta_2(k)\} = 0, \max\{\Delta_1(k)\} = 0.2, \max\{\Delta_2(k)\} = 0.6$。因而有:$\min\min\{\Delta(k)\} = 0, \max\max\{\Delta(k)\} = 0.6$。

第三步,求关联系数。由式(8.1.9)可得:

$$\eta_1(1) = \frac{0 + 0.5 \times 0.6}{0 + 0.5 \times 0.6} = 1$$

$$\eta_1(2) = \frac{0 + 0.5 \times 0.6}{0.2 + 0.5 \times 0.6} = 0.6$$

…

所有关联系数如表 8-2 所示。

表 8-2　所有关联系数

序号	1	2	3	4	5
η_1	1	0.6	0.75	1	0.75
η_2	1	0.6	0.6	0.43	0.33

第四步,求关联度:$r_1 = \dfrac{\sum\limits_{k=1}^{5} \eta_1(k)}{5} = 0.82, r_2 = \dfrac{\sum\limits_{k=1}^{5} \eta_2(k)}{5} = 0.59$。

结果表明,y_1 与 y_0 的关联程度高于 y_2 与 y_0 的关联程度。

二、灰色模型

灰色模型(Grey Model,简称 GM)是利用离散随机数经过累加变为随机性显著削弱而且较有规律的生成数,从而建立起微分方程模型,便于对其变化过程进行研究和描述。

设 $x^{(0)}=(x^{(0)}(1),x^{(0)}(2),\cdots,x^{(0)}(n))$ 为原始数列,其一次累加生成数列为 $x^{(1)}=(x^{(1)}(1),x^{(1)}(2),\cdots,x^{(1)}(n))$,其中 $x^{(1)}(k)=\sum_{i=1}^{k}x^{(0)}(i),k=1,2,\cdots,n$,定义 $x^{(1)}$ 的灰导数为:

$$d(k)=x^{(0)}(k)=x^{(1)}(k)-x^{(1)}(k-1) \qquad (8.1.11)$$

令 $z^{(0)}=(z^{(1)}(2),z^{(1)}(3),\cdots,z^{(1)}(n))$ 为数列 $x^{(1)}$ 的邻值生成数列,即:

$$z^{(1)}(k)=\alpha x^{(1)}(k)+(1-\alpha)x^{(1)}(k-1) \qquad (8.1.12)$$

由于一般取 $\alpha=0.5$,于是定义 GM(1,1)的灰微分方程为 $d(k)+az^{(1)}(k)=b$,即:

$$x^{(0)}(k)+az^{(1)}(k)=b \qquad (8.1.13)$$

在式(8.1.13)中,a 称为发展系数,b 称为灰作用量。在 GM(1,1)中,前一个"1"表示微分方程的阶数,后一个"1"代表模型的变量个数。将时刻 $k=2,3,\cdots,n$ 代入式(8.1.13)中有:

$$\begin{cases} x^{(0)}(2)+az^{(1)}(2)=b \\ x^{(0)}(3)+az^{(1)}(3)=b \\ \vdots \\ x^{(0)}(n)+az^{(1)}(n)=b \end{cases} \qquad (8.1.14)$$

引入矩阵记号:$Y=\begin{bmatrix} x^{(0)}(2) \\ x^{(0)}(3) \\ \vdots \\ x^{(0)}(n) \end{bmatrix}$,$B=\begin{bmatrix} -z^{(0)}(2) & 1 \\ -z^{(0)}(3) & 1 \\ \vdots & \vdots \\ -z^{(0)}(n) & 1 \end{bmatrix}$,$u=\begin{bmatrix} a \\ b \end{bmatrix}$,其中 Y 为数据向量,B 为数据矩阵,u 为参数向量。于是 GM(1,1)可表示为:

$$Y=Bu \qquad (8.1.15)$$

利用最小二乘法可得参数估计值为:

$$\hat{u}=\begin{bmatrix} \hat{a} \\ \hat{b} \end{bmatrix}=(B'B)^{-1}B'Y \qquad (8.1.16)$$

对于 GM(1,1)的灰微分方程(8.1.13),如果将灰导数 $x^{(0)}(k)$ 的时刻 $k=2,3,\cdots,n$ 视为连续变量 t,则 $x^{(1)}$ 视为时间 t 的函数 $x^{(1)}(t)$,于是 $x^{(0)}(k)$ 对应

导数 $\dfrac{\mathrm{d}x^{(1)}(t)}{\mathrm{d}t}$，$z^{(1)}(k)$ 对应 $x^{(1)}(t)$。于是 GM(1,1) 的灰微分方程对应的白微分方程为：

$$\frac{\mathrm{d}x^{(1)}(t)}{\mathrm{d}t} + ax^{(1)}(t) = b \qquad (8.1.17)$$

上式被称为灰微分方程 $x^{(0)}(k) + az^{(1)}(k) = b$ 的白化方程，也叫影子方程。假设上述白化方程的初始值 $x^{(1)}(t=1) = x^{(0)}(1)$，则其通解为：

$$x^{(1)}(t) = \left(x^{(0)}(1) - \frac{b}{a}\right)e^{-a(t-1)} + \frac{b}{a} \qquad (8.1.18)$$

三、GM(1,1)灰色预测的步骤

1. 数据的检验与处理

为了保证 GM(1,1) 建模方法的可行性，需要对已知数据做必要的检验与处理。设原始数据列为 $x^{(0)} = (x^{(0)}(1), x^{(0)}(2), \cdots, x^{(0)}(n))$，计算每个数据与其后面临近数值的比值：

$$\lambda(k) = \frac{x^{(0)}(k-1)}{x^{(0)}(k)}, k = 2, 3, \cdots, n \qquad (8.1.19)$$

如果所有的比值都落在可容覆盖区间 $E = (e^{\frac{-2}{n+1}}, e^{\frac{2}{n+1}})$ 内，则数据列 $x^{(0)}$ 可以建立 GM(1,1) 模型且可以进行灰色预测。否则，就要对数据做适当的变换处理，比如平移变换，即取适当的常数 c，得到 $y^{(0)}(k) = x^{(0)}(k) + c, k = 1, 2, \cdots, n$，使得新序列的比值都落在可容覆盖区间内。

2. 建立 GM(1,1)

设 $x^{(0)} = (x^{(0)}(1), x^{(0)}(2), \cdots, x^{(0)}(n))$ 满足上面的要求，以此建立 GM(1,1)，其白化模型为 $\dfrac{\mathrm{d}x^{(1)}(t)}{\mathrm{d}t} + ax^{(1)}(t) = b$，解为 $x^{(1)}(t) = \left(x^{(0)}(1) - \dfrac{b}{a}\right)e^{-a(t-1)} + \dfrac{b}{a}$，于是预测值为：

$$\hat{x}^{(1)}(k+1) = \left(x^{(0)}(1) - \frac{b}{a}\right)e^{-ak} + \frac{b}{a}, k = 1, 2, \cdots \qquad (8.1.20)$$

从而累减还原得到预测值：

$$\hat{x}^{(0)}(k+1) = \hat{x}^{(1)}(k+1) - \hat{x}^{(1)}(k), k = 1, 2, \cdots \qquad (8.1.21)$$

其中，$\hat{x}^{(0)}(1) = x^{(0)}(1)$。

3. 模型检验

GM(1,1)的检验分为 3 个方面：残差检验，关联度检验，后验差检验。

(1)残差检验。计算相对残差：

$$\varepsilon(k) = \frac{\left| x^{(0)}(k) - \hat{x}^{(0)}(k) \right|}{x^{(0)}(k)}, k = 1, 2, \cdots, n \qquad (8.1.22)$$

如果所有的 $\varepsilon(k) < 0.1$，则认为达到较高的要求；若所有的 $\varepsilon(k) < 0.2$，则认为达到一般要求。也可计算平均相对残差，即 $\bar{\varepsilon} = \sum_{k=1}^{n} \varepsilon(k)/n$，对于给定的 α，当 $\bar{\varepsilon} < \alpha$ 且 $\varepsilon(n) < \alpha$ 成立时，称模型为残差合格模型。一般 α 取 0.01、0.05 和 0.10 所对应的模型分别为优、合格和勉强合格。

(2)关联度检验。按前面所述的关联度计算方法，计算出 $\hat{x}^{(0)}(k)$ 与原始序列 $x^{(0)}(k)$ 的关联系数，然后算出关联度，根据经验，关联度大于 0.6 便是满意的。

(3)后验差检验。后验差检验，即对残差分布的统计特性进行检验，步骤如下。

第一步，计算原始序列的均值和标准差：

$$\bar{x}^{(0)} = \sum_{k=1}^{n} x^{(0)}(k)/n \qquad (8.1.23)$$

$$S_1 = \sqrt{\sum_{k=1}^{n} (x^{(0)}(k) - \bar{x}^{(0)})/(n-1)} \qquad (8.1.24)$$

第二步，计算残差 $\delta^{(0)}(k) = \left| x^{(0)}(k) - \hat{x}^{(0)}(k) \right|$ 的均值和标准差：

$$\bar{\delta}^{(0)} = \sum_{k=1}^{n} \delta^{(0)}(k)/n \qquad (8.1.25)$$

$$S_2 = \sqrt{\sum_{k=1}^{n} (\delta^{(0)}(k) - \bar{\delta}^{(0)})/(n-1)} \qquad (8.1.26)$$

第三步，计算标准差比 C：

$$C = S_2/S_1 \qquad (8.1.27)$$

第四步，计算小残差概率：

$$p = P\{ \left| \delta^{(0)}(k) - \bar{\delta}^{(0)} \right| < 0.6745 S_1 \} \qquad (8.1.28)$$

若对于给定的 $C_0 > 0$，当 $C < C_0$ 时，称模型为方差比合格模型；如对给定的 $p_0 > 0$，当 $p > p_0$ 时，称模型为小残差概率合格模型。

残差检验和后验差检验的标准可参考表 8-3，如果在允许的范围内，则可以用所建的模型进行预测，否则应进行残差修正。

表 8-3　模型检验判别参照表

残差 $\bar{\varepsilon}$ 和 $\varepsilon(n)$	小残差概率 p	标准差比 C	模型精度
<0.01	>0.95	<0.35	优
<0.05	>0.80	<0.50	合格
<0.10	>0.70	<0.65	勉强合格
>0.10	<0.70	>0.65	不合格

四、案例分析

【例 8.1】　某企业 2014 年至 2019 年的产品销售额(单位:百万元)如表 8-4 所示,试建立 GM(1,1) 预测模型,并预测 2020 年的产品销售额。

表 8-4　某企业年销售额

年份	2014	2015	2016	2017	2018	2019
销售额	2.65	3.12	3.25	3.33	3.52	3.70

因为 $x^{(0)}(k)=\{2.65,3.12,3.25,3.33,3.52,3.70\}$,所以可按下面 8 个步骤进行分析。

第一步,构造累加生成序列:
$$x^{(1)}(k)=\{2.65,5.77,9.02,12.35,15.87,19.57\}$$

第二步,构造数据矩阵 $\boldsymbol{B}$ 和数据向量 $\boldsymbol{Y}$:

$$\boldsymbol{B}=\begin{pmatrix} -(x^{(1)}(1)+x^{(1)}(2))/2 & 1 \\ -(x^{(1)}(2)+x^{(1)}(3))/2 & 1 \\ -(x^{(1)}(3)+x^{(1)}(4))/2 & 1 \\ -(x^{(1)}(4)+x^{(1)}(5))/2 & 1 \\ -(x^{(1)}(5)+x^{(1)}(6))/2 & 1 \end{pmatrix}=\begin{pmatrix} -4.21 & 1 \\ -7.395 & 1 \\ -10.685 & 1 \\ -14.11 & 1 \\ -17.72 & 1 \end{pmatrix}$$

$$\boldsymbol{Y}=\begin{pmatrix} x^{(0)}(2) \\ x^{(0)}(3) \\ x^{(0)}(4) \\ x^{(0)}(5) \\ x^{(0)}(6) \end{pmatrix}=\begin{pmatrix} 3.12 \\ 3.25 \\ 3.33 \\ 3.52 \\ 3.70 \end{pmatrix}$$

第三步,计算 $\boldsymbol{a}=\begin{pmatrix} \hat{a} \\ \hat{b} \end{pmatrix}=(\boldsymbol{B}'\boldsymbol{B})^{-1}\boldsymbol{B}'\boldsymbol{Y}$:

因为 $\boldsymbol{B}'\boldsymbol{B}=\begin{pmatrix} 699.67 & -54.12 \\ -54.12 & 5 \end{pmatrix}$,因而 $(\boldsymbol{B}'\boldsymbol{B})^{-1}=\begin{pmatrix} 0.0088 & 0.0951 \\ 0.0951 & 1.2288 \end{pmatrix}$,从而

$$\hat{u} = \begin{pmatrix} \hat{a} \\ \hat{b} \end{pmatrix} = (\boldsymbol{B}^{\mathrm{T}} \boldsymbol{B})^{-1} \boldsymbol{B}^{\mathrm{T}} \boldsymbol{Y} = \begin{pmatrix} -0.0425 \\ 2.924 \end{pmatrix}.$$

第四步,得出预测模型:

$$\frac{\mathrm{d}x^{(1)}(t)}{\mathrm{d}t} - 0.0425 x^{(1)}(t) = 2.924$$

$$\hat{x}^{(1)}(k+1) = 71.45885 e^{0.0425k} - 68.8088$$

第五步,残差检验:

(1)根据预测公式 $\hat{x}^{(1)}(k+1) = 71.45885 e^{0.0425k} - 68.8088$,可得:

$$\hat{x}^{(1)}(k+1) = \{2.65, 5.75, 8.99, 12.37, 15.89, 19.57\} \quad (k=1, \cdots, 6)$$

(2)累减生成序列 $\hat{x}^{(0)}(k)$,$k=1, 2, \cdots, 6$,则:

$$\hat{x}^{(0)}(k) = \{2.65, 3.10, 3.24, 3.38, 3.52, 3.68\}$$

(3)由于原始序列 $x^{(0)}(k) = \{2.65, 3.12, 3.25, 3.33, 3.52, 3.70\}$,绝对残差和相对残差分别为:

$$\delta^{(0)} = \{0, 0.02, 0.01, 0.05, 0, 0.02\}$$

$$\varepsilon = \{0, 0.56\%, 0.40\%, 1.43\%, 0.12\%, 0.61\%\}$$

由于相对残差不超过 1.43%,模型精确度高。

第六步,进行关联度检验:

(1)计算绝对残差序列:

$$\delta^{(0)} = \{0, 0.02, 0.01, 0.05, 0, 0.02\}$$

$$\min\{\delta^{(0)}(k)\} = 0, \quad \max\{\delta^{(0)}(k)\} = 0.05$$

(2)计算关联系数。由于只有 2 个序列,不用寻求第二级最小差和最大差。计算公式为:$\eta_i(k) = \dfrac{\min\{\delta^{(0)}(k)\} + 0.5\max\{\delta^{(0)}(k)\}}{|x_0(k) - x_i(k)| + 0.5\max\{\delta^{(0)}(k)\}}$,求得 $\eta(k) = \{1, 0.56, 0.71, 0.33, 1, 0.56\}$。

(3)计算关联度,公式如下:$r_i = \dfrac{\displaystyle\sum_{k=1}^{n} \eta_i(k)}{n} = 0.69$。关联度大于 0.6,说明模型拟合得较好。

第七步,进行后验差检验:

(1)计算原序列的均值和样本标准差:

$$\bar{x}^{(0)} = \sum_{k=1}^{n} x^{(0)}(k)/n = 3.26$$

$$S_1 = \sqrt{\sum_{k=1}^{n} (x^{(0)}(k) - \bar{x}^{(0)})/(n-1)} = 0.3627$$

（2）计算残差的均值和标准差：

$$\overline{\delta}^{(0)} = \sum_{k=1}^{n} \delta^{(0)}(k)/n = 0.0175$$

$$S_2 = \sqrt{\sum_{k=1}^{n}(\delta^{(0)}(k) - \overline{\delta}^{(0)})/(n-1)} = 0.017$$

（3）计算标准差比 C：

$$C = S_2/S_1 = 0.017/0.3627 = 0.0469$$

（4）计算小残差概率：

$$0.6745S_1 = 0.2446$$

$$|\delta^{(0)}(k) - \overline{\delta}^{(0)}| = \{0.0170, 0.0057, 0.0041, 0.0307, 0.0126, 0.0057\}$$

可以看出，小残差概率为 1。

综上所述，模型 $\hat{x}^{(1)}(k+1) = 71.45885e^{0.0425k} - 68.8088$ 较为合适。

第八步，预测：$\hat{x}^{(0)}(7) = \hat{x}^{(1)}(7) - \hat{x}^{(1)}(6) = 3.84$，即 2020 年的产品销售额预测值为 3.84 百万元。

第二节　人工神经网络预测法

一、人工神经网络概述

人工神经网络（Artificial Neural Networks），也被称为神经网络（Neural Networks），是一个由大量神经元（Artificial Neural）相互连接组成的非线性信息处理系统。人工神经网络模型的主要思想是模仿生物神经网络的运行机制，通过高速计算和对复杂信息的处理后产生决策结果。在大脑的神经系统中，某个神经元树突上的突触会不断接收到来自其他神经元的信号。若信号量超过一定的阈值，神经元会被激活并通过轴突向外发射信号，所发射的信号进一步被其他神经元的突触接受，这段过程会不断地重复下去，此时大脑的反应机制被称为生物神经网络。类似于大脑的网络结构，人工神经网络模型也设定当一个人工神经元接受许多输入信号，且总信号量大于既定阈值时，该神经元将被激活并输出信号从而影响下一个人工神经元，相互连接的神经元构成的人工神经网络通过计算将得出模型结论。由于人工神经网络模型具有良好的容错性能及高度的自学习和适应能力，可以被用来预测。

人工神经网络的种类繁多，比如：按照性能可以分为连续型神经网络和离散型神经网络；按照拓扑结构可以分为前馈型神经网络和反馈型神经网络;按照学习规则可以分为有监督学习神经网络和无监督学习神经网络。随着在各领域对神经网络理论的不断探索、研究和应用,利用神经网络已经能完成图像识别和处理、机器人运动控制、股票市场预测、量化风险分析、自然语言处理、电子商务推荐等很多领域的深度学习任务。限于篇幅及本书的使用对象,本章集中于研究前馈型神经网络,特别是反向传播算法(Back Propagation,简称 BP)人工神经网络的内容。

二、人工神经网络模型的基本结构

各种人工神经网络因复杂程度不同,其网络拓扑结构也有差异。一般地,基本模型包括如下结构成分:

1. 人工神经元

人工神经元是人工神经网络的基本信息处理单位,亦称节点。单个人工神经元的功能是在求得输入向量与权重向量的内积后,经一个激活函数得到一个输出值。记输入向量 $\boldsymbol{x}_j = (x_{1j}, x_{2j}, \cdots, x_{ij}, \cdots, x_{nj})^{\mathrm{T}}$,其中 $i = 1, 2, 3, \cdots, n$;权重向量 $\boldsymbol{w}_j = (w_{1j}, w_{2j}, \cdots, w_{ij}, \cdots, w_{nj})^{\mathrm{T}}$,其中 $i = 1, 2, 3, \cdots, n$。激活阈值 θ_j 有时候也被称为偏置因子。求和计算值为 u_j,经激活函数 $f(\cdot)$ 作用,产生人工神经元输出值 $\hat{Y}_j$,形式如下:

$$u_j = \boldsymbol{w}_j \cdot \boldsymbol{x}_j = \theta_j \sum_{i=1}^{n} w_{ij} x_{ij} + \theta_j \tag{8.2.1}$$

$$\hat{Y}_j = f(u_j) \tag{8.2.2}$$

一个简单的人工神经元结构如图 8-2 所示。

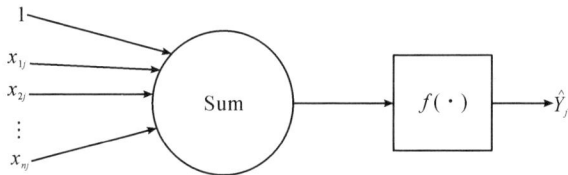

图 8-2　简单的人工神经元结构

2. 激活函数

激活函数,亦称激励函数,其功能是将神经元的输入值映射到输出值,同时可以将非线性系统动力因素引入神经网络中。常见的激活函数有以下几种形式:

(1)线性传输函数:

$$f(u) = u \tag{8.2.3}$$

(2)S 型传输函数:

$$f(u) = \frac{1}{1 + e^{-u}} \qquad (8.2.4)$$

（3）双曲正切 S 型传输函数：

$$f(x) = \frac{2}{1 + e^{-2u}} - 1 \qquad (8.2.5)$$

（4）修正线性单元：

$$f(x) = \max(0, u) \qquad (8.2.6)$$

（5）符号传输函数：

$$f(x) = \begin{cases} 1, u > 0 \\ 0, u = 0 \\ -1, u < 0 \end{cases} \qquad (8.2.7)$$

3. 权重和偏置量

权重,亦称权数或权值,用来将输入节点链接到输出节点,可以模拟神经元的神经键连接的强度。当创建了人工神经网络的拓扑结构后,训练人工神经网络模型的工作就演变为不断调整权值以拟合训练数据的过程。如果拟合输出值和实际值相比偏小,那么下次迭代计算中会提高正输入链的权值;相反,如果拟合输出值和实际值相比偏大,那么下次迭代计算中会降低正输入链的权值。

偏置量,用来度量神经元正负激励的难易程度。偏置量的调整可以影响权重与输入向量的内积超过阈值的时机,有些类似于截距项。如果内积与偏置量的运算和超过阈值,就会引起某一变化;如果不超过阈值,则会造成其他结果。例如,一个神经元设置如下：

$$f(x) = \begin{cases} 1, \quad 0.2x_1 + 0.5x_1 + 0.2x_1 + 0.1 > 0 \\ -1, 0.2x_1 + 0.5x_1 + 0.2x_1 + 0.1 < 0 \end{cases} \qquad (8.2.8)$$

那么(0.2, 0.5, 0.2)就是权重向量,而 0.1 就是偏置量。

4. 构建人工神经网络

有了神经元和激活函数,我们就有了构建任意神经网络的基本构件。排列一组神经元首先要构成层(Layer),该层有输入输出功能。不同层的节点由权重向量连接,最后根据激活函数处理输出。常见的有前馈型神经网络和反馈型神经网络。

在前馈型神经网络中,各神经元分层排列,每层的神经元只接受前一层神经元输出的信号,并输出到下一层,其中第一层为输入层,最后一层为输出层,这 2 层之间的层次均为隐藏层。隐藏层可以是一层,也可以是多层或者没有,即假设整个网络中不存在反馈联系。典型的前馈型神经网络包括 BP 神经网络和径向基函数(Radial Basis Function)神经网络等。反馈型神经网络的结构中存在从输出到输入的反馈连接,在这类网络中,神经元可以互相连接,因此有些神经元的输出会被反馈至同层甚至前层的神经元。典型的反馈型神经网络包括 Elman 网络、Hopfield 网络和波尔兹曼机等。图 8-3 展示了一个典型的 3 层 BP 神经网络模型,核心是通过一边向后传递误差和一边修正误差,不断调整网络参数,从而使模型达到或逼近输入和输出之间的映射关系。

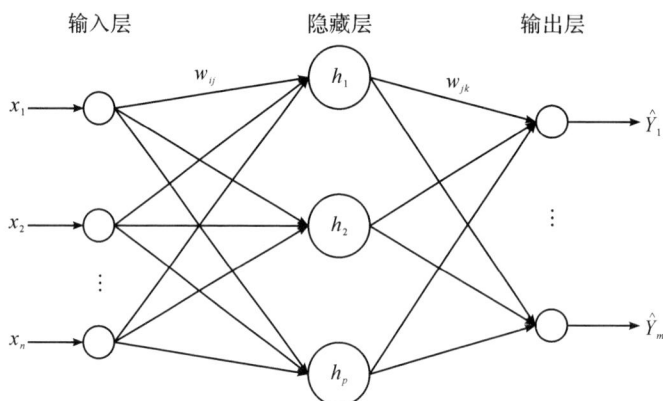

图 8-3　简单的 BP 神经网络

5.网络结构参数的学习

在搭建了人工神经网络的基本结构后,需要通过对训练数据的学习以获取网络结构的参数。学习可以分为有监督学习和无监督学习 2 种。在有监督学习中,通过对已有的网络输入值和期望输出值去训练并不断调整权值和阈值以得到一个最优模型,使网络输出值尽可能接近期望输出值,再利用这个模型将所有的输入映射为相应的输出。通过模型评估对网络输出进行综合判断后,输入新的输入值实现对未知数据的预测。在无监督学习中,通过学习没有期望输出的样本数据,去探寻数据集的内在隐含性质和规律。

在介绍了人工神经网络的基本背景知识后,下面以最常见的神经网络类型——BP 神经网络为例介绍人工神经网络的建模和预测过程。

三、BP 神经网络的建模与预测

1.BP 神经网络模型训练

(1)模型学习思路。训练 BP 神经网络就是寻找一组最优的权值 w,使其能够最小化 1/2 倍的残差平方和 Q:

$$Q(w) = \frac{1}{2} \sum_{i=1}^{N} (y_i - \hat{y}_i)^2 \tag{8.2.9}$$

如果估计值是权值 w 的线性函数,那么对多元二次函数求极值,可以得到对权重的估计结果。但是很多情形下,激活函数都是非线性函数,这时候难以推导出权值的全局最优解。因此,可以使用梯度下降方法逼近最优权值,即:

$$w_i - \lambda \frac{\partial Q(w)}{\partial w_i} \to w_i \qquad (8.2.10)$$

隐藏层节点权值的学习训练通常较为困难。原因在于以下 2 点,一是隐藏层有时是多层的,需要估计的权重参数繁杂;二是隐藏层的输出值通常未知,这样很难计算式(8.2.10)中的偏导数值。因此 BP 神经网络的参数训练多采用反向传播技术,即采用信号正向传播、误差反向传播的思路。正向传播时,信号经历了从输入层到隐藏层再到输出层的单向传播。若得到与期望输出值差异太大的网络输出值,则利用误差函数梯度下降的方法反向传播,直至训练出一组最优权值,使得输出层的网络输出值不断逼近期望输出值,从而使误差达到最小值。

(2)BP 神经网络模型训练过程。记 BP 神经网络的输入层有 n 个节点,隐藏层有 p 个节点,输出层有 m 个节点,输入层与隐藏层之间的连接权值为 w_{ij}、偏置值量为 θ_j,隐藏层与输出层之间的连接权值为 w_{jk}、偏置值为 φ_k,隐藏层的激活函数为 $f_j(\cdot)$,输出层的激活函数为 $f_k(\cdot)$,已知 BP 神经网络的输出值为 Y_k、学习训练输出值为 $\hat{Y}_k$、学习速率为 η。

隐藏层神经元的输出为:

$$h_j = f_j \left(\sum_{i=1}^{n} w_{ij} x_i + \theta_j \right) \qquad (8.2.11)$$

输出层神经元的输出为:

$$\hat{Y}_k = f_k \left(\sum_{j=1}^{p} w_{jk} h_j + \varphi_k \right) (j = 1, 2, \cdots, n; k = 1, 2, \cdots, m)$$

$$(8.2.12)$$

在 BP 神经网络中,隐藏层的神经元激活函数经常选用逻辑斯蒂函数和双曲正切函数,输出层的神经元激活函数则经常选用双曲正切函数和纯线性函数。下面以逻辑斯蒂函数和纯线性函数分别作为隐藏层和输出层的神经元激活函数为例阐述。

学习误差函数 Q 可以表示为:

$$Q = \frac{1}{2} \sum_{k=1}^{m} (Y_k - \hat{Y}_k)^2$$

$$= \frac{1}{2} \sum_{k=1}^{m} \left\{ Y_k - \left[\sum_{j=1}^{p} w_{jk} \frac{1}{1 + e^{-\left(\sum_{i=1}^{n} w_{ij} x_i + \theta_j \right)}} + \varphi_k \right] \right\}^2 \qquad (8.2.13)$$

根据梯度下降法,学习速率 η 越大,则权值与偏置量沿梯度方向改变的速度越快;反之,则调整会越慢。隐藏层权值与偏置量的调整公式为:

$$\Delta w_{ij} = -\eta \frac{\partial Q}{\partial w_{ij}} = \eta h_j (1 - h_j) x_i \sum_{k=1}^{m} w_{jk} e_k \tag{8.2.14}$$

$$\Delta \theta_j = -\eta \frac{\partial Q}{\partial \theta_j} = \eta h_j (1 - h_j) \sum_{k=1}^{m} w_{jk} e_k \tag{8.2.15}$$

进一步,输出层权值与偏置量的调整公式:

$$\Delta w_{jk} = -\eta \frac{\partial Q}{\partial w_{jk}} = \eta h_j e_k \tag{8.2.16}$$

$$\Delta \varphi_k = -\eta \frac{\partial Q}{\partial \varphi_k} = \eta e_k \tag{8.2.17}$$

判断训练误差满足迭代终止条件,即当达到预设的精度或最大学习次数时,训练过程结束;否则,调整隐藏层和输出层的权值继续学习,直至满足设定条件。对于没有期望输出值的数据,基于已有的输入值使用经 BP 神经网络训练历史数据所拟合得到的函数来预测未知的数据。图 8-4 展示了 BP 神经网络的基本建模流程。

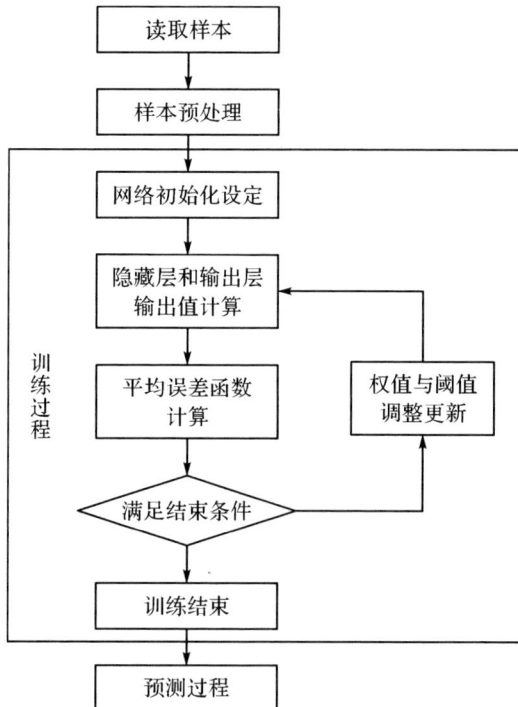

图 8-4　BP 神经网络建模的基本流程

2. BP 神经网络模型预测

BP 神经网络模型的预测思路非常清晰,就是通过对历史数据的学习,发现隐藏在已知训练数据集中的非线性关系,再训练得到对权重和偏置量的估计值。训练模型形式表达如下:

$$\hat{Y}_k = f_k \left(\sum_{j=1}^{p} \hat{w}_{jk} x_j + \hat{\varphi}_k \right) (j = 1, 2, \cdots, n; \ k = 1, 2, \cdots, m)$$

$$(8.2.18)$$

将新的数据 x 投入公式(8.2.18)中,即可得到模型的向前一步预测值。

四、案例分析

【**例 8.2**】 已知 2016 年 2 月至 2020 年 10 月浙江省工业生产者价格指数 (PPI),以及 2016 年 2 月至 2020 年 11 月第一、二周中国大宗商品价格指数 (CCPI)数据,具体如表 8-5 所示,表中数据均为当月同比数据(%)。拟建立一个 BP 神经网络仿真模型,以利用前期 PPI 和 2020 年 11 月第一、二周的 CCPI 高频信息,预测 2020 年 11 月的 PPI。

下面分析基本的 BP 神经网络模型的建模过程和预测结果。

1. 数据预处理

由于神经网络输入层变量序列的单位不尽相同,数值量纲的差异可能较大,各维度数据间数量级上的差别可能导致神经网络的误差过大,从而使得训练网络时收敛很慢,而且异常值的出现也容易导致网络发生过度拟合。为了避免出现以上的情况,在进行神经网络训练之前,通常会使用归一化方法处理样本数据。归一化方法通常有极差法和标准化法 2 种方法,这 2 种变换方法均能够将各指标数据无量纲化,前者将指标的变化范围转化为[0,1]区间,后者使指标实现均值为 0、标准差为 1 的标准化转变。

极差法的形式:

$$x_k = \frac{x_k - x_{\min}}{x_{\max} - x_{\min}}$$

$$(8.2.19)$$

标准化的形式:

$$x_k = \frac{x_k - x_{\text{mean}}}{\sqrt{x_{\text{var}}}}$$

$$(8.2.20)$$

本例采用极差法进行数据归一化处理。

2. 模型构建与训练

设置网络的输入量为规范化处理后的 PPI 上一月指数、第一周和第二周的 CCPI 指数。设置 3 个节点的单隐藏层的阈值为 0.5、学习率为 0.5,连接

表8-5　浙江省PPI(2016年2月至2020年10月)及前两周的中国CCPI(2016年2月至2020年11月)

(单位:%)

时　间	本月 PPI	上月 PPI	第一周 CCPI	第二周 CCPI	时　间	本月 PPI	上月 PPI	第一周 CCPI	第二周 CCPI
2016 年 2 月	96.30	96.10	83.27	81.28	2018 年 7 月	104.40	104.70	142.09	141.04
2016 年 3 月	96.60	96.30	87.55	92.61	2018 年 8 月	104.10	104.40	140.72	141.19
2016 年 4 月	97.10	96.60	91.90	92.63	2018 年 9 月	103.70	104.10	144.47	146.14
2016 年 5 月	97.10	97.10	101.31	102.21	2018 年 10 月	103.00	103.70	148.54	147.29
2016 年 6 月	97.20	97.10	102.76	102.32	2018 年 11 月	102.20	103.00	144.80	142.08
2016 年 7 月	98.00	97.20	100.96	99.87	2018 年 12 月	100.90	102.20	133.03	132.52
2016 年 8 月	98.80	98.00	100.89	103.75	2019 年 1 月	99.90	100.90	126.58	129.91
2016 年 9 月	99.00	98.80	105.43	109.42	2019 年 2 月	99.60	99.90	130.98	133.82
2016 年 10 月	99.70	99.00	112.28	112.28	2019 年 3 月	99.90	99.60	135.80	135.85
2016 年 11 月	100.90	99.70	113.93	116.95	2019 年 4 月	100.50	99.90	139.52	140.63
2016 年 12 月	103.10	100.90	126.50	127.28	2019 年 5 月	100.00	100.50	141.13	140.01
2017 年 1 月	104.30	103.10	127.48	128.00	2019 年 6 月	99.20	100.00	134.85	135.01
2017 年 2 月	105.10	104.30	128.65	127.91	2019 年 7 月	99.00	99.20	137.48	138.24
2017 年 3 月	105.00	105.10	128.49	125.22	2019 年 8 月	98.20	99.00	137.83	135.05
2017 年 4 月	104.10	105.00	126.46	124.97	2019 年 9 月	97.70	98.20	139.67	141.93
2017 年 5 月	103.70	104.10	119.30	120.79	2019 年 10 月	97.50	97.70	143.01	144.65

续 表

时 间	本月 PPI	上月 PPI	第一周 CCPI	第二周 CCPI	时 间	本月 PPI	上月 PPI	第一周 CCPI	第二周 CCPI
2017 年 6 月	104.00	103.70	119.64	118.14	2019 年 11 月	97.50	97.50	147.85	148.66
2017 年 7 月	104.10	104.00	119.78	121.16	2019 年 12 月	98.20	97.50	147.77	148.77
2017 年 8 月	104.80	104.10	125.39	126.65	2020 年 1 月	98.90	98.20	152.44	153.47
2017 年 9 月	105.60	104.80	128.82	132.11	2020 年 2 月	98.90	98.90	143.84	143.69
2017 年 10 月	106.10	105.60	133.74	133.45	2020 年 3 月	96.40	98.90	139.94	128.24
2017 年 11 月	105.70	106.10	134.70	136.17	2020 年 4 月	95.60	96.40	120.77	119.64
2017 年 12 月	104.60	105.70	136.80	136.43	2020 年 5 月	95.10	95.60	113.13	116.21
2018 年 1 月	104.10	104.60	141.06	141.09	2020 年 6 月	95.80	95.10	130.18	133.18
2018 年 2 月	103.50	104.10	140.60	138.72	2020 年 7 月	96.10	95.80	140.86	141.98
2018 年 3 月	103.00	103.50	138.39	136.82	2020 年 8 月	96.60	96.10	144.80	145.45
2018 年 4 月	103.40	103.00	136.68	137.35	2020 年 9 月	96.50	96.60	141.44	142.24
2018 年 5 月	104.30	103.40	138.93	140.51	2020 年 10 月	96.70	96.50	141.69	142.95
2018 年 6 月	104.70	104.30	142.18	144.16	2020 年 11 月	—	96.70	140.07	145.04

数据来源:浙江省统计局(http://tj.zj.gov.cn/col/col1522517/index.html)和中华人民共和国商务部(https://cif.mofcom.gov.cn/cifhtml)。

函数为双曲正切函数,迭代的最大步长为 100000 次。设置从初始期到 2020 年 10 月的数据集为训练集,最后一期即 2020 年 11 月的值为预测期。接下来,先对模型进行训练。

模型训练的结果显示,均方误差为 0.8870,样本期内训练的平均相对误差率为 0.74%。进一步,将归一化的拟合值再转化为原始度量结果,并在表 8-6 中展示 2016 年 2 月至 2020 年 11 月浙江省各月的 PPI 实际值和预测值,可以发现,训练的误差相对较小,模型的拟合程度较好。

表 8-6 **2016 年 2 月至 2020 年 11 月浙江省 PPI 实际值和预测值**

时　间	PPI 实际值	PPI 预测值	时　间	PPI 实际值	PPI 预测值
2016 年 2 月	96.30	94.60	2018 年 7 月	104.40	104.56
2016 年 3 月	96.60	94.98	2018 年 8 月	104.10	104.28
2016 年 4 月	97.10	95.43	2018 年 9 月	103.70	104.05
2016 年 5 月	97.10	96.30	2018 年 10 月	103.00	103.99
2016 年 6 月	97.20	96.39	2018 年 11 月	102.20	103.49
2016 年 7 月	98.00	96.39	2018 年 12 月	100.90	102.39
2016 年 8 月	98.80	97.00	2019 年 1 月	99.90	100.65
2016 年 9 月	99.00	97.88	2019 年 2 月	99.60	99.85
2016 年 10 月	99.70	98.49	2019 年 3 月	99.90	99.86
2016 年 11 月	100.90	99.09	2019 年 4 月	100.50	100.18
2016 年 12 月	103.10	100.82	2019 年 5 月	100.00	100.93
2017 年 1 月	104.30	103.06	2019 年 6 月	99.20	100.20
2017 年 2 月	105.10	104.14	2019 年 7 月	99.00	99.52
2017 年 3 月	105.00	104.75	2019 年 8 月	98.20	99.52
2017 年 4 月	104.10	104.60	2019 年 9 月	97.70	98.70
2017 年 5 月	103.70	103.72	2019 年 10 月	97.50	98.45
2017 年 6 月	104.00	103.59	2019 年 11 月	97.50	98.49
2017 年 7 月	104.10	103.66	2019 年 12 月	98.20	98.48
2017 年 8 月	104.80	103.83	2020 年 1 月	98.90	99.13
2017 年 9 月	105.60	104.26	2020 年 2 月	98.90	99.49
2017 年 10 月	106.10	104.92	2020 年 3 月	96.40	99.98
2017 年 11 月	105.70	105.07	2020 年 4 月	95.60	96.69

时　　间	PPI 实际值	PPI 预测值	时　　间	PPI 实际值	PPI 预测值
2017 年 12 月	104.60	104.99	2020 年 5 月	95.10	95.76
2018 年 1 月	104.10	104.44	2020 年 6 月	95.80	96.22
2018 年 2 月	103.50	104.21	2020 年 7 月	96.10	95.62
2018 年 3 月	103.00	103.72	2020 年 8 月	96.60	96.10
2018 年 4 月	103.40	103.12	2020 年 9 月	96.50	96.69
2018 年 5 月	104.30	103.44	2020 年 10 月	96.70	96.56
2018 年 6 月	104.70	104.15	2020 年 11 月	—	96.79

图 8-5 以可视化的方式展示了所构建的 BP 神经网络的拓扑结构、权重、偏置量及误差。实线上的数值表示权值,虚线上的数值表示偏置量,nppi、nppi11、nfw、nsw 分别为经过归一化处理后的本月、上月 PPI 及本月第一、二周中国大宗商品指数数据。

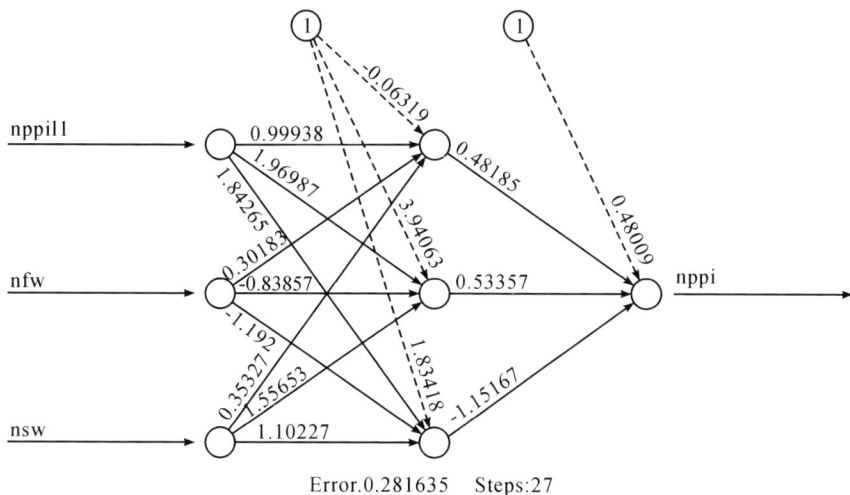

图 8-5　BP 神经网络拓扑结构图

3. 输出预测结果

最后,输入 2020 年 10 月的 PPI 指数、2020 年 11 月第一周和第二周中国大宗商品价格指数规范化数据,在训练模型中得到 2020 年 11 月浙江省 PPI 规范化预测值为 0.153,再将其转化为原度量下的预测值,得到的结果为 96.79。即 2020 年 11 月浙江省 PPI 预测值约为 96.8%,这与实际值 97.3% 基本接近。

◆本章小结

(1)灰色模型是利用离散随机数经过累加变为随机性显著削弱而且较有规律的生成数,从而建立起微分方程模型,便于对模型的变化过程进行研究和描述。关联系数和关联度是判断序列关联程度的重要指标。GM(1,1)是最简单的灰色预测模型,包括数据的检验和处理、模型建立、模型检验等3个步骤。

(2)人工神经网络模型主要是基于模仿生物神经网络的运行机制,通过高速计算和对复杂信息的处理后搭建模型。BP神经网络模型包括输入层、隐藏层和输出层,核心思想是通过一边向后传递误差和一边修正误差,不断调整网络参数,从而使模型达到或逼近输入量和输出量之间的映射关系。

◆思考与练习

1.什么是灰色系统? 在灰色系统中,数据生成的方式主要有哪些?

2.灰色预测一般需要经过哪些步骤? 为什么要先对数据进行处理?

3.简述人工神经网络的概念。

4.人工神经网络模型的基本结构包括哪些?

5.已知参考序列为 $y_0 = (2, 2.6, 3.4, 4.2, 5.2)$,2个被比较序列分别为 $y_1 = (3, 3.9, 4.8, 6.6, 7.8)$ 和 $y_2 = (5, 6, 8, 10, 13)$,分别计算2个关联度。

6.某地区2012年至2018年的税收收入(单位:亿元)如下表所示,试建立 GM(1,1),并预测该地区2019年的税收收入。

年份	2012	2013	2014	2015	2016	2017	2018
销售额	3.56	3.68	3.83	3.97	4.23	4.53	4.87

7.设有甲、乙、丙3种品牌的食品,当前市场占有率分别为40%、40%、20%,购买这3种品牌的顾客流动转移矩阵为 $P = \begin{pmatrix} 0.7 & 0.1 & 0.2 \\ 0.1 & 0.6 & 0.3 \\ 0.1 & 0.1 & 0.8 \end{pmatrix}$。顾客的流动转移是按月统计的。请问2个月后这3种品牌食品的市场占有率各是多少? 如果转移矩阵保持不变,平衡状态的市场占有率又是多少?

8.收集1970—2019年我国历年人口数,试以1970—2014年人口数为训练集,2015—2019年人口数为测试集,构建BP神经网络模型,并预测2020—2023年各年人口数。

附　录　主要统计分布表

附表一　正态双侧临界值表

$$\alpha = 1 - \frac{1}{\sqrt{2\pi}} \int_{-z_{\frac{a}{2}}}^{z_{\frac{a}{2}}} e^{-\frac{z^2}{2}} \, \mathrm{d}z$$

α	0	1	2	3	4	5	6	7	8	9	α
0	∞	2.575829	2.326348	2.170090	2.053749	1.959964	1.880794	1.811911	1.750686	1.695398	0
0.1	1.644854	1.598193	1.554774	1.514102	1.475791	1.439531	1.405072	1.372204	1.340755	1.310579	0.1
0.2	1.281552	1.253565	1.226528	1.200359	1.174987	1.150349	1.126391	1.103063	1.080319	1.058122	0.2
0.3	1.036433	1.015222	0.994458	0.974114	0.954165	0.934589	0.915365	0.896473	0.877896	0.859617	0.3
0.4	0.841621	0.823894	0.806421	0.789192	0.772193	0.755415	0.738847	0.722479	0.706303	0.690309	0.4
0.5	0.674490	0.658838	0.643345	0.628006	0.612813	0.597760	0.582841	0.568051	0.553385	0.538836	0.5
0.6	0.524401	0.510073	0.495850	0.481727	0.467699	0.453762	0.439913	0.426148	0.412463	0.398855	0.6
0.7	0.385320	0.371856	0.358459	0.345125	0.331853	0.318639	0.305481	0.292375	0.279319	0.266311	0.7
0.8	0.253347	0.240426	0.227545	0.214702	0.201893	0.189113	0.176374	0.163658	0.150969	0.138304	0.8
0.9	0.125661	0.113039	0.100434	0.087845	0.075270	0.062707	0.050154	0.037608	0.025069	0.012533	0.9

α	0.001		0.0001		0.00001		0.000001		0.0000001		0.00000001		α
$z_{a/2}$	3.29053		3.89059		4.41717		4.89164		5.32672		5.73073		$z_{a/2}$

附表二　标准正态分布函数的数值表

$$\phi(z) = \frac{1}{\sqrt{2\pi}} \int_{-\infty}^{z} e^{-\frac{z^2}{2}} \, \mathrm{d}z$$

z	0	0.01	0.02	0.03	0.04	0.05	0.06	0.07	0.08	0.09	z
0	0.5000	0.5040	0.5080	0.5129	0.5160	0.5199	0.5239	0.5279	0.5319	0.5359	0
0.1	0.5398	0.5438	0.5478	0.5517	0.5557	0.5596	0.5636	0.5675	0.5714	0.5753	0.1
0.2	0.5793	0.5832	0.5871	0.5910	0.5948	0.5987	0.6026	0.6064	0.6103	0.6141	0.2
0.3	0.6179	0.6217	0.6255	0.6293	0.6331	0.6368	0.6406	0.6443	0.6480	0.6517	0.3
0.4	0.6554	0.6591	0.6628	0.6664	0.6700	0.6736	0.6772	0.6808	0.6844	0.6879	0.4
0.5	0.6915	0.6950	0.6985	0.7019	0.7054	0.7088	0.7123	0.7157	0.7190	0.7224	0.5
0.6	0.7257	0.7291	0.7324	0.7357	0.7389	0.7422	0.7454	0.7486	0.7517	0.7549	0.6
0.7	0.7580	0.7611	0.7642	0.7673	0.7703	0.7734	0.7764	0.7794	0.7823	0.7852	0.7
0.8	0.7881	0.7910	0.7939	0.7967	0.7995	0.8023	0.8051	0.8078	0.8106	0.8133	0.8
0.9	0.8159	0.8186	0.8212	0.8238	0.8264	0.8289	0.8315	0.8340	0.8365	0.8389	0.9
1.0	0.8413	0.8438	0.8461	0.8485	0.8508	0.8531	0.8554	0.8577	0.8599	0.8621	1.0
1.1	0.8643	0.8665	0.8686	0.8708	0.8729	0.8749	0.8770	0.8790	0.8810	0.8830	1.1
1.2	0.8849	0.8869	0.8888	0.8907	0.8925	0.8944	0.8962	0.8980	0.8997	0.90147	1.2
1.3	0.90320	0.90490	0.90658	0.90824	0.90988	0.91149	0.91309	0.91309	0.91621	0.91774	1.3
1.4	0.91924	0.92073	0.92220	0.92364	0.92507	0.92647	0.92785	0.92922	0.93056	0.93189	1.4
1.5	0.93319	0.93448	0.93574	0.93699	0.93822	0.93943	0.94062	0.94179	0.94295	0.94408	1.5
1.6	0.94520	0.94630	0.94738	0.94845	0.94950	0.95053	0.95154	0.95254	0.95352	0.95449	1.6
1.7	0.95543	0.95637	0.95728	0.95818	0.95907	0.95994	0.96080	0.96164	0.96246	0.96327	1.7
1.8	0.96407	0.96485	0.96562	0.96638	0.96712	0.96784	0.96856	0.96926	0.96995	0.97062	1.8
1.9	0.97128	0.97193	0.97257	0.97320	0.97381	0.97441	0.97500	0.97558	0.97615	0.97670	1.9
2.0	0.97725	0.97778	0.97831	0.97882	0.97932	0.97982	0.98030	0.98077	0.97124	0.98169	2.0
2.1	0.98214	0.98257	0.98300	0.98341	0.98382	0.98422	0.98461	0.98500	0.98537	0.98574	2.1
2.2	0.98610	0.98645	0.98679	0.98713	0.98745	0.98778	0.98809	0.98840	0.98870	0.98899	2.2
2.3	0.98928	0.98956	0.98983	$0.9^2 0097$	$0.9^2 0358$	$0.9^2 0613$	$0.9^2 0863$	$0.9^2 1106$	$0.9^2 1344$	$0.9^2 1576$	2.3
2.4	$0.9^2 1802$	$0.9^2 2024$	$0.9^2 2240$	$0.9^2 2451$	$0.9^2 2656$	$0.9^2 2857$	$0.9^2 3053$	$0.9^2 3244$	$0.9^2 3431$	$0.9^2 3613$	2.4
2.5	$0.9^2 3790$	$0.9^2 3963$	$0.9^2 4132$	$0.9^2 4297$	$0.9^2 4457$	$0.9^2 4614$	$0.9^2 4766$	$0.9^2 4915$	$0.9^2 5060$	$0.9^2 5201$	2.5
2.6	$0.9^2 5339$	$0.9^2 5473$	$0.9^2 5604$	$0.9^2 5731$	0.925855	$0.9^2 5975$	$0.9^2 6093$	$0.9^2 6207$	$0.9^2 6319$	$0.9^2 6427$	2.6
2.7	$0.9^2 6533$	$0.9^2 6636$	$0.9^2 6736$	$0.9^2 6833$	$0.9^2 6928$	$0.9^2 7020$	$0.9^2 7110$	$0.9^2 7197$	$0.9^2 7282$	$0.9^2 7365$	2.7
2.8	$0.9^2 7445$	$0.9^2 7523$	$0.9^2 7599$	$0.9^2 7673$	$0.9^2 7744$	$0.9^2 7814$	$0.9^2 7882$	$0.9^2 7948$	$0.9^2 8012$	$0.9^2 8074$	2.8

z	0	0.01	0.02	0.03	0.04	0.05	0.06	0.07	0.08	0.09	z
2.9	0.9^28134	0.9^28193	0.9^28250	0.9^28305	0.9^28359	0.9^25411	0.9^28462	0.9^28511	0.9^28559	0.9^28605	2.9
3.0	0.9^28650	0.9^28694	0.9^28736	0.9^28777	0.9^28817	0.9^28856	0.9^28893	0.9^28930	0.9^28965	0.9^28999	3.0
3.1	0.9^30324	0.9^30646	0.9^30957	0.9^31260	0.9^31553	0.9^31836	0.9^32112	0.9^32378	0.9^32636	0.9^32886	3.1
3.2	0.9^33129	0.9^33363	0.9^33590	0.9^33810	0.9^34024	0.9^34230	0.9^34429	0.9^34623	0.9^34810	0.9^34991	3.2
3.3	0.9^35166	0.9^35335	0.9^35499	0.9^35658	0.9^35811	0.9^35959	0.9^36103	0.9^36242	0.9^36376	0.9^36505	3.3
3.4	0.9^36631	0.9^36752	0.9^36869	0.9^36982	0.9^37091	0.9^37197	0.9^37299	0.9^37398	0.9^37493	0.9^37585	3.4
3.5	0.9^37674	0.9^37759	0.9^37842	0.9^37922	0.9^37999	0.9^38074	0.9^38146	0.9^38215	0.9^38282	0.9^38347	3.5
3.6	0.9^38409	0.9^38469	0.9^38527	0.9^38583	0.9^38637	0.9^38689	0.9^38739	0.9^38787	0.9^38834	0.9^38879	3.6
3.7	0.9^38922	0.9^38964	0.9^40039	0.9^40426	0.9^40799	0.9^41158	0.9^41504	0.9^41838	0.9^42159	0.9^42468	3.7
3.8	0.9^42765	0.9^43052	0.9^43327	0.9^43593	0.9^43848	0.9^44094	0.9^44331	0.9^44558	0.9^44777	0.9^44988	3.8
3.9	0.9^45190	0.9^45385	0.9^45573	0.9^45753	0.9^45926	0.9^46092	0.9^46253	0.9^46406	0.9^46554	0.9^46696	3.9
4.0	0.9^46833	0.9^46964	0.9^47090	0.9^47211	0.9^47327	0.9^47439	0.9^47546	0.9^47549	0.9^47748	0.9^47843	4.0
4.1	0.9^47934	0.9^48022	0.9^48106	0.9^48186	0.9^48263	0.9^48338	0.9^48409	0.9^48477	0.9^48542	0.9^48605	4.1
4.2	0.9^48665	0.9^48723	0.9^48778	0.9^48832	0.9^48882	0.9^48931	0.9^48978	0.9^50226	0.9^50655	0.9^51066	4.2
4.3	0.9^51460	0.9^51837	0.9^52199	0.9^52545	0.9^52876	0.9^53193	0.9^53497	0.9^53788	0.9^54066	0.9^54332	4.3
4.4	0.9^54587	0.9^54831	0.9^55065	0.9^55288	0.9^55502	0.9^55706	0.9^55902	0.9^56089	0.9^56268	0.9^56439	4.4
4.5	0.9^56602	0.9^56759	0.9^56908	0.9^57051	0.9^57187	0.9^57318	0.9^57442	0.9^57561	0.9^57675	0.9^57784	4.5
4.6	0.9^57888	0.9^57987	0.9^58081	0.9^58172	0.9^58258	0.9^58340	0.9^58419	0.9^58494	0.9^58566	0.9^58634	4.6
4.7	0.9^58699	0.9^58761	0.9^58821	0.9^58877	0.9^58931	0.9^58983	0.9^60320	0.9^60789	0.9^61235	0.9^61661	4.7
4.8	0.9^62067	0.9^62453	0.9^62822	0.9^63173	0.9^63508	0.9^63827	0.9^64131	0.9^64420	0.9^64696	0.9^64958	4.8
4.9	0.9^65208	0.9^65446	0.9^65673	0.9^65889	0.9^66094	0.9^66289	0.9^66475	0.9^66652	0.9^66821	0.9^66981	4.9

附表三 χ² 分布临界值表

$$P\{\chi^2(n) > \chi^2_\alpha(n)\} = \alpha$$

n	α									
	0.005	0.995	0.99	0.975	0.95	0.90	0.10	0.05	0.025	0.01
1	—	—	0.001	0.100	0.016	2.706	3.841	5.024	6.635	7.879
2	0.010	0.020	0.051	0.103	0.211	4.605	5.991	7.378	9.210	10.597
3	0.072	0.115	0.216	0.352	0.584	6.251	7.815	9.348	11.354	12.838
4	0.207	0.297	0.484	0.711	1.064	7.779	9.488	11.143	13.277	14.860
5	0.412	0.554	0.831	1.145	1.610	9.236	11.071	12.833	15.086	16.750
6	0.676	0.872	1.237	1.635	2.204	10.645	12.592	14.449	16.812	18.548
7	0.989	1.239	1.690	2.167	2.833	12.017	14.067	16.013	18.475	20.278
8	1.344	1.646	2.180	2.733	3.490	13.362	15.507	17.535	20.090	21.955
9	1.735	2.088	2.700	3.325	4.168	14.684	16.911	19.023	24.666	23.589
10	2.156	2.558	3.247	3.940	4.865	15.987	18.307	20.483	23.209	25.188
11	2.603	3.053	3.816	4.575	5.578	17.275	19.675	21.920	24.725	26.757
12	3.074	3.571	4.404	5.226	6.304	18.549	21.026	23.337	26.217	28.299
13	3.565	4.107	5.009	5.892	7.042	19.812	22.362	24.736	27.688	29.819
14	4.075	4.660	5.629	6.571	7.790	21.064	23.685	26.119	29.141	31.819
15	4.601	5.229	6.262	7.261	8.547	22.307	24.996	27.488	30.578	32.801
16	5.142	5.812	6.908	7.962	9.312	23.542	26.296	28.845	32.000	34.267
17	5.697	6.408	7.564	8.672	10.085	24.769	27.587	30.191	33.409	35.718
18	6.265	7.015	8.231	9.390	10.865	25.989	28.869	31.526	34.805	37.156
19	6.844	7.633	8.907	10.117	11.651	27.204	30.144	32.852	36.191	38.582
20	7.434	8.260	9.591	10.851	12.440	28.412	31.410	34.170	37.566	39.997
21	8.034	8.897	10.283	11.591	13.240	29.615	32.671	36.479	38.932	41.401
22	8.643	9.542	10.982	12.338	14.042	30.813	33.924	36.781	40.289	42.796
23	9.260	10.196	11.689	13.091	14.848	32.007	35.172	38.076	41.638	44.181
24	9.886	10.856	12.401	13.848	15.659	33.196	36.415	39.364	42.980	45.559
25	10.520	11.524	13.120	14.611	16.473	34.382	37.652	40.646	44.314	46.928
26	11.160	12.198	23.844	15.379	17.292	35.563	38.885	41.923	45.642	48.290
27	11.808	12.879	14.573	16.151	18.114	36.741	40.113	43.194	46.963	49.640
28	12.461	13.565	15.308	16.928	18.939	37.916	41.337	44.461	48.278	50.993
29	13.121	14.257	16.047	17.708	19.768	39.087	42.557	45.722	49.588	52.336
30	13.787	14.954	16.791	18.493	20.599	40.256	43.773	46.979	50.892	53.672
31	14.458	15.655	17.539	19.281	21.434	41.422	44.985	48.232	52.101	55.003
32	15.134	16.362	18.291	20.072	22.271	42.585	46.194	49.480	53.486	56.328
33	15.815	17.074	19.047	20.867	23.110	43.745	47.400	50.725	54.776	57.648
34	16.501	17.789	19.806	21.664	23.952	44.903	48.602	51.966	56.061	58.964
35	17.192	18.509	20.569	22.465	24.797	46.059	49.802	53.203	57.342	60.275
40	20.707	22.164	24.433	26.509	29.051	51.806	55.759	59.342	63.691	66.766
50	27.991	29.707	32.357	34.764	37.689	63.167	67.505	71.420	76.154	79.490
60	35.535	37.485	43.482	43.188	46.459	74.397	79.082	83.298	88.379	91.952
70	43.275	45.442	48.758	51.740	55.329	85.527	90.531	95.023	100.425	104.215
80	51.172	53.540	57.153	60.392	64.278	96.578	101.879	106.629	112.329	116.321
90	59.196	61.754	65.647	69.126	73.291	107.565	113.145	118.136	124.116	128.299
100	67.328	70.065	74.222	77.930	82.358	118.408	124.342	129.561	135.807	140.169
200	152.241	156.432	162.728	168.279	174.835	226.021	233.994	241.058	249.445	255.264
300	240.663	245.972	253.912	260.878	269.068	331.789	341.395	349.874	359.906	366.844

附表四 t 分布临界值表

自由度	单侧/双侧				
	$\alpha=0.10$ $\alpha=0.20$	$\alpha=0.05$ $\alpha=0.10$	$\alpha=0.025$ $\alpha=0.05$	$\alpha=0.01$ $\alpha=0.02$	$\alpha=0.005$ $\alpha=0.01$
1	3.078	6.314	12.706	31.821	63.657
2	1.886	2.920	4.303	6.965	9.925
3	1.638	2.353	3.182	4.541	5.841
4	1.533	2.132	2.776	3.747	4.604
5	1.476	2.015	2.571	3.365	4.032
6	1.440	1.943	2.447	3.143	3.707
7	1.415	1.895	2.365	2.998	3.499
8	1.397	1.860	2.306	2.896	3.355
9	1.383	1.833	2.262	2.821	3.250
10	1.372	1.812	2.228	2.764	3.169
11	1.363	1.796	2.201	2.718	3.106
12	1.356	1.782	2.179	2.681	3.055
13	1.350	1.771	2.160	2.650	3.012
14	1.345	1.761	2.145	2.624	2.977
15	1.341	1.753	2.131	2.602	2.947
16	1.337	1.846	2.120	2.583	2.921
17	1.333	1.740	2.110	2.567	2.898
18	1.330	1.734	2.101	2.552	2.878
19	1.328	1.729	2.093	2.539	2.861
20	1.325	1.725	2.086	2.528	2.845
21	1.323	1.721	2.080	2.218	2.831
22	1.321	1.717	2.074	2.508	2.819
23	1.319	1.714	2.069	2.500	2.807
24	1.318	1.711	2.064	2.492	2.797
25	1.316	1.708	2.060	2.485	2.787
26	1.315	1.706	2.056	2.479	2.779
27	1.314	1.703	2.052	2.473	2.771
28	1.313	1.701	2.048	2.467	2.763
29	1.311	1.699	2.045	2.462	2.756
30	1.310	1.697	2.042	2.457	2.750
40	1.303	1.684	2.021	2.423	2.704
50	1.299	1.676	2.009	2.403	2.678
60	1.296	1.671	2.000	2.390	2.660
70	1.294	1.667	1.994	2.381	2.648
80	1.292	1.664	1.990	2.374	2.639
90	1.291	1.662	1.987	2.368	2.632
100	1.290	1.660	1.984	2.364	2.626
125	1.288	1.657	1.979	2.357	2.616
150	1.287	1.655	1.976	2.351	2.609
200	1.286	1.653	1.972	2.345	2.601
∞	1.282	1.645	1.960	2.326	2.576

附表五　F 分布临界值表（$\alpha=0.05$）

$$P(F>F_\alpha(n,m))=\alpha$$

m	n														
	1	2	3	4	5	6	7	8	9	10	15	20	40	60	∞
1	161	200	216	225	230	234	237	239	241	242	246	248	251	252	254
2	18.5	19.0	19.2	19.3	19.3	19.3	19.4	19.4	19.4	19.4	19.4	19.4	19.5	19.5	19.5
3	10.13	9.55	9.28	9.12	3.01	8.94	8.89	8.85	8.81	8.79	8.70	8.66	8.59	8.87	8.53
4	7.71	6.94	6.59	6.39	6.26	6.16	6.09	6.04	6.00	5.96	5.68	5.80	5.72	5.69	5.63
5	6.61	5.79	5.41	5.19	5.05	4.95	4.88	4.82	4.77	4.74	4.62	4.56	4.46	4.43	4.37
6	5.99	5.14	4.76	4.53	4.39	4.28	4.21	4.15	4.10	4.06	3.94	3.87	3.77	3.74	3.67
7	5.59	4.74	4.35	4.12	3.97	3.87	3.79	3.73	3.68	3.64	3.51	3.44	3.34	3.30	3.23
8	5.32	4.46	4.07	3.84	3.69	3.58	3.50	3.44	3.39	3.35	3.22	3.15	3.04	3.01	2.93
9	5.12	4.26	3.86	3.63	3.48	3.37	3.29	3.23	3.18	3.14	3.01	2.94	2.83	2.79	2.71
10	4.96	4.10	3.71	3.48	3.33	3.22	3.14	3.07	3.02	2.98	2.85	2.77	2.66	2.62	2.54
11	4.84	3.98	3.59	3.36	3.20	3.09	3.01	2.95	2.90	2.85	2.72	2.65	2.53	2.49	2.40
12	4.75	3.89	3.49	3.26	3.11	3.00	2.91	2.85	2.80	2.75	2.62	2.54	2.43	2.38	2.30
13	4.67	3.81	3.41	3.18	3.03	2.92	2.83	2.77	2.71	2.67	2.53	2.46	2.34	2.30	2.21
14	4.60	3.74	3.34	3.11	2.96	2.85	2.76	2.70	2.65	2.60	2.46	2.39	2.27	2.22	2.13
15	4.54	3.68	3.39	3.06	2.90	2.79	2.71	2.64	2.59	2.54	2.40	2.33	2.20	2.16	2.17
16	4.49	3.63	3.24	3.01	2.85	2.74	2.66	2.59	2.54	2.49	2.35	2.28	2.15	2.11	2.01
17	4.45	3.59	3.20	2.96	2.81	2.70	2.61	2.55	2.49	2.45	2.31	2.23	2.10	2.06	1.96
18	4.41	3.55	3.16	2.93	2.77	2.66	2.58	2.51	2.46	2.41	2.27	2.19	2.06	2.02	1.92
19	4.38	3.52	3.13	2.90	2.74	2.63	2.54	2.48	2.82	2.38	2.23	2.16	2.03	1.98	1.88
20	4.35	3.49	3.10	2.87	2.71	2.60	2.51	2.45	2.39	2.35	2.20	2.12	1.99	1.95	1.84
21	4.32	3.47	3.07	2.84	2.68	2.57	2.49	2.42	2.37	2.32	2.18	2.10	1.96	1.92	1.81
22	4.30	3.44	3.05	2.82	2.66	2.55	2.46	2.40	2.34	2.30	2.15	2.07	1.94	1.89	1.78
23	4.28	3.42	3.03	2.80	2.64	2.53	2.44	2.37	2.32	2.27	2.13	2.05	1.91	1.86	1.76
24	4.26	3.40	3.01	2.78	2.62	2.51	2.42	2.36	2.30	2.25	2.11	2.03	1.89	1.84	1.73
25	4.24	3.39	2.99	2.76	2.60	2.49	2.40	2.34	2.28	2.24	2.09	2.01	1.87	1.82	1.71
30	4.17	3.32	2.92	2.69	2.53	2.42	2.33	2.27	2.21	2.16	2.01	1.93	1.79	1.74	1.62
40	4.08	3.23	2.84	2.61	2.45	2.34	2.25	2.18	2.12	2.08	1.92	1.84	1.69	1.64	1.51
60	4.00	3.15	2.76	2.53	2.37	2.25	2.17	2.10	2.04	1.99	1.84	1.75	1.59	1.53	1.39
120	3.92	3.07	2.68	2.45	2.29	2.18	2.09	2.02	1.96	1.91	1.75	1.66	1.50	1.43	1.25
∞	3.84	3.00	2.60	2.37	2.21	2.10	2.01	1.94	1.88	1.83	1.67	1.57	1.39	1.32	1.00

m	n														
	1	2	3	4	5	6	7	8	9	10	15	20	40	60	∞
1	4052	5000	5403	5625	5764	5859	5928	5982	6023	6056	6157	6109	6287	6313	6366
2	98.5	99.0	92.2	92.2	99.3	99.3	99.4	99.4	99.4	99.4	99.4	99.4	99.5	99.5	99.5
3	34.1	30.8	29.5	28.7	28.2	27.9	27.7	27.5	27.3	27.2	26.9	26.7	26.4	26.3	26.1
4	21.2	18.0	16.7	16.0	15.5	15.2	15.0	14.8	14.7	14.5	14.2	14.0	13.7	13.7	13.5
5	16.30	13.30	12.10	11.40	11.00	10.70	10.50	10.30	10.20	10.10	9.72	9.55	9.29	9.27	9.02
6	13.70	10.90	9.78	9.15	8.75	8.47	8.26	8.10	7.98	7.87	7.56	7.40	7.14	7.60	6.88
7	12.20	9.55	8.45	7.85	7.46	7.19	6.99	6.84	6.72	6.62	6.31	6.16	5.91	5.82	5.65
8	11.30	8.65	7.59	7.01	6.63	6.37	6.18	6.03	5.91	5.81	5.52	5.36	5.12	5.03	4.86
9	10.60	8.02	6.99	6.42	6.06	5.80	5.61	5.47	5.35	5.26	4.96	4.81	4.57	4.48	4.31
10	10.00	7.56	6.55	5.99	5.64	5.39	5.20	5.06	4.94	4.85	4.56	4.41	4.17	3.98	3.91
11	9.65	7.21	6.22	5.67	5.32	5.07	4.89	4.74	4.63	4.54	4.25	4.10	3.86	3.78	3.60
12	9.33	6.93	5.95	5.41	5.06	4.82	4.64	4.50	4.39	4.30	4.01	3.86	3.62	3.54	3.36
13	9.07	6.70	5.74	5.21	4.86	4.62	4.44	4.30	4.19	4.10	3.82	3.66	3.43	3.34	3.17
14	8.86	6.51	5.56	5.40	4.70	4.46	4.28	4.14	4.03	3.94	3.66	3.51	3.27	3.18	3.00
15	8.68	6.36	5.42	4.89	4.56	4.32	4.14	4.00	3.89	3.80	3.52	3.37	3.13	3.05	2.87
16	8.53	6.23	5.29	4.77	4.44	4.20	4.03	3.89	3.78	3.69	3.41	3.26	3.02	2.93	2.75
17	8.40	6.11	5.19	4.67	4.34	4.10	3.93	3.79	3.68	3.59	3.31	3.16	2.92	2.83	2.65
18	8.29	6.01	5.09	4.58	4.25	4.01	3.84	3.71	3.60	3.51	3.23	3.08	2.84	2.75	2.57
19	8.19	5.93	5.01	4.50	4.17	3.94	3.77	3.63	3.52	3.43	3.15	3.00	2.76	2.67	2.49
20	8.10	5.85	4.94	4.43	4.10	3.87	3.70	3.56	3.46	3.37	3.09	2.94	2.69	2.61	2.42
21	8.02	5.78	4.87	4.37	4.04	3.81	3.64	3.51	3.40	3.31	3.03	2.88	2.64	2.55	2.36
22	7.95	5.72	4.82	4.31	3.99	3.76	3.59	3.45	3.35	3.26	2.98	2.83	2.58	2.50	2.31
23	7.88	5.66	4.76	4.26	3.94	3.71	3.54	3.41	3.30	3.21	2.93	2.78	2.54	2.45	2.26
24	7.82	5.61	4.72	4.22	3.90	3.67	3.50	3.36	3.26	3.17	2.89	2.74	2.49	2.40	2.21
25	7.77	5.57	4.68	4.18	3.86	3.63	3.46	3.32	3.22	3.13	2.85	2.70	2.45	2.36	2.17
30	7.56	5.39	4.51	4.02	3.70	3.47	3.30	3.17	3.07	2.98	2.70	2.55	2.30	2.21	2.01
40	7.31	5.18	4.31	3.83	3.51	3.29	3.12	2.99	2.89	2.80	2.52	2.37	2.11	2.02	1.80
60	7.08	4.98	4.13	3.65	3.34	3.12	2.95	2.82	2.72	2.63	2.35	2.20	1.94	1.84	1.60
120	6.85	4.79	3.95	3.48	3.17	2.96	2.79	2.66	2.56	2.47	2.19	2.03	1.76	1.66	1.33
∞	6.63	4.61	3.78	3.32	3.02	2.80	2.64	2.51	2.41	2.32	2.04	1.88	1.59	1.47	1.00

附表六　Durbin-Watson 检验表($\alpha = 0.05$)

n	$k=1$		$k=2$		$k=3$		$k=4$		$k=5$	
	d_L	d_U	d_L	d_U	d_L	d_U	d_L	d_U	d_L	d_U
15	1.08	1.36	0.95	1.54	0.82	1.75	0.69	1.97	0.56	2.21
16	1.10	1.37	0.98	1.54	0.86	1.73	0.74	1.93	0.62	2.15
17	1.13	1.38	1.02	1.54	0.90	1.71	0.78	1.90	0.67	2.10
18	1.16	1.39	1.05	1.53	0.93	1.69	0.82	1.87	0.71	2.06
19	1.18	1.40	1.08	1.53	0.97	1.68	0.86	1.85	0.75	2.02
20	1.20	1.41	1.10	1.54	1.00	1.68	0.90	1.83	0.79	1.99
21	1.22	1.42	1.13	1.54	1.03	1.67	0.93	1.81	0.83	1.96
22	1.24	1.43	1.15	1.54	1.05	1.66	0.96	1.80	0.86	1.94
23	1.26	1.44	1.17	1.54	1.08	1.66	0.99	1.79	0.90	1.92
24	1.27	1.45	1.19	1.55	1.10	1.66	1.01	1.78	0.93	1.90
25	1.29	1.45	1.21	1.55	1.12	1.66	1.04	1.77	0.95	1.89
26	1.30	1.46	1.22	1.55	1.14	1.65	1.06	1.76	0.98	1.88
27	1.32	1.47	1.24	1.56	1.16	1.65	1.08	1.76	1.01	1.86
28	1.33	1.48	1.26	1.56	1.18	1.65	1.10	1.75	1.03	1.85
29	1.34	1.48	1.27	1.56	1.20	1.65	1.12	1.74	1.05	1.84
30	1.35	1.49	1.28	1.57	1.21	1.65	1.14	1.74	1.07	1.83
31	1.36	1.50	1.30	1.57	1.23	1.65	1.16	1.74	1.09	1.83
32	1.37	1.50	1.31	1.57	1.24	1.65	1.18	1.73	1.11	1.82
33	1.38	1.51	1.32	1.58	1.26	1.65	1.19	1.73	1.13	1.81
34	1.39	1.51	1.33	1.58	1.27	1.65	1.21	1.73	1.15	1.81
35	1.40	1.52	1.34	1.58	1.28	1.65	1.22	1.73	1.16	1.80
36	1.41	1.52	1.35	1.59	1.29	1.65	1.24	1.73	1.18	1.80
37	1.42	1.53	1.36	1.59	1.31	1.66	1.25	1.72	1.19	1.80
38	1.43	1.54	1.37	1.59	1.32	1.66	1.26	1.72	1.21	1.79
39	1.43	1.54	1.38	1.60	1.33	1.66	1.27	1.72	1.22	1.79
40	1.44	1.54	1.39	1.60	1.34	1.66	1.29	1.72	1.23	1.79
45	1.48	1.57	1.43	1.62	1.38	1.67	1.34	1.72	1.29	1.78
50	1.50	1.59	1.46	1.63	1.42	1.67	1.38	1.72	1.34	1.77
55	1.53	1.60	1.49	1.64	1.45	1.68	1.41	1.72	1.38	1.77
60	1.55	1.62	1.51	1.65	1.48	1.69	1.44	1.73	1.41	1.77
65	1.57	1.63	1.54	1.66	1.50	1.70	1.47	1.73	1.44	1.77
70	1.58	1.64	1.55	1.67	1.52	1.70	1.49	1.74	1.46	1.77
75	1.60	1.65	1.57	1.68	1.54	1.71	1.51	1.74	1.49	1.77
80	1.61	1.66	1.59	1.69	1.56	1.72	1.53	1.74	1.51	1.77
85	1.62	1.67	1.60	1.70	1.57	1.72	1.55	1.75	1.52	1.77
90	1.63	1.68	1.61	1.70	1.59	1.73	1.57	1.75	1.54	1.78
95	1.64	1.69	1.62	1.71	1.60	1.73	1.58	1.75	1.56	1.78
100	1.65	1.69	1.63	1.72	1.61	1.74	1.59	1.76	1.57	1.78

注:n 为案例数,k 为解释变量个数(不含常数项)。

参考文献

［1］MICHAEL P C，DAVIA F H. A Companion to economic forecasting
［M］. New Jersey：Blackwell Publishing，2002.

［2］BOX G E P，JENKINS G M. Time series analysis：forecasting and control
［M］. San Francisco：Holden-day，1970.

［3］MAKRIDAKIS S W，STEVEN C，MCGEE V. Forecasting：methods
and applications［M］. New Jersey：John Wiley & Sons，1983.

［4］WARREN G. Statistical forecasting［M］. New Jersey：John Wiley &
Sons，1987.

［5］洪兴建,惠琦娜.统计预测［M］.杭州:浙江工商大学出版社,2011.

［6］徐国祥.统计预测和决策［M］.上海:上海财经大学出版社,2008.

［7］冯文权.经济预测与决策技术［M］.武汉:武汉大学出版社,1994.

［8］暴奉贤.经济预测与决策方法［M］.广州:暨南大学出版社,1994.

［9］易丹辉.统计预测:方法与应用［M］.北京:中国人民大学出版社,1990.

［10］李华,胡奇英.预测与决策［M］.西安:西安电子科技大学出版社,2005.

［11］伍德里奇.计量经济学导论:现代观点［M］.费剑平,林相森等译.北京:
中国人民大学出版社,2003.

［12］古扎拉蒂.计量经济学基础［M］.费剑平,孙春霞等译.北京:中国人民大
学出版社,2005.

［13］平狄克,鲁宾费尔德.计量经济模型与经济预测［M］.钱小军等译.北京:
机械工业出版社,1999.

［14］恩德斯.应用计量经济学:时间序列分析［M］.杜江,谢志超译.北京:高
等教育出版社,2006.

［15］魏武雄.时间序列分析:多变量与单变量方法(第二版)［M］.易丹辉等

译.北京:中国人民大学出版社,2009.

[16] 史代敏,谢小燕.应用时间序列分析[M].北京:高等教育出版社,2011.

[17] 孙静娟.经济预测理论、方法、评价[M].北京:中国经济出版社,1995.

[18] 李桂荣.市场调查与预测[M].北京:经济管理出版社,2004.